本丛书由首都师范大学文化研究院资助出版

U0738393

启真馆 出品

文艺复兴

一个还是多个？

［英］杰克·古迪 著 邓沛东 译

Renaissances

The One or The Many?

ZHEJIANG UNIVERSITY PRESS
浙江大学出版社

图 1 苏丹艾斯扶达访问一位隐修者，来自赫拉特尼扎米的"卡姆沙"，1494—1495（纸上水粉画），波斯风格（15 世纪）

图 2 （大英博物馆馆藏编号）Ms Or 20 fol. 122r(a) 为恢复其统治，阿布·卡西姆与萨曼王朝蒙塔赛尔之间的战斗，这是 1003—1004 年间诸多冲突中的一次。拉施德丁《史集》中的细密画，约 1307 年（羊皮纸），伊斯兰风格（14 世纪）

图 3 （大英博物馆馆藏编号）Ms Or 20 fol. 122r(b) 被击败的艾尔·蒙塔赛尔穿过冰冻的阿姆河。拉施德丁《史集》中的细密画，约 1307 年（羊皮纸），伊斯兰风格（14 世纪）

图 4 狮子宫中的喷泉，阿罕布拉的宫殿，西班牙格拉纳达

图 6 飞天雕像（石雕），吉多尔格尔，拉贾斯坦邦，印度

图 5 约公元前 50 年，中央邦桑吉大佛塔东门上三女神沙罗班吉卡的浮雕细节

图 7　贾汗季皇帝（1569—1627）与他的皇后和侍从在花园中，来自小克莱夫画集（纸上不透明水彩画），莫卧尔风格（18 世纪）

图 8　银制镀金佛教圣骨盒，法门寺，陕西扶风

图 9　范宽,《溪山行旅图》(约 990—1030)

图 10　郭熙,《早春图》, 据测定完成于 1072 年

献给杰出的历史学者埃里克·霍布斯鲍姆的九十诞辰

"在我的结束中是我的开始"（T.S.艾略特）

目 录

致 谢

非常感谢哈佛大学的哈莱德·艾尔·鲁伊海伯教授和德里印度理工学院人文与社会科学系的阿姆里特·斯里尼瓦桑教授，以及剑桥大学圣约翰学院的约瑟夫·麦克德莫特博士，他们分别审阅并评论了我与芬内尔合著的第四、第六和第七章。麦克德莫特博士在插图方面提供了很大帮助。我还要感谢苏德希纳·古哈博士审阅了第六章；感谢出版社的编校人员；另外需要感谢彼得·伯克和乌林卡·路布莱克，他们是欧洲文艺复兴与宗教改革方面的专家，以及约翰·凯立甘和苏坎塔·乔杜里；还有朱丽叶·米切尔，她的评论自始至终都很有帮助；感谢我在圣约翰学院的同事，我的大部分工作是在学院里完成的。感谢家人给我的敬励，感谢我的合著者斯蒂芬·芬内尔，以及协助我准备初稿的马克·奥福德、梅拉妮·黑尔、苏·曼斯菲尔德、曼纽拉·韦奇伍德及其他人。尤其感谢莱弗赫尔姆基金会为我完成这项相当"疯狂"的事业提供的资助和圣约翰学院提供的管理工作。

i

导　论

　　本书是我在过去许多年中付出一系列努力所达到的顶点。我一直对这样一种假设抱有质疑，即：西方在实现资本主义、现代化、工业化乃至印刷术上的先发优势，造就了今天西方与其他社会的区别——这些"其他社会"如今成了我们人类学研究的传统课题，供社会学家和历史学家挑选的研究对象。[1] 下面我将简述这一质疑是如何产生的：传统与现代社会的区分，首先体现在杜蒙关于印度的著作中——在这些作品中杜蒙将印度与基督教西方进行了对比 [2]；同样的论断也见于涂尔干和列维·施特劳斯的作品——在与欧洲的对照之下，中国被描绘成一个"原始"社会，这在涂尔干论及宗教时，尤其是在他与莫斯合著的《原始分类》一书中 [3]，以及列维·施特劳斯在《亲属关系的原始结构》中论述亲属关系时尤为突出 [4]。但我不禁思考，这种对中国之"原始性"的宣告，如何与以下事实相调和：李约瑟的研究表明，中国的科学在文艺复兴之前很长一段时间内都领先于西方；很多汉学家也断言，19世纪初期以前，中国是世界最大的经济体，是工业产品、手工艺品——诸如陶器、丝绸、漆器和茶叶——的主要出口国。这种误解的形成也有我一份"功劳"：在我与瓦特合著的作品中，我们曾指出相比于中国、古埃及和美索不达米亚的象形文字，古希腊人在音标字母上的成就带来的积极影响（虽然我们并没有因此而赤裸裸地颂赞希腊人的天才）[5]。所以我在《野蛮心灵的驯化》[6] 一书中特别说明：书写的发明，在被戈登·柴尔德称为"铜器时代的城市革命"的时代[7]，导致的"大转型"，发生于所有有文字的社会——不限于使用音标字母的社会。如果把文化与社会组织考虑进来，这一事实会更加明显。

有人指责我虽然反对野蛮/驯化社会的二分法，却以口语/文字社会的二分法取而代之。需要指出的是：我的理论并非二分法，它考虑到了关于人类沟通方式与模式在许多其他方面的变化——首先是人类语言的发明，然后是不同书写形式的作用，书写材料的变化（石板、纸莎草、羊皮纸和纸）以及书写工具的变化（芦苇、毛笔、钢笔）；伴随着纸张的发明，出现了卷轴和书本、雕版印刷、活字印刷、印刷机、轮转印刷机、电子媒介以及互联网。这一切都会影响一个"知识社会"出现的可能性。此外我的理论还考虑到了对这些工具的使用问题。因此，我们在描绘世界历史的总体进程时，应当将包含上述因素的人类沟通模式的问题纳入考量，因其与人类生产与破坏（压迫）的模式同样重要。我们不应只看到象形文字的劣势，也应当承认其优势。非表音文字可以突破语言区的限制，中国借此将它的文化传播到更广泛的地区，从而推动了一个巨大的内部共同市场产生——不仅物质商品，书面信息也可以在这里流通。现在我甚至可以断言：这种书写形式并不是对发展的障碍；相反，它甚至代表了世界文明的未来。[8]

在我继续对文字的社会影响进行研究的同时，我也在进行着对于文化活动某些其他特别方面的研究，即：食物的准备[9]和花卉的培育[10]，在这些研究中我试图展现亚欧大陆东方与西方的主要文化之间除书写以外的其他相似之处，同时与撒哈拉以南的非洲——其文化在很大程度上依然是口语的——进行对比。在食物与花卉这两个领域，东方所发展出的文化至少与西方同样精妙：中国（以及印度和伊斯兰世界）的精致烹饪堪比法国和意大利；印度、波斯、中国与日本对花卉的使用（由此产生了我们的许多培育植物，特别是水果），与我们在艺术和生活中的花卉装饰也不相上下。与书写类似，这些文化上的复杂特性与农业的进步，更概括地说，与青铜时代金属工具（以及犁和轮子）的使用所带来的经济在各个方面上的变化有关。由这些变化产生了复杂、先进的农业和城市生活，进而导致了经济阶层的分化，因此带来了食物准备的形式、烹饪类型的多样化和为个人庆祝及仪式目的，对纯"审美"性植物的培育和使用。虽然撒哈拉以南的非洲在其他一些文化方面发展出了复杂形式，但除了某些罕见的特例以外，我并没有在那里发现任何精致烹饪和培育花卉，以及书写的出现，因为那块大陆从未出现青铜时代（尽管后来有了铁器的使用）。我已经审视了书写的影响所造成的文字与口语社会在社会组织、宗教、经济、政治和法律[11]，乃至亲属关系——在我的另一部著作中——各个方面的区别，虽然这种区别是由于这两种社会各自相关联的经济的不同所造成，而不仅仅是沟通形式本身的不同。[12]

这些研究带领我进入了一个更概括的研究课题：我重新思考了社会学家们所发现的东方与西方，在理性与会计制度上（特别是马克斯·韦伯），以及在生产方式上（见于马克思及其他许多学者的著作）的区别，发现他们的成果——至少他们论及文艺复兴或工业革命以前的部分——是值得怀疑的。因此我需要重新审视这个流传甚广的论点，即自青铜时代起东方与西方开始分道扬镳，西方走上了古典时代——封建主义——资本主义的道路，而东方则走上了亚细亚例外主义，其标志是政治专制和灌溉（而非雨养）农业，这使得东方不仅是在文艺复兴，也在资产阶级和金融资本主义崛起的时期错失了西方所经历的艺术与科学的繁荣发展——上述这些历史现象一直被认为是互相关联的。在先前出版的《偷窃历史》一书中，我审视了许多其他学者的著作，试图证明：古典世界的成就，在许多方面都是极其杰出的，但并不像关于资本主义与现代化起源的理论所需要的那样独一无二；封建主义代表了青铜时代城市文明的瓦解，但它不是通向资本主义的必经阶段。换言之，西方与东方之间这种假设的分歧，远不如那种种族优越论和目的论的欧洲历史编纂学所需要的那样明显。这种历史编纂学成形于19世纪中期，那时西方在经济上，或者更概括地说，在信息社会上，相比于东方，拥有重要优势。这些论点并不都是马克思主义的。马克思和韦伯各自代表的观点涉及的领域十分广泛，不过在大多数欧洲研究者看来，他们在东西方之分歧这一点上是一致的。但在亚欧大陆上曾有过广泛的基于交换经济的平

4　行发展，产品和信息在相当长的历史时期在东西方之间互相转移。在这片广袤的土地上没有哪一片区域取得过垄断地位，优势的平衡也在两者之间不断转换。如同布罗代尔及其他学者所指出的那样，它们都曾有过早期形式的商业资本主义。如果说西方后来由工业革命发展出了更为复杂的经济形式，那应当被看作是先前活动的扩展，它并不涉及对一个全新的、被称作"资本主义"的事物的发明，而是既有的技术与过程的进化。[13] 同样地，埃利亚斯关于文明化进程和李约瑟关于现代科学的概念似乎都偏向西方朝向现代化的运动，而没有考虑到更广泛的社会运动的进程。

　　历史学家佩里·安德森已经将接续古典时代和封建主义而发生的文艺复兴运动看作是将西方在资本主义崛起（在我看来，这一"崛起"广泛地发生在欧亚大陆上）进程中与其他文明区分开来的关键因素，马克思、韦伯、沃勒斯坦及其他许多学者也认为文艺复兴时期对这一进程至关重要。因此这样一种通过回望古典时代而进行的、因中世纪而变得必要的快速发展，显然是欧洲独有的。但对我来说，无论出现在哪里，这样的"回望"时期，是所有文字社会的普遍特征。在这种情况下，爆炸式的前进（黄金时代）也是如此。以艺术作品为例，欧洲所独有的地方，也是某种程度上我关于"表现的历史"的理论所立足的事实[14]，在于要取得这样的爆炸式前进，文化需要部分地将自己从一个霸权的、一神论的宗教——基督教——的限制中解脱出来，并向希腊罗马古典的、"异教"的、多神论的广阔世界敞开大门。而且，对一种更加世俗化的思维方式的追求也推动了新（或曰"现代"）科学和非神学的学术在西方高等教育机构，在大学中的发展。驱使我进行当下这一研究的，不是去除或忽视，而是修正关于欧洲独特性——不论是对古典时代还是文艺复兴时期——的观念，即我并非意图否认欧洲在 19 和 20 世纪里所取得的毋庸置疑的优势，而是把这一优势放置在其所属的历史与文化背景之下，将其看作是一个暂时的现象，就像我们在中国、印度及其他地区的史实中所清楚看到的那样。

　　如果我过多强调了东方文明的文化成就，那是因为一般的欧洲视角

4

过分地强调了它们的"落后"——这是一种来自工业化西方的十分"19
世纪"的观念。今天看来,这种"落后"很明显是暂时性的,就像欧洲在中世纪早期一样。对我来说,在某些特定的时期,在解释文艺复兴和犹太解放运动的影响,以及伊斯兰世界对知识时常采取的保守路径时,亚伯拉罕宗教的负面影响是至关重要的,但为证明我的论点我有可能稍微偏重介绍其文明的成就而忽略了其他文明的成就。如果真是这样,考虑到许多社会科学——不限于西方——依然在延续着的趋势,这的确需要纠正。

本书是我先前工作的延续。除了在非洲的工作以外,我一直对从比较方法(作为人类学家的本职工作之一)审视欧洲历史学与社会学抱有兴趣;这项研究也尝试将这一事业扩展至关于意大利文艺复兴的欧洲学术研究上。正如我之前所说,我在本书中主张所有的文字社会都有过"回望"历史的时期,旧有的伴随着新生力量的爆发而被重建,导致了文化的繁荣。这些社会也有过宗教因素被淡化的时期,进而导致为人提供更多自由的人本主义时期出现,不论在科学还是艺术领域——对于这些领域而言,宗教信仰被搁置并非不重要,向过去异教经典的回顾为其发展铺开了道路。

在第一章中,我从比较的视角讨论关于文艺复兴的一般问题。第二章审视了关于欧洲知识复兴的一个特定方面,即通常认为的欧洲第一家医学院在蒙彼利埃大学的建立,以此引出其他文化,即阿拉伯和犹太文化和来其他文字文明的知识对于欧洲大陆知识之重生的贡献。第三章回到文艺复兴比较的主题,关注世俗知识之增长和宗教之概念化的重要性。这一运动似乎是意大利和中国宋代的文艺复兴,以及伊斯兰世界的众多文化繁荣时期所固有的。第四章详细论述了伊斯兰世界的文化史,而在后面的第五、第六、第七章则分别是犹太、印度和中国的文化史。第八章是对本书主题的总结。

在本书中我力图避免使用注音符号。对于中文我采用的是不带注音符号的拼音,对于印度语词我采用了罗密拉·萨帕在《印度史》中的拼写方法,对于阿拉伯语采用的则是弗朗西斯·鲁宾逊在《剑桥伊斯兰史》

中的方法。有关法语的翻译是由我本人完成的。

6 　　我还想介绍一下书中的插图。一本关于西方文艺复兴的书不向读者提供任何文艺复兴在视觉艺术上之成就，这是不可想象的。然而插图的形式只能表现文艺复兴所涉及活动的一部分。我们如何从视觉上表现文艺复兴在"现代科学"上的成就？画一个黑洞，或者一根吸管？类似地，我们也无法找到能足够展示阿拔斯王朝在科学和翻译上的成就的视觉材料，因为在视觉领域，亚伯拉罕宗教禁止写实风格的呈现。我在本书中所展示的关于伊斯兰世界的插图主要来自伊朗和阿富汗，以及莫卧儿——它们都受到了中国绘画的深刻影响。西部的伊斯兰世界则更加排斥偶像崇拜，它的文艺复兴体现在知识活动中，特别是在科尔多瓦的大图书馆以及之后阿尔罕布拉宫殿的修建，但绘画艺术在这里几乎是完全缺席的。印度则拥有丰富的视觉艺术传统，但除了在高产时期的某些著名特例外，这些作品一般都被当作整体对待，极少获得单独的研究关注。中国的情况则是最简单的，不仅拥有繁荣的绘画艺术，而且其作品得到了单独的认可，有些还被认为是杰作。

第一章　文艺复兴的概念

自从 14 世纪"第一缕曙光"出现以来，意大利文艺复兴一直被看 作是"现代性"发展过程中的关键时刻，不只是就艺术与科学而言，从经济发展和资本主义出现的角度来看也是如此。毫无疑问，它确实是历史，甚至是世界历史上的一个关键时期，但概括地讲，意大利文艺复兴到底有多独特？这里存在着一个特定的历史学问题和一个普通的社会学问题。所有处于停滞状态的社会都需要某种形式的重生以获得发展，而这可能包含向前一个时代的回顾（对于欧洲来说，"前一个时代"就是古典时期）或者其他形式的繁荣。

我的观点如下：我并不将意大利文艺复兴看作是通向现代性与资本主义的关键点——这种论断在我看来，是由带有目的论倾向的欧洲人做出的。我认为我们应当在更广阔的范围内寻找意大利文艺复兴的源头——不仅包括来自阿拉伯的知识，也包括从印度和中国获得的影响深远的借鉴。我们所说的"资本主义"，根植于更为广泛的地区，即欧亚大陆上的文字文明，这些文明自青铜时代以来迅速地发展，进行着商品和信息的交换。文字对于这一状况的形成十分重要，因为它使得知识的增长和商品交换的经济成为可能。与纯口头交流不同，文字使语言有了可见形式，让语言成了一件物质实体，可以在不同文化之间传递并以不变的外形在时代交替中存留下来。因而，所有有文字的文化可以不时地回顾并复兴过去的知识，如同欧洲的人文主义者所做的那样；这继而可能带来文化的繁荣，带来爆炸式的进步。在宗教问题上，艺术和科学领域的这种回顾可能会表现出保守而非解放的特性。文化的解放也完全可能不涉及对历史的回顾，但是在大多数情况下，在我所研究的文字文化中，这两者都是紧密联系、平行发展的。我并不是要否定西方成就的某些独特性，而是试图将其放置在背景中进行解释。

从比较研究的视角来看，意大利文艺复兴的主要特点有哪些？[1] 首先，是我们在人文主义者的作品中所看到的古典知识的复兴——这些知识曾长期被占支配地位的宗教所排斥。文艺复兴在某种程度上类似于汤因比所说的从死亡中回归人间的"幽灵"。在意大利文艺复兴中所发生的就是一次重生，不只是从黑暗时代的死亡中回归，而且是让已经"死去"的文学和经典重获新生。

汤因比在他多卷本的《历史研究》中将文艺复兴看作是"一个周期性现象中的特例"[2]，这类现象的基本特征就是"现存文明的当代代表人物召唤一种已死的文化"[3]。这里我们并不仅仅关注这种对历史的回顾，也关注突发式的进展、文化的繁荣。汤因比确实看到了这种复兴在世界其他地区的出现，特别是在中国，但突发式进展的观念在他那里依然不明朗，汤因比也没有把文艺复兴的现象与文字或知识的世俗化联系起来。[4] 在汤因比的杰作中，他对文艺复兴的研究已经采用了比较方法，但他的比较方法是碎片化的，因为他将"政治观念、理想与制度的复兴"、"法律制度的复兴"、"哲学的复兴"、"语言与文学的复兴"和"视觉艺术的复兴"分开研究。我的研究则在吸纳这种研究的宽度的同时试图用更整体性的方法来处理这个问题。

汤因比认为，基督教和宋代的文艺复兴从性质上说分别是基督教和佛教的，只是各自戴着希腊或儒学的面具。[5] 确实，传统的某些特定方面融进了文艺复兴的进程中，但在其余方面，尤其是传统对真理的独断性宣告，则自然地被这一新运动所拒斥。这并不是说它们要恢复更早期的教条；文艺复兴开辟了一条新路，不是为了呈现先前或更早期的哪一种教条，而是创造一种全新的繁荣。汤因比，在他执着的对亡灵这个比喻的使用中，并没能完全认识到"新生"在理论上的重要性——而这本

来是文艺复兴的概念所固有的。汤因比与斯宾格勒和柯林伍德类似，[6]
关注于"精神"概念，而不是这一阶段的其他方面，比如商业活动。他
还依据"本地天才"——不管这究竟意指何物——来构建他的精神概念。
汤因比同时也赞成巴里的论述——丢弃"中世纪的幼稚幻想和迷信，对
神学权威采用更自由的态度"和唤醒"古典世界的精神，祛除黑暗时代
的幽灵"[7]，逐渐地，随着启蒙运动的发展，旧世界被"现代"所驱逐
和取代。[8]

其次，意大利文艺复兴的独特之处还在于部分世俗化及限制宗教所
控制知识领域的范围——这些是回顾前基督教历史得以进行的前提。这
并不意味着宗教生活被抛弃；更准确地说，是重新考虑由亚伯拉罕宗教
来控制科学与艺术在长时间范围内是否合适。[9]在艺术和科学的领域都发
生了一场革命，前者包括佛罗伦萨的艺术繁荣，后者包括科技革命。[10]
这场革命意味着扫除先前宗教对艺术和关于世界的科学知识的限制，在
整体上对知识和生活进行祛魅。最后，意大利文艺复兴的独特之处，还
在于其导致了开始于意大利——文艺复兴之成就的中心[11]——的欧洲
经济和社会转型，依据马克思和韦伯的观点，这一转型导致了现代社
会的出现。

在当时的欧洲，文艺复兴的参与者们已经看到了这些变革的重要
意义，虽然他们并不使用"文艺复兴"的概念来称呼这一运动。人文主
义者认为他们正在以回归古典时代的方式来创造一个新的黄金时代。当
然并不是所有的方面都发生了变化：哥特风格依旧存在，虽然后来出现
了基于罗马建筑的新风格；政治上王室、教会与平民之间的斗争仍在继
续；经济在发展；艺术和科学在更新。用丰特奈尔的话说，"对古典的
探寻扫除了先前诸世纪中的愚昧和野蛮……让我们一下子获得了原本需
要很长时间才能达到的关于真理与美的观念"。[12]

我们确实不太可能在别处找到上述这些特征同时出现的例证，但对 10
于单独每一项特征，我们都可以在世界其他地方看到与之类似的事例。
历史学家已经开始讨论欧洲别的文化复兴，如 8 世纪晚期至 9 世纪的
加洛林王朝，以及另一场在 12 世纪为经院哲学开辟了道路的文化复兴。

有些人甚至在伽罗的比德和约克的阿尔琴的作品中有所发现，但确切地说，这些应当属于加洛林王朝文艺复兴的一部分：英国人阿尔琴是查理曼的朋友。甚至在那之前，博尔加提到了在爱尔兰修道院中古典研究的复兴（自公元 458 年起）——基本上只是向讲凯尔特语和日耳曼语的人恢复教授拉丁语，而这会把这些人引向包含"危险"内容的古典文化。正如圣格里高利对德西德里乌斯主教所说："同一张嘴无法同时称颂朱庇特和基督"，你不应当"花时间在世俗文学的罪恶上"。[13] 异教作家的作品被阿尔琴、赫拉班和圣盖伦所谴责。[14] 但一些古典文化依然不可避免地融进了基督教文化之中。有人甚至进一步扩展了这一概念的使用范围，将其应用在某些其他文化繁荣（并不必然包含旧文化的新生这一因素）的黄金时代。我们希望重新审视欧亚大陆上其他文字文化中这些被使用"文艺复兴"这一特定概念来称呼的时期，同时也试图研究其他剧变时期——这些变化似乎带来了类似意大利文艺复兴的某些特征。然后我们将探讨关于意大利与其他文艺复兴之间的共同特征的问题。

14 至 15 世纪，诸如彼特拉克等在博洛尼亚受训的早期意大利人文主义者时常回顾古代文学的"黄金时代"；"伟大时代的再临"，包括搜寻古代书卷的工作。这些文献不仅告诉他们如何正确地书写或使用拉丁文，而且也告诉他们正确的生活方式——不是要拒斥这个世界，而是要成为它的一部分；过积极的城镇生活，而不是默想的修道院生活，不过这并不意味着神职人员完全没有参与人文主义运动。但这一运动发展到了远远超出回顾古典时代的地步；有人宣称，彼特拉克发展了个人的概念，而这代表了"现代人"的诞生。[15] 威尼斯将成为新君士坦丁堡，主要是因为它与近东地区的紧密联系，有一位历史学家曾称之为"一个东方帝国（拜占庭）存在于西方的古老部分"。[16] 同时，佛罗伦萨将成为第二个罗马。

11　　　首先，让我们简要回顾一下意大利文艺复兴在欧洲的影响。我们已经看到，文艺复兴的概念在现代的欧洲历史中居于核心地位。它不仅带来了艺术与科学活动的新生，而且也标志着这些相互之间紧密联系着的历史现象的开端：新的经济繁荣即"资本主义"、向世界的扩张，以及

"现代化"。文艺复兴因此也被看作是"世俗现代主义的出生地"。[17]

对于欧洲人而言，这的确是早期现代历史中的一个独特时期，如果没有这一时期，"现代化"也不会发生。文艺复兴对我们欧洲人来说如此激动人心，部分原因在于文艺复兴出现之前历史的黑暗：以戏剧艺术和科学为例，文艺复兴是一个重要的开端，但也与其之前的黑暗时期紧密联系着，在黑暗时期，这些领域被一个垄断性的宗教所主导。古典文化的复兴对大多数人而言并不意味着宗教活动的减少，但它确实将异教和世俗的元素引入了艺术之中，比如波提切利的画作中又出现了对神秘的古代神祇的描绘。起初，绘画艺术并没有立刻抛弃宗教主题，但它拓展了自身的内容，把肖像画、古典神话、宫廷场景、自然风光乃至荷兰油画所展现的最平常的物件等等包含在内，因此绘画艺术日趋世俗化。同时，剧院也从自希腊罗马时代之后的沉睡中再次浮现出来。虽然之前大众戏剧一直存在，但在高雅文化的层面并没有产生任何可与古典时代相匹敌的作品。首先复兴的是以神话剧形式出现的宗教戏剧的演出，但最终，世俗的、有些基于古典或历史主题的新戏剧作品出现了。雕塑艺术也是如此，虽然在哥特艺术的浮雕中一直存在着对具体形象的呈现，但三维的展示依然被限定在宗教主题上。现在，其他人物和主题也被雕塑艺术所吸纳。

这一逐渐觉醒的过程发生在一个黑暗时代之后——关于将文艺复兴之前的历史称为"黑暗时代"的观点正在经受挑战，但我认为这些挑战是站不住脚的。在"新生"之先必定有一次"死亡"，具体到我们现在所讨论的问题，就是指——今天被认为是欧洲文化之核心的——古典文明的死亡，其发生伴随着罗马帝国的覆灭，部分地导致了欧洲城市经济和文化生活的衰落。但文化生活的衰落同时也是因为亚伯拉罕宗教的传播：亚伯拉罕宗教不仅禁止诸如戏剧和视觉艺术（除了稍晚天主教会中为宗教艺术而进行的创作）的表现形式，在某种程度上也禁止音乐、舞蹈以及包括纸牌在内的游戏，对于性行为等领域，则普遍主张清教徒式的生活准则。奥古斯丁（354—430）认为人有原罪，需要主来指引。此外，他的宗教还禁止对自然界进行科学研究，因为他认为神已经是无所不知的。在所有这些领域基督教都要求建立基督教的文学，而不是罗马和希腊的异教文学。阅读的目的在于巩固信仰，而非扩展思想。他写道："不认识且不敬拜基督的，就不是真正的人。这些文摘、法典、注解、劝勉、戏法……究竟有何用处？你当比拥有如此作品或数学的柏拉图或毕达哥拉斯更伟大，比有各种奇事和三段论的亚里士多德更伟大。"[18] 最初，三种宗教均将科学活动与知识排除出了主流教育——教育大部分被控制在神职人员手中，内容也限定于宗教，虽然这一时期确实有部分科学活动存在。正如我们所看到的那样，在伊斯兰世界，自然科学稍后在特定的自由（人文主义）时期有所发展，特别是在宫廷、图书馆以及医学院。医学是一个特殊的领域，因为治疗疾病一直是人类生存过程中的重要方面，医学的目的即在于减少疾病。实现这一目的，要求人们寻求更好的治疗方法——而这是一个开放的问题，不管这个社会的主流意识形态如何。在文字社会，另一个产生了独立于主流意识形态知识体系的领域是法学——法学显然不像医学那样开放，但它确实存在着这样的特征，即要求将普遍原则应用到具体案例之上。

一神论宗教在阻碍知识发展上的作用是很有趣的，因为这些宗教通常被认为是代表着更先进的文明——这主要是因为这些宗教来自欧洲及近东地区。我们需要谨记由韦尔南[19]所指出的事实：世界上并不存在着由多神论向一神论前进或演化的普遍规律。非常"理性"的希腊人的宗教是多神论的，中国人的宗教也是如此。有人甚至宣称天主教后来也成了一种多神论宗教，因为其与多神论宗教的差别在许多方面并不明显。一般而言，多神论宗教也有关于造物神的观念，一个最高的存在，这样，向一神论宗教转变的可能性就被埋葬进了多神论信仰之中，正如埃及宗教的历史所展示给我们的那样。[20]一神论宗教远不是最具"理性"形态的宗教，实际上，它们是最具垄断性的，对于其他版本的"真理"和人的独立求索更不宽容；除此之外，亚伯拉罕宗教对于表现艺术的态度也是如此。在拥有强大科学与艺术传统的中国和希腊，则是一副相反的光景。一神论可能意味着统一和追求普遍主义，但这种统一是宗教的统一，是在许多方面损害宗教与艺术发展的"非理性"因素的统一。

如上文所述，在后古典时代，表现艺术和科学一样受到了阻碍。自然主义的表现被严格限制，特别是对人物的刻画。亚伯拉罕宗教中的造物神是独一的，这一观念损害了创造性艺术的发展。这样，向欧洲历史上异教时期的回顾也就意味着思想的解放。我们必须在文艺复兴的艺术成就和科学成就之间画上一条明显的分界线。在艺术领域，我们可以回到罗马和希腊的建筑、雕塑、剧院，从那里开始追索其发展历程。但这些艺术的发展随后遭遇了一场突然的中断，这一时期只有少数来自其他文化的贡献。音乐、小说，以及中断程度相对较轻的诗歌，也是如此。"清教徒式的综合体"意味着这些活动被完全丢弃。与欧洲相邻的宗教文化在这方面则是完全相反的。与之形成对比的是，在知识领域，部分由于阿拉伯的联结——在不同的历史时期阿拉伯将古典知识回馈给西方——连续性在某种程度上被保持下来，虽然缺乏超验支持的部分在当时引起了反对。

但并非所有人都以这种新获得的自由来描述艺术的进步。艺术评论家贝伦森如此写道："在基督教的胜利与14世纪中期之间的这一千年被恰当地比作是一个人生命中的前十五到十六年。"[21] 这一陈述预设了这样的前提：欧洲自基督教的到来——即其在欧洲"大获全胜"——之时，一直在不间断地成长。实际上，这个宗教意味着闪族人敌视圣像的观念被引入了欧洲，只是在之后的罗马天主教会和拜占庭圣像中，艺术（限于宗教主题）才有所发展。在早期古典时代的希腊和罗马，情况则完全相反，在那时世俗艺术得到很大的支持，比如在庞贝，性是一个非常常见的主题，而这对于在大部分时期坚持禁欲主义教职制度和清教徒式意识形态的基督教世界，是不可能出现的。当然，随着时间的推移，宗教艺术越来越多地吸收了世俗背景（乔叟和薄伽丘的文学也有了关于性的内容）；但直到文艺复兴时期，完全世俗的绘画才取得了合法地位。这一变化的原因部分在于意识形态的转变，同时也在于物质支持——绘画越来越多地，不是从教会或宫廷，而是从与城市和城市生活的新生密切相关的资产阶级手中获得资助。我们可以从画家对自然的关注中看到这一转变所带来的结果。大多数"早期文艺复兴时期的画家以哥特时期的

14

画家所不知的方式来感知风景元素，后者仅以象征的方式来表现自然风光。"[22] 在中国绘画中自然风光很早就成了一个基本要素，但在欧洲却很晚——以丢勒为标志，他不只创作自画像，[23] 也热衷于细小物件的视觉外貌。不久之后，在 16 世纪初和 20 年代，多瑙河风景画派的画家，尤其是阿尔布雷希特·阿尔特多费和沃尔夫·胡贝尔，"在欧洲第一次将在画板或纸上所作的无人物风景绘画看作一项独立的技能"。[24] 文艺复兴与过去决裂了。"尽管基督教的主题和表现依然主导着文艺复兴时期画家的兴趣，圣母与圣子的画像依然是无处不在的，但纯世俗艺术，有时包括异教主题的艺术也开始发展和扩散。"[25] 只有贝伦森这样的艺术史学家才有可能将艺术自早期历史以来的发展描绘成连续不断的过程，因为他们将基督教的胜利看作是事情的开端，艺术自此至文艺复兴时期不断发展。但事实上，这种连续性并不存在，因此我们需要用比较的方法来重新审视这一问题。

在这一背景下，我们还需要考虑画家的地位问题。中世纪时，画家仅仅是一位工匠，以其最大的能力完成其资助者／雇主要求他创作的作品；艺术在当时并不需要独立的创造。而在文艺复兴时期，艺术市场逐渐形成，每一位君主或共和国都想在这个市场中得到最好的艺术家。并且随着在艺术主题上去宗教化趋势的发展，想象与创新有了更大的施展空间。艺术市场在低地国家发展至其顶峰——在那里由资产阶级资助艺术的趋势更加明显；在意大利，类似的过程是由城市贵族阶层完成的，即便是在佛罗伦萨或威尼斯这样的共和国也是如此。当市场需求充足时，工匠就可以建立一个工作室，一座画坊，在那里培训和雇用学徒，监督他们工作。之后画家就可以在风俗画等领域自由选择创作主题，而不需要同工匠一样被安排承担某个预设职位相应的工作，如同他们是这个家族的成员。不过时至今日，多数肖像画的创作依然是以画家为被指定的资助者创作这种方式来完成。

15　　肖像画很大程度上体现了文艺复兴如何成为现代主义的先驱：它代表了个人主义的开端。个人主义这一特质被视作是资本主义（通过企业家所表现）的特征，在绘画中的表现十分明显，特别是描绘特定个人的——尤其是世俗题材的——大型绘画（及雕塑）中。这一观念在 19 世纪中期的历史学家雅各布·布克哈特依然很有影响力的著作《意大利文艺复兴的文化》中非常重要，[26] 在这部著作中，佛罗伦萨被看作是已经"撕开了笼罩在中世纪人们心灵上信仰与偏见的面纱"，使得人们可以作为一个灵性上独立的个体存在。这应当是意大利文艺复兴的主要内容之一："个人的发展"，[27] 其显著表现是（现实主义的）肖像画和自传文学的发展。但是，这一欧洲研究文艺复兴的历史学家所深爱的历史场景，是最"反历史"的。肖像画存在于古典时期；也存在于中国佛教及其他主题的绘画；文艺复兴的肖像画没有任何新（现代）的内容，除非我们考虑它对中世纪基督教——在许多方面坚持亚伯拉罕宗教反偶像崇拜的传统——对艺术所施加的限制的反抗意义。

在伊斯兰世界，反偶像崇拜的传统依然在延续，而且正如我们将在第四章中看到的，土耳其的细密画画家甚至会惊恐于这一念头：他们的某位同伴会被要求以现实主义的方式，创作取材于生活场景的苏丹穆罕默德肖像画，这幅画可以被挂在墙上，这样它甚至可能被顶礼膜拜。然而这正是在意大利文艺复兴中所发生的：现实主义就是目的，个体性也是，这两样特征甚至出现在群体肖像画和宗教绘画的场景中。逐渐地，艺术变得更加现实主义，像风景画一样，并且有了大型的人物形象；在宗教绘画中，资助者的形象会出现在画作的边缘。在之后的宗教（以及神话和宫廷）场景中，一些当时的知名人士的形象也会出现在画中的人群里面，再之后是伟大人物的个人肖像画，最终出现了荷兰风俗画和普通人的肖像画。但"现实主义"与"个体性"并非仅存在于"现代主义"之中，它们在早期社会中也有所表现。在艺术领域，这两样特征均被亚伯拉罕宗教所舍弃，但个体性并非一项新发明，人类学家埃文思-普里查德在南部苏丹的努尔人那里就发现了这一特性的存在。[28] 在绘画领域，个体性则的确是"新生"的一个重要方面，其出现受到两个因素的刺激：向古典异教主义的回归，和对亚伯拉罕宗教对表现艺术、特别是对世俗生活的现实主义表现的排斥态度的摒弃。 16

雕塑艺术中出现了一个特别的复兴希腊（和罗马）传统的运动。在建筑艺术上也是这样，古典模式的影响力甚至一直持续到今天。但这一运动在文学上却不那么明显，除了在史诗中——维吉尔是但丁去往另一个世界的向导——在阿里奥斯托的《疯狂奥兰多》和其他诗歌中也有所表现。古典主题经常被英格兰的莎士比亚和法国的拉辛所使用，斯宾塞和其他很多诗人的诗歌中也时常提及古典的神话故事。但在绘画上，这一复兴运动的影响力在很大程度上限于古典主题的作品中——在被基督教主题的绘画禁锢了一千多年之后，这类作品一下子变得流行起来。这一运动导致了绘画的世俗化（对于包括音乐在内的其他艺术领域也是如此），而艺术领域的世俗化反映了在整个社会中所进行的世俗化过程。

雕塑和世俗绘画之中的人物塑造与当时新出现的基督教格格不入。一个异教的半身雕像可能会被改造成基督教人物的头像，就像在奥弗涅的孔克，一个不知名的皇帝头像后来被当成了圣福伊。[29] 但即便是宗教题材的雕塑或绘画，最初也是被禁止的，部分原因在于这些艺术源自"异教"。古典世界的另一艺术珍宝，戏剧，其表演也遭到了禁止。在基督教欧洲，希腊和罗马人伟大的剧院传统被抛弃，直至消灭。剧作不再被演出，剧院不再被使用，只留下了壮观的建筑遗址，有的受到了损坏，有的则彻底消失了。在教会学校，特伦斯的剧本会被当作学习拉丁文的读本而阅读，但没有任何的表演。大众戏剧依然存在，但被教会谴责为是一种"戴面具表演"或"伪装"，意指这种戏剧表演是源自异教的对人性的歪曲展示。我们可能会认为，出现在中世纪晚期英国切斯特及其他地方的城镇公会中的神话剧演出，是城市居民的戏剧表演发展的标志，但这些表演的内容只有圣经故事，对圣经中所用比喻的阐释，文学历史学家钱伯斯认为它们是作为教会服务的一项内容而出现的。[30] 一种或多或少有"世俗"性质的戏剧确实以"教士演出"的形式——由颂扬圣尼古拉斯之事迹的圣尼古拉斯公会进行——于10世纪出现在了法国北部，如果没有这一事件的发生，我们则需要等待一千多年，到意大利文艺复兴时期才会看到拥有世俗戏剧作为保留剧目的剧院重新出现。

此后，文艺复兴中的人文主义者们又回归到了被基督教所抛弃的古代文学。很明显，复兴一个有文字的早期文化的方法，对于一个纯口语

17

16

的文化是行不通的。许多人认为口头作品在许多世纪以来被精确不变地传承下来，比如印度的吠陀梵语作品或者是伊朗的马兹达作品。但我们有，或者可能有多少证据来证明这一点呢？口头作品的不变性，在它们被书写下来之前，是无法证实的，其他的假设都是纯推测而已。在我们发现了新近产生的口头作品作为证据的地方，除了少数精确复述以外，这些作品变化的能力总会令人印象深刻。当我在记录加纳北部洛达基人的长篇巴格里神话（"巴格里 I"）时，口头作品的可变性这个论点变得对我十分有说服力。当时我非常确定这是一个有相当固定程序和内容的演出，其核心特征之一是：最初的两个男人之一，借着蜘蛛的帮助，将蜘蛛网作为梯子爬向天堂；黑色巴格里是围绕这个故事而展开的。在天堂里上帝向他和他在那里遇见的一个女人（"苗条的女孩"）展示了如何创造一个孩子，之后男人和女人就这个孩子的所有权归属进行了争论。这一去往天堂的旅程 [31] 看起来似乎是这个神话的核心，所以几年之后，当我在记录另一个版本（"巴格里 II"）的时候，被它们之间的巨大差异所震惊：在这个版本中，去往天堂的旅途被一笔带过，而且其中创造性的角色并非由上帝（至高神纳安格明），而是由男人自己和旷野中的生物（康图姆）所扮演。没有人能通过这个版本极其简略的复述获得这个男人去往天堂旅程的细节（据我所知，他们从那以后也没有这样做过）——除了我以外，仅仅因为我把上一版本的口头背诵书写下来了。而当我完成文字记述之时，我的版本就变成了随时可以被后世复兴的"法定"版本。[32] 这就是书写与口头沟通方式的不同之处。

因此，除了在非常概括（神话）的层面，对于过去历史精确的复兴，只可能存在于有文字书写的文化之中。事实上自青铜时代以来，这一复兴的过程在欧洲和亚洲时常发生。文字文化的宗教具有一种内在的保守性，它们在这种对过去文本的回顾中也扮演着独特的角色——正如我所提到过的，口语文化的宗教更折中，更富创造性，而不被一个文本所束缚；相比之下，文字使得宗教活动在许多方面更加保守。人们经常忽视这样一个事实：早期文本是为出声朗读而写成的；也就是说，它们有可能是对话的提示、概略，而不是整全而成熟的文学书稿。在基督新教中，对"真理"的找寻涉及对古代文本的重新审视，以发现信仰的真义。在此之前已有人做过类似努力——清洁派教徒威克里夫和扬·胡斯，但在路德和改教运动，以及文艺复兴那里，这一进程获得了新的活力。对于基督徒而言，重建上帝或基督的话语是"复兴"学术的核心目的。这种向文本的回顾可以以一场"宗教改革"的形式，或者像其他宗教那样，以"原教旨主义"运动的形式进行。比如，有些人可能在《旧约》中发现了上帝允许一夫多妻的证据，因此主张一夫多妻应当成为制度——如同摩门教徒所做的那样。对于反偶像崇拜也是如此，上帝禁止为活物造像。但向历史的回顾也意味着向未来展望，意味着已经以不同的方式安排当下的事务——这发生于天主教会的反新教斗争中，其试图打击新教，回归到圣经文本中来。而这一运动也代表了这个宗教的复兴。

用宗教术语来说，这种对历史的回顾是一场"宗教改革"形式的运动，或者，仅仅是对记述上帝神圣旨意的文本的查考。说它是一场改革，因为这种回顾包含了清理宗教发展过程中所积累的渣滓的过程。对传统的恢复刺激着新的开端的产生，或者，为新开端的产生提供了正当理由。的确，所有类似的运动都必然在恢复早期文本或知识的同时包含着某种创新，在其他世俗的领域，比如哲学，也是如此。柏拉图的作品在西方以新柏拉图主义的形式重新出现。这一过程并非西方所独有，在中国，儒学也经历了类似的复兴。欧洲的独特之处在于：早期知识没落的程度之深——部分是由于一个垄断性、一神论的宗教的到来；同时也在于欧洲古代遗产的数量和领域之广——当信仰所施加的束缚减少，即当部分世俗化进程兴起以后，欧洲拥有的可供"复兴"的遗产之众多。之后很晚出现的某些学术作品假设古典世界与后来的欧洲历史是连续的，但实际上，这种连续性从未存在。奥地利学者克里斯泰勒在一篇名为《文艺复兴的人文主义》的论文中开篇如此写道："在开始于古典时代、经由中世纪一直到现代的西方传统中，通常被称作'文艺复兴'的这个时期占据着独特地位，并拥有某些独特的性质。"[33] 但"连续性"完全是虚构出来的，西方传统在其发展历程中曾经历过严重的中断。

18

不管是在欧洲还是近东地区，早期文明的证据从未完全消失。在欧洲，这些变化会涉及对宗教的牵制。在某些方面这个过程开启了启蒙运动；文艺复兴确实促使了特定程度的反教权主义，甚至无神论的产生。[34] 这并不是说大多数人在此时期的宗教活动有所减少：兄弟会组织——包括以实践鞭打苦修为宗旨的——发展兴旺；给予教会的，或通过教会进行的财产赠予和遗产继承行为也增加了；平民修会在基督教世界也很繁荣；教会进行了改革。当然，对犹太人而言，解放意味着逃离犹太区——那只是基督徒安置流离失所的犹太人的地方，一个人可以践行自己宗教的避难所。

如同欧洲所经历的文艺复兴和宗教改革一样的复兴或者改革，在任何文字社会都是可能发生的；甚至可以说，自青铜时代的城市革命以来就有可能发生了，因为书写使得人可以回头查阅源自更早时期的"可见的言语"，并以此为基础进行重建。文艺复兴并不局限于西欧，欧洲在之前也经历过几场复兴。5世纪时的希腊回顾了荷马的著作；亚历山大学派的学者们同样回顾了5世纪的作品，并产生了"对理念的模仿"这样的理论，从此文学变成了"一种教育手段"。[35]复兴的趋势也延续到了罗马。当然，在书本领域以外也发生了诸多事件，比如希腊化时期科学成果的进步和罗马市镇的兴起；但教育——文字教育——总是包含着对历史的回顾。中世纪的教育要更加保守，因为它是以"死去的"语言来进行的。教父时期在对待希腊罗马的"异教"文化遗产这个问题上存在着某些暧昧之处。异教的一切在总体上不被信任，但诸如哲罗姆等人认为对古典的研究是有益的。其他人如奥古斯丁对此则不是那么肯定。而在两世纪以后，大格里高利认为，所有的异教遗产都已"过时"。博尔加认为这种极端主义的观点属于"一个小规模的擅长演说的少数人群体"，他们的论点基于"根植于基督教信仰的前提，即这个世界总体上是恶的……满足身体的需要……在忌邪的上帝眼中是不重要的"，并认为人生的真正终点应当是在沙漠小屋里的默想。[36] 但尽管是少数，他们后来却成了"基督教道德的守护者"，主导了教育与学习。个别学者则持不同看法。研究东方传统的亚历山德里亚的克莱门特认为所有希腊文学都有其犹太根基，因此其对于圣经文本传统有所贡献。[37]

正如历史学家彼得·伯克所指出的：在拜占庭帝国，同样有学习古典遗产的复兴运动，但这一趋势在后来衰落了。[38] 在东方，首先是在 7 世纪，皇帝福卡斯关闭了君士坦丁堡大学，之后建立的新的高等教育中心则"落入了教会的控制中"。[39] 但在 8 世纪，圣像破坏运动"给基督教和希腊文化带来了同样的灾难"，进而导致了学院的关闭和学院藏书被焚烧。[40] 博尔加谈到了 11 世纪的一次复兴运动，和发生于圣像破坏运动之后的"教会希腊文化"时期——公元 863 年，巴达斯建立了一所大学，据说它的课程设置可以与在 17 世纪改变了欧洲的那所大学相媲美；那时"新兴的资本主义"尚未出现，新思想依然遭到禁锢。在 11 世纪，产生了一场酝酿已久的古希腊崇拜运动，和在今天看来是"民族主义复兴"的运动。这些属于科穆宁王朝的复兴。之后连续发生了教会这股复兴潮流的反击，西方灾难性的入侵，和一场更加深刻的复兴——"巴列奥略文艺复兴"，这场复兴完成了向希腊文化更深刻的回归和教育改革。在这场发扬世俗知识的智性复兴面前，教会节节败退。卜列东是"当时最具影响力的柏拉图主义者"[41]，一位被教会所驱逐的人文主义者，前往佛罗伦萨公会议的众学者中的一位。参与这场公会议的学者还有阿尔吉罗波洛斯，他被认为"在任何方面都赶得上——如果没有超越的话——与他合作的意大利人文主义者"。[42] 拜占庭并没有走上与西方同样的道路，部分原因在于其无法从与土耳其人的战争中抽身；也因为教会"在那里限制着世俗研究——这种最终会使得异教思想充斥人的头脑的研究——的进行"。[43]

在伊斯兰世界也发生了一场文艺复兴，这次复兴以同样的世俗方式回顾了希腊古典，进行了宗教改革。这场复兴的成果也影响了意大利文艺复兴。在伊斯兰世界，由宗教人士所主导的停滞时期之后，跟随着的往往是运动变革时期，这些时期会产生许多具有世俗化倾向的活动。伊斯兰世界，也许还包括其他一些地区的复兴繁荣时期，在我们看来似乎不如意大利文艺复兴那样重要，那样具有历史变革的意义，原因之一在于，在非欧洲文化环境中，宗教向世俗的转变，相对保守乃至倒退的时

20

期与飞速前进的时期之间的转换，这些事件的发生比在欧洲更加频繁；在这些文明中，这些变化呈现出钟摆式运动的特征，而非一次性的与过去束缚文化发展的环境的决裂——后者正是欧洲文艺复兴的特性。意大利文艺复兴之后，与建立新的教育，尤其是高等教育制度有关的世俗活动，与过往的历史几乎没有任何连续。

正如我们所看到的，在文字社会中，早期文本的恢复，对于科学和宗教在许多方面都是非常重要的。文本在学校——教授阅读与写作的地方——得以传播。文字社会总是会设立学校，而在学校中，人们经常阅读在过去被写下的东西。更进一步说，即便这些社会所实行的可能是，以我的说法（这种称呼是否恰当，值得继续探讨），"受限的识字率"，因为阅读与写作经常被宗教所控制，从而导致识字率很低，但通过阅读来拓展思想的机会（这正是人文主义者对宗教教育的改造）在某种意义上一直存在。但这种存在同时也是间歇性的，甚至是危险的，关于这一点我们可以从亚里士多德的作品在中世纪的遭遇中看到——13世纪时它们在巴黎是被禁止的。复兴过去某一特定著作的可能性，比如古典作品，很显然取决于它的保存状况与所在的位置——这类作品经常保存在修道院图书馆内。当然，被保存的书面作品由于其种类的不同，被复兴的可能性也是不同的。古典作品的复兴在中世纪英格兰的修道院图书馆是很有可能的，但其他图书馆大多数规模都很小，藏书也基本是宗教性的。有些如华威伯爵的藏书，其中世俗浪漫小说的比重较大，但多数是法语的。实际上，历史上多数手稿都没能留存下来。短诗特别容易丢失；它们经常，如果不是全部，被记在并不那么持久的材料上，比如蜡片或一本厚重图书的扉页上。

因为拥有巨型图书馆的缘故，伊斯兰世界很好地保存了文化遗产。虽然——由于这些图书馆一般都依赖于某个宫廷而存在——接触到馆藏作品的机会时常是受到限制的。阿维森纳就在巴格达的图书馆查阅了浩瀚的藏书后宣布：其中许多书是他前所未见，之后也再没有见到过的。当时，人并非只能以个人身份接触到它们；在10世纪，图书馆的藏书是文士和科学家在当地——包括在阿勒颇、设拉子和开罗——宫廷的聚会上的焦点。

这些图书馆的规模非常庞大——特别是当我们把当时的历史条件考虑在内时。根据艾尔麦卡里的估算，10世纪哈基姆二世在科尔多瓦的图书馆藏有40万册"图书"；[44] 而黎巴嫩僧侣卡西里则被认为有60万册。[45] 在这个时期的基督教欧洲，最大的图书馆据说是瑞士的圣盖尔修道院图书馆，藏书800卷。乔叟的书记员拥有一个"大型"私人图书馆，共藏有图书30册。当然在我们比较馆藏规模时，单独每本"册"的构成也非常重要；被计算在内的一本书可能只有几页纸，也可能是一部长卷。但不论怎样，当时伊斯兰世界与欧洲在藏书规模上的区别是十分显著的。部分的原因在于地中海东岸，更概括地讲，整个近东地区从未经历过西方那样在知识上的剧烈衰退；比如在英格兰，罗马时代终结以后，读写能力与基督教和许多艺术一起消失了；而基督教回归之后，"异教"知识遭到驱逐，仅保留了西欧教会的通用语：拉丁语——而这种做法打开了一道能通往过去的缺口。在东方（而非教会分裂之后的西欧），希腊语在拜占庭继续被使用，这使得许多著作得以保存，有一些在9和10世纪在巴格达的宫廷被翻译成了阿拉伯语，并最终成为欧洲文艺复兴知识的一部分。

当然，伊斯兰世界并不是文艺复兴知识的唯一来源——虽然的确是重要来源之一。在文艺复兴时期，虽然东西方教会之间依然存在敌意，欧洲依然可以从拜占庭的希腊人那里获得关于亚里士多德和其他作者的古典知识；布拉班特的威廉约1273年在希腊所进行的翻译工作就属于这种情况。而他最初被送去希腊很有可能就是为了学习希腊语。[46]

伊斯兰世界拥有庞大的藏书和发达的信息流通，主要原因除了神圣语言——阿拉伯语的广泛使用以外，还有很重要的一点：纸张的出现。阿拉伯人可以使用破布和随处可见的植物材料造纸，而不再需要羊皮或进口的纸莎草作为原料。造纸术最早由中国人发明，在10世纪以后被阿拉伯人获得。欧洲人在君士坦丁堡第一次见到了这种技术，因此称之为"希腊羊皮纸"（pergomena graeca），虽然在那里所使用的所有纸张都源自穆斯林。[47] 欧洲对这种纸张的制造首先是在当时被穆斯林统治的西班牙，之后随着海梅在 1238 年征服巴伦西亚和科萨迪瓦而传到了加泰罗尼亚，然后在意大利[48]兴盛起来——意大利有丰富的水源以供造纸之用。13 世纪时，意大利北部的造纸技术得以广泛传播并得到了改进。亚平宁半岛上湍急河流的水力被用来驱动水轮机以捣碎亚麻和布料。这种工艺与采矿中的洗矿和碎矿过程很像，效率远高于近东和西班牙使用杵或研钵等工具的工艺，因而这两地生产的纸张也迅速地被意大利的纸张所取代。[49]纸张的制造，在欧洲其他地区则是很久之后才发生的事情：英格兰在 15 世纪晚期、印刷术出现之后才开始造纸，而且当时只能制造很粗糙的一种。白纸的制造则需要等到 1685 年，因南特敕令被废除而逃亡英格兰的法国胡格诺派难民将这一技术带到了英格兰。

不论用的是纸还是羊皮"纸"，这都是一个书写的文化，除了作为沟通方式以外，书写也被当作一种艺术形式（就像书法艺术一样）。但这两种功能会相互影响：泥金装饰书本的制作，不管在勃艮第还是伊斯坦布尔，都是特别耗费时间的工作，需要高超精细的技术。而对其他图书的"出版"，一般只是对经典作品的复制；这样，能借助书本得以传播的知识，被限定在了早已经写成的作品，而不是新作上。但毫无疑问，后者的数量随着印刷术的出现而大大增加了。

中国人同样发明了印刷术，而用机械手段印制文字作品这一做法的扩散意味着知识可以更广泛地增长，进而促进了知识的积累。在中国，木版印刷最早产生于 8 世纪。[50]在宋代（960—1279），11 和 12 世纪时，科举考试的推广刺激了对相关书籍的需求，这些典籍的手抄本被纷纷从书架上取下。如果没有科举考试的因素，印刷取代手抄成为传播书写文化首要手段的进程将会十分缓慢。自唐代（618—907）中期至宋代初期的动荡时期，许多古籍遭到了毁灭；而在 11 世纪，政府对印制大量医学书籍、儒家经典、佛教典籍、帝国法令、年历、合同样本和考试成绩公告榜的需求也变得急迫起来。12 世纪晚期，印刷术开始在福建北部兴旺发展，这里成了廉价印刷品的中心地区。[51]在其他地方则并非如此；比如在扬子江下游，印刷术在 16 世纪才占据了

23

主导地位（而且专门印制拥有稳定市场需求的儒家经典）。而在明代中期，商业上的考虑，包括活字印刷的使用，使得印刷业的竞争变得空前激烈，印刷术的使用因而也得到了明显的扩张。即便如此，手抄的方式依然被用在特定的沟通活动领域，由手抄向印刷的转换是一个逐渐的过程。在欧洲，印刷术与印刷机一起，给欧洲带来了剧烈的、革命性的影响，尽管中国人也发明了印刷术，我们却没有看到它给中国带来类似的变化。[52] 这就是说，当印刷术到达西方之时，以手抄本形式生产书籍的方式迅速退出历史舞台，而在中国，印刷术的推广与手抄本的消亡这两个过程都持续了相当长的时间。印刷术和印刷机一起，为西方带来了书面作品的繁盛，在中国却没有。西方的这种转变并非源自金属活字印刷和纸张——中国人同样拥有这些技术；而是由于西方使用字母文字和印刷机，这是中国人所不具备的。印刷机与世俗知识和艺术上的飞速发展一起，处在意大利的文艺复兴和古典知识之重生的核心位置上。

在西方，与字母文字一样，印刷术对教育、知识、自由乃至民主之发展的深刻推动，被一些人看作是欧洲的发展过程所独有的。而这些人做出上述结论的原因在于他们将目光局限在了欧洲自身的文化遗产之上。瓦特和我 [53] 在关于古代希腊（及之后的整个欧洲传统）文字的论证也存在同样的问题，我们曾断定：采用字母这种以简单方法书写文字的做法，极大地推动了欧洲文明的发展。但这一结论显然忽视了源自亚洲、后来被传播到许多东方文明的腓尼基辅音字母系统；并且也忽视了拥有其他书写形式（如中国的表意文字）的文明的伟大成就。文学评论家马歇尔·麦克卢汉 [54] 和历史学家伊丽莎白·爱森斯坦将他们的研究集中在印刷和印刷术给欧洲所带来的革命性影响以及给通讯方式带来的变化之上。尽管印刷机的出现本身确实是一个独特的历史现象，但他们的著作显然还是有对欧洲和印刷术过分强调之嫌。文学历史学家沃特·昂的作品中也有类似问题——这些作品关注的是教育在印刷术出现的时代所产生的变化。[55] 事实上，这些创新并不是纯粹的欧洲文明的产物，因此应当以比较的视角加以审视——对意大利文艺复兴也应如此。

欧洲古典文明某些方面的重生，集中体现于彼特拉克在罗马的一场被重新恢复的仪式上的加冕^[56]；在此之后，古典作品印刷品的流传推动了古典文明复兴的进程。这是一个众多新的可能被开创的时期，伴随着印刷机的到来，不只是早期作品，新的创作——如伊丽莎白时期的戏剧——也得以在更大范围内流传。因此，虽然沟通方式的变化一般会首先用于复制经典，但同时艺术和科学上的新思想也会借此更广泛地传播。加速流动的信息意味着在全欧洲范围内，这些发展能够更快捷和直接地抵达受众，进而加快了获得回应和做出改进的进程，这样，许多关于自然世界的设想经过验证，作为知识被积累下来。这一运动对于"现代科学"——用科技史学家李约瑟及其他一些人的说法——的诞生是非常关键的，正是在这个时期，欧洲在科学领域的成就开始超越中国。现在，正如18世纪美国总统杰弗逊所言，印刷机驱使人不断前进；印刷厂与一个人单独工作于其中的写作间或木工作坊完全不同，它作为智力工作者们共同的家园，在承担复制工作的同时也是人们进行讨论的中心。^[57]

这场"动荡"所波及的领域远远超过了印刷业，并深刻影响了科学和艺术。虽然文艺复兴时期的绘画吸引了最多视觉上的关注，但其他智力领域也在发生着许多重要的变化。这一时期与科学的革命紧密联系在一起，如列奥纳多·达·芬奇这样文艺复兴时期的巨匠的成就，以及约翰·多恩的诗作，就跨越了科学和艺术领域。然而从比较研究的角度来说，对艺术和科学我们需要用不同的方法对待。艺术基本上是地方（或地方化）的；它们很难被从其所在的特定文化背景中，比如欧洲的基督教世界或者是佛教的中国，抽取出来加以研究。相比之下科学则更具有普世性，比如印度的计数系统可以经由伊斯兰世界传播到欧洲，不同的文明可以同时采用"阿拉伯"数字；西班牙人也可以使用北京搜集到的天文数据。同样值得注意的是书写形式之间也存在着类似的区别：字母文字在很大程度上是地方的；而象形文字因为没有同语音的对应关系，因而具有语言学上的普世性。艺术与科学的这种区别不仅影响了供应，还影响了需求：阿拉伯人没有翻译希腊文学，但他们希望得到希腊科学——因为概括地说，对于其他文化，希腊科学的内容比文学更加适用。无论如何，虽然科学具有相对的普世性，欧洲人依然将欧洲看作是"现代"科学的发源地，正如贝尔纳在《历史上的科学》[58]中所做的那样：他将所有的关注都集中在欧洲，对伊斯兰世界则是一笔带过，对中国科学则是完全无视（因其不是"现代"的！）。

更概括地说，这场"动荡"意味着古典文本的复活，并进而导致了在当时及之后的对古典和除基督教外的异教内容的频繁引用。但丁的《神曲》和后文艺复兴时期弥尔顿的《失乐园》在基督教主题之外也大量使用了古典"神话"，这两部作品虽然分别创作于印刷机出现之前和之后，但它们都受到了人文主义的深刻影响。这两位作者都明白他们所面对的古典作品是"神话"，即并非真实的故事；他们不会用"神话"这个概念来称呼《圣经·旧约》中的故事，因为从另一个层面来说，圣经中的故事是"真实"的。而被初代基督徒视为属于早期异教之内容的古典神话的重现，并非一个全新的历史现象。首先，人们的计时依然采用古典方式，包括用"星期六"（农神日）这样的形式来命名一日，以及用"十二月"这种形式命名月份。其次，古典文化的物质遗迹在欧洲依然随处可见。最后，古典文学依然被阅读，因为拉丁语不仅是罗曼语族诸语言的基础，也是西方教会沟通和敬拜所使用的语言——正如东方教会使用希腊语一样。

对古典的考察借鉴随着复兴运动在各个领域的进行和对古典文本的搜寻而飞速增加，而这使得人们恢复了对古代神话，以及对古典领域所有事物的兴趣。伊斯兰世界同样有一种语言，阿拉伯语——与宗教紧密联系，甚至经常被与这种宗教等同看待。神圣之书所使用的是神的语言，《古兰经》不可以用其他文字写成。读者能从伊斯兰化之前的阿拉伯所看到的主要是一些诗歌作品，很少有其他材料（除了在地中海东岸地区所研究的希腊著作）。犹太教也是如此，其坚持在所有宗教活动中使用希伯来语，并且最终，在新成立的以色列国以希伯来语替代了犹太人在流亡历史中所使用的意第绪语、拉迪诺语以及阿拉伯语。但基督教在其所起源的近东地区却没有这样的当地通用语言。虽然基督教许多早期经卷是用亚兰语写成，但新约很快就被译成了希腊和拉丁文——某种程度上，两者都是异教征服者的语言，携带着异教古典文化的包袱。基督教教父们意识到了这一危险的存在，因此试图创作属于他们自己的文学，以此替代异教经典，并在那些向基督教时代过渡中幸存下来的学校中，或者更有可能——在教会所重建的学校中，将此作为教育的内容。

除了复兴古典以外，意大利文艺复兴之后其他许多方面也出现了文化繁荣，比如在艺术领域，有世俗绘画和世俗戏剧（更概括地说是剧院）的重生；在有关世界的知识上有科学革命这样的重大发展。艺术与科学的发展并非完全互相独立的两项进程，因为文艺复兴所"复兴"的是一个更世俗、"异教"的时代，在那时对世界的探索和对艺术的追寻都更加自由。更进一步说，在所有这些领域，文艺复兴时期的繁荣与欧洲贸易和制造业的兴旺直接相关。经济上的繁荣先于文艺复兴而发生，不只是欧洲内部的贸易，同东方的贸易也在蓬勃发展，而意大利在与东方的贸易中起主导作用。罗马帝国由于其内部和外部的各种问题而陷落，随后阿拉伯人的征伐导致西欧贸易的衰退和城市生活的衰败。罗马时代之后欧洲之萧条的一个明显信号是罗马人修建的道路：许多条大道变成了乡村小路，只适合走畜力车；石桥不再有人修葺，直到12世纪，伴随着贸易的恢复，才有了由教会兴办的以修桥为任务的慈善团体对这些石桥进行整修。很显然，在道路得到整修之前，游商的日子会很不好过，由此导致了13世纪意大利北部发生了被称为"道路革命"的运动。

城市经济的衰退最初阻碍了城镇和资产阶级的发展。经济更加依赖于乡村的经济活动，而非城市的商品交换。这种乡村经济的发展，特别是畜力和犁的应用，很明显属于青铜时代成就的一部分。在西方，伴随着商品交换经济的衰落，帝国宣告终结，农业产品的"剩余"被地主所抽取，而地主所建造的巨大庄园和宫殿成为奢侈消费的中心。部分奢侈品由东方而来，其代价是银矿中出产的贵金属，或者东方直至今日依然需要的木材和其他金属等原材料。概括地说，与中世纪早期常见的流动居所不同，固定的宫殿意味着城镇的发展和城镇中技术工人、工匠和

27

商人团体的壮大，他们不仅服务于城市和农村居民，同样也参与到奢侈品行业中，服务于贵族和贵族的随从。宫廷凭借其拥有的政府管理的权力，从这个现金经济的剩余中抽取越来越多的份额，并将其大部分用在了战争或建筑上——特别是为居住和统治功能而建造的大型宫殿，和为敬拜的目的而修建的巨型的教堂和礼拜堂，以此感谢上帝丰盛的恩典。在首都，国王宫殿所在的地方经常会吸引其他贵族前来居住，他们也都将自己的宫殿建在附近，这样就增加了对奢侈品的需求。在13世纪，主教们也往往在首都为自己建造大型住宅，以管理他们的教区，比如温彻斯特主教和坎特伯雷大主教分别在伦敦的南华克区和朗伯斯区建立了寓所。但这些市镇规模都不大，特别是与东方世界的某些地方——比如中国——相比较而言。"自古典时代以来，直到12世纪晚期、13世纪早期，西欧没有一座城市，包括伦巴第的米兰，其居民人数曾超过三万。而在四分之三个千年过去后，西方的统治者和贵族们有了从田产以外的领域获取金钱收入的新机会，这使得城市的发展成为可能。"[59]

贸易的复苏自第8世纪开始，当时威尼斯开始恢复同拜占庭和伊斯兰世界的商业往来——后两者并未有过西欧所经历的衰退。在此之前欧洲和亚洲之间通过北部波罗的海地区的路径保持着某些联系，但从商业的角度上说这些联系并不重要。随着威尼斯贸易的发展，地中海得以重新开放，西欧从东方进口奢侈品，特别是丝绸、香水、瓷器以及香料，并向东方出口初级产品、矿物、贵金属和羊毛织品作为回报。[60]尚帕涅、英格兰和弗兰德斯自12世纪后半期大量地向地中海国家出口羊毛织品，但在13世纪中期，弗兰德斯的产品凭借质量上的优势，一度将前两者的产品逐出了市场，两年后英格兰才恢复了羊毛织品的出口。一位历史学家在谈及这件"美妙的财富"时，[61]将其与商业上的成功联系在一起。贸易逐渐在越来越多的领域开始复苏；意大利的制造业也在迅速发展——意大利人以出口羊毛制成品为代价，从东方获取并应用了生产纸张和丝绸的方法。

斯巴福德在其关于中世纪晚期的研究中指明了贸易对于文艺复兴

的重要性。随着商业在东西方贸易中的兴盛，贸易和商业在文艺复兴的起点——意大利蓬勃发展开来。生产和商业活动扩展到意大利的许多市镇，包括热那亚、佛罗伦萨、博洛尼亚和阿玛菲沿岸——后者又把爱琴海和黑海沿岸部分地区变成了殖民地。在 13 世纪，意大利北部和中部的大型贸易城市引发了被称为"商业革命"的变革，进而带来了"都市群的繁荣"。"刚刚拓展了疆域的佛罗伦萨共和国内的几位巨富，如帕西、皮蒂、斯特罗奇、鲁切拉以及尊贵的美第奇家族，是人文主义者、画家和雕刻家最早的资助人，也是第一批以早期文艺复兴的新'古典'风格修建或重建自己宫殿的人。"[62] 在所有这些活动中，威尼斯是主要的领导者之一，同时也积极参与了地中海贸易和在东方的殖民。的确，自 12 世纪起，每当贸易迅速增长之时，威尼斯、比萨和热那亚的商人 29 们就会在君士坦丁堡、亚历山德里亚和阿克里建立殖民地。[63] 意大利人从斐波那契的《算术书》（1228）中学到了阿拉伯数字并应用在商业收益和损失的计算中，这使得账目管理更加高效。[64] 识字率的上升则为新技术的广泛应用提供了可能。很显然，信贷银行的出现，与书写以及后来出现的印刷文字密切相关。并且，伴随着贸易的复苏，艺术和知识也逐渐繁荣起来，其他领域也是如此。艺术和知识的发展所需要的金钱支持来自宫廷、庄园主、教会或贸易商的赞助或者购买，因此这些人在当时对学术的发展作了巨大贡献。所有的艺术都需要资助人，要么一开始就是由教会（后来也包括政治家在内）所委托创作的宗教绘画，要么就是由宫廷或者尼德兰的资产阶级资助。钱在哪里，艺术品最终就会不可避免地流向哪里——教堂或宫廷，然后是逐渐壮大的商人和实业家阶层。在欧洲，这些商人和实业家的主要活动集中在纺织品贸易领域；在艺术繁荣的佛罗伦萨则有美第奇家族成员的支持。历史学家彼得·斯巴福德问道："在乐观主义的 15 世纪头 20 年，对艺术的资助促使艺术的风格由后期哥特式转向早期文艺复兴式，这是否仅仅是个巧合？"[65]

意大利人向东方和欧洲的中心城市扩散，他们于 1250 年到达伦敦，之后不久又到了布鲁日。在这两个地方意大利人都加入了波罗的海地区的汉萨同盟——该同盟在这一地区主要销售来自亚洲和其他地区的奢侈品。在伦敦的意大利人分为四个群体：威尼斯人、热那亚人、佛罗伦萨人和卢卡人。他们不只涉足羊毛贸易和银行业，也经营从东方进口的商品；威尼斯商船则把亚洲的胡椒贩运至北方。

欧洲商业的复苏，在某种程度也造成了近东地区在15世纪之后的相对停滞。大西洋势力所开辟的绕过好望角的新航线严重影响了土耳其和埃及与东亚的商业往来；尽管后两者与东亚的贸易并没有因为海上通道的开辟而停止，但新的贸易通道夺走了巨大的香料和棉制品贸易份额。然后，曾经在土耳其和埃及商业活动中居于核心地位的某些商品的出口，逐渐地向西沿着地中海转移到了美洲。特别是印度的两种培育作物：糖料和棉，以及埃塞俄比亚的咖啡，它们都被带到了新世界；而棉、丝绸纺织业和造纸业则成了欧洲新工业的主要组成部分。这些都意味着伊斯兰近东地区的经济环境发生了巨大变化，并进而影响了艺术和知识领域。

很明显，商业活动的频繁意味着西方对识字人群有了更大的需求，部分原因在于需要向不同机构撰写信件，也在于需要对更复杂的交易进行记账。现在，普通商人对于教育的需求也同为政府和教会工作的人一样迫切。而实现这一切都需要受过教育的人员。[66] 比如，价格单是商业信息中的一项重要内容，并由此产生了众多商业信函往来。因此商人迫切需要他们的儿子们会读、会写、会算——在这种压力的驱使下他们开始雇用教师。我们找到了一位1275年佛罗伦萨的平民教师的资料。教育行业在世俗层面发展兴旺，教育的内容设置也将商业交易的需要纳入考量。我们之前提到的斐波那契的《算术书》是一部非常有价值的著作，这部书在斐波那契游历了阿拉伯世界后，于10世纪早期在意大利出版，意大利人由此掌握了印度数字，复杂的数学运算由此成为可能。10世纪末在热那亚或托斯卡纳地区发明了复式记账法，这种方法通过帕乔利1494年在威尼斯出版的《算术概论》得到广泛传播。斯巴福德评论道："世俗的、地方的教育在14世纪早期以前就已发展完善。"[67] 卢卡地区使用很可能源自中国的机器，成为西方最早的大规模丝绸制品生产地；而卢卡的公社在14世纪中期出资聘请了一位读写教师，一位算术教师，和维持教育秩序所需的行政人员（当然，在当时伊斯兰化的西西里和安达卢西亚也有丝绸生产）。在这些意大利北部的商业城市，大多数工匠都是识字的。"像 14 世纪的卢卡一样大力发展教育的城市，都从教育的发展中获得了相应的回报。"[68]

商业的繁荣刺激了需求，而需求的扩大又会促进生产。"和对更好的居住环境、食物和衣服的需求一样，在每一座首都城市，人们对于用来展示财富的物品——金或银制餐盘；默兹河谷、莱茵兰或里摩日生产的铜器或珐琅器；来自波斯湾的珍珠；从印度进口的钻石、红宝石及其他装饰品——的需求量是十分惊人的。"[69] 高档的布料大部分来自意大利——当时除了作为艺术中心以外，意大利还是一个巨大的工场和东方布料及其他贵重商品的进口商。那时所有的领域几乎都被意大利人主导，所以这些商品交换活动也与文艺复兴密切相关。的确，从某种角度上说，艺术也是一件供富人、贵族或教士来消费的商品。并且，大多数活动都围绕着或大或小的宫廷而展开，这就需要资产阶级的出现来供应宫廷的需求。在整个欧洲，商品的交换促进着信息的交换。1471 年，数学家约翰内斯·穆勒写道："现在对我来说，与所有国家的学者保持联系是一件容易的事情，这要归功于纽伦堡那些永远在旅途中的商人，他们使得这座城市成为欧洲的中心。"[70] "西方印制书籍的技术沿着贸易的轨迹在欧洲传播，而被印制的书籍本身也成了遍布欧陆的商品。"[71] 对于许多宗教思想也是如此，同艺术一样，早期清洁派的异端教义，连同之后出现的瘟疫，与文艺复兴的其他方面一起成了这一传播过程所搭载的对象。

关于中世纪时在这种商品交换过程中发挥了关键作用的欧洲商人，斯巴福德的著作为我们提供了一个很好的视角。但是他的研究仅限于欧洲，对于超出欧陆范围之外的贸易关系几乎没有涉及。[72] 事实上，东西方之间商品和信息的流通量是巨大的，特别是在 10 世纪伊斯坦布尔和亚历山德里亚的贸易殖民地建立起来以后。虽然在研究贸易活动时，将视角限定在欧洲以内的这种做法是完全可以理解的，但即便这样，也不会给读者留下这样的印象：西方一直处于领先地位，正如其在印刷术和字母文字方面所取得的成就那样。事实并不总是如此。

对欧洲而言，与东方的联系还有另外一层意义；欧洲在贸易和其他方面与东方关系的恢复，意味着与一个非基督教的文化相混合，这种情形类似于文化历史学家贾尔丹和波顿在他们新近出版的书中对土耳其的解释；并且，与回归古代作品的效果类似，关系的恢复意味着欧洲对其他文化和宗教内容产生了更大的兴趣。在印度和中国，阿拉伯人和犹太人就曾长期经历类似的过程。同在更广泛的领域内兴起的怀疑主义一道，[73] 世俗化的趋势，因为与那些有益于科学发展和艺术自由的其他宗教的接触而开始滋生。不过，虽然世俗化与西方对古典文化的发现是同时发生的，世俗化本身并不必然需要一个重生的过程才能进行。垄断性宗教对自由的禁锢逐渐放松，更大的行动自由便可以由此而产生。与外在的刺激一起，这种禁锢的放松也发生在西欧之外的地区，比如欧洲北部的犹太人解放运动（在更早的时期，南方已经采取了其他形式的解放犹太人的措施），那里并没有发生文化上的重生，却也有繁荣。历史学家埃里克·霍布斯鲍姆指出：犹太人在北部直到19世纪早期才得到解放，在一些地方甚至更晚，而解放的发生，就像是"高压锅的盖子掉落下来"。[74] 犹太人突然在戏剧、视觉艺术、科学，在之前不向他们开放的领域中活跃起来。如同更为人所知的意大利文艺复兴的例子一样，犹太人宗教对艺术的控制所导致的反意象主义被清扫一空，进而引发了一场"犹太文艺复兴"。在这场巨大的变革中，对圣像的反对和仇视被对圣像的支持和强调所取代。这场繁荣并不是古代文化的重生、对早期荣耀的回归；因为在犹太人那里，没有具象表现的传统供他们回顾（除了少数边缘的例子外）。绘画和视觉艺术同自然科学一样，是从外部引进而来。相比之下，西方则确实在这些方面对自己的历史进行了回顾。

另一方面则与大学的出现有关。现在，对于现代性而言，大学是一类至关重要的机构，它指明了通向艺术和科学的世俗道路。已经有许多著作论述欧洲12世纪在萨勒诺、蒙彼利埃、博洛尼亚、帕多瓦、巴黎等地，以及13世纪在牛津和剑桥，由教堂（而非修道院）学校发展而来的大学的产生。这一发展被视为欧洲的独特成就，"冠冕上一片夺目的羽毛"。当时的大学是属于其所在地所有本地学者的机构，而不是全球性的（如同"大学"这个词所暗示的）。大学的出现的确是欧洲这一时期发展的一个重要方面，但同样，这一现象并不是独特的。它之所以被认为是西欧所独有的，仅仅是因为西欧之前在知识研究，尤其是高等研究上的衰落，以及对其他社会的无知。在古希腊和罗马，高等研究确实曾在学会和学园中存在。甚至在罗马陷落以后，这些学校依然在直至地中海东部地区的广大范围内维持运行；亚历山德里亚依然在教授哲学，直至查士丁尼在4世纪以"异端"性质为由将其在此地和其他地方一并禁止。但被罗马人部分损毁的亚历山德里亚大图书馆一直存在至穆斯林时代。与其他有文字文明的宗教一样，阿拉伯人在占领一座城市之后的首要任务便是修筑清真寺，建设医院，开设免费学校作为文化教育——以宗教内容为主——的中心，而这往往意味着图书馆的存在。在科尔多瓦，除了这些之外，阿卜杜勒·拉赫曼三世——哈坎二世的父亲，还在各主要城市建立了公共图书馆；在他的首都，学者和诗人们重新在宫廷中或饱学之士家中的"学园"聚集，当时部分贵族女性也有机会参与其中。科尔多瓦还设有医学院、数学学院、历史和诗歌学院等。[75] 在伊斯兰世界，高等学术研究并没有停滞，而是在宫廷中继续发展，比如在艾尔·马蒙位于巴格达的宫廷中，那里有来自希腊的翻译家组成的学校。之后出现了学校，比如建成于10世纪的开罗艾滋哈尔大学。这些学校的作用与稍后才出现的欧洲以及佛教大学类似——开创了伊斯兰世界中的宗教教育传统。11世纪出现于伊朗的伊斯兰宗教学校是由私人赞助而设立、专注于伊斯兰知识的学校。不过，"外国科学"以一种非正式的，而非体制化的方式——医学除外，外国医学依然在伊斯兰医院中存在——在其他地方得以延续。例如：在科尔多瓦我们发现了一座城堡内的图书馆，在这里我们所能看到的馆藏图书之数量比北欧任何一家图书馆都要多。翁贝托·埃科在小说《玫瑰的名字》中所虚构的大型修道院图书馆并不符合当时北欧图书馆的真实情况。在剑桥大学建立之时，其图书馆的规模比起科尔多瓦简直是微不足道，直到15世纪时也仅有几百册图书，只涵盖了当时人类知识相当有限的方面，且这些藏书主要是宗教方面的，用以培养出识字的牧师。有人把欧洲大学的发展看作是关于李约瑟所说的"现代科学"的诞生、关于文艺复兴，以及关于现代性本身的主要变量。但从世界范围来看，大学并非欧洲的独创，其内容也与宗教密切相关。这些大学同样经历了由宗教转向世俗研究的过程。虽然在知识领域受到了更多限制，但教会的影响力依然强大。即便到了 19 世纪，牛津和剑桥各学院的研究员也将自动获得牧师资格。只有拥有剑桥大学卢卡斯教授头衔的人——这一头衔的第二位获得者是牛顿——不从属于某个学院，因此不必担任教职。

大学并非欧洲或伊斯兰世界所独有的——除了它们称呼"大学"的方式。大约在笈多王朝时期（3—6 世纪），佛教印度的那烂陀以及其他很多地方都有大学产生。[76] 汉学家伊懋可在中国也发现了"大学的类似物"，其中最知名的例子当属宋代由政府举办的、以关于数学和医学的考试为中心而运行的"太学"。我们可能会对由政府或清真寺举办的，或者像在科尔多瓦那样，依附于宫廷及宫廷图书馆的一群学者组成的高等教育机构持怀疑态度。但我们没有理由认为在这些机构中，知识上的自由会少于早期的欧洲大学——后者的存在同样与教会、与对牧师及其他神职人员的培训密切相关。

在罗马帝国灭亡以后，高等教育在西方遭到了严重的破坏，但还在东方的部分地区相对平稳地延续。不过我希望避免给读者留下这样的印象：高等教育在西方的彻底中断与在东方的延续形成了强烈对比。位于黎凡特地区的君士坦丁堡也曾遭遇来自诺曼底的侵略者，而这场侵略也导致了高等教育遭受破坏。巴格达的大型图书馆曾遭到蒙古征服者的毁坏，据说蒙古人曾拿藏书来修建底格里斯河的堤坝。因意识形态而遭受的攻击则更多。在很多情况下，不管是在中国、在穆斯林侵占的地区，还是其他地方，图书馆在建成以后都被毁坏。这不只是因为战争，或者"神意"，也可能是出于侵略者有意的安排——比如巴格达图书馆的遭遇；或者是由于该图书馆所包含的知识被侵略者所拒斥——比如哈里发奥马尔对亚历山德里亚的图书馆的毁灭。奥马尔认为内容与古兰经中所记载的神的话语不相符合的书籍都应当被毁掉。这种态度与圣奥古斯丁及其他基督教护教家并没有本质上的区别。查士丁尼因类似的原因禁

34

止了在雅典和其他地方教授异教哲学。直到纳粹之前，西方都没有发生类似的毁书事件。但在西方，很多书籍常常被排除在正典范围以外；图书馆的规模要小得多，英格兰修道院的藏书在宗教改革时期流散于各处（后来被帕克大主教于基督圣体节时在剑桥重新收集），并且——天主教一直保留有禁书目录。事实上，在整个书写文字的历史中，不论是中国还是欧洲，书籍的消失是一个重复出现的现象——图书馆被毁、个别书目被禁、有意地焚书……但在文字文化中，重生或复兴同样会恢复过往成就中某些旧有知识，文字和书写的一项特征就是它们包含着这种复原旧有知识的可能性。

我在前文中提到"整个书写文字的历史"，是因为我们现在正在共同见证一个普遍的现象。不过，自文艺复兴以来，似乎我们或多或少发展到了这样一种地步——在经济上，罗斯托看到了持续的"自我维持的增长"的开始。[77] 知识系统出现了一些波折，宗教势力试图改变对进化论的讲授的努力可以被看作是这种波折的一个例证；政权的控制是另外一个。生产和交换方式一直在发展，技术也在不断进步，虽然有时会遭遇到来自政权和宗教的拦阻。但知识系统总是会被施以明确的限制——这些限制既有来自某一知识领域内部的，也有因外部干预而产生的。我们现在在欧洲所看到的自我维持的增长不仅表现在经济上，也表现在知识体系上，至少在"科学"领域是如此。其他文明也在经历向特定的方向发展的进程，同样也会经历波折，停滞或排斥的阶段。发展进程被中断——至少大规模中断——的阶段已不可能再出现（特别是考虑到通过互联网进行的世界范围内的通讯）。信息和经济的增长无疑是相互关联的；欧洲新产生的大学也许为知识提供了一个不同的、独立的、制度化的环境，技术也许已经发展到了与科学一样拥有无法拒斥的高度成就的地步。也许我们在知识体系上的发展已经到了一种倒退已不再可能的地步。把"自我维持的增长"的概念看作"现代"的特征并不全是误解。现代社会看起来确实开启了一条不同的路径，但并非与过往全然不同。变化同样是早期社会的特征；现代社会也同样会遭遇发展中断或倒退。更为重要的是，现在在某一特定文化单位的发展会刺激另一个文化单

35

位；不同文化之间的交流可以在全球范围内进行，联络和交通方式已变得十分丰富和快捷。

知识的不间断发展可能是欧洲大学自文艺复兴以来的一项特征。这种发展部分是通过知识的世俗化，部分通过其在世界的主导地位，部分则通过经济和科学的发展而取得的。但如果认为这种发展仅仅来自于我们对自身文化历史的回顾、对自己古典文化的复兴，则是十分荒谬的。首先，我们无法以相同的方式来描述所有的领域；艺术的发展轨迹与科学就很不一样。最初对科学的追求导致了与宗教的分歧，促使人们用科学方法探寻与曾被认为是神或超自然存在所言说之内容相关的问题。改变这一状况，就必须采取某些世俗化的措施。在其他一些文化中，科学的发展所需的自由研究探索的空间毫无疑问遭到了超自然存在对某些关于自然世界问题给出的神圣答案的挤压，但这种世俗化趋势也同样发生在这些文化中。拥有更自由的思考和行动空间的时期在其他文明的历史中同样存在。历史学家扎夫拉尼也使用"人文主义"这一术语来称呼伊斯兰世界中的相应时期。在这些时期，宗教在有限的程度上被冷落，由此带来了一定程度的思想自由化——马克斯·韦伯称之为"祛魅"，历史学家基思·托马斯称之为"巫术的衰落"。这一过程在其他领域内也零散地进行着。比如在法律方面，国王的法官依然独立于宗教法庭，但逐渐地掌管了整个司法系统。视觉和戏剧艺术曾被严格的禁忌所限制——在欧洲，直到文艺复兴，只有宗教主题的作品才是被允许的；而将人类活动从宗教控制下解放出来的趋势也在这些领域中表现得最为明显。

我们同样需要评估穆斯林文化对意大利文艺复兴的贡献。其中伊斯兰教所起的作用并不大，不过它作为不同于基督教的另一种宗教的存在驱使人们质疑某些特定教条，这可能多少促进了世俗化的进程。很显然，在具象艺术方面，伊斯兰文化对于欧洲的影响较小，因为在这一领域，伊斯兰教和犹太教直到最近还在持守着的关于表现艺术的某些禁忌，基督教早在关于偶像破坏运动的争论中即已摒弃。本来就允许宗教艺术存在的基督教在文艺复兴时期又找回了古典的艺术类型。因此，尽管伊斯兰教确实影响了欧洲的抽象设计和建筑领域——特别是在威尼斯这样的城市，[78] 它和犹太教对视觉艺术几乎没有产生任何影响。在文学领域，伊斯兰的影响并不明晰。比如，但丁的伟大作品据说是受了伊斯兰教中穆罕默德夜行登霄故事的影响。

另一种文学形式，即小说，曾随罗马帝国一同消失；而它的复活，同样可能是受到了伊斯兰和印度叙事传统的影响。某些形式的意大利诗歌，如十四行诗和抒情诗，可能发源于意大利南部地区，因此受到了高度伊斯兰化的诺曼西西里王室的影响。但最明显的例证是：12 世纪朗格多克的吟游诗人被认为是爱情诗这一体裁的创立者，而他们的风格、内容和韵律均深受西班牙及其他地区伊斯兰成就的影响。爱情诗（加扎勒）实际上是传统的一种特殊类型，被伊斯兰研究者 H. A. R. 吉布称为"伊斯兰世界中真正的人文主义者"[79] 的阿巴斯王朝的诗人们，自公元750 年起开始创作这种诗歌。

哲学等领域则与伊斯兰世界没有太多直接关系，因为，依照哲学家理查·罗蒂的说法，[80] 我们所了解的"哲学"产生于沿古典—文艺复兴这一脉络发展的西方思想传统。事实上，不只是欧洲人，阿拉伯人同样追寻古希腊的知识，直至柏拉图和亚里士多德。在人文主义时期伊斯兰世界将哲学从神学中作了区分，这一举动对于阿拉伯哲学的发展有所贡献。不过，尽管一些作者确实对欧洲造成了一定影响，之后的欧洲传统几乎完全排除了阿威罗伊的阿拉伯哲学（尽管他被称为欧洲世俗思想之父），特别是迈蒙尼德的犹太哲学的内容。[81] 在社会科学领域，历史学家伊本·赫勒敦（《历史绪论》一书的作者）在著作中经常引用亚里士多德，但他的成就直到本世纪依然被忽视，甚至在伊斯兰世界也没有得到传承。总之，欧洲受益于伊斯兰世界和东方最多的领域是"硬科学"，而非宗教或艺术。

无论如何，在其他领域中发现和承认伊斯兰的贡献是十分重要的：我们关于意大利文艺复兴在当代以及过去世界形势中所处地位的思想中，存在着诸多自负、种族中心主义的成分，而承认伊斯兰的贡献有助于去除我们思想中的这些因素。否则我们很有可能会误解科学进步的实质；比如，欧洲中心主义的态度可能使我们在关于医学发展史的讨论中错误地评估萨勒诺或者蒙彼利埃的地位——我们将在第二章详细谈论这一点。问题在于，在欧洲，我们经常用一条直线，将古典时代和文艺复兴——穿过封建时期——以及古典的重生联结起来，这种观念使我们不仅忽略了其他文明的贡献，同样忽视了这样一项事实：由于世俗教育的没落，教会学校取而代之，后者基本上对非宗教的思想与行为方式没有任何关注，因此在许多知识领域，古典世界与文艺复兴时代之间存在着彻底的断裂。当然，近东地区的教育和知识也受到了宗教意识形态的影响；但在伊斯兰世界，宗教在科学上的负面作用相对较弱，部分原因可能在于伊斯兰世界拥有的希腊人文化遗产[82]，但主要原因是城市文化的存续——贸易和学校借此得以继续存在。

"替代选择"（不论是在不同的社会之间，还是在某一社会内部）的观念是极其重要的，因它揭示了文化优越感的非内在性；即，它并不把优势或落后归因于某一文化的不变特征，如天赋、精神或心智等，而是归因于会随时间而发生变化的那些因素。很少有以这种视角写成的历史；我们所读到的历史多数是种族中心主义、在方法论上是本质主义的。

38　　我个人对文艺复兴进行比较研究的兴趣也明显包括政治方面。当代的政治领袖依然在不断强调犹太－基督教文明对于现代世界的贡献，伊斯兰世界则被忽视。欧洲人在审视文艺复兴时不只忽略了伊斯兰世界，同样也忽略了印度和中国的贡献——后二者的某些文明成就通过曾占据南部西班牙到远东广大地区的伊斯兰世界传到了欧洲。印度与中华文明成就的高度是相当可观的，李约瑟认为直到16世纪，中国的科学成就在许多方面领先于欧洲。在经济领域，人类学家白馥兰认为中国曾是世界主要的制成品出口商，直到19世纪"大分流"的出现——依据汉学家彭慕兰的说法。[83]印度在一些方面也领先于欧洲，例如：在工业革命之前的棉花使用与生产；知识领域对"阿拉伯"数字和数学的发明。这些文明并非安坐在原地，等待着被复兴的欧洲超过。恰恰相反，它们对科学、技术和经济的进步做出了自己的贡献，促进了欧洲文艺复兴的进程。但传统上欧洲人描绘和强调的是"从古典时代到文艺复兴"的线性历史，导致非欧洲文化从文明发展的图景中被排除出去。关于其政治后果，我在此处只谈一点：不管是有意还是无意，这种对其他文明的排除促使欧洲人对世界其他地区产生了一种类似种族主义的错谬的优越感。当然，自19世纪（有人认为是文艺复兴）起欧洲人的这种优越感有了事实依据——虽然伊斯兰世界和其他社会可能依然宣称自己在道德方面的优越性，欧洲在经济、军事实力和教育方面已经全面超越了其他所有文明。但以基因/种族的解释为基础，在缺乏证据的情况下坚持认为欧洲在更早的历史时期中一直对其他文明保持着这样的优越地位，这种明显不合理的做法因而也被贴上了"种族主义"的标签。

并不是只有文艺复兴或古典文明之后的历史叙事存在这种种族中心主义的问题。古典时期被认为是一个迥异于青铜时代，甚至铁器时代的历史时期，有别于亚洲，是欧洲所特有的，这一时期开启了欧洲所独有的通向现代化的发展道路。其他文明没有古典时期，没有民主制度（这是希腊人的发明），只有我们欧洲人才有。但事实真的如此吗？推罗的腓尼基人曾有过民主制，我们的字母表也是他们发明的。推罗的殖民地迦太基同样拥有民主制。但迦太基作为希腊和罗马在地中海的敌人，被排除出了古典文献的记载。我在此无意重复文化历史学家马丁·贝尔纳《黑色雅典娜》的主题，但需指出的是：正如该书所描述的闪米特语族在西方历史中被排除出去的方式一样，阿拉伯文明对于文艺复兴的贡献也被忽视。亚洲通过闪米特（辅音）字母表对欧洲信息交流方式的影响被无视了（虽然基督教欧洲的文献是通过这种文字得以成型的）；推罗、迦太基和其他地区的民主也被无视了。我们对古典和人文知识的关注全部都集中在了希腊和罗马社会之上——是希腊和罗马创造了欧洲所独有的、在文艺复兴时期得以恢复的古典时代，从发展的角度看它作为一种文明形式必须同近东和亚洲地区的青铜时代的文化有所区别。

当然，欧洲和埃及与近东的文明之间存在区别。然而像欧洲主义者那样以极端的方式割裂欧洲同这些文明之间的关系，虽然因目前为各样目的将以色列算入欧洲的做法而得到了加强，但也遭到了来自贝尔纳等学者，以及犹太－基督教传统本身的反对。

更为准确的看法是：在古代世界，青铜时代的繁荣发生在包括近东在内的整个地中海沿岸地区，并随着罗马帝国的陷落，以及在某些方面因为亚伯拉罕宗教的来临而出现剧烈的衰退——虽然我们应当平衡看待亚伯拉罕宗教所带来的正面与负面影响。东地中海保持着同东方和中亚的商业与学术往来；欧洲经济的复兴也发生在与黎凡特建立联系之后——虽然和欧洲一样经历了许多障碍，但黎凡特并未失去它的城市文化和与亚洲的贸易关系，并基本上保持了它的学术传统。审视这些非欧洲的发展传统是我们对文艺复兴的研究的一部分。

这样，我们就应当把欧洲文艺复兴看作是包括伊斯兰世界在内的一场更大范围的文化与知识复兴的一部分。伊斯兰世界自9世纪起开始在巴格达翻译希腊文的文献，之后开始造纸，并在巴格达这座如今处于激烈的民间及军事冲突之下的城市里修建了大型图书馆。正如费尔南·布罗代尔所强调的：在8世纪随着威尼斯早期复兴的开始，地中海再次成了交流的节点。9世纪时威尼斯从亚历山德里亚取得了圣马可的骸骨，而在1204年第四次十字军东征毁坏君士坦丁堡的过程中，君士坦丁堡竞技场的铜马被劫掠到了威尼斯用来装饰圣马可教堂。但贸易除了物品（有时是偷盗来的物品，比如圣马可教堂的铜马）交换之外还包含着知识和"文化"的交流。圣马可遗骸被带到威尼斯"代表着这座城市与地中海东部和南部地区进行贸易的能力得到了极大提升，它成了前往圣地的朝圣者们重要的出发站，成了联结欧洲与东方的枢纽"。[84]

很显然，我们必须以与历史学家布罗代尔相同的方式将地中海看作是一个湖泊。它的沿岸不同地区之间即便是在古代也有着频繁交流。我们需要考察的不是某一样特征或物件在古代埃及和希腊，或者沿岸的其他区域之间传播；想想地中海岸边这些靠海为生的人，有什么是不可能的呢？谷物、橄榄油、非洲红陶器……都在交易之列。南方田地的出产供应北方市镇的需求。既然如此，在同一个社会中，难道信息不是同样地在交换过程中吗？欧洲的希腊并不是同现在属于亚洲的土耳其相隔绝的。希腊人当时占有许多爱奥尼亚海岸的重要城市，比如米利都，以弗所，哈利卡那苏斯等，影响着波斯、中亚和印度北部地区。希腊人同位于现今叙利亚和黎巴嫩境内的城市也有交流，当时这些地方居住着说闪米特语的腓尼基人——他们分布在乌加列至推罗、并继续向南至迦南和以色列地区、直至埃及和今天属于突尼斯、西班牙的地域。我们经常将希腊和腓尼基看作是独立的文化单元，某种意义上说它们确实是，但绝不是任何形式上自闭的文化单元。这些人背对高山，以海为生，有着天然的越过重洋的冲动。交换这个概念存在于他们的血液里。他们渴望来自欧洲的金属——和其他所有在青铜时代到来之后的社会一样，金属对于他们非常重要。为了获得金属，他们四处游历，因而对于彼此的政治制度十分了解，而关于特定政府和代议制形态的知识成了一种共有资源。因此，我们应当把地中海地区特定的民主政府类型的扩展，看作是商品、制度和思想交换系统的一部分。

但地中海本身显然不是封闭的。它与近东地区、与伊朗和波斯之间没有界限。伊斯兰教穿过中亚，一直延伸到中国，正如中国的贸易到达近东地区，并在沿途建立殖民地。在整条丝绸之路上也都可以见到基督教（聂斯托利派）和犹太族群，而这条道路后来为意大利贸易商所利
用。因此，中国文化通过许多方式到达了地中海。穆斯林高度认可这条 41
道路对于知识和贸易的重要性。《圣训》中有这样一句话："求知从摇篮到坟墓；追求知识哪怕远在中国。"中国人在巴格达拥有自己的贸易区，而巴格达城的建立者曼苏尔也同西方的查理曼大帝互派使节。然后，近东地区同印度之间也有各样的联系，既有跨越伊朗的陆路，也有途经埃及、埃塞俄比亚和阿拉伯的海路。人们把在埃及遭遇海难的印度船员的故事（印度作家阿米塔夫·高希从犹太人存放废弃书卷的遗迹中发现了他的故事并将之写进了自己的小说《在一片古老的土地上》），以及在阿里卡梅杜和慕撒里斯这些南印度地区的罗马建筑，当作是香料贸易的证据。之后到来的是来自地中海地区、带着各样商品的讲闪米特语的人，以及基督徒中的基督一性论者（他们被认为是由圣托马斯带领而来），[85] 穆斯林定居在西海岸。犹太人居住在科钦及以北地区，后来在开罗发现的文献生动地记载了他们在这些地区的活动。[86]

因此，范围更广的网络影响着文化的转移。纸张、瓷器、火药、丝绸及其他商品，以及信息（比如天文学相关知识），通过自西班牙至中国的广东和北部边疆的广大穆斯林分布区域传播开来；而胡椒、香料、棉制品和知识，如印度数字（即我们所知的"阿拉伯数字"，李约瑟甚至认为这种计数方式——至少"零"的概念——的真正起源地是中国）的传播则是借着穆斯林在印度洋地区的分布网络。纯欧洲的文艺复兴的观念最近遭到了布洛顿的批判，他在《文艺复兴集市》一书中写道："一旦我们开始意识到东方文化对欧洲大陆（从15到17世纪）的影响，那么我们传统的对文艺复兴的理解都将顷刻瓦解。"[87] 布洛顿选取的研究方向是辨明近东地区对于欧洲所发生的事件的影响——这无疑是一个很好的视角。但必须说明的是：问题的关键其实并不在于他们对我们的文艺复兴的贡献，而是类似的复兴是否也发生在了其他地方。

在文化交换网络之间，通信以及商品和思想流通的同时，也产生了其他与之平行发展的事物（如康曼达，一种商人们互相分担风险和分享收益的方式），其中有些是因商业社团内部的细化发展而产生——这些商业社团独立存在，不被包含在宫廷及宗教的等级体系中。这些平行发展中某些特别有趣的案例出现在资产阶级当中，柯律格曾讨论过中国关于艺术鉴赏的文字史料，这类鉴赏活动的出现几乎与它们在欧洲的出现发生在同一时期，所以毫无疑问，这些发展是各自独立产生的。世俗剧院的发展与之类似，这些剧院最早出现在都铎王朝早期的不列颠，比17世纪在日本商人中产生的歌舞伎剧院稍早一些（日本的"能剧"和印度迦梨陀娑古典剧院出现的更早）。精细的美食和花艺文化在中国的产生则比欧洲及近东地区要早。这些文化并非从别处借鉴而来，但它们首先体现了一种有区别的精英的文化，后来则体现了主要由大商人组成的资产阶级的文化。从社会学上讲，这些文化现象的出现所需的社会根基是类似的。

很明显，文艺复兴和宗教改革都是欧洲的历史事件，并且二者都被认为在现代社会的发展中居于至关重要的位置。我当前的研究兴趣并不是试图消减其对于欧洲的重要性，或试图证明它们的起源部分来自于欧洲之外（虽然其中的某些部分确实如此），而是：质疑它们的独特性，进而重新审视它们在世界历史（不同于欧洲历史）中的地位。就当下的目的而言，宗教改革的独特性在这里是一个相对次要的主题。我所关注的中心是文艺复兴，在本书中我也希望将注意力集中于在欧洲以外的地区发生的与文艺复兴类似的活动以及过去人们对这些活动的相对的忽视，并探讨这些结论对于欧洲历史编纂学的意义。现在我将从一个特定的角度开始探讨非欧洲因素对于欧洲文艺复兴的贡献。

第二章　蒙彼利埃与欧洲医学

　　我以文艺复兴早期的欧洲作为开始，并给予了欧洲南部地区特别的关注，这主要是为了展示文艺复兴与其他文化的联系，特别是同穆斯林和犹太人，以及通过这两者与印度和中国的联系。这样的文化传播的现象是广为人知的，但在欧洲中心主义话语下的文艺复兴以及西方学术发展历史极少赋予这一历史现象以足够的重要性——许多人会认为欧洲中心主义话语下关于其他方面的历史也存在着同样的问题。"革命"其实是我们在罗马时代之后的"落后"所导致的结果。我将从医学的历史来展示这一点。我选取的是蒙彼利埃医学院——据说是欧洲最早的医学院，也是最早的高等学术机构之一，虽然其地位与萨勒诺医学院孰轻孰重的问题依然存在争议。由于人们对于意大利文艺复兴在艺术领域作出的贡献的强调已经到了无以复加的地步，因此这项发生于科学技术知识领域的成就就变得非常重要了。事实上，科学和艺术领域都需要我们考察。我们对于在一条巨大的裂缝之后，以世俗形式重生的伟大绘画、音乐、戏剧和小说已经相当熟悉。在科学领域，情形同样如此。

　　泛欧洲地区自青铜时代至文艺复兴的连续发展，和非欧洲的因素对文艺复兴以至对现代社会的重要性，在科学领域比在艺术领域表现得更为明显，因为科学在几个世纪时间内的发展是可度量的。从医学、计时到大规模杀伤性导弹，技术的效率在增长。另一方面，在理论上，知识的进步被自称拥有唯一权威的宗教所阻碍。但如果我们从欧洲科学史的角度来看，欧洲科学吸取了许多其他文字文明的成功，也取得了跨越式的发展。李约瑟已经证明：在文艺复兴之后的西方"现代科学"出现之前，中国在科学领域取得了巨大的进步。印度也取得了重要的成果，特别是在数学和医学方面。与对待其他知识领域一样，基督教对于医学有着某种抵触，因为某些护教士认为疾病是针 44 对错误行为的神圣惩罚；即便到今天也有人这样认为。但其他的亚伯拉罕宗教则对个人和公共健康抱有更积极的态度。伊斯兰建立了医院系统，同时进行医学治疗和研究。这些医院成了欧洲医院的样板。[1]他们利用了盖伦以及其他被贡德沙普尔（一座被阿拉伯人占领的伊朗城镇，在这里希腊传统得以延续）的聂斯托利派基督徒医生所采用的古典医学研究成果。阿拉伯医生和散居在阿拉伯人之中的犹太医生都到那里行医。可以很确定地说，中世纪时吸收了希腊、印度和中国医学成果的阿拉伯医学比同时期的欧洲医学要先进得多。更进一步说，穆斯林医生所编纂的医学书籍（包括教科书）后来成了几个世纪中欧洲医学教学的基础。的确，在早期医学院中，阿拉伯语是必修的语言课程，就像拉丁文在欧洲其他大学中一样。

阿拉伯人对于知识的贡献遭到忽略这一事实，在医学的历史中表现得最为明显。在专家的工作之外，文化历史学家们曾尝试将当前的医学实践同古典时期直接联结起来，并试图排除其他文化对这一领域的贡献。而蒙彼利埃的医学历史很清晰地展示了欧洲医学的发展究竟是一条从当代直接连通古典世界的谱系，还是获得了外部文化贡献的帮助。我将从一位曾在那里学习过的黎巴嫩医生哈利兹所著的关于蒙彼利埃医学院的起源的文献作为开始。他在这部书（出版于1922年）中讨论了各种版本的关于这所医学院起源的说法。蒙彼利埃医学院成立于1230年，在欧洲医学发展过程中起到了关键作用。有人将这所医学院的兴盛视为一个纯粹本地的发展（欧洲人"天才才智"的成果）；有人则认为它的兴盛建立在更广泛的古典知识和实践（当然，这些知识和实践的范围限于欧洲）的基础上。这部书的作者则提出了一个新的视角。作为一位讲阿拉伯语的黎巴嫩基督徒，作者坚持认为不管是在地理上接近穆斯林统治下的西班牙的蒙彼利埃医学院，还是另一家欧洲早期的、地理上接近于穆斯林所统治的西西里的萨勒诺医学院，都深深地受到阿拉伯医学文献和实践的影响。

在罗马时期地中海南北岸之间形成了一个信息流通的网络。北非作为帝国的一部分，向其他地区提供谷物和油，以及艺术作品和自撒哈拉以南地区取得的金子。后来成了马格里布、突尼斯、的黎波里塔尼亚等地区的北非的沿海平原是为希腊和罗马的主要城市中心提供谷物的重要粮食产区。并且，有贸易存在的地方就有信息、艺术和工艺技术的交流，同时精美的锦砖也自南方而来。之前罗马在这一领域当然也有自己的文明，包括从地中海东部的迦太基市镇传来的书写。北方的这种兴趣在后罗马时代依然延续着，东哥特人就取道意大利占领了非洲平原（西哥特人曾做过同样的尝试但没有成功），主要是为了获取这一地区的出产。直布罗陀海峡并不是一个真正的障碍。闪米特人，即犹太人和迦太基人，活跃在地中海岸边的港口城市并且相互之间有贸易往来。不久以后，在饱受信奉天主教的西哥特统治者侵扰的犹太人，以及许多并无往来的西哥特人族群的共同邀请下，欧格白的阿拉伯柏柏尔穆斯林军队来到了直布罗陀海峡一带。和以前一样，闪米特语族的居民依然进行着跨越地中海的交流，在某些情况下甚至跨越了宗教的界限。因此，当疾病是来自于"原罪"这种观念的影响力削弱之后，医学实践就不再局限于南部，而是向北扩散。

在基督教时代的早期，犹太社群已经分散在了地中海沿岸各地，而地中海南北两岸以及更北部的地区都为罗马帝国所统治。比如，波尔多在当时就因其作为移民迁入地而知名，在那里有包括犹太人、叙利亚人和希腊人在内的"东方人"的定居地。[2] 6世纪时，在农业大衰退发生之前，加沙的陶器、油和酒通过马赛源源不断地输入进来。在地中海各地之间当然也有重要的贸易往来，直到汪达尔人在5世纪出现。闪米特社群定居在所有这些地区中，包括西哥特人控制的西班牙。然而，这个之前信奉阿里乌主义的王国在589年随着国王莱卡利德在托莱多改信天主教，开始采取严厉的反闪米特政策，结果导致犹太人向法国移民并欢迎穆斯林征服者跨越直布罗陀海峡占领西班牙。[3]

　　当地历史学家 D. 伊昂库和 C. 伊昂库在他们关于蒙彼利埃医学的讨论中，将蒙彼利埃医学院的正式成立追溯至 1181 年——比哈利兹所认 46为的更早——当时吉尔海姆八世的法令授予该校教授医学的自由。蒙彼利埃因此成为由地中海世界各地的大师所带来的医学知识的中心。古代科学和阿拉伯科学在实践中得以传播，并且多数被犹太医生翻译——特别是居住在托莱多和在 12 世纪从安达卢西亚逃到法国南部隆格多克省卢奈尔镇的犹太医生。[4] 在 13 世纪后半期，犹太医生和翻译家摩西·提本将迈蒙尼德、拉齐、阿维森纳等人的约 12 部医学著作翻译为希伯来文。医学在法国南部地区的发展只是欧洲接受保存在伊拉克的亚里士多德哲学遗产这一进程的一部分。但蒙彼利埃医学院的建立之所以重要，是因为它牵涉到了欧洲的一项变革。最终，欧洲学者得以接触到盖伦的文献，但这些文献材料是由伊斯兰世界保存的。同样地，新建立的大学虽然之前曾拒斥亚里士多德的文献，但在这时也因世俗化的扩展而开始接受它们。

　　卢奈尔是一座古镇，位于蒙彼利埃以东约 20 英里，可能是由因公元前 68 年维斯帕先占领耶利哥而从巴勒斯坦逃亡而来、在马乔湖边的高卢－罗马港口维拉波尔图斯登陆的犹太人所建立。在之后的两个世纪中又出现了一些新的因素驱使犹太人继续离开巴勒斯坦地区。或者在此之前，自公元前 8 世纪起，犹太人就曾作为腓尼基人的贸易合伙人来到法国南部。公元前 9 世纪时，推罗国王曾和以色列和犹大的统治者订立条约（他们是否真的像伯尔纳所认为的那样，最终通过建立合资与海外居住的本民族群体联合起来？[5]），或许他们是随着罗马定居点的设立而来，比如公元前一世纪在科隆和意大利的庞贝。但不论是通过流放还是贸易，犹太人已广泛地分布在地中海南北岸各个地区，并且各定居点之间的交流也在继续。就像布劳顿斯在论及撒母耳·提本时写道，虽然撒母耳·提本的出生地是卢奈尔，"但他在马赛、托莱多、巴塞罗那，甚至亚历山德里亚居住的时间一样长"。[6] 这样的往来迁移不仅有利于贸易的进行，同样有利于信息的传播和犹太民族独特的宗教生活的维系。

没有进行这种迁移的犹太人则通过书信进行沟通。

　　根据犹太历史学家约瑟夫的记载，在地中海沿岸的所有贸易港口中均有犹太人存在。他写道：在罗马时期曾有一个分散的犹太人群体居住在东部，并与腓尼基人有着密切的关系。这些犹太人曾混迹于擅长航海的黎凡特人当中，主要目的并不是传播他们的一神宗教（尽管这确实曾发生过），而是为了商业目的。他们在地中海寻找金属，也在印度和中国建立了商业殖民地。波斯人、亚美尼亚人和后来的穆斯林也有过同样的举动。地中海就像布罗代尔所指出的那样，实际上是一个巨大的湖泊，南北岸之间有着频繁的交流，谷物和油被运到北岸的港口城市，制成品和原料则由北向南流通。从意大利的阿雷佐、法国的格罗法桑克（Graufesenque，又名米约）和里昂（当时称为卢迪南），通过纳尔博纳进口到南岸的细砂陶器只是这些物件中的一种，之后北非制造的陶盆也出口到了北岸。闪米特水手、迦太基人、叙利亚人和犹太人混杂在这些港口之中，当遭遇军事攻击时，由东方逃离而来的难民也涌入这些地方。因此犹太人很有可能由于以上提到的许多可能性中的一种，远在蒙彼利埃医学院建立之前就已经定居在与蒙彼利埃毗邻的城镇——卢奈尔。

　　在基督教时代早期，自10或1i世纪起，就有人从卢奈尔迁移到蒙彼利埃。"蒙彼利埃不应忘记：医学院的建立在很大程度上归功于卢奈尔。"[7] 根据布劳顿斯的说法，在纳尔博纳和卢奈尔都有许多重要的犹太学校，像亚历山德里亚学院那样教授人文学科。真实情形是否如此是值得怀疑的——考虑到亚历山德里亚学院的曲折发展经历。不过，从另一方面说，我们从曾在1160年访问过这些学校的图德拉的便雅悯的评论中可以看出：这些学校的教育内容并不限于宗教和卡巴拉（犹太神秘主义）。这些早期犹太人从事诸如纺织布料等经济活动，但随着第一批被流放者的到来——由于西哥特国王在672年于托莱多改信天主教，进而采取了反闪米特人的政策——他们的活动领域有所扩展。另一些则是1034年从西班牙的穆斯林统治地区逃离的难民。毫无疑问的是，后面这批移民曾受到安达卢西亚的摩尔人复兴的影响，他们把复兴的知识中的一点星火带到了卢奈尔，进而引发了蒙彼利埃的事件。可以确定的是，从安达卢西亚来的难民促进了纳尔博纳和卢奈尔的医学教学，虽然这两地似乎在此之前已经有过类似的活动。在卢奈尔，他们组建了后来被认为是一所大学或学园的"卢奈尔避风港"（一个兄弟会组织）。[8]穆斯林西班牙的影响导致了学者们将阿拉伯文的文献翻译成希伯来文；在托莱多则是将阿拉伯文译成拉丁文。被翻译的资料中包括许多犹太著作和医学、哲学文献。例如，在1212年，来自著名的提本家族的撒母耳既是翻译家又是犹太拉比，他将带阿拉伯文注解的盖伦医典、亚里士多德的气象学、托勒密撰写的马其顿的亚历山大历史以及用阿拉伯文写作的犹太哲学家迈蒙尼德的著作翻译成希伯来文。他儿子摩西的译著包括阿威罗伊的医学著作、法拉比的《原理》、欧几里得的《几何原本》、托勒密的《天文学大成》、希波克拉底的《箴言》、拉齐的一部著作以及休南·伊沙克的一部医学导论。这些译著有时是依社区中的富裕成员——大部分是医生——的需要而完成并由他们付费。[9]但撒母耳也有自己原创的宗教作品。事实上，宗教一直是这个家族成员的思想中的重要部分。例如，卢奈尔拉比阿巴·马里在给巴塞罗那拉比本·阿德莱斯的信中抱怨犹太研究的衰落和人们对哲学的偏好，并表达了对寓意解经的批评。本·阿德莱斯则希望将研习这类哲学的人逐出教会。在这里，虽然对医学的发展有所促进，宗教再一次地阻碍了其他形式的知识发展，特别是由安达卢西亚的穆斯林所积累的、传播到蒙彼利埃、并最终刺激了比利牛斯山以北地区的文艺复兴的那些医学知识。

伊斯兰医学界中有许多重要人物不只依靠古典资料，也从许多其他来源以及自己的成果之中寻求支持。在波斯，拉齐（865—925）总共编写了56篇医学论文，其中有一部分由他原创的论文被卢奈尔的提本家族在13世纪时翻译成了希伯来文。拉齐对如何在诊断中区分麻疹和天花做出了论述，从而用不同方式对这两种疾病进行治疗。通过接种治疗天花是阿拉伯医学的一个重要特征，这一技术在18世纪时由土耳其人带到了英格兰。接种还跨越了撒哈拉传播到了西非，因此在欧洲医学传到当地之前西非就已经有了广泛的接种实践。[10]在伊斯兰世界的西部，西班牙的阿布·卡塞姆（在西方又被称为阿布卡西斯，936—1013）被描述为伊斯兰世界中最伟大的外科医生，他将"理性手术"引进了欧洲，因为之前的解剖实践自亚历山大时期以来已经进入了停滞；他将东方的和古典的知识结合起来，塑造了文艺复兴时期之前的欧洲医学实践形式。作为一位宫廷医生（宫廷是资助医学的主要机构），基于7世纪拜占庭学者埃伊纳的保罗的著作，阿布·卡塞姆编写了《塔斯里夫》（即"方法"）。在12世纪，克雷莫纳的杰拉德在被欧洲人重新夺回的托莱多翻译了这部著作。在此后接近五百年的时间里，这部著作一直是欧洲最先进的外科论文，其重要性超越了盖伦的著作。

在阿拉伯地区的医学从业者中既有基督徒又有犹太人。尽管疾病是上帝施行的惩罚这样的观念依然存在，但基督徒依然有人接受医学训练，因为在基督徒的观念中，也有上帝呼召人去减少世界上的痛苦和疾病的成分。因此，基督徒在医学领域运用治疗技术比在其他科学领域更加容易。医学同样给拉比、僧侣、哲学家以及其他某些人带来了一样生计。健康（特别是公共健康）对于所有政权而言是一项重要的任务，因此，即便在那些认为其他形式的自然知识在全知的上帝之下并不重要的宗教体系中，医学也一直在持续地发展。例如，在犹太教中，医学是"在更广阔世界中的犹太人在获得解放之前就已经充分参与的知识领域"。[11] 在大马士革和巴格达，这些医生因他们的专业技术而非信仰，被挑选进入宫廷中为统治者治病。这些群体中许多人也为伊斯兰医院工作，同时为贫穷和富裕的病人治病，这些医院成了其他许多地方医疗机构的样板。

在蒙彼利埃医学院建立之前，欧洲医学所研究的领域比较狭窄，医学实践也局限在宗教机构，比如修道院医院中。[12] 尽管有时医学会与神学教条发生冲突，但社会总是需要医学专家的存在。这样，法国贝济耶、卢奈尔和纳尔博纳的犹太会堂所设的犹太学校开始教授医学、开展诊疗。[13] 这些学校与进行敬拜和教育的场所有着紧密联系，同西班牙的阿拉伯学术的联系则更为密切。因此，自12世纪开始，蒙彼利埃城凭着与西班牙，更普遍地说与整个地中海地区的商业联系，吸引了许多

49

"西班牙－阿拉伯"医生迁移而来。

蒙彼利埃位于塞蒂马尼亚，法国的地中海沿岸地区，曾经先后被一个早期的西哥特政权和在佩皮尼昂和马赛之间游荡的阿里乌派所统治。在超过四十年的时间里（725—767）蒙彼利埃处于穆斯林统治下，当时阿拉伯军队已经征服了信奉天主教的西哥特西班牙，并向法国西部城市普瓦捷进犯，但在 732 年遭到了查理大帝的祖父"铁锤查理"的反叛。在 8 世纪的阿拉伯统治下（虽然在 760 至 768 年之间欧洲人就夺回了蒙彼利埃），有一个领域由与在巴格达的同族人有联系的犹太人所占据并主导。[14] 通过对阿拉伯统治下直至今天依然存在的基督徒和犹太人社区的观察，我们可以看出伊斯兰对于其他信奉"天启经典"的宗教，比基督教更为友善（容忍）。然而，除了保留着土耳其统治之遗留的巴尔干地区以外，基督教欧洲的疆域内已经没有保持着传统的独立的伊斯兰社区。当然，在当代有许多穆斯林新移民群体来到欧洲，享受一定程度的宽容和非常有限的自治。

塞蒂马尼亚的犹太人是一个有着悠久历史的社群的一部分。他们所聚居的这座城镇一直对医生开放——1084 年，种族隔离的思想才从欧洲北部传来。[15] 图德拉的便雅悯访问过这些社区后，曾提起这些城镇的繁荣，居民们在这些地方主要为宗教的目的而建立学校。他将蒙彼利埃看作是当时拥有最多犹太以及其他研习塔木德的学者的城市。然而，后来的一位访问者，阿尔勒的卡洛尼莫斯·本·卡洛尼莫斯则认为这些地方的知识活动包含有伪学术和所谓的"医生／占星师"因素，[16] 可能是由于这里的学术活动不够正统。南方比北方更有利于犹太教的完整保存和发展，在南方梵蒂冈通过拉特兰会议所颁布的严格规定经常遭到无视，部分原因在于中世纪犹太人的医学的重要性，也在于南方所采取的一种更为开放的态度。例如，贝济耶拥有一个大型的犹太人社区，它的犹太会堂对游吟诗人和后来的清洁派信徒一直抱有友好的态度。在这里有一种反对教会干涉政权，乃至反对教权主义本身的精神。这种名声也是导致阿比尔派十字军于 1209 年在蒙福尔的西蒙指挥下侵入这座城市的原因之一。这次入侵导致了对城中居民的屠杀和之后法国皇室的统治。[17]敌意在北方天主教的统治下存在着；之后贝济耶市议会在1246年决定将请过一位犹太医生看病的基督徒逐出教会（"因为死掉也比欠犹太人一条命要好"）。[18]这主要是宗教的，而非种族的问题，但即便如此，当时修道士和主教们雇用犹太医生给自己看病的事情也是众所周知的。在西班牙，米底人对犹太人友好得多，特别是对经常承担犹太社区的领袖和代表职责——不论是在知识上还是在商业上——的犹太医生；行医也是拉比或其他宗教人物维持生计的一种手段。在蒙彼利埃医学院建立前后，犹太和阿拉伯医生先是在学校附近，之后进入学校行医。尽管犹太医生有自己的传统，他们也从近东、北非和西班牙的阿拉伯人那里学习到了许多医学知识。后来，他们翻译的著作，特别是在托莱多被基督教世界收复以后译成拉丁文和各种方言的那些，被法国和意大利（尤其是帕多瓦）的医学院所采用。

在医学的发展中，阿拉伯的影响起了关键作用，激发了欧洲相关科学研究和实践的复兴。但医学绝非唯一一个受到阿拉伯如此影响的领域。阿拉伯学者们寻求一个框架，以统一自古典模式时产生的知识和后来的宗教教条。如果没有他们所奠定的基础，欧洲向我们所认为的现代化的发展也将是不可设想的（见附录2）。

附录中所列举的教师通过多种方式关注信仰与理性、占支配地位的宗教与更自由的探索世界的方式之间的关系，以及神学与理性甚至科学的整合，除非生命受到威胁，否则没有人会拒斥前者。但信仰、宗教、神学同理性、探索、科学之间的对立是一直存在的，虽然宗教依然很重要，哪怕是对于会计及其他专业人士也是如此。并不是宗教遭到了拒斥，而是"理性"的范围和探索的作用得到了扩展；这标志着知识领域的部分世俗化，进而导致了包括科学和艺术在内的知识增长。

回到医学领域，位于南意大利、与蒙彼利埃齐名的萨勒诺医学院的历史在某些方面与前者有些相似之处。萨勒诺在最初作为一座罗马城镇时就已经享有、并在拜占庭时期继续拥有医学中心的声誉。它在地理上接近阿拉伯统治下的西西里，并两次遭到并且均成功抵御了伊斯兰军队的攻击。但无论如何，阿拉伯医学对这里的影响是十分巨大的。医学院在 9 世纪或者 10 世纪时就已经为人所熟知。[19] 当时有一位被称为多诺罗的犹太学者，他曾是萨拉森人的囚犯。多诺罗曾为萨勒诺医学院撰写医学论文。[20] 萨勒诺医学院在"非洲人君士坦丁"时期开始变得十分有名。非洲人君士坦丁出生在迦太基，他的父母可能是犹太人或阿拉伯人（因此有可能像伯尔纳所认为的那样，他的祖先是归信犹太教的迦太基人）。他曾广泛游历东方，从到过的地方学习医学知识。当他返回到地中海时，他受到了西西里的欢迎。当时西西里已经处在诺曼公爵罗伯特·吉斯卡尔的统治之下。1068 年非洲人君士坦丁抵达萨勒诺，在那里阿拉伯医学已经非常流行——部分原因在于数学家西尔维斯特二世就任教宗（教宗西尔维斯特二世担任教宗之前的名字是奥里亚克的格伯特，他曾在巴塞罗那学习过阿拉伯医学），也由于萨勒诺与西西里临近——我之前已经指出，在被诺曼人收复（在 1061—1091 年之间）之前，西西里被阿拉伯人所占领。这时已经成为基督徒的非洲人君士坦丁凭着之前的旅行经历，已经对阿拉伯医学十分熟悉，当他最终进入卡西诺山修道院后，他翻译了许多著作，引发了欧洲的"中世纪文艺复兴"。[21] 其中有些作品（由于经常缺乏标注，因此被误认为源自基督教或欧洲）在之后几个世纪中被蒙特利尔和巴黎的医学院所采用，非洲人君士坦丁也因此被称作是"西方医学文献的恢复者"。[22]13 世纪后半叶，随着归尔甫派和吉伯林派的斗争，意大利南部出现了知识的扩散，一些学者移民到了包括法国在内的欧洲其他地方，其中最著名的是帕尔马的罗格——他离开萨勒诺前往法国居住。他们带着 10 世纪阿布·卡塞姆（阿布卡西斯）的著作和"理性手术"——基于人体解剖的手术技术，之前这一课题在被亚伯拉罕宗教所主导的地区很难发展，因为这些宗教强调人体需要得到完整的保存，如今在以色列依然很难下葬一具不完整的尸体。因此萨勒诺和蒙彼利埃两所医学院是地中海知识的贮藏室。不只有医学知识从南意大利传播开来。意大利的民族传统食物——意大利面团和丝绸编织业都有可能起源于西西里。[23] 这些因素在巴勒莫得到了弗雷德里克二世的支持，进而传播到了意大利北部城市卢卡（之后是博洛尼亚，北意大利和里昂）。[24] 这片之前属于伊斯兰、之后属于诺曼人的土地对于将要到来的事物更加重要。"作为资本主义发展之必然结果的那些将在文艺复兴时期形成的关于政府的理性实践,最早在西西里完整地出现。"它被称为"第一个现代国家政权,其存在没有任何超自然目的。"[25]不幸的是,这项特征被看作是"对其所服务的社会之内在特点的表现",封建关系和中世纪教会在这里只"偶尔发挥重要作用"。[26]这一描述是正确的;但这种本质主义的推理过程则是不可接受的。它实质上排除了伊斯兰的影响;它认为中世纪西西里精神上的欧洲因素并不比在文艺复兴时期更少,因为在西西里所发生的变化也发生在了其他地方。

邦尼特在他所编写的蒙彼利埃医学院的历史[27]中描述了阿拉伯和犹太医生提供治疗的作用(后者属于被他称为是"卢奈尔大学"的机构)。在法国南部他们曾为哥特人提供医疗服务。在这片商人的领地上,医生被认为是"医生/杂货商",也就是说他们实际上同时担任医生和杂货商的角色。这是1220年罗马教皇的使节、枢机主教吉约姆·康拉德颁布法令建立这所医学院之前的情形。这条法令确实反映了基督教会在天主教占统治地位的时代里的愿望——将之前大部分掌握在外国人手中的医学实践活动转移到马盖隆主教的控制下,医学院的院长即是由这位主教任命的。康拉德之前在法国南部同清洁派信徒有过冲突,但更早先的时候蒙彼利埃勋爵吉尔海姆八世也曾颁布法令保护基督徒医生的利益;其中提到的一些医疗活动在12世纪时就已经出现。但尽管邦尼特承认早期教学活动的重要性,他还是认为阿拉伯文明并没有创新的能力,且无法"支持在医学领域取得实质性的进展",主要是因为解剖的缺乏。[28]所以蒙彼利埃回归到了希腊,回到了这座城市神秘的建立者赫拉克勒斯——有人认为是他预言了一座贸易者的城市的建立。因此这座城市的建立基于希腊式的信念,正如一句谚语所说:"希波克拉底,你以前是希腊科斯人,但现在是蒙彼利埃人。"

这样一篇关于欧洲医学发展的论文所呈现给我们的,是一个种族中心主义和目的论的历史的典型例证。当这种话语的历史在19和20世纪写成时,欧洲医学毫无疑问在世界上处于领先地位,但这种优势被错误地看作是长期的、自希腊罗马的遗产直接发展而来的。这种观念所反映的思想特征，在某种程度上可以说是种族主义的。

在有关欧洲文艺复兴及之后的时期内诸多成就的看法中，上述观念很具有代表性——相关的运动都是基于对古典传统的回归和吸收，从而将阿拉伯和印度、中国等学术传统所贡献的因素排除出去。把文艺复兴变成是一项纯粹欧洲的、孤立的、一次性的现象，表现出的是一种自负的（以及历史主义的）、不尊重其他文化（所有文字文化）之贡献的态度。这种态度不只让我们误读了历史，也会使我们误解文化历史的未来发展路径。十分重要的一点是：所有书写文明的文化都会经历重生（复兴）或改革（重组）的阶段，并且这一进程远未终结。 54

在阿拉伯疆域扩张以后，伊斯兰的医学也获得了发展，特别是以其医院和医生而出名的波斯西南部城镇贡德沙普尔。这里的医生有些来自印度，有些则来自近东各地。事实上，波斯与中国（通过丝绸之路）和印度都有联系。在萨珊王朝国王霍斯劳一世的资助下，许多医生涌向这座波斯城镇；而当时恰逢查士丁尼颁布法令驱逐雅典城中的非正教信徒，导致许多聂斯托利派基督徒逃往波斯和伊拉克。公元 431 年举办的以弗所会议谴责了聂斯托利的追随者，因他们强调基督神人二性的分离而非合一（虽然聂斯托利派并不否认基督是完全的人这一正统信条）。聂斯托利派的影响沿着他们逃亡的道路扩散直至中国（在突厥人帖木儿时期），在沿途各处建立教会。虽然他们讲叙利亚语，使用自己的古典文本，但他们对阿拉伯人的文化做出了显著的贡献，并在当时得到了阿拉伯人的认可。事实上，比起拜占庭的希腊人，聂斯托利派更喜欢征服者——前者曾排斥古希腊的知识传统。当阿拉伯人在 638 年入侵时，贡德沙普尔正在教授包括医学在内的精密科学，聂斯托利派的医生按盖伦和希波克拉底的方式传授医学知识。他们与印度保持着交流，将希腊和阿育吠陀医学结合在一起。霍斯劳曾派他的医生去南方带回印度的医学著作以及《寓言书》（"五卷书"），还有象棋游戏。5 世纪初期，聂斯托利派信徒开始翻译他们在安提阿和埃德萨取得的许多希腊文献。第八世纪时他们又开始将他们的文献翻译成阿拉伯文——在伊斯兰世界中阿拉伯文是写作《古兰经》的神圣语言，因此它开始大规模地取代各种地方方言。有一些居民被召前去治疗在巴格达的阿拔斯王朝统治者马蒙；实际上聂斯托利派基督徒曾担任超过六代哈里发的外科医生。[29] 马蒙曾试图鼓励穆斯林进入这一领域学习，特别是向希腊人学习，他当时提名休南·伊沙克（在拉丁世界被称作约哈尼提乌斯）承担这一任务。伊沙克于 809 年出生在一个聂斯托利派基督徒的村落中，他曾与其他人一起收集手稿以进行翻译，将他一生的时间用在编制柏拉图、亚里士多德、盖伦、希波克拉底和迪奥斯科里季斯等人的著作上。其他从事这项工作的人也大部分是基督徒。巴格达一直都有聂斯托利派的医生居住，那里还有犹太"学园"。甚至到 9 世纪末期，聂斯托利派还有人在叙利亚工作。他们直接用阿拉伯文写作，比如休南·伊沙克本人及默尔启基督徒伊本·卢卡。在巴格达他们曾建立了"一所真正的医学院"，[30] 该学院一直存在至 12 世纪阿拔斯王朝衰败时。而当时新的医学院在叙利亚的的黎波里、大马士革和卡拉克都建立起来，这些医学院主要由希腊的基督徒医生组成。巴格达医学院因蒙古人 1258 年的入侵而宣告终结。[31] 通过这所学校，伊斯兰有了自己的对古典知识的复兴。特别是在医学上，希腊文的文献被翻译成叙利亚或阿拉伯文，休南·伊沙克就以这些语言为盖伦的多达 129 部作品作了注解。在 11 世纪时这些著作当中有一些又被译成了拉丁文，这一进程进一步促进了盖伦传统的复兴。盖伦的其他著作则在大约同一时期在卢奈尔被译成希伯来文。

当然，医学沿着许多条线索发展，产生出了关于公共卫生及其他许多方面的地方性和国际性的药典。但手术在中世纪欧洲（及其他地方）的兴起是非常有趣的现象，因它涉及否定或修改关于身体的宗教性禁忌，因而带来了某种程度的"世俗化"。直到文艺复兴时期，医学教科书在很大程度上还依赖于盖伦在 2 世纪时奠定的解剖知识。盖伦只能解剖猿类，因为由于宗教的原因，人体不得被分解。正如我们所看到的那样，他的著作在巴格达被从希腊文译成阿拉伯文，又通过伊斯兰世界回到了西欧。这样，在萨勒诺医学院作为最早从事人体医学解剖活动的机构，重新开启了解剖教学，并（通过巴格达）复兴了盖伦对于猿类以及阿布卡西斯关于人体的研究成果。不过，虽然这所医学院在所有的领域显然都受到了阿拉伯医学的强烈影响，它的根基在时间上还可以继续向前回溯。在之后的几个世纪，意大利的大学中与人体解剖联系的最为紧密且对解剖学和手术贡献最大的是帕多瓦医学院，由教授罗马法的世俗的博洛尼亚大学组建，并且深受阿拉伯医学的影响。在帕多瓦我们发现了蒙迪诺·德·里尤兹（1275—1326）的名字。尽管在是否是帕多瓦最重要的人物这一点上存在争议，里尤兹被认为是将亚历山大的解剖实践（主要来自希罗菲卢斯，约前375—前280）重新引入欧洲的人物，并举办了一系列公众展示；即便如此，里尤兹并不亲手进行解剖——他在一旁诵读盖伦或盖伦注释者的著作，由一位理发师进行实际的解剖。在1315年里尤兹出版了《解剖学》，之后的300年时间里欧洲医学院都一直在使用这部著作。帕多瓦在1490年建立了一个解剖室，许多医生前往那里学习，包括发现人体血液循环的英格兰医生威廉·哈维。

医学的例子显示了伊斯兰世界对于欧洲科学研究之复兴的重大作用。不过，这种改变一旦发生，就会触发持续和独立的发展，部分原因在于大学、医院和学院学术研究的制度化所带来的那种"自我维持"的发展——与经济运行的特征相同。除了与外部世界的联系和交换以外，在技术方面还有内部发展的维度——"社会进化"。这就是说，当一个文化在生产方面——比如在医学知识、战争或者制造铁器上，达到了一个特定的阶段，这个文化就会倾向于将已经取得的成就作为根基，继续向下一阶段迈进。但只有欧洲因文艺复兴而完成了这种发展模式的制度化。不过，即便是在更早的社会中，这一进程也给其他地区带来了某些类似的发展，最明显的例子是在中美洲地区，在同外部没有任何直接交流的情况下，中美洲发展出了城市文明和书写。[32] 这一时期，欧洲的医学理论与实践在阿拉伯、犹太及其他东方知识的外部刺激下，在医院、诊疗以及图书馆方面都取得了明显的进展；但就内部而言，这种科学知识的结晶不只来自修道院附属的医院为寻找更好的诊疗方法而做的努力；更来自于后来西方印刷术的出现——文字和图表借此得以迅速流传，特别是对于维萨里（1514—1564）的著作。维萨里出生在弗拉芒地区，1529 年在比利时鲁汶学习人文文学。之后他又在 1533—1536 年到巴黎大学医学院学习解剖。因战争的关系维萨里回到鲁汶——在那里阿拉伯医学的影响依然占主导地位。沿袭当时的传统，维萨里在 1537 年发表了一篇论文，重述了 9 世纪时的波斯医生拉齐的著作。之后他又进入有着深厚解剖学研究传统、可能深受萨勒诺医学院影响的帕多瓦大学。1540 年 1 月，仿效阿布卡西斯和里尤兹，维萨里也摆脱了对盖伦的依赖，开始通过印刷术带来的便捷传播手段展示他的独特方法——亲自解剖，从人体上取得解剖学知识，批评性地评估古典文献；维萨里宣称，盖伦的著作用处不大，因为盖伦不能解剖人体，只能研究动物。维萨里之后出版了他的著作《人体构造》。1542 年维萨里在威尼斯亲自监制了书中图画——当时威尼斯这座城市已经对新知识抱有开放态度，之后在 1543 年维萨里带着这部书的印刷版以及书稿前往巴塞尔印制这部著作。他的作品被评价为"对古代知识的人文主义复兴的顶点"，但其实维萨里所复兴的并不只是欧洲古典意义上的古代知识；他所接受的医学训练基于阿拉伯传统以及他自己的细致观察，在此基础上维萨里通过印刷广泛传扬他的研究成果。现在我们能够在维萨里的案例中明显看到的事实是沟通方式的变化对于医学发展所起的作用。印刷机使得维萨里思想与观察的结果得以广泛传播，但在此之前，书写本身对于医学就已经十分重要，比如病历的传播。在中国，省一级的公报会收集医学材料，并印制疫情传播的情况以通报给各个省份。

蒙彼利埃和萨勒诺的医学院并非简单地重现（并在此基础上发展）盖伦和希波克拉底的著作。首先，这些著作部分地由阿拉伯人所恢复；然后，阿拉伯人既在自己的研究基础上扩充了医学知识，同时又吸收了东方的医学成果。最后，古典作者同知识复兴之间巨大的时间鸿沟的出现，部分原因在于占支配地位的基督教的到来，基督教和其他亚伯拉罕宗教严格禁止切割人的身体（因其是按"上帝的形象"创造的），并且用超自然的解释赋予疾病的发生以道德含义，这样，只有当人们对上帝的关切被局限在更小的范围中时，医学的再度繁荣才成为可能。

尽管欧洲的复兴很大程度上借着伊斯兰世界的贡献而得以发生，比如波斯的拉齐等人以阿拉伯文写成的医学著作，以及阿威罗伊对亚里士多德和柏拉图的注释，更不用说阿拉伯以及更东的国家在知识方面原创的贡献；然而，欧洲学者在讨论文艺复兴时，依然抱着一种似乎文艺复兴是直接从欧洲古典知识产生出来的态度，似乎知识的种子已经种植在了土壤之中，只要有了合适的条件就可以自己生长出来。在主流范式中，文艺复兴被看作是欧洲的一次"欧洲式"复兴，人文主义者就是这样看待他们复兴古典的工作，这种思想不但在社会公众中占据主流，而且也代表了许多历史和社会科学学者的观点。欧洲的特殊之处在于复兴的必要——来自于欧洲在医学及其他科学领域中同古典时期的断裂，它因衰落、改教和封建主义而产生。无论如何，欧洲通过回顾过去、复兴古典，已经建立起了自古典到文艺复兴的发展的历史连续性。但事实上这一发展轨迹中确实存在着明显的中断。正如医学的历史所显明的那样，欧洲从过去到当前的这条发展道路是很不平坦的。

欧洲人将医学，或者更概括地说，文化的复兴追溯至古代——他们所认为的直接导向现代工业资本主义世界的起点，其中的原因并不难看出。首先，阿拉伯人自己就极大地受益于希腊——因此很容易"贬低"阿拉伯人的贡献，认为他们不过是信息的搬运工。其次，中世纪的欧洲处处都有古典时代的物质遗迹，希腊文和拉丁文也作为教会供奉圣职和记录时间所用的语言而延续了下来。过去的荣光事实上在北方入侵者的压力下已经消失，而面对着各样的内部矛盾，以及更重要的，随着改信一个严格地控制着世界观的、并且马上将要聚集起巨额财富的宗教，复兴过去的荣光这一希望看起来是很容易理解的。[33] 不过，直接将当时的欧洲与古典时代连接起来意味着需要创造一个纯粹欧洲的学术与文化谱系，伊斯兰，以及印度（通过他们，奥里亚克的格伯特得到了阿拉伯数字）和中国通过伊斯兰的贡献就被排除在外。即便提到它们，也仅仅是将之视为欧洲古典传统的附属物。

格伯特（945—1003）的例子显明了上述观念是何等的荒谬。这种对现代世界中的运算和科学极为重要的数字系统由格伯特通过阿拉伯人引进欧洲，而这种数字系统本身又是阿拉伯地区以东的亚洲人发展出来的。格伯特作为一位大有前程的年轻学者，在967年被伯雷尔伯爵从奥弗涅的奥里亚克派到巴塞罗那附近的维克修道院。格伯特在那里花了三年时间在修道院图书馆中阅读。他钻研的领域有珠算、印度－阿拉伯数字、星盘，并试图填补西方残存的欧几里得几何学中的空白——当时西方仅拥有欧式几何学成果的某些碎片。在研究的早期阶段，格伯特担当了传播阿拉伯学术之管道的角色。从穆斯林统治的西班牙移民至加泰罗尼亚的莫札拉布人带去了阿拉伯学术成果，并由当地的拉丁教会所搜集。之后格伯特在德意志成为一名教师，之后在法国的沙特尔和兰斯任教，"准备迎接11世纪宗教、文学和科学的复兴"。[34] 阿拉伯学术在格伯特研究领域中的角色是显而易见的。格伯特的研究导致了欧洲采用阿拉伯数字，替代拙劣低效的罗马数字，因此对于"现代科学"来说最基本的计算和数学变得容易许多。之后，作为教宗西尔维斯特二世，格伯特利用他的职位以扩大阿拉伯数字的应用范围。

格伯特从事研究的地点非常重要。巴塞罗那曾经在伊斯兰统治下，并在之后依然同伊斯兰学术保持着联系，特别是通过莫札拉布人。当时伊斯兰医学以及科学明显领先于欧洲，一个重要原因在于当时伊斯兰世界的知识传播更广泛和迅捷——由于纸张的使用。那里还有大量的对学者开放的图书馆。在巴格达，马蒙在832年修建了"智慧之屋"；在巴士拉则有"书籍之家"；有纸张供应给摩苏尔的学生；在开罗，宫廷图书馆藏有一万八千卷"外国科学家"的著作。哈里发哈钦1005年在科尔多瓦建造的"智慧之屋"则设有阅读室、付费图书馆，并向学生提供津贴。在西班牙北部的格伯特从伊斯兰的书写文化所达到的深度中受益匪浅。

这种图书馆的网络确保了医学和其他方面古典知识的扩散，以及阿拉伯自身在知识方面原创贡献的传播——后者需要经过翻译的过程。休南·伊沙克在9世纪时已经将盖伦的著作译成阿拉伯文，而欧洲则需要用自己的语言把它们重新翻译回来。非洲人君士坦丁的著作主要是以阿拉伯文写成，在当时也被译成了拉丁文。12世纪时欧洲人从穆斯林手中夺回了托莱多，许多学者因此把托莱多当作将阿拉伯文著作译成拉丁文的基地。比如，为了能读懂托勒密的《天文学》（2世纪时完成于亚力山德里亚），克雷莫纳的杰拉德就曾前往托莱多学习阿拉伯文，因为这部涉及数学和天文学的著作当时并没有拉丁文版本。此后，杰拉德就在托莱多这座穆斯林学术中心城市度过余生，他翻译了约80部著作（有些是在他前往托莱多之前完成的），其中包括亚里士多德、欧几里得和盖伦的作品。 60

翻译的重要性，不只体现在像盖伦这样早期古典作者的作品上，同样也体现在传播其他文化、其他传统所积累和发展的知识上（例如，拉齐的作品）。翻译有一种很有趣的文化作用。它将知识置于所有特定的宗教或文化传统之上；它将知识世俗化、普适化。以这种方式进行的信息交换与贸易者之间的商品交换类似。贸易者并非因对方的信仰系统，而以其交换的能力以及信誉而建立贸易关系。这些贸易者跨越文化的界限，同时转送商品和知识。穆斯林商人出现在威尼斯的运河上，基督徒商人则出现在亚力山德里亚的街道上。在每一座城镇，外国商人都有自己的旅店。他们不可避免地交换产品、技术、文化，以及概括地说，关于思想的信息。因此贸易不仅带来了商品的交换，也带来了信息的交换。基督徒与穆斯林、穆斯林与印度教徒、印度教徒与佛教徒或中国儒家……导致的结果是交易取决于信息的质量——在这里指的是医学知识。

正是这一层面的交流，促使许多平行的学术和成果类型在欧亚大陆各地产生——一般是通过纸张和印刷术所带来的更快捷的信息流通。这种交流却被大多数关于文艺复兴以及人类通向现代化之路的阐释方式所忽略，特别是在被认为对现代世界极为重要的交流方式的变化这一问题上。印刷术被认为是由古腾堡发明，而且据说在此之前欧洲已经发展出了一套独特的字母系统。先前关于古典时代的讨论认为字母表出现在希腊，但主要是由腓尼基人发展出来的。古典主义学者哈夫洛克以及我和瓦特都认为：希腊人对于字母表的贡献主要在于使用，而非"天才创

61

造"，[35] 当然希腊人确实大大改良了字母表系统，但我们之前显然忽略了产生出犹太教（以及基督教和伊斯兰教）圣经的闪米特辅音字母表所带来的广泛可能性。芬利也在民主方面提出了类似的问题：民主制度的诞生归功于雅典，但在亚洲大陆上的腓尼基城市和其他一些地方同样有民主制度的存在。印刷术毫无疑问是中国人发明的，远在欧洲人之先，他们甚至会使用金属活字（只是没有印刷机）。这种早期的机械化书写方式确实是中国人在发展自然科学上的巨大优势之一。至于数字，古典罗马数字系统因阿拉伯（印度）数字系统的引进而被废除，后者的高效为"现代性"奠定了根基，使得计算更加便捷。

61

蒙彼利埃医学院的历史是欧洲学术在这一方面的缩影，不只表现了11、12 和 13 世纪的自然科学，同时更概括地说，也象征了我粗略地称之为"欧洲人文主义"的发展。通过回顾盖伦和希波克拉底的著作，我们可以在智性和技术方面按年代顺序建立一个一直延续至 19 和 20 世纪的欧洲传统，将古典同现代——其中涉及 14 到 16 世纪的那次复兴（意大利文艺复兴）——直接联系起来。但这至少忽视了三点：首先，西欧在黑暗时代及以后失去了大量的知识，部分原因在于宗教的限制；其次，穆斯林传统在文艺复兴中的作用，不仅在于提供欧洲已失去的希腊文献的译文，也在于将自身的文化提供给欧洲；第三，包括印度和中国在内其他传统的成就，不只在医学上，也在科学和艺术等领域的各个方面——从许多方面考虑，我们必须把这些看作是欧亚大陆文字社会的共同成就。[36]

最后，这种"欧洲独特性"的观念部分地基于一种基督教（西方）同伊斯兰教（东方）在文化、文明和宗教上的对比。这种对比模型并没有多少解释力。穆斯林和基督徒之间确实曾有过冲突，穆斯林和印度教徒、天主教徒和新教徒、逊尼派和什叶派之间也都如此。而且在历史上既有小规模冲突，也有过大屠杀之类的惨剧，即便在欧洲及世界政治体系建立之后也是这样。不只在文化之间，冲突同样存在于个人层面。这些世界观被认为是不可调和的。但在人类文明，以及人类个体之间交流同样一直延续着，特别是在市场或非市场的环境下，一个个体或群体与其他人进行交换的场合。交换带来的是合作而非冲突，是跨国或跨文化的知识的传播。对于文化的这一方面，我们需要的不只是一个关于冲突的隐喻，也需要一张流程图，关于欧洲医学发展之"重奏"的研究看起来似乎是个很好的范例。

第三章　宗教与世俗

62　　挑战先前占支配地位宗教的主导作用而引起的一定程度的世俗化，是这种对古典知识的回归运动的一个重要方面。这些作用部分来自于对前基督教时期和异教神话的回顾。这并不意味着在此时期基督教的敬拜活动在减弱，而是说世界变得更加多元、碎片化；并且，古典世界拥有非先验、非超自然的传统。

自从开始拒绝罗马世界的大部分元素，及其诸神崇拜开始，基督教就有了一种内在的矛盾。但这是基督教无法全部避免的。罗马的语言还在继续使用，特别是在教会；关于古典诸神的知识并没有在社会中消失，而是继续存在于历法和天文术语中——比如，维纳斯女神（金星）依然占据着夜空——但也仅存在于文献当中。尽管出于对造像的反对，戏剧无法演出，但特伦斯等人的拉丁戏剧剧本依然被试图学习拉丁语的人阅读——保存拉丁语是为了教会事工的目的，即便在没有罗马遗产的德意志地区也是如此。因此，"文法"学校依然在研习特伦斯的作品，即使是在北方——对他们而言，拉丁文是遭受南方侵略者入侵的产物。以拉丁文这种宗教中的通用语言所诵读和创作的诗歌也是一样，罗马诸神的名号依然在其中延续。一些基督徒，比如希波的奥古斯丁和圣哲罗姆，确实曾试图消灭异教文学，代之以纯正基督教的诗歌和散文。[1] 不过，虽然有以上种种趋势，当时不论教会内外，拥有识字、读写能力就

63　　意味着掌握拉丁语，因此教士依然可以读懂早期的异教文献。的确，欧

洲古典文献曾被长期忽略，直到意大利文艺复兴——这场运动甚至可以说是开始于古典时代，当时的收集者们已经开始整理更早期的手稿；文艺复兴的历史也被人详细地记录下来 [2]。对这些文献的保存和重新发现的故事构成了欧洲书籍之延续历史的重要部分。这种对古典文献的收集并不必然意味着对宗教的排斥（虽然欧洲后来确实在某种程度上产生了这样的趋势），而是源于文化精英从书籍方面，对过去的时代中，因读写能力而产生的文化成就的关注。但无论如何，在基督教时代，拯救古典文献的问题变得更加严重，因为相比之前的时代，古典文献在当时并不被欣赏，人们为保存这些文献所做的努力也相应地减少。不过一些图书馆依然继续保存着古代的书稿——其中多数是修道院，而非富人的私人图书馆。突出的古代文献收集者有 6 世纪时在意大利卡拉布里亚的维瓦利姆建立修道院的卡西奥多罗斯；之后在加洛林王朝时期，学校教育和学术有了更为广泛的传播，激发了人们对于古典文献更广泛的兴趣。因此，识字能力导致关于古代诸神和古典文学的知识在中世纪一直悄无声息地延续，在每一次复兴运动中得到更新、复兴和扩展，直到意大利文艺复兴的时代。

这样，部分因为拉丁语作为交流的语言被继续使用，部分因为罗马文明遗迹在欧洲的持续存在，古典世界从未远离人们的眼睛和耳朵。那个世界是异教的、世俗的，因此它的成果应当被敬虔的人所拒绝。但书面文本的存在却意味着那个世界无法被我们彻底忽略，因此在欧洲，古典学术从黑暗时代到中世纪一直是一个隐含的主题，在历史中不时迸发出来，比如加洛林时代和安达卢西亚所引发的 12 世纪的复兴运动。这些复兴运动没能持续，激发这些运动的动力本身也都消失了。意大利文艺复兴则延续下来，其原因在某种程度上如伯克所说，[3] 在于印刷术在欧洲的出现——当时识字率的大幅度提高在欧洲已经成为可能；也在于大学对学术的制度化。

从目的上说，意大利文艺复兴是对古代文化的复兴，是罗马文明的重生，其起始于 14 世纪三四十年代的彼特拉克，或者更早，起始于乔托和但丁的时代——他们的兴趣并不全部在于"中世纪"。并非所有人都以同样的态度迎接这场对古典的回归。比如，多米尼奇，一位重要的枢机主教、外交家和反人文主义者，在他 1405 年撰写的论文《夜的清晨》中，以一种与早期基督教相同的态度，将对古代文化的回归看作是向异教的回归。[4] 尽管如此，多数知识分子和艺术家依然在努力寻找古典模式。

这一切在以前都曾发生过。早期基督教对于古代传统的拒斥曾导致拜占庭出现过一个"黑暗时期"，使得古代文化成果遭受了毁灭性打击。从 7 世纪中期起，对世俗文学成果的兴趣已经完全消失，[5] 在关于反偶像崇拜的辩论时期，世俗文献也无法被复制。在 9 世纪的转向之后，在之前被称为"第一次拜占庭人文主义"的领域逐渐出现了某些学术活动，第二次则是"巴列奥略文艺复兴"。在这里，我所使用的"世俗"一词意味着人类活动的领域，并不必然暗示着排除所有对超自然权威的参照。即便在更简单的社会中，大多数人都处在这两者之间。在当前的讨论中，人们时常忽略了对分类研究方法的采用，而是顾此失彼、试图将其中某一种趋势进行普遍化。[6]

意大利文艺复兴再一次引发了某些世俗主义和思辨的倾向。根据鲍斯马 [7] 的说法，这种倾向在彼特拉克之前的时代就已经（在帕多瓦）产生——以阿维尼翁的教宗的宫廷为根基。而彼特拉克的"主要贡献在于将之前的一场世俗运动进行了基督教化"，[8] 人文主义因而得以繁荣壮大，但是对于意大利城市国家的吸引力却下降了。"在他们恢复和掌握古代语言和文学的努力下，人文主义者们不可避免地开始建立一个自主的世俗文化的根基"。[9] 他们刻意地与高等学术机构保持距离——这些机构多数都与教会有关；他们还"将经验置于神学之上"。[10] 他们甚至将罗马共和政体当作理想模式，有人认为这种政体到英国内战时已为人所熟知。[11] 的确，博洛尼亚大学的建立是为了教授罗马体而非教授教会法律，主要是为城市管理和贸易而非教士阶层的需要。博洛尼亚大学后来又在帕多瓦建立了大学——帕多瓦是一座重要的贸易城市，与帝国政权（吉伯林派）而非教会权威（归尔甫派）有密切的关联。[12]

在一神论的亚伯拉罕宗教信条到来以前，宗教活动（即罗马的异

教）并不像基督教那样是一神论的，而是崇拜诸神。人们对多神论和
异教的普遍认知可能会导致在某个重要方面的误解："多神论"、"异教"
这些概念经常促使我们认为罗马的神庙中固定地供奉着各个文化所崇拜
的神祇，罗马宗教是一套具有内在一致性的稳定体系。事实上，如果我
们深入罗马的内部来观察，就可以看到这种观念与实际情形相去甚远。
罗马异教中确实存在着某些固定不变的因素，但异教在超自然方面不断
地有新发明出现，新的崇拜对象冲击旧偶像，而罗马异教的世界观则容
许不同观念的存在。这与基于书面文本的一神论宗教及其与政权的紧密
联系构成了强烈对比。

　　造成二者之间区别的原因部分在于有文字文明的宗教的发展趋势。
如果人可以看到此类"文字作品"，那么他就会陷于对文本的回归当中。
这就导致了一个我在早先的讨论中所提到的一个问题：书写文字会促使
人们做出一个二元论的选择。举一个日常生活中随处可见的例子：当我
们为购买蔬菜和水果列出购物清单时，我们必须把西红柿归类到蔬菜或
水果的一类中，虽然在口语对话中，西红柿在不同的情景下有时被看作
蔬菜，有时被看作水果。同样的情况更多地发生在抽象的概念上，文字
书写的意识形态为了内在一致性的缘故，必须有明确、独一的归类。比
如，在关于进化论和创造论的观念中，口语文化不会在这方面进行这样
二元论的划分。当代社会对于人类在这个世界上的出现是基于进化还是
创造，有两种完全不同且互不相容的解释方式，而在口头传诵的故事，
比如加纳北部的巴格里文化中，有些版本的故事可能强调上帝对世界
的创造，另一些则强调人类自身的贡献。[13] 一致性在这些文化中并不重
要，因为我们根本没有办法通过回顾的方式去检查。口语中保存的记忆
总在改变。

　　虽然如此，但文本的确定性在实践中也可能被读者的怀疑所动摇，
最终可能导致观念的重构。对于宗教，这种怀疑可以以"回归圣卷的真
正含义"的名义而获得正当性。这类怀疑是对超自然——不论在书写还
是口语文化中均存在——所持有的不可知论态度的基础，虽然书写更有
可能产生出一个明确的意识形态。从而，即便是对于支配性的宗教，文

本也无法完全限定信仰的内容；一些模棱两可的材料，比如"伪经"反映了这样的事实：宗教意识形态无法完全压制人以其他方式探寻宇宙问题。当然，罗马和希腊宗教是文字性的，东方宗教也是，但这些宗教是多神论的，且并不以与基督教同样的方式占据垄断地位。

然而，任何信仰系统都包含着潜在的矛盾与缺陷，并导致信徒会众产生怀疑——每位信徒对于"神圣"的存在都有自己的经验，在他们被教导的教条上加入自己的注解。但尽管其他选择——如清洁派——有其出现的空间，占据支配地位的势力总是倾向于广泛地主导关于知识和政治活动的思想，尤其是这种主导地位被一个无所不在的有权势的神职人员层级组织所强化的时候，例如早期基督教时期。

这样，书写文明继续向我们展示着它既确定又充满怀疑，既运动变化又保守的特性，这些矛盾的方面之间平衡的方式因时代而异。一方面，用书写记录下的知识更容易被检视、被反思并更正，比如某些早期的综合性文献，比如古代埃及的专有名词表和宋代中国的百科全书。人们可以继续依据他们自己的经验来修改这些文献。另一方面，书写也可能带来某些固定的观念，因而导致对变革的拒斥，特别是被看作由神或者与神有密切关联的人物所写成的宗教文献。因此，今天的基督徒引用的是大约两千年前成书的文本，犹太教徒宗教文本的历史更长，穆斯林的则要短许多。在一个纯口语文化中，意识形态会或多或少随着社会中其他层面的运动而逐渐发生变化，但在书写文化中，宗教教条的陈述则是固定的，其改变只可能通过人们有意的舍弃或者重新阐述。

当一份文献以这种方式提及过去的时代之时，与过去相关的部分和论及当下发生之事的部分之间会产生裂痕。瓦特和我认为这一情景出现在希腊人写下他们的神话之时；随着时间流逝，过去与当下之间的鸿沟在扩大，当古代文献的内容被认为是不妥当的时候，怀疑主义就会产生出来。[14] 这些古代文献不但被认为不能代表当代，而且甚至也没有向我们提供令人满意的关于过去事物的陈述，除非将它们视为"神话"而不是"历史"、以"寓意"的而不是字面的方式来阐释。这种过去与当下的裂痕大小并不是固定的；很显然，一些故事和观点在视角、道德观和世界观方面更具有特定的时代性；另一些则可能更加宽泛、更加普遍，因此在应用上也更具普适性。

这类怀疑主义事实上是一种指向世俗化的趋势，虽然我们可能不会67以这种方式来看待它。这一趋势在古代既已存在。关于修昔底德，芬利写道："从最基本的意义上讲，历史是一件人类事务，可以完全地用已知的人类行为模式来分析和理解，超自然的干预则是不必要的。"[15] 同涉及"万军之耶和华"或导致君士坦丁归信基督等与主张自身对于生和死拥有独一且至高地位的支配性宗教相关的历史事件相比，修昔底德的方法显然与之有明显的区别。不过，就像我们之前所说的，即便是在宗教信仰最严格的地方，怀疑主义的因素也不是完全缺失的。

怀疑主义和世俗主义的问题在对自然世界的研究中尤其重要，在这些研究领域中，宗教正统（许多个世纪前写下的圣卷中的文字）和科学家及其他人当下的观念之间的冲突并非仅涉及过去。这个问题在美国的基督徒中、在许多穆斯林和正统犹太教徒中依然存在，对于所有拥有主导性的世界宗教的社会来说，这是一个普遍存在的现象。用米尔·侯赛因尼和泰普尔的话说："（伊朗的）现状是两种普遍存在的张力最近的一次大爆发：宗教与世俗，以及专制与民主"。[16] 民主一定程度上涉及世俗性（并非不可避免，但确实是一个趋势），因为人民的统治一般都意味着世俗的现实，而非先验的权力。这并不是说议会机构与宗教无关，如在清教时期的英格兰议会就认为自己是受上帝的指引；而是指在决策时，不论在政治还是宗教上，这些大众代议机关可能会偏离正统——而正统需要由一定程度的威权才能维系。无论如何，就像讨论何种形式的政府是现代民主一样，科学及其他领域中对知识的自由探索也需要一定程度的世俗化。在宗教信仰没有分散化、世界并没有部分世俗化的地区——例如北爱尔兰的天主教徒和新教徒或伊朗的什叶派和逊尼派——进行这样的探寻是困难的。不过，即便是在世俗性占主导地位的社会，宗教冲突也会以较为温和的形式表现出来，这些冲突经常会使得宗教导向的学校的教育发生改变。

神学也因此与哲学形成了对立。依据勒南（2003）的说法，哲学曾在伊斯兰世界的核心领域得到推崇，但从 1200 年之后，神学占据了统治地位。在欧洲，希腊被认为是哲学的发源地，第欧根尼·拉尔修[17] 认为泰勒斯（前 624—前 546/5）是第一位哲学家（泰勒斯是爱奥尼亚人，因此其实哲学的发端是在亚洲），而雅典这座城市则是"哲学之母"。与神学不同，哲学代表着一种世俗的、"理性"的信条，它在中世纪时与神学产生了冲突。甚至从第欧根尼开始（可能也包括安提西尼这位拒绝任何宗教的无神论宣传者），以犬儒主义的形式发展出了非信仰、非宗教的观念。犬儒主义提倡一种流浪的、苦修式的生活（这被认为是获得快乐的方式），攻击一切固有的价值观念，并且发展出了一套以讽刺见长的文学体裁。罗马皇帝朱利安并不认为犬儒主义是一种哲学，而是人类在过往时代中已经实践过的某种事物，是一种世俗主义，一类人性固有的特征，一种生活方式。[18] 反对意见认为，虽然犬儒主义在严格意义上确实从未成为一种哲学派别，但犬儒主义者们的一系列信条确实有同样的起点和终点。持后一种观点的人在看待清洁派和无政府主义的时候也抱有与朱利安类似的态度：它们是犬儒主义在古典时代之后新的表现。或者说，这种思想所具有的反权威、反奢侈生活的因素是精英社会中许多政治或宗教的（反文化的）反对运动的特征，同时也是在人类生活中和宗教一样普遍存在的不可知论的体现。[19] 从这方面来看，这种态度既是异教的，又是怀疑论的，从而提供了一种与亚伯拉罕宗教及其他宗教有关的"唯心论"阐释相对立的世俗方法，尽管犬儒主义、不可知论很少像这些宗教一样取得主流地位。世俗主义与唯物主义（同样被看作是由泰勒斯所开创）的关系是很明晰的，那就是按照其逻辑推演到最后，二者都必然否定任何超自然的解释方式。在口语文化中寻找这些思想是毫无用处的，因为超自然解释是这些文化中不可缺少的一部分。这并不是说这些文化中的个人没有可能持有某种不可知论的想法，事实上某些特定领域，如农业生产，可能部分地排除了超自然的解释——就像马林诺夫斯基[20] 通过特罗布里恩的案例向我们展示的情况那样——宗教或者巫术只应用于部分活动。[21] 然而，只有在书写文明中，我们才可以哲学的方式讨论这类思想，可能是因为只有这样我们才能把它们当作外在的、可以经历时间和空间的变迁而存留的物体来阅读；也部分地因为书写会促进（可能是产生）哲学作为一门学科所固有的那种反思性。事实上，泰勒斯就经常以这种方式回顾过去的著作。查伯奈特[22] 的哲学史系列中最近出版了关于唯物主义的著作就记录了这位作者，但之后又说这门学科在 1 至 7 世纪之间事实上已经消亡了，直到文艺复兴时期才有了某些重新出现的苗头。这种说法印证了我关于这一时期西方社会情况的论述，但查伯奈特的问题——同时也是多数西方哲学家的问题，在于他没有考虑任何其他的文明，虽然已经有著作提到印度的唯物主义（顺世论），李约瑟就认为这种思想的出现对于中国科学的发展是十分关键的。除了后希腊时期的欧洲，没有任何一个社会被认为曾有过物质主义的（或世俗化的）信条，或者说，根本就没有"哲学"。这是一种彻底的种族中心论的观念，是对于工业革命之后的发展所做的目的论的解释，也是我们需要仔细审视文艺复兴是否为西方独有这一课题的原因所在。

有时，泰勒斯不仅被说成是哲学的开创者，也是"理性的发明者"——就认为人类智性的能力足够让我们了解世界这一点而言。[23] 这种论调的前半部分显然是错的，后半部分也不必然如此，因为像泰勒斯这样将一种信条、甚至只是一种态度用文字书写下来的做法，是一种将之普遍化、明确化的方式。这是第一次有人宣称知识独立于神话或宗教。[24] 查伯奈特将这种现象的出现与奴隶制社会的主导地位联系起来，认为其产生的原因是精英有了足够的闲暇来进行哲学思索。而我更倾向于将这种思想的繁荣看作是小型城邦中商业文化的进一步发展，和极大促进了知识传播的有着更成熟形式的文字共同作用的结果。依靠橄榄生意赚钱的泰勒斯据说曾进行过多次兼具商业和科学目的的航行。希腊经济发展的主要推动力并非奴隶制的出现，而是手工艺品贸易和寻找金属的商业经济推动了爱琴海经济的发展，这与大部分东地中海地区、甚至可以说是同整个地中海地区的情况一样。对前者的强调可能导致了对后者的忽略。[25] 这个以航海文化为中心的商业政权导致其与其他文化之间产生了许多联系——不论是与腓尼基（从那里得到了字母表及许多其他文化成就），菲西人在马赛的定居点，5世纪时从希腊福基斯岛北海的航行，以及不间断地向爱奥尼亚（小亚细亚）、波斯帝国和埃及的迁徙，都让希腊人接触到了科学和古代近东地区各大帝国的其他方面的文献。

70　促使腓尼基人在迦太基、西班牙、西西里和撒丁殖民以及与康沃尔进行贸易的动机与此类似，与腓尼基人建立这种关联的，是亚洲海岸上与其相毗邻的其他闪米特人。远在被强制离开故土的"大离散"发生之前，犹太人就已经和腓尼基人一样，散布在地中海各个地区，在许多商业定居点与其他民族的居民混居。这种商业活动并未终止。希腊船主如奥纳西斯、意大利贸易商如马可·波罗、葡萄牙探险家如达伽马、西班牙航海家如哥伦布，以及印度洋上的穆斯林船员，他们的活动都与地中海过去的航海和商业历史有渊源。在这个地区的城邦之中产生了相对独立的哲学家的著作，包括发展出了部分怀疑主义和不可知论思想的"唯物论者"泰勒斯——怀疑主义和不可知论在口语文化中就已经出现，但需要通过书面的形式才可能成为一种"哲学"。

不过，希腊人本身并不像某些现代护教学家所认为的那样，没有对自由地探索和研究世界一事施加任何精神上的限制。巴比伦人计算一年长度的方式比其他的方法都更精确；米利都的阿那克西米尼（约前545年）获准在斯巴达的首都设立一个日晷进行研究。与此同时，他的学生阿那克萨戈拉离开安纳托利亚的克拉佐门奈，前往在伯里克利的统治下负有盛名的雅典。[26] 他在雅典传授知识，但当他谈到天体之时，"迷信的雅典人"由于他在谈论太阳时的"不敬虔"，对波斯的支持，而对他进行了审判。阿那克萨戈拉因此被迫逃亡——不过伯里克利救了他。在雅典，对天文学的研究成了非法活动，但"东方仍然在提升他们的科学成就"，这也是奥姆斯特德认为波斯拥有"没有神学的科学"的原因。尽管不像在亚伯拉罕宗教占主导地位的地区，雅典对于知识探索依然有限制。

尽管泰勒斯和赫拉克利特都致力于在不通过超自然这一中介的前提下探索自然，但他们在解释世界时，同样是站在一种一元论的立场，前者把水看作是万物的本源，后者则认为是火。因此，他们看待自然的方式与神话类似。科学探索要求开放的研究方法，排除超自然因素则有助于实现这一点。虽然"理性"的希腊人也崇拜圣殿和诸神，但他们并未试图在与自然相关的问题上采用一种霸权性的立场。中世纪时的基督教却是这样，这也是为什么意大利文艺复兴对宗教施加作用之范围的限制是如此重要，不论对科学还是对艺术。回顾古典理论和实践对于这一过程具有极大的意义。

在泰勒斯之后是阿夫季拉的德谟克利特（前460—前370），原子理论的创立者。德谟克利特认为世界是由微粒（原子，或不可分的粒子）组成，因而在自然研究中有效地将超自然因素排除了出去，通过世界本身而非外在于世界的超自然因素来解释世界。在雅典成就的巅峰时期之前，德谟克利特曾广泛地游历埃及和波斯等地。这时也是医学和数学兴盛之时——至少在作为两门知识领域的探索上（知识的分类同样发生在这一时期），这两个学科都基本上从超自然因素中得到了解放。这并不是说超验的教条不再存在，不论是在理论还是在实践层面。在理论方面，苏格拉底就选择了超验的方法，而在实践中，人们依然选择包括依靠诸神在内的任何他们喜欢的方式进行医疗。但科学还是在这一时期发展了起来，部分地与超自然因素相分离。

德谟克利特曾宣称"我们所知道的只有人"，一般认为他曾因自己对天文学的兴趣而到访巴比伦及其他国家。德谟克利特还总结说"现实中，只有原子和虚空存在"。作为一名学生，德谟克利特在东方受到了欢迎，学习到了纳布·利曼尼的研究成果，之后他将巴比伦人的科学发现带回给了自己的同胞，然而，那时雅典依然是"科学的贫瘠之地"，"对科学的偏见依然很强烈"，德谟克利特说，"我返回雅典，却无人认得我"。[27] 科学的天文学之父、欧几里得的导师——尼多斯的欧多克索斯继承并发展了德谟克利特的天文学研究。欧多克索斯是柏拉图的学生，曾在埃及学习很长时间，因此也深受东方数学家们的影响。但柏拉图之前则是苏格拉底的学生，苏格拉底认为对天文及其他任何知识的研究都是没有用处的——如果上帝并没有让人了解那些知识的意图。即便是在希腊这样的"异教"社会中，虽然没有亚伯拉罕宗教的存在，超自然的影响依然限制着人们对自然世界的研究。这种反科学的态度与影响了东方的东方科学在许多方面都是极端对立的。因此，科学肯定不是从欧洲开始的，更应被视作是跨地区的、国际性的产物。

德谟克利特原子论、怀疑主义的哲学被雅典的唯物论者伊壁鸠鲁（前340—前270或271）所继承。伊壁鸠鲁一家曾移民至小亚细亚的萨摩斯，他和他的父亲都曾在那里担任一所学校的校长。伊壁鸠鲁的教导在罗马时期——特别是通过卢克莱修和菲洛德穆等人——得以广泛传播，直到罗马帝国终结和基督教来临的时期。他所坚持的原子论使得他对宗教和神话持有深刻的批评态度。在他看来，物质本身以原子的形式得以存留，构成了宇宙永恒不变的特征，因此不需要某种超验的存在来创造世界。抛弃对超验存在的观念能使得我们摆脱恐惧。

所有这些对于基督教而言，都是大逆不道的观念，基督教以一种霸权性的方式将其创造论的世界观施加给其所统治的地区。独立的研究已不再可能，哲学现在应当为上帝服务。[28] 有一些思想家甚至在伊斯兰世界也被称为"异端"，比如欧玛尔·海亚姆（1040—1123），某种程度上阿威罗伊（1126—1198）也是。后者是亚里士多德主义学说的忠实阐述者，被正统穆斯林所谴责，但被苏丹所赦免。在西方基督教世界，也曾有过试图从宗教正统之下争取部分学术自由的努力，特别是12世纪时沙特尔的学院曾经试图将哲学与宗教相分离。孔谢的吉约姆撰写了对《蒂迈欧篇》的评注，试图将柏拉图与基督教信仰相调和以更好地理解自然。培根（1212—1290）以同样的方式将信仰与自然的因果律相调和——通过获得一种"有条件的自由"以研究后者。他们都援引了柏拉图的思想。13世纪时布拉班特的西格是一位亚里士多德主义者（被指为"阿威罗伊主义"），他引发了人们对基督教创造论在哲学方面之矛盾的注意。其后继者（有时是教会本身）则希望通过希腊资源来改革教会的思想。在他们当中，14世纪时在巴黎人文学院任教的奥特雷库尔的尼古拉曾被传唤至阿维尼翁为他的论文作辩解，他的论文包含接近伊壁鸠鲁思想的一条命题："从无中无法产生有"。他在阿维尼翁入狱六年，最终表示收回他的言论，他的书籍则被焚烧。这一异端因此被正统教会的权力所消灭。

科学，至少其方法，被吸收进了唯物主义的学说之中。一直有人认为科学就是唯物主义的，而唯物主义则是唯一与科学相适应的哲学。这是将实验科学从神学中解放出来所必不可少的一方面——现代西方科学所使用的依然是 7 世纪时的自然主义方法。这也导致了法律上的平等主义——超验的世界观对不平等的捍卫已经倒塌。不过，这一趋势虽然与无神论在逻辑上是一致，但并没有完全排除自然神论或泛神论；这种思想也并不像很多人所猜想的那样会危害道德；事实上，当代"人道主义"就试图填补这一空缺。尽管有"智能设计"，尽管许多作者暗示了类似的训诫，但宗教并不是所有人类活动都必然包含的因素。的确，唯物主义的历史是由对思想家的酷刑、杀害、流放所构成的，他们事业受阻，生计无法维系，被占支配地位的宗教所压制。唯物主义与宗教的竞争经常集中在对学校和大学的控制上——这些机构是（书面）思想产出的中心，是下一代人接受培育的场所。

伊斯兰世界的立场向我们显示了一个典型的霸权性宗教政权及其与世俗产生的政治冲突。占统治地位的伊斯兰教和政治权力之间一直存在着某种对立，比如，逊尼派的哈里发必须采用实用主义的统治措施，而这经常无法满足伊斯兰教的原则。对于任何宗教，这种冲突都是不可避免的，而这也解释了为何即便在有霸权性宗教的国家也时常出现世俗政权。实际上，不将宗教与世俗进行区分的政权是十分罕见的。这并不是说政权本身已经完全世俗化；它们依然遵循着宗教的某些重要原则，但会将教会法和民法区分开来。虽然宗教生活的原则并不允许，但在基督教欧洲，这种区分一直在发展扩大。宗教是霸权性的，它试图控制一切。民主中代议制的概念，意味着法律——进一步而言，在理论上，意味着人的行为——可以被代议机构依据特定情境而非宗教原则所做的决定而改变。但在威权国家，超自然权威的要求与现行政策之间也会有分离，因此这种对立在这些国家中也同样存在。当然，这种对立还会在其他非霸权性宗教所流行的国家中存在，比如印度，政治经济的因素与宗教纯洁的要求之间，或者说，在种姓制度下的刹帝利（战士，地区统治者）和婆罗门（祭司，神祇的代表）阶层之间也时常会有冲突产生。世

73

俗统治者与神祇的代表之间存在着一种分离的关系，但其烈度远比不上规范的一神论宗教占统治地位的地区。

在文艺复兴以后，西方通过将宗教"人性化"以及限制宗教发挥作用之范围——比如主日的教会敬拜——这些办法，部分地解决了这个问题。但这对于穆斯林而言并不是一个有吸引力的办法。多数伊斯兰学术都受到了西方启蒙运动之后的世俗哲学的直接挑战，直接威胁到穆斯林文明的根基。不过西方当时并未抛弃对上帝的信仰（虽然到 2007 年时，在法国已经有百分之三十的人不再信仰上帝），但这种信仰被理性化了，将自己限定在更为狭窄的领域之中。虽然"现代主义"以及在那之前，某种形式的人文主义已经在科学领域发展起来，但总体而言，宗教影响力消减的过程并未在伊斯兰世界里发生。西方将部分生活世俗化的事实反而使得伊斯兰世界的世俗化更加困难。印度和中国几乎从未仅按照宗教标准来定义它们的文化，但有亚伯拉罕宗教之背景的伊斯兰世界则是完全遵循了这一点。

霸权性宗教一开始就没有留给世俗多少空间。基督曾说过"恺撒的物当归给恺撒"，但基督教之后却为了将国家变成神圣罗马帝国——上帝的国度——的一部分而将目标转换成了让统治者成为基督徒。对于伊斯兰同样如此。国家的元首是哈里发（"继任者"）或者伊玛目，后者是宗教敬虔之人的领袖。但事实上，在政治领袖（苏丹和独立、世袭的省长）和宗教领袖之间经常存在某种紧张关系，虽然政治领袖在名义上应当作为信仰的守护者。什叶派就拒绝接受逊尼派（意指"正统派"）哈里发的合法性。对什叶派而言，在伊玛目缺席的情况下（他们等候那十二位作为穆罕默德正统继承人的伊玛目，等候《古兰经》预言的救赎者马赫迪，"时间的伊玛目"），世界上没有合法的政权。[29] 穆罕默德是一个成功的宗教和政治领袖，在阿拉伯半岛（以及曾暂时性地扩展到阿拉伯半岛以外的某些地区）以征服者和先知的身份开始了他的统治。然而，征服的胜利主要是由于拥有神的支持；宗教是解释世界历史的基本要素，从古代以色列和君士坦丁的米尔维安战役的历史中同样可以看到这一点。的确，上帝在历史上一直是万军之主，世俗的统治者需要上帝的支持。

　　我并不试图建立基督教和伊斯兰教（以及更早的时期，处于军事辉煌时代的犹太教）曾实践过的扩张和征服，与倾向征服的霸权性的一神教之间的关系。但不可否认的是，这些信仰对于接受它们的社群有着深刻影响。从非洲的某些案例中我们可以清楚看到，当基督教或伊斯兰教取代了某地的多神（以及口头）的宗教实践之后，这些地方大多都建立了宏伟的教堂、清真寺或会堂，在那里所有的会众聚集在一起敬拜，这显然与他们之前小规模地在不同的时间、为不同的目的而崇拜不同神祇的行为完全不同。教堂塔高过社区中的其他建筑，就像神职人员的等级结构一样——教区牧师在一层，主教在上一层，教宗在更上一层。犹 75太教和伊斯兰教并没有基督教这样分明的等级结构，但它们同样以一种霸权性的方式接管了信众的生活，独占了对出生、婚礼和葬礼仪式的管理。犹太人只能同犹太人结婚，穆斯林和基督徒也有同样的规条。同一宗教的信徒在他们自己的群体中欢迎新成员的降生，送别过世的人；宗教主导了他们在这些方面的生活。有时我们可能没有注意到，宗教在我们生活中曾占据着如此的支配地位，以至于我们在为下一代取名的时候，只能从圣经有限的选项中做出选择。

　　教会对于家庭生活的控制不只是通过出生、婚礼和葬礼的仪式，同样也通过改变家庭和婚姻关系来实现。教会所施加的许多限制其实与教会本身，[30]与其成员同另一位信徒的婚姻，以及像我曾经主张过的：与教会积累财富的欲望有关。很长时间之后，新教徒废除了某些限制，依据是这些规条并不是《圣经》所规定的（这是对《圣经》的回归）——基督教确实曾经被人在《圣经》之外添加了许多内容，比如一些圣礼、炼狱、天主教会给予的豁免以及封圣徒等行为。

　　在欧洲，政权逐渐向世俗化的方向发展。主教们最初拥有许多政治权力，即便是在 14 世纪的法国，某些地区如鲁埃格的罗德兹，主教统治着这座城镇一半的区域，[31]另外一半则属于国王，城镇的两部分被以相当不同的方式统治着——不过，即便是国王，也必须凭上帝的恩典而统治。不论是教会还是王室的统治，都会多少表现出某种威权的，甚至是暴政统治的特征；但城镇或公社的人口开始逐渐地要求从二者的统治下解脱出来，要求王权让位于"民主"，神职人员的权力让位于某些领域的世俗化。在某些历史时刻，特别是在法国大革命时期，这二者的权力都被废除——一些城堡和教堂被毁坏，贵族们被送上了断头台，对超自然力量的崇拜也被对理性的崇拜所取代。这是导向"民主"和世俗化之进程的一部分，至少是以与宗教进行分割的形式。

但是，霸权性的宗教并不只是对政治（就像今天的以色列以及许多伊斯兰国家）和个人拥有霸权地位；对于艺术和科学，或者更概括地说——对于知识也同样如此。在基督教早期的情况就是这样，视觉形象的表达方式一开始被禁止，后来也只有宗教内容的才被许可。所有高等艺术都是宗教性的，并不只是因为教会是艺术的重要资助者，也是因为旧约的意识形态中包含这样的要求。后来闪米特的反偶像崇拜主义在天主教中消失了，甚至连上帝本身都可以被描绘。但高等艺术依然只允许宗教题材——当然，犹太教和伊斯兰教依然完全禁止造像，除了在某些特定的场合及宫廷。正如我们之前所讨论的，在欧洲文艺复兴时期，展现古典（异教）的场景再次成为可能，因而当时艺术有了巨大的发展。洛伦泽蒂的著名画作"关于正义与公共利益的预言"，就画在了锡耶纳城邦的"九人委员会"——九位被选举出的统治者开会的地点。斯巴福德写道：这幅画作是"现存最早的纯世俗题材的画作之一"。[32] 他的意思显然是指欧洲的高等文化，因为世俗绘画在罗马时期就已经非常常见了。世俗绘画的再次出现，是一次重生，一场复兴，与当时欧洲的总体情况相一致。随着世俗绘画的回归，古典时代的神祇也部分地取代了基督教人物在意大利的风景画之中的位置（之前基督教人物已经出现在意大利中世纪时的某些宗教绘画作品中）。再之后，这些古典时代的形象也退去了，只留下意大利的风景。同时，北方的资产阶级艺术开始更多地描绘日常场景，房屋的内饰，露天的集市，海景以及风俗画。犹太教在后来的解放运动也带来了一场类似的突破。但犹太教以及伊斯兰教的宗教架构并未发生实质变化，犹太会堂依然禁止非抽象的艺术形式和在墓地献花。犹太教的解放运动并没有挑战这些领域中反偶像崇拜的观念。

在中世纪时期，基督教艺术的最伟大成就在于建筑，即后来由雕塑、彩色玻璃和高耸入云的纪念塔装饰的宏伟教堂。但这些宗教建筑及其修建过程体现的是中世纪时期社会的优先关注点，以及当时教会有权支配的才智及财富之巨大。教堂当然不是建筑的唯一形式。中世纪时的战争需要有城堡，因此也形成了城堡自己的（并不像教堂那样精细的）建筑风格；世俗统治者们也需要宫殿和别墅。但就尊贵程度而言，至少直到相当晚近的时期，教堂在这方面完胜宫殿。

继承了旧约反对偶像崇拜之精神的早期基督教曾拒绝所有形式的形象表现，比如雕塑，绘画和戏剧。后来，一些宗教题材的形象表现逐渐得到许可，作为这些作品的背景，风景和日常生活的图景也在这些艺术作品中出现了。但像我们在庞贝看到的那种世俗绘画的古典传统已经不复存在。虽然基督教化了的罗马世界依然在艺术上保持了某种连续性，而且毫无疑问的是此时罗马的大部分成员都接受用圣像来推广新的基督教信仰，但依然有一些重要人物参与到了反圣像运动的潮流之中。奥古斯丁认为"艺术不可能是真实的"；于公元403年去世的萨拉米斯主教伊彼法尼则认为艺术就是"撒谎"[33]。只有宗教艺术才是被许可的。罗马的"自然主义"被舍弃；虽然为敬拜目的的绘画依然在使用，但与之相关的争论一直存在，最终发展成为新教徒的反圣像主义。希腊三维的雕塑遭到谴责，虽然在宗教环境中，木制或石制的雕塑形象和建筑物上的浮雕与哥特建筑风格同时回归。在这些例子中，世俗绘画和独立雕塑在14世纪的"第一缕曙光"时，借着早期意大利文艺复兴而出现。米开朗琪罗的大卫像是古典时代以后的第一尊裸体雕塑。所有这些戏剧的形象表现一开始被基督教所禁止，古典剧院也被拆毁（就如维鲁拉米恩，即圣奥尔本斯所做的那样），尽管在民间，戏剧依然不顾教会的谴责而继续存在，但在文艺复兴时世俗剧院出现之前，戏剧首先以敬拜时使用的修辞的形式，之后以神秘剧和神职人员演出的形式而回归。小说的回归也经历了类似的过程。在黑暗时代，这种体裁的文学并不被推崇。小说这种叙事方式最初以讲述圣徒故事的方式出现，之后被在中世纪晚期时非常流行的浪漫故事所取代，这些浪漫故事多数基于在各个阶层广为人知的史诗故事，其中经常谈及异教诸神。

世俗的复兴与识字率的提升有密切关系。13世纪时，牛津大学开始了对文书人员的"过量生产"，从而"打破了神职人员和平民之间的界限，促进了书信的世俗化"。[34] 当时浪漫故事的写作也在英文世界中发展起来，这种体裁变得流行，即便牧师谴责所有游吟诗人是"撒旦的仆役"也无济于事。但是，"虽然在14世纪某些时期，在文学方面，教会的力量对世俗因素的优势似乎是空前巨大的，到了中世纪晚期时双方的冲突变得频繁。最终是教会让出了领地"，[35] 虚构文学最终在法语的影响下，从教士所用的拉丁语那里赢得了在世俗社会中的自由。这种自由与文学在形式上所获得的自由相符合：在叙事诗人和游吟诗人的笔下，长列组成的押头韵的诗歌被押尾韵的所取代，随着时间的推移这些创作者们又被"文学家"所取代。这些变化首先发生在大型中心城市而非乡村地区，尽管在14世纪后半期，押头韵不押尾韵的诗句又有所复苏。但这一复苏的趋势之后是高尔和乔叟对大城市传统的反动，在历史上第一次由"一位为世俗目的而以英文写作的人……跻身于文学家之列"[36]。他们遵循的是欧洲大陆的模式。神迹/神秘剧在此之前已经在欧洲各地发展起来，预示着戏剧在这块大陆上的回归，虽然教会对它的态度并不很清晰，但这种戏剧逐渐地从神圣的场所发展到了城市及其中的公会中，这同样是一个世俗化的迹象（虽然其内容依然是宗教性的）。此类表演后来慢慢演变成了英语而非拉丁语（或法语）戏剧。但对于教会而言，"纯艺术性的文艺创作是不被鼓励的。以娱乐本身为目的的娱乐活动也是不被提倡的"。[37]

宗教的主导作用在文学上的表现似乎不如在视觉艺术方面那样明显，特别是诗歌——依然保留着称颂旧时诸神的倾向。在英格兰，诗歌依然深受盎格鲁—撒克逊宗教的影响，特别是在《贝奥武甫》、早期英语文学作品《高文爵士和绿骑士》以及英雄文学当中，虽然当时的匿名作品《珍珠》和乔叟的丰富作品（经常是讽刺性的）都是基督教主题的。阿拉伯爱情诗"加扎勒"当中也有强烈的世俗成分，犹太人在西班牙－马格里布传统之下创作的诗歌也是如此。对于散文，有世俗的盎格鲁－撒克逊编年史。但直到文艺复兴时期，随着欧洲人文主义的到来，文学才真正地从宗教中解放出来。依据雷诺兹和威尔逊的说法，"微弱但被完整保存下来的意大利世俗教育（例如古典教育）传统毫无疑问地促进了这一趋势"。[38] 他们在对古典学术之传播的审视中发现，意大利已经享受到了前几波复兴带来的影响：首先是在 6 世纪前半叶，然后是 6 世纪晚期西班牙西哥特文化的繁盛，再之后是 7 世纪早期塞维利亚的伊西多尔（560—636）的成就。他写作的《辞源》在全欧洲迅速流传，对中世纪教育的贡献很大。伊西多尔的成就是在另外一个需要与占主导地位的宗教进行分割的领域，但在他之前已经有人尝试以回顾过去的方式，来发出某些人文主义的影响。不只是艺术，更普遍地说，全部知识领域都被宗教霸权所压制。古典时代的繁荣期积累下来的知识至少部分地被遗忘了。在基督教、犹太教和伊斯兰教世界，学校变成了教会学校，主要职能是传播宗教和宗教知识。

中世纪时，教会和修道院各自的学校在教育和学术方面其实也存在差异。前者有更多人文主义色彩："在修道院中，所有异教诗歌……都逐渐被看作是……罪"。[39] 教会学校由一位主教任命的校长来管理，教授"四艺"，后来博洛尼亚、沙特尔、巴黎和兰斯的大学即是在此基础上建立的。这些后来建立的大学服务于专业而非纯宗教目的。在 1000 全 1150 年间曾有过一场巨大的古典知识的运动，但与之相伴的是人们对于基督教文明"被异教观念的流行所侵蚀"的恐惧。[40]12 世纪后半叶因而产生了对这一运动的反动，随之而生的是经院哲学的时代。

10 世纪时的伊斯兰历史学家艾尔·马苏迪强调了基督教对科学思想的负面影响。他写道："在古希腊时代，以及在拜占庭（罗马）帝国的少数时期，哲学科学一直在发展当中……自然科学理论不断被提出……直到基督教的到来……；他们抹去了哲学的印记，消灭了它的踪迹，毁坏了它的道路，变换并破坏了古希腊人曾清晰地展示给我们的成果。"[41] 比如，在地图制作方面，中世纪时基督教世界的地图从希腊和罗马人详细的地图技术中倒退回去，早期基督教在 7 世纪时的地图（"T-O"）被人称作是"简陋的图表"，直到伊斯兰世界的地图（如 1154 年伊德西里的《罗杰之书》中的地图）和后来北欧地理学家墨卡托 16 世纪时制作的地图传入，才改变了这一局面。托勒密必须被重新发现，正如大多数科学都必须重生才能为人所知一样。这是另一个关于基督教时代信息丢失的例证。用萨拉丁的私人医生本·古梅的话说，"基督徒认为研究知识问题是错误的，他们的国王丢弃了对医学的关注，认为希波克拉底和盖伦的著作冗长乏味；因此，他们的医学陷入到了混乱之中，情况不断恶化"。[42] 与基督教的拜占庭不同，穆斯林的阿拔斯王朝积极地学习希腊成果，并将其翻译成阿拉伯文。亚历山德里亚的外科医生欧里拔西乌斯和埃伊纳的保罗在亚历山德里亚发现传统的教导在那里依然在延续着，之后被穆斯林所接受，并在哈里发艾尔·马蒙的时代得以继续发展。如果不是这个人，"所有古代的科学……都会被遗忘，就像今天它们已经在它们最初产生的那片土地上——罗马，雅典，拜占庭各省——被遗忘了一样"。[43] 亚历山德里亚医生的著作深刻影响了拉齐和后来的阿布卡西斯。马蒙曾做过一个为人所熟知的梦，显示了他对希腊知识之保存（或者说复兴）的重要性——在梦中马蒙遇见了亚里士多德，这位哈里发因此成了辩证、理性之思维模式的守护者。

文艺复兴对古代的兴趣，扭转了奥古斯丁的态度对欧洲的影响。古代作家发展出了哲学而不是宗教，哲学是多元而非霸权性的。哲学是"异教"、世俗的，某些情况下甚至是完全非精神的。人文主义者曾将哲学看作是对基督教的补充，但实际上，哲学经常向与宗教相反的方向发展。

14、15 世纪"经济革命"时期，商业和金融贸易的快速增长（尤其是同东方进行的贸易）给予了市镇和其统治者以相对的独立地位，更多的自由也由此产生。罗马和天主教对知识和政治事务的控制权如今也受到了挑战。特别是威尼斯从教宗统治下赢得了独立地位。大学和宫廷为人们提供了除教会以外的职业选择。意大利北部的大学有些就是由平民而非教职人员担任校长。城镇拥有了更多的资源，因而更加独立。同时也出现了一场知识的复苏。天文和植物学开始推崇观察而非演绎的研究方法。意大利的大学培训了许多医生，开设了自然科学课程；哥白尼（1473—1543）就是受益者之一。他们的研究因为印刷机的出现而得到了更广泛的传播，而书本的传播使得教士对知识的垄断被打破。焚书不再有同以前一样的效果，因为印刷技术使得书本的生产速度大大增加。但书本同样也导致人们重新发现了古典、异教的作者。[44] 这一知识上的解放促进了自然主义的发展——这种观念认为科学和宗教是完全不同的两个领域。培根式的实验方法同观察方法一起创造了一种新的科学形式，包括对知识的自然化。但天主教会依然反对其中的某些发展，在1516 年发布了禁止传播日心说的谕令。在宗教方面，新教徒拉米斯的书籍被巴黎的神学家禁止，他也被流放，最终在 1572 年的圣巴托洛缪日大屠杀中丧生。

并非只有天主教在坚持正统信条。在某些领域变得更加自由时，正统犹太教力量则让斯宾诺莎吃了些苦头，而新教徒依然在宣扬创造论。随着绕过好望角之贸易航线的开通，以及美洲与大西洋的发展，地中海失去了它曾在意大利文艺复兴时期所有的重要性，这时欧洲西北部的英格兰、荷兰和法国开始占据领先地位——不只是在商业和金融方面，同样也在知识领域和对世界其他地区的殖民事业上。直到此时，这些领域才发生了实质性的变化。不过，医学和对疾病的治疗自有其发展轨迹。其他领域的技术也是如此。除了医学以外，由科学主导的另一领域是造船厂。

帕多瓦对于世俗态度的扩大和发展起到了非常重要的作用。惠特认为帕多瓦是人文主义的发源地。[45] 作为一座城市，帕多瓦在威尼斯的统治之下，而威尼斯与东方的商业活动使得它实质上独立于罗马，因此免于教会的控制。这座城市同样也有足够的财力支持独立学者和出版商的工作。意大利北部的大多数城市都参与到了这些商业活动中来，并纷纷建立了自己的大学和城邦。

文艺复兴时期帕多瓦在科学方面的一位重要人物是皮埃特罗·蓬波那齐（1462—1525），他在帕多瓦进行着他的医学研究，最终成了自然哲学教授，之后他又在费拉拉和博洛尼亚任教。因为他否认灵魂的不朽和神迹的超自然特性——他试图用亚里士多德的方法来解释这些现象——而在教士那里惹了麻烦。1516 年威尼斯的教士们公开焚烧了他的一部著作。但蓬波那齐并不是一位唯物主义者，他像亚里士多德一样，相信一个与这个世界有分别、并不对这个世界施加影响的超自然世界，依照其自发的秩序在运转，并且能够为人类所认识。所以，早期的自然主义者通过回顾希腊时代的成就，比被我们称为中世纪异端思想家的那些人走得更远。他们并没有否定基督教的创造论，但他们认为超自然只在人类所生活的领域之外存在并运转。

蓬波那齐影响了许多学者。帕多瓦大学也是，它通过直接回归希腊文献的方法进行研究。1497 年威尼斯市议会决定为对亚里士多德的原文研究设立一个席位。除了哥白尼以外，许多欧洲科学史上的伟大人物都曾在帕多瓦大学学习，包括伽利略、布鲁诺和维萨里。

14 世纪时的医学因为处在快速增长中的城镇居民之需求而得以迅速发展。城镇的财富支持使得大学更加独立，因而削弱了教会和国家对大学的控制。帕多瓦大学的设立者——博洛尼亚大学对罗马法的研究同样得益于此。这些大学甚至开始了人体解剖工作。这样，自然科学开始发展并获得了自主性，虽然在之后的发展中依然会经历起伏。在相关领域，1546 年因宣扬异端思想被烧死的学者兼出版商艾蒂安·多莱出版了拉伯雷和伊拉斯谟的作品。作者依然需要资助者或保护者，而这在独立市镇或者独立的宫廷中很容易找到。不过，1574 年，年轻的若弗鲁瓦·瓦里因为将自己的名字放在一个自然神论者的名册中而在巴黎被绞死。布鲁诺则不断地在欧洲各处迁移，部分原因也在于躲避天主教会的审讯。在这时，逃跑变得比以前容易了许多，特别是躲在切断了正统天主教之影响的新教徒占据的地区。

在中世纪时曾被认为是异端的思想此时变成了一项内容更为广泛的运动的一部分，这一运动力图将教会的作用限制在"灵性"的领域。宗教部分地同哲学区分开来。科学获得了一定的自主权，与逐渐理性化的宗教共存。[46] 对多数人而言，宗教和科学并不是完全分开的两个领域；但早期自然主义者依然将超自然领域留给了教士，他们希望将宗教从对自然的研究中排除出去。

不过这种做法并非总是有效。朱利奥·恺撒·瓦尼尼（1585—1619）

先是在那不勒斯的一所宗教学校学习法律，之后又到帕多瓦大学研究科学问题。因为反对罗马教廷对政治的干涉，他被要求回到那不勒斯。但瓦尼尼并没有遵从这一命令，而是逃到了英格兰，在那里他改宗英格兰圣公会，但之后又被坎特伯雷大主教逮捕。瓦尼尼再次逃跑至巴黎，虽然那里有皇家许可的科研自由，但瓦尼尼的研究依然遭到了巴黎各大学的谴责，因此他只能前往图卢兹，以医生的身份工作。最终他遭到教会的谴责并被判火刑。瓦尼尼在哲学思想方面与布鲁诺接近，而他的命运也同布鲁诺一样。这又一次证明了文艺复兴以及之后的启蒙运动对于人们探寻知识的自由是多么重要。

对其他观点的压制贯穿于整个 18 世纪。在法国，《百科全书》的编者狄德罗（1713—1784）曾在万塞纳入狱，他同时也深受审查制度之害。最后他得到了俄国凯瑟琳女皇的资助，但安全依然没有保障。作为富兰克林、普利斯特里及当时许多其他知识分子之楷模的霍尔巴赫男爵（1723—1789）即便在法国大革命的前夕，也只能匿名出版他的著作；而他的《社会体系》（1773）在伦敦被列入禁书名单，遭到警察的查封。其他著作也被公开焚烧。在法国大革命之后，反教权运动促使人们崇拜理性。科学和知识从宗教那里得到了更多的自由。在之后的 19 世纪，非信徒不再面临牢狱和审查制度之害，虽然禁书目录在天主教国家依然存在，攻击宗教者依然可能被判定犯了谤渎罪（但这种情况已经很少发生）。但在近东地区，对伊斯兰教或犹太教的挑战更有可能引发法律处罚。亚伯拉罕宗教慢慢放弃了对真理的垄断，但在 19 世纪知识高度发展的背景下依然坚持认为其教义确实无误。查伯奈特注意到，教会影响力的下降与知识机构主导了人类智性生活的核心这一情况有直接关系。[47] 所以在马克思和恩格斯的著作中，自然科学的哲学不仅清除了宗教的影响，同样直接回归到了基督教以前的时代，回到了内在论的古典哲学，如伊壁鸠鲁和德谟克利特的哲学——青年马克思曾专门写过一篇以此为主题的论文。

获得解放之前的犹太人没有可能在医学以外的领域取得这样半世俗研究传统的资源。当犹太人翻译希腊古典文献的时候，他们自己并没

85

有类似的历史可以去回顾，虽然他们当中有人在伊斯兰、意大利文艺复兴及之后启蒙运动思想的基础上有了突破。这种进步的实现需要他们摆脱宗教的某些限制，有时需要他们改宗其他宗教，甚至转到无神论的立场。波兰哲学家迈蒙是一个所有领域知识的追寻者，他在写作中提到19世纪初期，加利西亚的犹太拉比对所有学术写作的严格控制。在北欧，与文艺复兴之后的基督教欧洲，或者更确切地说，与意大利文艺复兴以来的天主教欧洲的接触并没有给东正教俄国带来多少影响，但这也给了犹太人在艺术和科学上进行探索的机会。[48] 在反偶像的伊斯兰世界，不仅形象艺术被禁止，在宗教主导作用明显的某些时期，古典时期（及其他一些历史时期）的"古代科学"同样是禁忌。哈里发奥马尔曾下令：一切与《古兰经》不符的书籍都应当被焚毁。但伊斯兰世界也有一些"人文主义"的时期，即古代或"外国科学"的知识得到复兴和扩展的时期，在主导性宗教教义之外为人们提供了其他的视角——因为这些知识本质上说是世俗的，经常被正统观念所谴责。

对世俗的这种谴责是宗教霸权性质的一种表现，与圣奥古斯丁对古典文献的模糊态度相类似。另一方面，在巴格达和科尔多瓦等地的其他一些穆斯林统治者在西欧的图书馆规模都还很小的时候，建立起了大型图书馆，收集了数量巨大的图书。考虑到图书为我们提供的回顾过往成就并在此基础上进行探索与发展的可能性——以复兴过去的、曾被我们所忽视的辉煌文明的形式——贾夫拉尼关于马格里布－西班牙文明中有过"人文主义"时期的论述是正确的。10世纪时，阿威罗伊和迈蒙尼德在科尔多瓦附近写作，当时人们对亚里士多德以及对其他传统中某些更广泛的问题的兴趣正在上升。对过去的回顾需要一个更为宽泛和世俗的研究方法。而伊斯兰世界中的这种更宽泛的学术回过头来又引发了西欧在12世纪时的复兴。

查士丁尼在529年关闭了雅典的哲学学校。但在美索不达米亚和叙利亚，一个人必须懂得希腊文，才能阅读圣经和早期教父们的作品。因此在这一时期，学者们也在阅读希腊文写成的科学和哲学作品，特别是在363年以后——当时圣厄弗冷在埃德萨设立了一所学校，教授亚里士多德、希波克拉底和盖伦的著作。这所学校关闭之后，教师们前往包括贡德沙普尔在内的叙利亚城市。因此当阿拔斯王朝在 750 年建立之时，所有科学著作都已从叙利亚文或希腊文直接翻译过来了。

在欧洲，阿拉伯哲学和基督教神学之间"不可避免的冲突"在 13 世纪随着巴黎大学的建立而产生。在 1200 年，巴黎教会学校的教师和学生联合在一起，经过国王和教宗的认可成为大学。在这之前的一个世纪中，对于欧洲的学生来说，巴黎已很有吸引力，其教导的内容划分为宗教和科学研究两部分。在巴黎大学成立后的第一年，就有人开始翻译亚里士多德以及他的阿拉伯注释者（特别是阿威罗伊）。[49] 不久之后，莫埃贝克的威廉（1215—1286）等人又使用来自君士坦丁的材料，直接从希腊文翻译这些作品——尽管由于泛神论倾向，最初关于亚里士多德的教导在巴黎是被禁止的（但在图卢兹则是许可的）。但绕开亚里士多德并不容易，他的作品已经得到了广泛传播，并且他对于物质世界的解释方式显然也是成功的。因此亚里士多德得到了越来越多的接受，特别是圣托马斯·阿奎那和多明我会士。但对神学而言，例如在巴黎，亚里士多德的方法——辩证法，才是重要的；科学则服务于对神学的兴趣。不过牛津当时有更多的自由"研究阿拉伯学者著作中已经提及的数学和物理学成果，而且并不是为服务宗教的目的"。[50] 这更接近奥卡姆 14 世纪时揭出的经验论。进一步说，牛津与巴黎的分别并不限于此：牛津对阿拉伯科学有更深的兴趣，而巴黎则倾向于将一切对古典语言写成的文献的研究看作是异教的、因而是应当避免的。[51] 不过在奥尔良和牛津，在博洛尼亚的法学和蒙彼利埃的医学研究中，存在着对抗这种宗教霸权的某些趋势，它们取得的成果在意大利文艺复兴中得到了人文主义者的复兴和发展。

这些复兴的时期经常会带来一定程度的人文主义，以及在此背景下的一定程度的世俗学术，虽然人文主义者一般不把自己看作是世俗主义者，而是认为自己的工作是在基督教与古典之间搭建桥梁，将宗教理性化。这种转向是如何发生的？在这里我们必须再次提及书写文字的特征。在有文字的文化中，宗教的存在就意味着教人阅读文献的学习存在——穆斯林学校、犹太学校、印度教学校、基督教学校等等。不过，虽然学校本身的目的在于服务宗教，在学生学会了阅读之后，他们就可以在《古兰经》之外阅读前伊斯兰教时期的阿拉伯诗歌和希腊学术成果；在基督教的例子中，这种对古代文献的回顾使得回到异教（古典）时代成为可能。其他宗教也是如此，教人识字就会导致人们的知识超出宗教文献所划定的范围，而人们设立这些学校的意图本非如此。穆斯林学校和其他学校一样，也在教授宗教知识。随着11世纪伊斯兰宗教学校的建立，"外国科学"（"自然科学"）被正式地排除在外；只有宗教知识才被教授。自然科学转移到了其他的机构中，比如医学院、实用技术学院或其他非正式机构。犹太教、早期基督教以及印度教或佛教也是如此。学校应当教人阅读作为宗教之根基的经文，经文界定了某一宗教的世界观，无须外界的支持和补充。宗教人士因此也是最早的学校教师，除了中国。但教人阅读往往需要借助经文之外的材料，虽然有人经常努力限制学生对于这些外界材料的阅读。教授阅读（以及写作）的过程还时常需要让学生接触到有与宗教文献不同目的的文献。早期宗教传统也有其质疑者；不可知论和怀疑论即便不是人类社会的普遍特征，至少也是十分流行的。[52] 在这个意义上，考虑到人文主义，作为一种方法的出现，还会隐藏在黑暗中。尽管欧洲的人文主义者是接受异教古典的基督徒，另外一些非有神论的，或者多神论的因素同样存在。[53] 这个占主导地位的世界宗教的到来并没有成功地压制所有其他世界观。曾有一个意大利磨坊主的故事——此人因为非正统的信条而被捕，他相信世界是一块奶酪球，而人类就像蠕虫一样，啃咬这块奶酪球，为自己开辟出路。[54] 这些非正统思想遭到了攻击，就像这位磨坊主以及清洁派信徒遭受审讯并被定为异端，但不可知论及其他世界观依然存在。科学也遭遇了攻击，比如19世纪的达尔文主义，今天在美洲和土耳其的某些地方同样如此。达尔文主义也有可能变得有霸权性，但原则上说，这一理论是有证据支持的。这种紧张关系导致的结果是对权力的争夺，在早期，这种争夺可能会带来某一方，作为一种替代的信仰体系而暂时出现。但从更长的时间范围来看，这种斗争只有一种结果；在大多数情形下，科学的、更广泛的观念会胜出，而宗教则会败退。在今天的西欧，宗教已经高度分化，其发挥作用的范围也被严格限定，在许多问题上将主导权让给了科学。如果一个人以字面意义理解《创世记》，那么进化论就是对宗教的谤渎。圣经只有在以寓意的方式去理解的前提下才会被认为具有权威性。

我所提到的这种改变在世俗领域制度化以后逐渐消失，这种制度化被奥本海默称为知识领域的"大型组织"——以大学、研究所或者知识型社团（如英国皇家学会）为形式。[55] 这些组织逐渐与那些在早先提供超自然视角的教会及其学校相脱离，为世俗、科学的研究方法提供了固定的基础。值得强调的是，大学的出现并不是欧洲在中世纪晚期完成的一项突然和独特的成就；学校是作为青铜时代的城市革命之标志的阅读和写作教育的重要因素，而学校需要那些成为教师的人接受更多的教育，培训学校和高等教育由此产生，虽然在初期，这种教育培训的内容多数限于宗教知识，因为学校一般都由需要阅读并向别人教授经文的神职人员来管理。因此，神职人员一般都受过某种程度的训练。但在文艺复兴时期的欧洲，宗教和世俗逐渐地分开，宗教并不是被世俗完全取代（除了少数新近成立的政权），而是被限定了其发挥作用的领域——专门的神学院校，国立学校教育的某些特殊阶段——而将其他人类活动的主要领域让给使"人文主义"占据主导地位的研究方法。

后来，一些意大利文艺复兴早期的教师更加明确地定义了人文主义的研究，这些教授人文研究的教师被称为人文主义者。此类人文研究包括对古典时代文献的回顾，在某种程度上他们也致力于回顾早期的宗教文本，以更正翻译的错误，因而对教会进行改革。总体上说人文主义者将古典和基督教领域的活动结合起来，前者显然是"异教"的，人们借此可以对自然世界进行更广泛、自由的探索；占统治地位的教会组织长时间阻碍了研究的推进，而现在，研究可以不再被宗教所限制，人们对于世俗层面的知识也有了更多关注。正如我们已经指出的，在这里出现了两种趋势，一是回顾早期文献（因此产生了一场重生或复兴），另一个则是对于世界的更自由、世俗，甚至是异教的解释方式。

在这个意义上，"人文主义"的问题与文艺复兴紧密相连。但其内涵已经向许多不同方向延伸，在此处我们并不试图探讨这个概念的全部意义。[56] 宗教并没有被抛弃，而是被给予了更多"理性"的辩护，更加与古代哲学家的思想相调和，削弱了对仪式和先验内容的强调，更多地与那些回顾过去、试图发现宗教的真义及其价值的改教家的思想相一致。但就在人文主义者试图使用古代文献来调和基督教与古典之时（欧洲某种程度上继承了这一努力所带来的遗产），文艺复兴时期"众神的回归"不可避免地带来了对基督教信条的质疑，导致了某些关于无神论的讨论。[57] 在今天，人类的、人道的或人文的价值已不再依附于某种特定的宗教信仰，在本质上已经是世俗的。这些价值经常被认为是普世的，但我们发现所谓"普世性"，其实只是一些特定的、新出现的价值——比如西方民主、西方教育（学校）、西方卫生服务、西方的和基督教的宽容精神、西方（现代）科学、西方或基督教式的爱和家庭观念——在世界范围内的传播所带来的（西方化，"现代化"，甚至全球化）。我并非试图贬低这些被认为是属于欧洲的价值，我们一般将它们看作更"人道"的，并且是世俗的价值。但我试图强调的是：这些价值并不是一直专属西方的特征（除了这些价值在西方存在的特殊表现形式），欧洲人所声称的对于这些价值的独占，以及这种断言所暗示的其他文明中人道的缺乏都是不恰当的。

这一立场并非采取简化的人类价值相对主义的人类学立场。但我们的确需要仔细审视目前的情况。因为一个很大的问题在于在征服世界的过程中，西方为了正当化其对其他地区的侵略，宣称自己有"文明化"这些地区并传播基督教特有的爱、宽容、[58] 个人主义 [59] 以及普遍的"人类价值"的使命。随着世俗化进程的拓展，这些价值逐渐被看作是所有人都有权享有的"人权"（但人权是由谁赋予的？——如果权利与义务是伴生的）。并且，他们是否有不被侵略、不被强加某些价值观念的权利？

这种"文明化"使命的观念与基督教的传播和被当代政治家称为犹太－基督教文明的现象存在某些关联——虽然事实上在近东地区有三个而不是两个亚伯拉罕宗教，它们拥有同样的宗教经卷、在历史上以及在当代共有许多价值观念。从这方面来说，基督教被某些信徒视作是三者中唯一有宽容精神的宗教，虽然宽容这一特征是受人道主义影响之后才出现的。实际上如我之前所说，所有有文字的宗教，特别是一神宗教，总有一定程度的不宽容和排他性，而口语的信仰则更容易随环境而变化，没有固定的文本限制其本身。[60] 在过去，这些宗教曾长期控制世俗领域。但有文字的各种宗教之间也存在差异。宽泛地说，与从定义上就更多元的多神论宗教相比，一神论宗教会更不宽容、更具有霸权性。不过一神论宗教之间也有所不同。由于犹太人大离散的原因，犹太教在很长的历史时期内根本不存在宽容别人的问题——他们只能遭受其他人的不宽容。而现在以色列已经以宗教建国，其他宗教在这个国家就无法享 有完整的合法地位。但基督教和伊斯兰教都在世界的不同地方占据主导地位，后者曾一贯地对"有经人"采取宽容的姿态，虽然随着文艺复兴之后西方持续的世俗化进程，这一情况已经发生了改变。在基督教收复西班牙和意大利以后，那里的穆斯林被强力驱赶或被迫改宗；这种情况也发生了改变，但依然有人试图以宗教来定义欧洲。另一方面，伊斯兰世界中，如土耳其，埃及，叙利亚和其他某些地方，基督徒社群则通常被允许公开进行宗教活动。基督徒比穆斯林要多缴税，但他们被容许在此处停留、工作和生活；在有限的程度内，概括地说，伊斯兰政权会容许其他宗教的存在。

　　许多人很自然地认为，人文主义（如果不是人道主义），"理性化"，减少了残酷而带来更多宽容和人性的世俗化，基督教这些"文明化进程"的进步是由文艺复兴开启的。我并不想在整体上否定或相对化这种观念。诺博特·埃利亚斯的著作就是在此观念的基础上写成，[61] 而他的著作又极大影响了西方历史学家。在他的叙事中，文明开始于欧洲文艺复兴。埃利亚斯特别关注手帕的使用，他将其列为文明的特征之一。但就在这一明显的"进步"发生的同时，许多严重的种族灭绝罪行也在发生，比如在殖民地的政府，在纳粹德国，在前南斯拉夫等地，而埃利亚斯（至少在最初）并不打算讨论此类事件。过去的这个世纪是一个机械化战争的世纪，这也宣告了盲目乐观主义的破产。但埃利亚斯关于现代化和文艺复兴的论述中还存在其他相关的问题。首先，他忽略了非欧洲的"文明"，没有给值得我们去审视的中国、日本、印度和伊斯兰世界以足够关注。其次，即便是在他对欧洲的论述中，他认为"文明化"进程始于文艺复兴，也就是16世纪时发生于佛罗伦萨、被许多历史学家看作产生了资本主义和资产阶级的事件，但这一运动自身却在某些方面认为是对古典文化的回顾。

布克哈特、贝伦森和其他许多人将他们在意大利文艺复兴和宗教改革（在马克斯·韦伯及另外许多人的著作中）里看到的发展视为西方世界的本质所固有的，向现代化、"资本主义"进步的特征——现代化与"资本主义"在他们看来在本质上都是欧洲的。但这种观念符合事实吗？早期的某些复兴运动确实产生于欧洲，历史学家曾用"复兴"的概念描述某些文艺复兴前的历史时期，如加洛林时期的复兴，12世纪的复兴，早期意大利文艺复兴等。之前我们已经看到，12世纪的复兴与意大利文艺复兴不同，部分地受到阿拉伯学术的刺激而产生。伊斯兰文化也曾有"人文主义"阶段——先前的知识得到恢复，重见天日。在伊斯兰社会的历史上，很明显有一些时期是由对宗教文本的关切主导着知识系统的。但在10到12世纪，安达卢西亚和马格里布等地也曾发生过对过往的、更加世俗的文明成果、早期文献的回顾，同时也试图进行新的探索和发明（至少在有学识的人当中）。虽然随着伊斯兰宗教学校的建立，逊尼派穆斯林的学校只教授宗教内容，在某些时期依然有学者不仅回顾了伊斯兰文明本身所具有的更加世俗的古典成就（比如前伊斯兰时期作家的诗作），也回顾并翻译了一些按着各自文明传统进行研究的希腊及其他作者的作品（它们被伊斯兰世界称为"外国科学"）。换句话说，在伊斯兰历史上，强调《古兰经》权威，和允许、甚至鼓励对世界进行更广泛探索的时期或立场曾不断地交替存在。

并不总是内部因素在刺激这些世俗时期的出现。可能也有一些外来的影响，后来犹太人大离散以及意大利文艺复兴等事件也是如此。像我们从蒙彼利埃医学发展的例子中所看到的，基督教欧洲并不存在一个简单地从教会霸权向古典、向新的表达形式转移的内部运动；在关于文艺

90

复兴的讨论中，与其相关的涉及外来影响的一场更为广泛的运动经常被忽略，以此来维护关于欧洲独特性和其发展过程的自我决定性等观念。有一些历史学家，特别是科技史学家和经济史学家曾探讨过其他文明传统对意大利文艺复兴的影响，但他们一直是少数派。毫无疑问，大多数欧洲人将自己看作是一个特殊的欧陆传统在后文艺复兴时代的继承人；在特定的文化领域如具象艺术，他们没有必要考察其他文明在这一领域的成果。但在其他领域情况则不同，这在布洛顿最近出版的《文艺复兴的集市》[62]一书中以及霍华德在对威尼斯建筑[63]和凯斯基对阿马尔菲海岸[64]的论述中都有所体现。这场复兴最重大的意义在于东方对西方经济和城市生活之恢复的影响，因为这些因素在东方从未经历像在西方那样严重的衰退。东方的青铜和铁器文化在持续发展，最初东西方曾沿着这条轨迹平行发展，产生了相互之间有许多交往的商业社会。在罗马帝国陷落以后，亚洲避免了"西方的没落"——这场没落可以被我们看作是"欧洲特殊主义"——这场没落一直持续到 16 世纪，从那时开始欧洲在许多领域有了新的发展。这些发展又带来了另外一个问题，即一个文明的内部运动的影响不会局限于它自身，而是会影响其他社会，在欧洲的这个例子中，欧洲的发展就影响了整个大陆——贸易和制造业、知识和艺术生活可能是某些特定社群在相互的影响下而发展，也可能是在不同的地区之间互不干扰地平行发展。

但在我们开始考虑这个问题之前，我们需要对欧亚大陆上的其他主要社会进行考察。如果我要证明自己关于所有有文字的社会都有产生复兴与革新之潜质的理论是正确的，那么我需要检视伊斯兰、印度和中国的历史。我认为欧洲在这一方面以及其他一些方面都不像之前断言的那样独特。正如我之前所说，在意大利文艺复兴时期，对古典时期的回顾，以及在古代哲学和古典的异教、多神论世界观的刺激下，基督教，或者更概括地说——宗教的空间受到了压缩，而世俗的空间则相应地扩大。当然，这种对古代的回顾也意味着对不可更改的宗教文本的回顾；的确，文字文明的宗教本身包含着对于圣卷的回归趋势。这一回归可能导致宗教改革，也可能导致原教旨主义；它会打破宗教现有的模式，既有可能使宗教向前发展，也有可能使它倒退回过往的状态中。

意大利文艺复兴本身包含诸多层面的意义。对于人文主义者，文艺复兴导致了古典文明的重生，并将哲学与宗教结合起来。对于科学，它不仅意味着——在阿拉伯人的帮助下——一个更开放的研究传统的回归，也带来了自然的探索活动的复兴。在艺术领域也是如此，随着早期世俗文明的重生和以未来为导向的新文化的产生，一个新的时代由此开启。在这一时期，不仅地中海贸易得以复苏，也出现了"欧洲的扩张"——对东西方的征服，导致了欧洲人（以牺牲美洲本地居民为代价）在美洲定居、向美洲殖民的活动，并最终从东方撤退。然而，在这场文化繁荣之中，并不是欧洲单方向其他社会输出文明成果。双向的商业和交换活动在整个欧亚大陆上扩展开来。我们已经熟知中国早期的贸易和科学活动，并且在一定程度上，在西方内部所发生的事件，在东方也在发生。比如，埃利亚斯所认为的在文艺复兴之后的欧洲出现的、属于"文明进程"一部分的风雅活动，其实在东方早已出现——对食物和花卉的精巧制作或培育。在艺术领域，中国在绘画、诗歌和小说等方面有了长足的进展；日本在 17 世纪已经有了歌舞伎剧院，其表演内容虽然有部分是以宗教为主题，但在很大程度上在世俗的背景下展开，并且同英格兰的伊丽莎白时期的剧院类似——与商业社会的成长密切相关。

在本书的开始我即表明，由于（书写）文本本身的特性，复兴和改革活动将会发生在所有有文字的文化中。在基督教的欧洲，对早期文献的回归也是对异教古典的回归。这场运动打开了通向包括世俗在内的其他思维模式的大门。同样的趋势也间歇性地发生在伊斯兰世界之中，在那里古典知识也曾得到复兴。我认为其他文明中也会发生这样的时期，但对于霸权性的亚伯拉罕宗教，这样的时期有着特殊意义。刘易斯[65]把宗教与世俗的分离视作基督教的一大优势。这一点在政治方面显然已经实现。但我认为，虽然基督本人的言论支持这一点，在文艺复兴时期世俗知识得到系统化以前，宗教与世俗在许多领域并没有分离。但世俗政府和平民的经济活动早已存在。的确，类似的发展在古代埃及和古典世界中已经产生。而在西欧，由于霸权性宗教的存在，宗教与世俗在知识和艺术领域的分离过程需要等到一个更复杂文化的重建——一方面通过贸易，另一方面通过某种程度的世俗主义，以及对异教科学和艺术知识的复兴势头。一个更长的世俗化时期从欧洲文艺复兴时期开始，当时在宗教框架以外的独立研究借着许多教育性团体得以制度化。不过这种以学校、大学、学院、基金会为形式的知识制度的建立是一个缓慢的过程。比如，剑桥大学的圣约翰学院直到 1908 年才将其历史上第一个非宗教的硕士学位授予了 R.F. 斯各特；[66] 之前所有学位的授予都需要遵照宗教秩序。1882 年的豁免令解除了研究员必须被委任为牧师且必须独身不婚的限制。宗教生活持续了很长时间，即便在今天也可以看到许多印记。

我在本章所关注的问题是对主导宗教所施加之限制的突破，通过限定宗教所能发挥作用的领域或其他方式来绕开这些限制。为亚伯拉罕宗教对知识和艺术的影响划出界线似乎是取得这些进步的一项重要因素。

第四章　伊斯兰世界的重生（与芬内尔合著）

在伊斯兰世界，回顾过往文明成就的过程不只发生在世俗领域，即艺术和科学知识的重生；它同样也发生在宗教领域，人们不只将对《古兰经》的回归应用在每日的敬拜中，同样也用它来实现特定的改革目的。我们在这里主要不是关注伊斯兰世界对意大利文艺复兴的贡献，而是伊斯兰内部的重生，特别是阿拔斯王朝时期的翻译活动以及产生于白益王朝、马木留克时期的埃及、奥斯曼土耳其帝国、安达卢西亚的类似运动，和19世纪的"那赫达"复兴运动。[1]

623年之后，早期的阿拉伯帝国和倭马亚统治者统治的时期，阿拉伯人很快就征服了之前由希腊和罗马人统治的包含埃及、叙利亚和美索不达米亚在内的近东临近地区，之后又侵入到中部和西部的临近地中海的北非国家、中亚以及波斯全境，由此终结了阿尔达希尔于226年在法尔斯创立的萨珊王朝。阿拉伯人入侵近东统一了这个之前因为波斯和拜占庭之间的争斗而分裂的地区，而波斯和拜占庭的争斗曾导致了570—630年间的"灾难性的战争"，这场战争"缘起于东西方的分裂所产生的贸易壁垒"，缺乏可免费通行的主要贸易路线。[2]自亚历山大时代以来，这个地区第一次被统一起来，甚至在农业方面也是如此，农作物、蔬菜、水果和技术交换为阿拔斯王朝供应了充足食物，为早期的帝国提供了丰厚的财富。在知识层面，造纸术也在这时由中国传来。商业则是
最重要的。阿拉伯帝国的首都在762年由阿拔斯王朝在巴格达建立，就

是基于商船可以由波斯湾巴士拉的席拉夫港口通往印度和中国南方，通过这条航线进行的奢侈品贸易带来了丝绸、香料和瓷器。伊斯兰世界的扩张使得从尼罗河到阿姆河地区产生了属于高等文化的通用语言，以及"规模巨大的文化繁荣"；[3] 阿拉伯语急速的渗入，以及阿拉伯主义在伊朗地区的扩散，证明了这场文化繁荣的影响力。在那里曾有一个中央集权的帝国，帝国只有一种官方语言，贸易替代战争，成了社会的经济基础。

　　贸易在伊斯兰世界十分普遍，陆路是通过丝绸之路，海路则通往印度、东南亚和中国。各国的硬币在相互之间流通，支票、信用证、康曼达（合伙制贸易组织）和银行机构都已存在。贸易对任何复兴运动都是最基本的因素。与当时交换经济已经基本消失了的欧洲相比，伊斯兰世界的贸易活动在增长。[4] 在 10 世纪，交易的中心由伊拉克和波斯转移到了埃及和印度洋。卡里米斯在其中发挥了重要作用，它是"一种独特的资本主义企业集团"，[5] 由统治这条贸易线路东西端之间区域的萨拉丁（1174—1193 年在位）支持，以"虚拟证券交易所"的形式运转，[6] 这种充满风险的活动一直扩散到西非的加纳。一些经营家族生意的商人积累了与印度和中国最富有的商人同样多的财产，他们建立了银行，向苏丹们借贷。信息同商品一样在流通。部分商品是由早期的工厂而非全部由家庭作坊生产。纺织品一般是在"名叫'达·艾尔·提拉兹'的皇家工厂中织成"，[7] 这种工厂分布在包括西班牙、西西里，特别是 10 世纪的巴格达在内的整个伊斯兰世界中，除了主要满足皇家需求外也生产供私人消费的产品。经济和智力活动都很繁荣。

　　在取得政权之后不久，阿拔斯王朝的统治者和高官们就成了艺术和科学慷慨的赞助人，并且因为王朝的建立始于胡拉桑的梅尔夫——这里曾是塞琉古（波斯）和希腊－巴克特里亚的学术中心，并在阿拔斯王朝早期依然保持着巨大的影响力，因此波斯和希腊文化的影响与贸易经济的扩展同时发生在这一地区。之后随着中国造纸术的出现，产生了"文字的繁荣"。[8] 在中国战俘的帮助下，撒马尔罕的工厂开始生产纸张。这些战俘是在 751 年的塔拉斯战役、巴尔马克以及 795 年左右在巴格达的叛乱中被俘的。纸张取代了贵重的牛皮纸和脆弱、不平整、容易发霉、在潮湿环境中不易保存且需进口的纸莎草纸。在纸张导致的书写文化的繁荣影响下，对外国作品的翻译也开始增长——此前在倭马亚的首都哈兰已经开始了小规模的翻译工作。最先被翻译的是波斯，叙利亚，特别是希腊古典的著作，这样就为古代作品的复兴和伊斯兰传统对这些文明成就的吸收提供了管道。

此前的倭马亚王朝（661—750）统治了阿拉伯帝国，并在大马士革建立统治。后来富有创造性的阿拔斯王朝在巴格达取代了他们。更具大都市思维的阿拔斯部落的首领将基督徒、犹太人、什叶派穆斯林和波斯人招募进阿拉伯军队，地方和中央政府——虽然在帝国内部，什叶派依然没有获得解放。帝国官员的文化和政治背景十分广泛，这对伊斯兰文明在之后的一个世纪中取得的成功是至关重要的因素之一。

曼苏尔在 762 年正式将首都由哈兰迁至巴格达，这一举动事实上意味着他将帝国的首都搬进了由波斯人建成的城市，并继承了波斯人为这座城市命的名；而曼苏尔挑选来建设巴格达的建筑师更多地延续了波斯萨珊王朝的风格，而不是倭马亚及前伊斯兰时期的阿拉伯风格。早期伊斯兰建筑师很大程度上受惠于琐罗亚斯德建筑，而"巴格达"这一名称（波斯语中意为"神授之城"）中包含着关于非亚伯拉罕宗教所承认的神明的信息。因此这也意味着对过去的回顾。

在曼苏尔的统治下，伊斯兰世界对波斯艺术中的世界大同主义更加开放，艾尔·穆卡法被认为是一位优秀的波斯学者。他曾翻译了有关逻辑与理性的梵文著作，还翻译了《卡里拉》（一部以动物为主角的故事书）。天文学和数学著作在之前已经被译成阿拉伯文。在当时，文学和科学文化都得到了很大的发展。

在伊斯兰世界，其他某些领域自身也获得了发展，并赢得了声望，特别是医学以及穆罕默德所推崇的其他"外国科学"。城镇对于所有门类的知识而言，都是重要的教育和商业中心，学生们到这里学习（尽管宗教知识对于基督教在沙漠中的修道院，比如圣凯瑟琳修道院也很重要）。与为医学发展提供了保障的医院不同，曾短暂存在的天文台并没有对科学的发展产生持续的推动作用。在阿拉伯中心地区，被认为是欧洲大学之范例的第一所伊斯兰宗教学校（或"高等学校"）由突厥塞尔柱王朝的维齐尔——尼扎姆·艾尔·马立克于 1067 年建立。这些多数由苏丹及其他统治者所建立的宗教学校成功地扩大了乌理玛群体的数量，但其研究所涉及的范围很狭窄。而"在什叶派的白益王朝统治下，有个人主义倾向的学者们可以研究希腊和罗马的古典哲学与文学，并以被头脑狭隘的宗教人士谴责为非伊斯兰的思想方法进行研究。塞尔柱王朝的胜利则在很大程度上使这场人文主义的复兴被镇压下去。"[9]

101

虽然有手抄书籍的扩散，在伊斯兰世界，知识传播主要还是通过私人交流进行，像欧洲许多艺术和手工艺技术的教授一样，由师傅传授给徒弟。知识的主要特征之一是其"面对面"的性质——对于一本手写的书，学生要从一位学者那里学习，完成学习后从学者那里获得一份文凭，学生会因此保存下自己的知识系谱，即曾就学于其门下的师傅的名单。这种关系的建立基于手抄本文化，而一些埃及的顶尖学者注意到，这种关系受到了来自欧洲的印刷技术"匿名"特征的威胁。另外一些人则乐于见到这些新的技术手段，但在一开始时，印刷术的确是被公然拒绝的。最终，伊斯兰世界接受了新的传播方式。依靠印刷术，宗教文本流传的范围更广，使得在宗教学校和乌理玛的权威以外进行研究成为可能。

有人认为，伊斯兰世界的科学传统"对于前现代时期的科学发展是至关重要的"。[10] 例如，萨利巴和其他一些学者强调伊斯兰科学对欧洲文艺复兴的贡献。比如，伊斯兰世界在透视法方面取得了巨大发展。在

102

新近出版的一本书（2008）中，贝尔廷主张，

> 透视法当中对虚构空间的度量并不像我们之前相信的那样，由 15 世纪时佛罗伦萨的布鲁内莱斯基、阿尔贝蒂和吉贝尔蒂创造，而是在四个世纪之前，由被称为阿尔哈曾的阿拉伯天文学家和数学家阿布·阿里·哈桑·本·海赛姆所创造。阿尔哈曾关于视线的理论记载于他的著作《光学》中，这部书首先于 1028 年在开罗出版，从

13世纪起，其拉丁文译本（译名为《透视法》）开始在西欧的大学中流传，后来又更名为《光学宝藏》，于1572年在巴塞尔出版。

阿尔哈曾为计算光的折射奠定了数学基础，否定了人眼发出射线这种古老的思想。他不仅是第一个用照相暗盒进行实验的人，也主张我们的视觉产生于大脑。对这些概念的接受意味着使用理性和实验性的思维方式，当时某些阿拉伯宫廷已经接受了这种思维方式，而在佛罗伦萨文艺复兴之前的西欧，只有在罗吉尔·培根等极少数例子中我们才可以看到这种思维方式的存在。

贝尔廷认为，某种程度上，文艺复兴时期的艺术家和作家没有意识到他们使用了中世纪时的犹太和阿拉伯知识时，或认为这些知识起源于古代西欧。自19世纪中期起，殖民主义的骄傲让西方人宣扬自己在透视法方面的发展，完全无视透视法起源于阿拉伯这一事实。受过教育的欧洲人对文艺复兴及其中心——佛罗伦萨的夸大甚至到了这样一种程度：他们虚构出了文艺复兴的欧洲与世界其他地区之间是美与非美的对立这样一幅图景。[11]

如果不是伊斯兰世界以阿拔斯王朝时在巴格达"翻译运动"的形式吸收了希腊知识，上述这些发展都不会存在。勒克莱尔[12]在他关于阿拉伯的著作中提出，阿拉伯人曾热心按照希腊科学的样式发展他们自己的科学，并很快超越了希腊科学本身。"在长达五六个世纪的时期内，他们都掌握着启蒙和文明的皇冠。"这类知识有很大一部分传播到了西方，但当文艺复兴运动产生以后，"接受教育却使得人们不去感恩"。这场运动并不是语言上的重生，因为在叙利亚，希腊语依然是人们日常交流和行政系统所使用的语言。因此，希腊知识在许多东方的基督教和琐罗亚斯德教中心依然部分存在，人们也因此可以说这是一个"延续至今的科学传统"。[13]另一方面，希腊知识受到欢迎，部分原因也在于希腊知识的传统得到了保留。在欧洲传统中的这条特别的裂痕一定程度上被伊斯兰所填补。"7世纪之前，拜占庭高等文化对异教的希腊知识抱有充满敌意的冷漠态度，不再像前一时期的教父那样直接与之对抗。希腊文化在那时是一个已经被击败了的敌人。"[14] 阿拔斯王朝时期巴格达的 翻译运动极大地推进了一个新的"多文化"社会的发展，进而以一种大
马士革所没有的方式更新了希腊文化。

　　将希腊文献翻译成阿拉伯文的活动始于阿拔斯王朝第二任哈里发，
巴格达的建造者——曼苏尔统治时期。"在伊斯兰教初期"，安达卢西
亚的历史学家赛义德（1070 年逝世）记载，"阿拉伯人除了他们的语
言和关于宗教法律规条的知识以外，只有医学因为人们的需求而得到
了发展。"哈里发要求翻译梵文的动物故事书《卡里拉》，亚里士多德
关于逻辑学的著作，托勒密的《天文学大成》，欧几里得的《几何原
本》以及其他作品。[15] 曼苏尔对占星学历史有特别的兴趣，这种兴趣
来自赋予他的统治以合法性的萨珊王朝传统，在这一传统下作为哈里
发，曼苏尔也成了知识的领袖。这一联结也复兴了早期波斯文明，导
致了对异教时期的回顾。波斯人相信所有知识都来自琐罗亚斯德教
的圣典《阿维斯塔》，由于亚历山大的入侵，波斯人分散到了希腊、
印度和中国。萨珊王朝的遗民带来了"一些阿拉伯人的翻译运动没有
涉及的知识"。也就是说，首先有一场萨珊王朝的"更新"，然后才是
阿拉伯人的复兴。[16] 从概念和现实（当时人们相信可以通过占星来预
测其发展）上说，这都是一场知识的重生，通过翻译运动而得到恢
复，这种观念对于我们理解萨珊王朝及其继任者阿拔斯王朝都很重
要，复兴运动在商业和帝国政治成功的基础上"得到了制度和财政
的支持"。[17]

　　许多翻译工作是由伊拉克的基督徒群体完成的，在那里，聂斯托利
派不需要像在一个对希腊思想怀有敌意的宗教系统框架下那样，额外地
为自己在哲学上的探寻来"正名"。[18] 在图德拉的便雅悯 12 世纪访问巴
格达时，巴格达的犹太人大约有四万，包括作为长途贸易商人的拉特纳
犹太人和许多银行家，在医学和天文学领域也有他们的身影，但他们并
没有参与到这场翻译运动中（直到许多年后在西班牙）。

　　早期伊斯兰科学的诞生因此也是一场复兴，因为通过翻译，它在某

101

种程度上与古代希腊及其他科学的重生有关。在伊斯兰教扩展到黎凡特之
前，曾有人将希腊古典文献，特别是哲学与神学，以及某些天文和数学著
作翻译成另一种闪米特语言，即叙利亚文。在 6 世纪早期，曾在亚历山德
里亚学习医学并在美索不达米亚工作的聂斯托利派基督教牧师——艾因角
的塞尔吉乌斯，将至少 26 部盖伦的医学著作翻译成了叙利亚文；[19] 另有
一些聂斯托利派基督徒也做了类似的工作。[20]

  在阿拔斯王朝来临之前，我们可以发现在聂斯托利派基督徒学者
的推动下，伊斯兰世界已经在用叙利亚文教授医学、天文学、会计和测
量，在行政逐渐阿拉伯化的同时，许多科学著作也被翻译成了阿拉伯
文。大部分著作都来源于希腊，但在数学领域，微积分的相关知识与希
腊没有什么关系，它们主要来自巴比伦、波斯、印度以及阿拉伯本身，
中国科学家可能对此亦有贡献；大约有二十部对天文学非常重要的印
度著作被翻译成了阿拉伯文。[21] 这些著作中的大部分，特别是科学领
域的著作后来于 9 世纪时，在阿拔斯王朝的哈里发马蒙的指导下，在巴
格达被译成叙利亚文或阿拉伯文；甚至在阿拉伯人的征服到来之前，在
萨珊王朝统治下的贡德沙普尔，聂斯托利派基督徒在医学方面延续着雅
典的希腊传统。这些聂斯托利派基督徒当中有人后来又迁移至巴格达，
成为御医，继续从事医学研究活动。[22] 随着想要建立自己"神圣"语言
的阿拉伯人的到来，聂斯托利派和其他知识群体迅速地在翻译他们自
己的宗教文献的过程中熟悉并适应了阿拉伯语（他们本来使用波斯语，
在科学领域则是叙利亚语）。来自一个聂斯托利派基督徒社区的胡纳因
（809—873）承担了主要的翻译工作，哈里发曾命令他到包括拜占庭君
士坦丁堡在内的地区搜集各类手稿。亚兰（例如，说迦勒底语的）基督
徒和一些犹太人在翻译过程中发挥了巨大作用，这些翻译大部分在 825
年在巴格达建立的大型图书馆——"智慧之屋"中完成。[23] 这些群体在
包括巴格达在内的广大区域内都造成了广泛的影响，并且翻译了许多著
作（尤其是在医学方面），但他们没有自己的政权和宫廷来建立图书馆，
或者架设望远镜，因此这些群体的知识活动很大程度上依赖于其他人的
赞助。希腊知识的繁荣主要表现在科学方面，包括天文学、医学、光

学、数学和几何，当时人们对于文学的兴趣并不高。德耶巴及其他一些人的作品论述过阿拉伯科学的"黄金时代"（不只是简单的翻译，也有自己的成就），后来从许多重要的方面影响了欧洲。[24]

这不是一个简单的传播印度和希腊文明成就的问题，而是在某些未知的学科领域进行探索，尤其是代数。这种理论的计算方式被应用在处理社会问题上，例如：法官对遗产的处置。因此，像巴格达尼扎米亚这样的法律－神学学校教授代数并不是件不寻常的事情。其他一些科学家则是天文观测方面的专家。当时也有人在从事实验科学。之前我们已经说过，我们必须摒弃这样的观念：16世纪的科学复兴没有希腊以外的先例可循。事实上，伊斯兰世界为这场科学的复兴作了巨大贡献。

商业和宗教上的联系意味着信息从整个亚洲地区涌入欧洲。9世纪中期时一位匿名作者发表了一本书，题为《关于中国与印度的信息》，其中包含对印度洋和中国海海岸的描述，这表明了伊斯兰世界对东方的探索到达了何种程度。印度数学家对阿拉伯，进而对欧洲科学的贡献是显而易见的。[25] 最初，在阿拉伯地区和在印度一样，计算是在泥或沙子上进行。之后蜡版和铁笔的使用使得计算能被更长时间地保存，但随着纸张和墨从中国的传来，关于计算知识才得到了长足的进展。对纸张和墨的取得给文字文化带来了一场真正的进步，因为这些技术降低了书写的成本，使得书面文献更易于积累、传播和保存。

总之，希腊知识的宝贵遗产在伊斯兰世界得到尊重和学习的程度，绝不亚于西方。亚里士多德和柏拉图，以及他们的继承者和后来的挑战者——斯多葛主义者、毕达哥拉斯学派、新柏拉图主义者们的学说也被吸收进了穆斯林学术中，深刻地影响了伊斯兰神学、神秘主义、科学和政治思想。希伯来世界当然也曾深受希腊影响，特别是在亚历山大征服时期。的确，圣经的一个修订本就是以希腊文写成的，犹太哲学家亚历山德里亚的菲洛（前20—50）也深受柏拉图主义的影响。在整个近东地区，希腊语变成了"文化的语言"[26]，甚至昆兰古卷也包含一些用希腊语完成的陈述。不过，是穆斯林及在穆斯林统治下的族群重新发掘，系统化，阐释，在许多情况下修正或改进了希腊人在数学、天文学和光学领域的成就；他们扩展了欧几里得和阿基米德的研究，大幅修正和调整了托勒密的成果，对盖伦的医学体系的发展也属于这一时期的成就。[27] 天文学也得到了发展。比鲁尼在 10 世纪末期时写道；他生活在一个特别的，在知识方面极其多产的时代。[28]

翻译运动的动力不只是自哈里发马赫迪（775—785 年在位）的时代来自阿拔斯王朝的宫廷，也来自商人和高级官员。推动这一进程的因素除了阿拉伯科学家群体的产生外，还包括纸张在九世纪时的出现，信息由此可以更加便利地传播，特别是对于大型图书馆的建立。纸张的制造在知识的民主化方面引发了巨大的"革命"。[29] 这意味着复制变得容易许多，进而带来了书本的贸易。这些作品的资助者不只有宫廷，也有商人及其他富人。这种对书本的兴趣立刻引发了对翻译的需求，因此导致了古典知识、特别是希腊知识的进一步复兴，并促使人们搜寻旧时的各类手稿。

但如果阿拔斯王朝时期有希腊科学文献的重生，为什么在伊斯兰世界没有发生一场欧洲那样的完整的文化复兴运动？首先，阿拔斯王朝的复兴是有限的，被包含在"翻译运动"之中，主要局限在天文学、占星学和数学方面。伊斯兰世界的复兴并不涉及对古典文化全面的推崇以及意大利文艺复兴意义上的试图回归过去；没人试图像欧洲那样恢复过去的仪式，如为杰出诗人戴上桂冠；或者像帕拉迪奥复兴古典建筑，或者多纳泰罗复兴古典雕塑，对于文学同样如此。伊斯兰世界的复兴局限于科学，在某种程度上也涉及哲学，其繁荣只发生在这些有限的领域内。[30] 古塔斯曾主张科学与宗教之间并不存在不兼容的情况，[31] 但并非所有人都同意这种观点。并且，在伊斯兰历史中始终存在着对世俗发展的强大的反对力量，不论是对视觉形象（图形），还是对新通讯手段（印刷术）的反对，而这二者都密切影响了科学的发展。概括地说，就像扎夫拉尼对安达卢西亚的描述，在伊斯兰世界的历史中，有更多"人文主义"因素的时期和更强宗教性（之前我们称之为"正统"时期，但伊斯兰世界中有人反对使用这一术语）的时期交替存在。[32] 在基督教世界也发生了类似的交替。君士坦丁堡的"复兴"意味着拒斥希腊（异教）传统这一做法的终结。而"拜占庭最早的人文主义"，与"'黑暗时代'的恐怖"[33] 结束后古代科学的复兴，都与希腊－阿拉伯翻译运动的影响有关。但这些都是指向以更加世俗的方式理解世界的暂时性的运动，而不是像我们在意大利文艺复兴中所看到的永久性的转变。这种差别产生的原因似乎在于 13 世纪早期，一些欧洲大学为世俗（以及宗教）知识的扩散提供了更加适宜的平台。大学取代了修道院和教会学校的地位，聚集来自大陆各个地方的学生；大学使得文艺复兴时所产生的变革得以制度化。[34]

自 9 世纪始，这些努力带来了科学领域持续的研究、实验和出版，赫瓦里兹米在他的数学著作中，将希腊概念（如从丢番图的作品中延伸出来的相约的步骤）与印度方法（如婆罗摩笈多对二次方程的研究）结合起来，"算法"一词即由其著作标题中所使用的"回归"（在方程式中消除负数）一词而来——他的主要著作的题目是《简述以回归和平衡方法进行计算》。赫瓦里兹米关于印度十进制系统的著作（现存的仅有拉丁文译本），无疑属于那些传播到西方的许多已经变成通用规则的因素。

阿拉伯科学的伟大成就对于欧洲或对于世界，最终在哪些方面起到了重要作用？很明显，翻译运动对于希腊知识的保存至关重要，但翻译运动本身也是由科学研究活动所推动的。意大利文艺复兴的许多重要发现都受到了伊斯兰成就的影响。本·艾尔·纳菲斯描述了肺循环的过程，他的作品可能影响了后来被处以火刑的神学家和医生米格尔·塞尔维特。哥白尼的行星模型是否受到了大马士革的本·艾尔·沙蒂尔的影响？[35] 但虽然当时处于黄金时代，德耶巴依然观察到从 12 世纪开始科学产生了衰落的趋势，部分原因在于社会经济因素，但也是因为伊斯兰宗教学校的意识形态约束，比如禁止解剖——虽然禁止解剖这一做法是比较普遍的，并非仅存在于这一时期或只有伊斯兰教才有。[36] 不过，考虑到白益王朝的科学活动，和阿富汗的天文学成就，即便在蒙古人的统治之下，科学活动也没有完全消失。

9 世纪晚期到 10 世纪初期，巴格达哈里发所面临的政治不稳定主要由于他们的土耳其军旅，但这种不稳定并没有妨碍文化活动的进行；

伊拉克经历了被称为"文化繁荣"的阶段，[37] 产生了早期伊斯兰教历史中的一些最显著的人物，如马赞德兰历史学家和神学家塔巴里（839—923），神学家阿沙里（873—935）和苏非派神秘主义者哈拉智（858—922）。发源于里海的白益王朝取得了巨大的成功，因此也试图维持他们在巴格达的朝廷的领先地位，尤其是在推理思维的领域。白益王朝赞助的学者圈子中的赛伊士塔尼，在新柏拉图主义教条的启发下，对许多领域的问题作了丰富的哲学思考，并将之应用在什叶派伊斯兰教的一个形而上学的复杂支派上。[38] 可能部分地因为波斯化了的维齐尔和国王的做事风格，宗教宽容的态度，对艺术、科学和文学的慷慨赞助，当时哲学和"人文主义的个人主义"在伊斯兰世界发展的程度超出以往任何时期。[39] 回顾整个阿拔斯王朝，以及整个伊斯兰历史中人们对古代思想进行吸收和运用的模式，我们可以看到，在这一时期，即阿杜德·道拉及其10世纪晚期的继任者统治的时期，产生了类似意大利文艺复兴当中的菲奇诺和在美第奇家族赞助下的佛罗伦萨学院相类似的活动。不过，除了在赖伊的坟墓和巴格达的一些小型建筑外，与其在智力活动上的巨大成就相比，白益王朝在它统治的世纪当中并没有留下太多建筑或其他可见的遗产。

对白益王朝的文艺复兴做出最有力论述的克雷默提到"在伊斯兰文明土壤中的古典复兴和文化繁荣"，[40] 但这场运动也发生在临近的国家，比如叙利亚的哈姆丹王朝和波斯河间地带的萨曼王朝（其都城布哈拉有自己的大图书馆），虽然后者主要回顾的是萨珊王朝而非古典时代。这场复兴主要表达的是"将古典时代的科学和哲学历史作为文化和教育典范的哲学人文主义"。同时也产生了由诗人及其他人所发展出来的、被概括为"阿达卜"的文学"人文主义"。其标志是"因对智慧的追求和热爱而联合起来的"世界主义的学者们通过个人表达、文学创意所表现的个人主义。当时的环境中也"弥漫着怀疑主义和世俗主义的精神"，以及"对传统的反抗"。不过，虽然这是一个智性活动繁荣的时期，社会和经济则在衰落。白益王朝的统治者通过军事手段来达成文化的繁荣和权力的合法化。

洛佩兹[41]认为，文化达到鼎盛状态的欧洲文艺复兴时期，其经济状况堪称灾难。这种描述或多或少符合什叶派的白益王朝的情况，在白益王朝与文化繁荣相伴生的是社会经济的恶化。我们在这一时期可以看到一个富裕的、有影响力的贵族阶层的出现，而城市社会及其中宫廷的扩展，为新型商业活动的开展提供了框架。商人和学者在不同地区间迁移，贸易在发展，市镇向多元化的都市转变。国王和他们的维齐尔是艺术和科学的赞助者。这个时代有像法拉比（950年逝世）和阿维森纳这样的杰出人物，同时在宫廷和学院当中也有许多不那么出名的学者，其中许多人是人文主义者，他们致力于复兴古代哲学传统——主要是亚里士多德主义的思想。

科学家的活动并没有随着翻译活动的减慢而结束。事实上，古塔斯提到10世纪末期，随着982年阿杜迪医院在巴格达建立，科学活动有了跳跃性的发展。这一事件发生在白益王朝时期，古塔斯还讲到，同期阿拉伯也有一场"文化繁荣"[42]，克雷默在他的《伊斯兰文艺复兴的人文主义》一书中也有涉及。[43]这些人文主义者是由大臣所主导的年代中独裁者的继承人。[44]翻译活动在此时的减弱是因为大部分需要翻译的作品已经翻译完毕，目前需要的是原创、新近的研究成果。

从这一方面来看，伊斯兰世界的确经历过很长的黄金时代，自8（或9）世纪至16世纪。[45]科学在宗教学校以外的地方得以发展——比如天文台，因此这种发展也是不牢靠的。纳希尔·艾尔·丁·图西（1201—1274）曾在伊朗西部的马拉盖天文台工作，他曾批评一些托勒密式的天文学观念。图西的作品由拜占庭人翻译成了希腊文，最终哥白尼等人读到了这些作品（以及沙蒂尔的著作），并在他们的日心说理论中采用了其中的某些方面。[46]以医院为根基，因而具有更多世俗性的医学领域在此时也产生了拉齐和本·西纳的著作。数学领域此时也取得了巨大成就，以三位波斯人为代表：中亚的比鲁尼，赫瓦里兹米，以及诗人海亚姆。

化学当时与炼金术并没有区分（天文学与占星术也是），阿拉伯人用金属及其他物质进行相关实验。同样是阿拉伯人最早制造了我们今天这种肥皂（取材自碱液和橄榄油），并进一步改善了蒸馏法（以及香水制造）和玻璃制作（特别是在叙利亚），相关技术最终被法国和威尼斯取得。伊斯兰文明的广泛范围对自然历史，例如植物的意义在于，他们可以从遥远和广阔的地带取得样本。马拉加的本·艾尔·拜塔尔可能是中世纪最伟大的植物学家，他著作中命名植物所使用的语言包括阿拉伯语、波斯语、柏柏尔语、希腊语和罗曼语。

医学是伊斯兰世界做出过巨大贡献的另一个领域，不只通过复兴希腊医学知识，还包括伊斯兰世界自身所进行的实验工作和医院的组织（伊斯兰时期第一个大型医院建立在大马士革），这对欧洲文艺复兴有着重大的影响。医院是探究医学问题的场所。在 12 世纪时，本·朱巴伊尔记述了苏丹萨拉丁在开罗建立的医院，萨拉丁当时选定了一位有识之士担任院长，并委托他管理药房，而药房的存在使得药物的准备和医生依据自己的专业才能开具处方成为可能。[47] 我们之前已经论述过蒙彼利埃医学院，但坎帕尼亚的萨勒诺医学院也宣称自己是欧洲已知最早的医学院：它宣称自己的前身是西塞罗时代就已非常兴盛的一所位于韦利亚附近的医学院，在罗马陷落之后搬到了萨勒诺。之后在拜占庭，它在其 10 到 13 世纪的整个全盛时期保留了同希腊医学的联系。迦太基的"非洲人君士坦丁"11 世纪在卡西诺山宣布他恢复的也是希腊医学，但他接触到希腊医学是通过阿拉伯人的著作，而欧洲人也是通过阿拉伯人的著作才第一次对盖伦和希波克拉底的成果有了完整的认识。

医院的意义不只在于医治病患，对于医学知识的进展也有重大推动，因为考虑到当时识字率的提高，在医院人们可以收集和比较不同病例。所取得的医学知识并不限于通过手术、药物或其他治疗程序等方法治愈或减轻病症，同样也包括预防医学，如卫生、公共健康、节食和锻炼。在所有这些领域伊斯兰世界（和犹太教与基督教一样）为之做出了重要的贡献，根据医院往往与清真寺比邻而建这项事实（在其他地方，医院与当地的宗教建筑也是如此），我们可以清楚地看到这一点。

虽然手术开始时因为解剖方面的禁忌而受到限制，但犹太教世界依然继续为确定其是否完整、符合犹太教规的目的而宰杀动物。手术对于医治由于战争和断肢——当时一种常见的刑罚——所造成的创伤也非常重要，这些需求促进了移植技术的发展。

尽管有政治和经济方面的诸多问题，10 到 11 世纪的巴格达，乃至整个伊斯兰世界都是前所未有的文化昌盛期。[48] 历史上最耀眼的穆斯林哲学家和科学家就产生在这几个世纪：[49] 这是阿维森纳的时代，是数学家和物理学本·艾尔·海赛姆（1039 年逝世）的时代，也是宗教思想家艾尔·加扎利（1111 年逝世）的时代。这个时代的世界主义视野明显表现在对诸多作品的广泛关注中，如比鲁尼描述的印度生活。

不论如何，这些成就并没有在科学领域建立稳固的主导地位。"传统主义"占了上风，与"理性"产生了冲突。[50] 黄金时代之后伊斯兰科学进入停滞，德耶巴认为其原因在于基督教势力的入侵、地中海经济局势的反转和莫卧儿帝国征服战争的残酷。[51] 从内部来看，在经济活动衰减的同时，学者所持的保守主义态度在增长——这似乎意味着宗教因素（作为世俗知识的替代）的主导地位在上升。许多伊斯兰研究者试图分析这种传统主义与普世主义、宗教纯洁与世俗主义之间的长期转换的模式。[52] 与伊斯兰世界中智性活动的停滞同时发生的是欧洲的崛起和欧洲人获得大多数阿拉伯成果。雅卡尔 [53] 认为，12 世纪欧洲"文艺复兴"到达顶点的前兆是收复西班牙城市托莱多。[54] 而在这座城市，在大主教的资助下，以克雷莫纳的杰拉德（1114—1187）为代表的学者翻译了许多阿拉伯著作。12 世纪的西班牙和安达卢西亚，两种"文明"紧密地联系在一起，东方对于西方做出了巨大贡献。这个地区在被欧洲人收复之前存在的忏悔和文化宽容的精神在之后的几个世纪中依然存在，两种文明各自艺术和知识兴趣的相互影响也是推进欧洲文化发展的重要因素。

繁荣并不只发生在科学和科学翻译领域，虽然形象表现类的艺术并没有太大发展，但同欧洲一样，阿拉伯文和波斯文的文学也迎来了繁荣——在萨曼王朝（819—999）的呼罗珊（被称为"伊朗－伊斯兰文艺复兴"），法蒂玛王朝（什叶派）的埃及和拉赫曼三世（961 年逝世）和他的藏书家儿子统治时的西班牙，以及汉达尼德王朝（905—1004）的叙利亚。同时，这场繁盛不只发生在大多数属于什叶派并已波斯化的宫廷，一些开明的维齐尔和学者建立了非正式的学校和知识分子圈子，并受书记和政府官员的资助。这些基督徒和犹太人也经常参与的文化活动，大多数是由书商牵线组织，到后来这类聚会甚至会选择在印刷作坊中举办。[55]

对于安达卢西亚和科尔多瓦的倭马亚王朝尤为如此。倭马亚政权由近东王朝的一个支派创立，其在756年初创时只是一处避难地，但最终建立了自己的哈里发王权。不过，随着1031年倭马亚王朝集权统治的瓦解和随后在西班牙南部和中部无数"泰义法"（意即地方王国）的出现，政治的分裂和文化的繁荣同时发生在这一时期。在当时的西班牙，基督徒与穆斯林之间的疆界并非密不透风，因此多产的科尔多瓦阿訇本·哈森姆（994—1064）的爱情诗很可能影响了法国南部的游吟诗人的诗作。[56]

这一时期还被认为是阿拉伯音乐的黄金时期，音乐的技艺是当时"是所有受过教育的人必须掌握的"。[57] 以鲁特琴的形式（在之前的一个世纪中，它在阿拉伯－伊朗－拜占庭地区已经发展出了自己的经典形式），这种音乐后来由巴格达传到了倭马亚和柏柏尔王朝统治下的伊斯兰世界的西部，最终到达西欧，并对文艺复兴产生了重要影响。9世纪时移民至西班牙并在那里建立学校的艺术鉴赏家泽里亚布对它的发展做出的贡献最大，9世纪因此也成了西班牙穆斯林音乐的最重要的发展时期。不过，泽里亚布对西方高等文化的影响十分广泛，不限于音乐。

受惠于其他高等文化的影响，这一时期毫无疑问是阿拉伯文学的黄金时期。[58]"伊斯兰的人文主义者"完成了对文学的传播，比如阿拉伯研究者吉布所提到的那些代表了"新风格"的诗人，像波斯盲诗人巴士拉的巴沙尔·本·伯德（741—784）和出生在汉志的伊拉克人阿布·艾尔·阿塔希耶（748—828）。经典的贝都因风格的诗歌依然很流行，并且经文士们的改造以后，在阿拔斯王朝取得了巨大的声望。但大量的诗歌依然严格遵照阿拉伯传统写成，而诗句措辞和诗歌主题方面的新维度、"新风格"被增加进来——这种发展过程在9世纪时不断向前推进。

110

在纯粹世俗的文本中，一些作家甚至发展出了描绘以美酒和爱情狂欢为主题的写作传统。正如我们之前所看到的，波斯人的诗歌创作同样如此，特别是"反阿拉伯主义"的运动（以通俗文写作，反对阿拉伯中心主义），为古代传统注入了新鲜血液。在去世一个世纪以后，达乌德（910 年逝世）和他情色作品的模式传向了西部，这在本·哈森姆（他可能是自基督教来的改教者）的作品中表现得最为明显。他的"鸽子的戒指"也是游吟诗的范例之一；虽然同时是注明的神学和法学家，但当时世俗主义精神之浓烈使得哈森姆像他在安达卢西亚的同行阿玛·艾尔·图梯利一样，甚至会反对《古兰经》对一夫多妻制的认可，或者将他的女友比作麦加的克尔白。

在阿拔斯王朝时期，一种复杂的散文形式与诗歌同时发展，但这一进程也面临着某些文化风险；阿拉伯人至今依然以传播宗教知识作为散文的首要价值。世俗的影响占据了上风，然而是以一种危险的方式。本·艾尔·穆卡法甚至因他散文作品中明显的琐罗亚斯德教成分而被处决。

随着阿拔斯王朝军事控制在 9 世纪晚期的衰落，新国家政权的成立对阿拉伯人主导地位造成挑战，在波斯则引发了被米克尔称为"伊朗字母复兴"的运动。[59] 早在 8 世纪中期曼苏尔统治时，作为反阿拉伯运动的一部分，对波斯文化成就的压制就有了减弱的趋势。随后的一个世纪中产生了许多版本的《五卷书》，但没有任何一个以全本的形式出现。此种翻译实践显然限制了这些作品中个人的创造性输入，但在当时对于阿拉伯散文，有其他的创新和灵感来源。说书人会使用当时的许多传奇故事，不过他们也越来越多地依赖书面文本，而不是"连续的口头传播"。[60] 书面形式原来仅仅为宗教及其他严肃的文字材料而使用，但这些说书人的文本中往往包含粗鄙的成分，因而挑战了保守主义势力。不过宗教与世俗传统之间的紧张关系总会存在。对娱乐的品位"似乎引起了宗教的反应"，有人认为娱乐与伊斯兰教并不完全兼容。至少在社会层面，人们很明显对娱乐抱有矛盾和反对的态度。

自早期以来，伊斯兰建筑和小艺术（minor arts）领域在抽象表现方面的卓越成就是很重要的；阿拉伯以及阿拉伯风格的艺术直到今日，在国际艺术品买卖活动中都是非常显著的组成部分。然而，阿拉伯艺术的"黄金时代"，即其在世界舞台上占有主导地位、拥有最活跃的内在动力的阶段，毫无疑问，是中世纪。[61]8 到 9 世纪，艺术在阿拔斯王朝巴格达哈里发政权下蓬勃发展的证据之一，是它在那时成了需要被审查的对象。然而不可否认的是，伊斯兰的历史中某些其他时期也以自己的方式达成了"黄金"时代：白益王朝，科尔多瓦的倭马亚王朝，什叶派法蒂玛王朝（10 到 11 世纪）和马穆鲁克统治下的马格里布和埃及，以及由突尼斯人统治的西班牙和北非，阿尔摩哈德王朝（12 到 13 世纪），和蒙古人的草原帝国（13 到 16 世纪）。

自 1205 年起，马穆鲁克王朝在叙利亚 - 埃及地区催生了强大的艺术活动。同样，格拉纳达，倭马亚和其他哈里发王国也在城镇以外建筑宏伟的宫殿，比如在萨马拉，而在这些建筑活动中王朝统治者"豁免了某些宗教禁忌"。[62] 在那里，除了动物以外，我们也可以见到对人形象的视觉表现。所以在此背景下，形象表现艺术在某些时段是被容许的，即便非常脆弱。波斯和阿富汗在中国的影响下产生了形象表现，[63] 进而在印度的莫卧儿（特别是微缩细密画）以及其他宫廷也有了类似的作品；但伊斯兰世界的西部，在殖民时代到来前也极少有这样的艺术作品产生。柏柏尔的复兴是由对形象表现和奢侈的反对而引起的。即便在今天，穆斯林中的纯洁派，如塔利班，依然反对形象表现艺术。[64] 不过，随着蒙古 - 中国文化的推进，阿富汗的赫拉特产生了一种绘画传统。这是部分世俗化进程的一部分。当蒙古人来到巴格达，据说他们曾将图书馆的藏书扔进底格里斯河作为桥梁；[65] 根据帕慕克的说法，一位著名的书法家本·沙基尔逃到了蒙古人出发的地方，成了一位插图画家。[66] 沙基尔把世界描绘成"来自一座尖塔"，"所有的物体，从云彩到昆虫，他都按中国人的方式来绘画"。自 12 世纪晚期，穆斯林疆域的东部出现了短暂的形象比喻方式的发展。部分由于靠近中国（经由巴达赫尚和瓦罕走廊）而被称为重要中心的赫拉特，其高雅艺术在 15 世纪末期——伟大的波斯细密画画家卡马尔·艾尔·丁·贝赫扎德活跃的时期，产生了最后一场繁荣。新艺术的重点在于为书做插图，与欧洲全幅、现实主义、挂在墙上的绘画类型有很大不同。它包含一种细密画的形式，由依附于宫廷的图书－艺术作坊生产，这种形式的艺术更容易摆脱伊斯兰教施加的限制（图1）。帕慕克写道：所有的可汗、沙阿和苏丹都热爱绘画，至少在他们年少时是这样，然后他们的热情会转向宗教。[67]但矛盾依然存在。塔赫玛斯普（1514—1576）自己就是一位细密画家，但后来他不仅关闭了自己的画室，还在他力所能及的范围内销毁了他曾制作过的所有图书。伊斯法罕的酋长穆罕默德也是如此，他曾将异域景色包含在画作中，但后来在另一位敬虔酋长的影响下，他前往各个宫廷以销毁他曾制作过插画的图书。他焚烧了藏有数百卷图书的伊斯梅尔·米尔扎王子的大图书馆[68]。

这种畏惧激发了埃尔祖鲁姆的努斯雷特·何贾[69]的追随者，导致画家、插图大师埃勒根特·埃芬迪之死，帕慕克小说中的转折也发生在此时。因为只有极端主义者对绘画持有矛盾心理。这种心理甚至在那些试图销毁自己作品的细密画画家的经历中也曾出现过，这种做法构成了整篇故事的中心。这部历史小说叫作《我的名字叫红》。书中的英雄，名为红，对他的叔叔伊内施·埃芬迪持批评态度，这位叔叔曾在作为东西方交流中心的威尼斯学习，并受土耳其宫廷的要求模仿威尼斯的肖像画风格。每一幅威尼斯风格的肖像画描绘的都是一张可辨识的人的面孔，并被挂在墙上，可能因其与所描绘人物在外形上的相近、作为对人物视觉上的重现而成为被崇拜对象，而赫拉特风格下的画家所做的仅仅是"将故事补充完整。"[70]西方表现形式可能造就"假偶像"；你会相信这幅画作本身。这种形式的创作意味着偏离"安拉的视角"[71]，并将其他的存在物放置在我们关注的中心位置。因此，苏丹希望他的肖像画"隐藏在一本书中"，而不是向世界公开。帕慕克的书中，"伊内施·埃芬迪雇来的为书中插画描金线的工人发现，书本的内容慢慢地从简单的花式字体发展为全幅的、带有法兰西式谤渎、无神论甚至异端的图画"。[72]细密画家的风格与之不同：他们并不像威尼斯人那样从真实生活中，而是从记忆和故事中寻找素材。[73]

在伊斯兰教统治之下所有这些艺术和科学的发展当中，城镇作为贸易、对艺术与科学的资助、学校和知识的中心，扮演着非常重要的角色。从传统的欧洲观念来看，欧洲的城镇意味着思想和政治的自由。由贸易导向的经济引发出来的政治解放，也使得各项其他活动得到了资金支持；金钱和权力的距离从来都不远。但欧洲的城镇并不像韦伯所认为的那样独特，[74] 在伊斯兰世界同样有这样的地方。在一座伊斯兰城镇中有相当大的自治权。[75] 就社会控制来说，从776年到9世纪30年代中期，政权也是通过土耳其雇佣兵来维持的，"希斯巴"这个概念大约在1050年时产生，它要求每个个人都维护正义，禁绝恶事。但权威一直没有被一方独占，而是由政治和宗教领域所瓜分。

因为宗教在许多民事事务中的主导地位，和学校一样，甚至城镇市场和医院也建立在清真寺周围，市场为这些综合设施提供经济支持。在基督教世界也发生了类似的聚集，大修道院内附有医院，不只服务修道院的居民和被收留者，也为公众服务；修道院也向当地儿童提供教育。宗教以一种霸权的方式主导着这些活动。不过在西方，罗马古典似乎有一个更世俗的民间政府系统的某些残留；而在伊斯兰世界，市场检察官同时负有保证指令得到遵守的宗教和民事责任。但不论是东方西方，城镇所要做的工作是类似的。

和知识一样，城镇也意味着贸易活动。伊斯兰传统据说"反映了这种传统形成于其中的、表现了他们对公正、诚实、守约、谦逊、法律与秩序、责任和普通人权利之重视的、商业环境"。[76] 这些特征被作者归结于阿克西亚尔时代早期的宗教，但实际上它们在任何一个交换经济发达的社会中都是重要的，特别是法律与秩序；"市场和平"的制度特征甚至在西非早期的非集中式的社会中都很显著。[77] 这些因素对于伊斯兰世界尤其重要，原因在于伊斯兰世界宽广的疆域和巨大的贸易量。伊斯兰世界的领地从西班牙延续到印度，在东部形成了"一个巨大、连续、相对稳定、低税率的商业区"，[78] 不只是商品，思想和人员也可以自由流动。法国人夏尔丹在17世纪晚期时曾这样评论："在东方，贸易商人是神圣的。由于这个缘故，跨越亚洲的道路是很安全的"。[79] 和在非洲

114

及许多其他地区一样，贸易商人是受到保护的。

在伊斯兰教之前，也门人已经开始与东方接触并开发出了沿着东非海岸、跨越印度洋通向印度的海上航线。的确，整个亚非海岸及其主要的河流似乎从哈拉帕时代起就已经被探索过。在 1 世纪的犹太人之后，基督徒也进入了印度半岛，特别是在 4 世纪早期时。之后的 6 世纪晚期，萨珊人也到了这里。随着这些贸易线路的发展，阿拉伯人在 5、6 世纪进入了一个巨大的交流网络，因而进入了一个从近东到麦加的广大地区所共有的繁荣时代，麦加城中重要的神庙——克尔白成了阿拉伯半岛上所有部落所关注的中心。[80] 伊斯兰在之后的时间内继续发展贸易，并通过贸易的方式扩展宗教。其重要性不只体现在印度南部的殖民地，也表现在到达了更远东部的航海者身上；早至 9 世纪，超过十万名阿拉伯商人在中国南部的广州港口工作。

尽管伊斯兰世界和哈里发王国当时处于碎片化、分裂的状态，一场复兴运动依然在近东地区发展起来。最早脱离原先轨迹的地区是中亚。伽色尼的马哈茂德的父亲曾是一名奴隶士兵，后来在萨曼王朝设在呼罗珊和中亚河中地区的总督手下得到提拔，成为一个面积不大的公国的首领；而当上了苏丹的伽色尼的马哈茂德则迅速扩张他的王国，占据了波斯、河中地区的大部分、阿富汗，以及印度的某些地区（在 10 世纪晚期和 11 世纪早期通过奴隶士兵夺取了旁遮普、木尔坦、信德、德里、古吉拉特邦沿海地区）。尽管马哈茂德以宣扬他进行的是阿拔斯哈里发王国之事业来维系他本人统治的合法性，他仍是第一个称呼自己为苏丹的人，这一举动显示着他对巴格达的哈里发王国的独立。虽然印度是他财富的最重要来源，马哈茂德的宫廷依然维持着高度的波斯化，他在自己身边招聚了包括菲尔多西在内的许多诗人。这个文学的"黄金时代"在某种程度上也是对更早时期阿布·努瓦斯及其他人作品的复兴。这个王朝一直持续到 1186 年，但在那之前，在塞尔柱的压力之下，王朝的疆域就一直在退缩，11 世纪中期时仅统治今天巴基斯坦所在地区周边的区域。

在经历了被不同的族群和个人而不是哈里发（包括各种苏丹）统

治的超过四个世纪的时间之后，1258 年，所谓的阿拔斯时代走向终结。在此之前，虽然逊尼派和土耳其人统治着波斯的核心区域，但是在蒙古波斯的影响下，哈里发王国的首都一直保持着统治地位。从成吉思汗在 13 世纪 20 年代的入侵，到 1225 年成吉思汗的孙子旭烈兀建立伊尔汗国，蒙古入侵给当地城市和乡村带来了巨大的破坏，而 14 世纪中期的黑死病导致德黑兰城市人口死亡三分之一到一半。[81] 尽管阿拉伯或欧洲的现代民族主义历史学家对其评价极其负面，蒙古人实际上资助了一些学者，如天文学家和哲学家纳西尔·艾尔·丁·艾尔·图西；深受中华文明影响的蒙古人也起到了连接中国和西方的作用。在 13、14 世纪交替之时的合赞可汗统治之下，波斯的经济得到恢复，但政治上，帝国再一次很快分裂为许多小型政权。突厥－蒙古征服者帖木儿在 14 世纪初期几乎将整个波斯置于他的统治之下，而他本人也很精通并喜爱波斯文化；[82] 关于帖木儿的征税员不向哈菲兹征税的故事至少不是不可能的。[83] 并且，在伊尔汗国建立前的二百多年间，波斯主流文学和学术中非常重要的一个支派在阿拉伯世界中留下了印记。的确，除了突尼斯的伊本·赫勒敦（1302—1406）这样名声显赫的少数学者之外，西班牙人阿威罗伊（伊本·拉希德）以及不时出现的某些阿拉伯人如艾尔·肯迪之外，这一时期伊斯兰世界的主要文明成就的绝大部分是由波斯及其周边地区贡献的。在阿拉伯语衰落以后，波斯语言成了文学的载体，波斯文化的主导地位从菲尔多西的时代开始，历经海亚姆、萨迪（1184—1283）、鲁米南特（1207—1273）、哈菲兹及其他神秘派，一直到雅米（在 1492 年）和哈特的阿利舍尔·纳瓦伊（在 1501 年）去世的时代。但从阿拔斯时代早期开始，在穆罕默德自己的家乡，甚至更广泛的包括叙利亚和美索不达米亚在内的阿拉伯核心地区，重要人物——科学家、艺术家或思想家就一直处于缺乏的状态。就像伊本·赫勒敦在几个世纪之后反思的那样，他用许多波斯成就来阐明他的观察结果："一个非常奇怪的事实是，大多数穆斯林学者，既包括沙里亚学家，也包括自然科学家，都是（波斯人）非阿拉伯人。"[84]

在整个伊斯兰地区，宫廷和大众文化之间都存在着许多差别。宫廷中产生了文字诗歌、古典音乐和舞蹈、戏剧及某些形象艺术，而在同一时期，社会大众对这些艺术种类的涉足却因伊斯兰教对形象表现的反对而受到阻碍。在宫廷的层面上，这些活动在不同的时期经历了起起落落。而在大众文化则保持着自己持续不断的发展传统，极少被社会精英们艺术实践之改变所干扰。这也是为何在大众文化中不存在复兴、黄金时代或其他形式的繁荣时期的原因：这些都是高等文化的现象，虽然高等文化也会受到流行文化的影响。在宫廷层面，传统总是因高等文化的变化而变化；生产模式和方式因为商品交换和通讯方式、特别是纸张的引进和后来印刷机的出现而发生改变，而生产模式与方式的改变又进而改变了社会的阶级或消费者的状况，这些改变广泛地影响了文化，使得书写和图画活动更加民主化和机械化。一场重生或者改革，需要的不是连续性，而是突破传统——在大众层面则没有什么突破。许多时尚来源于边缘或民间大众文化，如哈菲兹在加扎勒中提到的卢利斯。但在英格兰等地，民间文化与像莎士比亚这样的高等文化之间依然保持着互相分离的发展传统，虽然高等文化也会采用民间歌曲，在当代二者也在逐渐合流。

124

随着国家政权的成长，伊斯兰艺术成了某种宫廷活动。制度上的变化在阿拔斯宫廷消失、被一些更小的宫廷所取代时变得尤为明显。宫廷文化被资产阶级所模仿，他们甚至推动了音乐和艺术在非伊斯兰的特性上的发展，比如受到东方影响的伽色尼王朝（977—1086）成了智性和文学生活的中心。宫廷和大众活动的差别在舞蹈上表现得最为明显。在穆斯林占据的土地上，社会大众有多少带着某种连续传统的民间舞蹈，但哈里发、苏丹和地方统治者的宫廷中也有后宫或宫廷的舞女表演者，特别是异域肚皮舞者——这类舞蹈既是流行风尚，又明显属于应当被禁止的艺术种类。除了这些形式外，也有一些托钵僧团体的宗教舞蹈，比如鲁米在 13 世纪建立了梅夫拉维派，尽管有某些人反对，但他们获得了大多数人的支持。托钵僧团齐克尔的仪式是一种敬拜的行为，试图通过让人进入恍惚的状态，因此与安拉联合。[85] 戏剧方面则没有什么活动，甚至在今天的沙特阿拉伯都没有本地的剧院。木偶剧很常见（是一种微缩雕塑，并不是真正的形象表现），但所使用的木偶会被打洞，以表明它们是没有生命的。[86] 无论如何，在黎巴嫩和伊朗等什叶派地区，一些宗教剧以神秘表演的形式在大众文化层面发展了起来，这种戏剧以阿里后代的谋杀案为基础，每年第四个月演出。在 10 世纪时游行开始出现，当萨法维王朝开始统治伊朗以后，戏剧编排更加精细，16 世纪时出现了书面剧本，之后 18 世纪时又发展出了话剧。侯赛因的受难剧在不讲阿拉伯语，同时有自前伊斯兰时代以来悠久的戏剧历史的伊朗特别受欢迎，特别是与亚洲形象表现传统相关的滑稽剧。牵线木偶剧院这种在中亚很常见的剧院是伊朗这一传统的具体体现。以土耳其人卡拉格兹（意为"黑眼睛"）和他的同伴哈西瓦特为代表的影子戏起源于印度，在伊朗被广泛地演出，同时演出的还有一些建立了自己行业公会的艺术家表演的讽喻剧。许多戏剧，甚至在这个层面上都是以宗教为中心，虽然土耳其人的影子戏和拉伯雷的作品同样地下流淫秽。[87] 除了土耳其宫廷以及在帝国全境模仿宫廷做法的贵族们的盛会之外，这类活动在土耳其并不多见。在 19 世纪及以后，土耳其人开始出资兴建奥塔亚努（意为"中型演出"）剧院，剧院中没有舞台，乐师在开放空间或咖啡馆内演奏。在大众层面，历史或外国主题的哑剧在以安纳托利亚为代表的地区演出，在那里，这种戏剧形式是传统的公开故事讲述传统的一部分。

在突尼斯发家、征服了西西里的伊斯梅利什叶派的法蒂玛王朝在近东地区复兴了文化活动，以媲美巴格达为标准建立了开罗城，其统治者有哈里发头衔，他建造了被描述为"伊斯兰世界的巴黎大学"的艾尔·爱资哈尔的大型清真寺综合建筑群。[88] 王朝还为贸易、战争和巩固通向印度航线的目的在地中海建立了一支海军。除了资助艺术活动外，法蒂玛王朝还占据了阿拉伯半岛上的圣城，并向北朝叙利亚行进，在 1004 年征服了阿勒波的什叶派哈姆丹王朝。哈姆丹王朝出现了两位伊斯兰世界最杰出的作家，即诗人艾尔·穆太奈比（915—968）和哲学家艾尔·法拉比（870—951），法拉比为希腊思想的伊斯兰化作出过巨大贡献，并试图整合理性与启示。但对这些人来说，存在着一个实践和智性上的问题，即他们如何维持生计。哲学家们经常以外科医生、占星家或音乐家的身份来赚钱糊口，与更倾向于宗教的穆斯林竞争。这一境况有时促使他们去质疑启示与真理的关系，而这威胁到了之前更世俗的解释方式的主导地位。

穆斯林西班牙的繁荣稍晚，大致与近东地区的繁荣呈平行发展的趋势。倭马亚王朝统治者所逃往的科尔多瓦是文化活动的中心。西班牙伊斯兰是对欧洲知识发展做出了最大贡献的文化；但在天文学和数学方面，阿拔斯王朝的成就建立在欧几里得的基础之上，而这些知识直到 12 世纪才传播到西部。西伊斯兰的繁荣在阿布德·艾尔·拉赫曼三世（912—961）统治下到达顶峰。这大约是地中海贸易起始期，密克隆认为这也涉及一场复兴。[89] 这场复兴不只包含伊本·哈兹姆这样的作家，[90]音乐和哲学也迎来了繁荣。哲学、医学和神学在其中最为重要，并且通过犹太人的翻译而影响了西欧。在哲学方面，出现了艾尔·肯迪（870年逝世），特别是阿维森纳，他在医学、科学、哲学和宗教论文写作方面均有建树。但在阿尔摩哈德王国时期最重要的人物是阿威罗伊（伊本·拉希德），他在马拉喀什成了宫廷医生，同时也是亚里士多德著作的阿拉伯注释者。而在西部，伊本·阿拉比（1240 年逝世）的作品使得苏菲派诗歌达到了顶点。

这些成就是非常卓著的。自封为哈里发的艾尔·拉赫曼三世在科尔多瓦建造了被称作"西方克尔白"的巨型清真寺，是穆斯林世界的四大奇观之一，还在科尔多瓦城外修建了一座皇宫，以他一位嫔妃"麦地那·艾尔·扎赫拉"命名。他还搜集为修建宫殿而用的木材和宝石，从迦太基进口罗马石柱，从君士坦丁堡进口锦砖，从约旦进口嵌板，美索不达米亚陶器和动物图案，还有萨马拉宫殿的舞者——这座宫殿在巴格达城外，由哈伦·艾尔·拉希德的儿子所继承。安达卢西亚达到了其权势的顶峰，与拜占庭互换使节。拜占庭统治者还赠送了一份迪奥科里斯的《药物学》。德意志的奥托一世也向安达卢西亚派出使者，抗议地中海上的海盗行为，因为海上贸易对于他的政权极为重要。

和艾尔·拉赫曼三世一样，他的儿子哈坎二世（961—976 年在位）统治的时期是和平与繁荣的时期。在哈坎二世的统治下，安达卢西亚的西班牙穆斯林文化到达了顶点。各类知识分子、诗人、商人、旅行者和难民都被吸引到他以巴格达的阿拔斯统治者风格所建立的宫廷。哈坎二世本人对艺术和科学十分精通，他在科尔多瓦城堡中建立了一座巨型图书馆，收藏超过四十万份手稿。在哈坎城中有二十七座学校建立起来。许多人仿照他，修建了许多规模较小的图书馆；与他同时代的某些统治者一样他也著书立说，他的做法甚至在基督教西班牙也有人效仿。[91]

　　哈坎的继承人是他的独子希沙姆。很快，军人曼苏尔开始影响希沙姆，并最终攫取了实权，将希沙姆软禁在他的宫殿中。为了向人民显示他是一位真正的穆斯林，没有受到哲学家的影响，在哈里发的教师们的鼓动下，曼苏尔决定关闭图书馆，烧毁所有与"古代科学"有关的书籍。这一"不可原谅的汪达尔人式毁坏文化的行径"减缓了伊斯兰西部试图复兴东部成就的努力。他们的研究被认为可能导致异端的兴起，乌理玛们从此必须专注于正统的研究。但因此机遇，书籍散落在安达卢西亚全境，激发了各个小王国对古代科学的兴趣。[92] 这个曼苏尔也达到了自己的目的：让自己看起来像个好穆斯林，为此他还随身携带自己手抄的《古兰经》。曼苏尔采取非常具有侵略性的政策，依靠战争、柏柏尔士兵和征税来统治。他的继任者们作为统治者则没有那么成功，这个哈里发王国逐渐衰落，在柏柏尔人的压力下分裂，最终变成了由"泰法斯"（意为"地方国王"）们统治。王国的瓦解意味着许多小宫廷的出现，但各个宫廷互相学习，最终带来了穆斯林西班牙的最辉煌时期。[93] 这些地方国王中统治塞维利亚的是穆罕默德二世（1069—1090年在位），在他治下，艺术和字母都得到了极大发展。塞维利亚是一座重要的贸易城市，同时它周边是一片富饶的平原，那里出产的油和谷物在国际商品交换中（特别是与亚历山德里亚的贸易）占有重要地位。卡斯蒂利亚的阿方索曾要求他的父亲将土地交给基督徒，由于1085年失去了托莱多，在熙德率领的军队和其他邻国的压力下，穆罕默德二世最终请求摩洛哥的阿蒙拉维德人前来帮助，延缓了北方对安达卢西亚的入侵。

在欧洲夺回西班牙的过程中，很少有基督徒认为异教徒占据的这个地方"在图书馆中藏有人类历史中最珍贵的宝藏"。[94] 基督教世界对之缺乏兴趣的原因在于他们认为天主已经告诉了人们他们所需知道的，不需要外来的贡献。在 12 世纪，甚至在夺取托莱多之前，这一点便发生了改变。伊斯兰教和基督教彼此遭遇了，使得知识向北传播。欧洲知识界第一次得以了解古典时代，特别是亚里士多德的伟大著作。学者们纷纷涌向西班牙，用古典及阿拉伯作者的著作填补自己的知识。欧洲文化被急剧地改变着。"短短几年内……发生了思想的转型，终结了（如果算不上拒绝的话）将启示作为理解一切事物的起点。人们越来越多地受到世俗哲学家而非圣经的启发……亚里士多德是阿拉伯德知识的方法与理论的基础……这一切都因与伊斯兰教的相遇而成为可能。"[95] 这一在世俗思想方面的进展与对托莱多的收复平行发展。由犹太教徒改宗基督教的佩德罗·阿方索前往英格兰建立了一个知识分子圈子，说服巴斯的阿德拉德到国外学习阿拉伯著作，阿德拉德出国后翻译了花剌子模的《制表》和欧几里得的《几何原本》。在阿德拉德的影响下，一种更具科学精神的研究方法发展起来，在此基础上，13 世纪时罗杰·培根和罗伯特·格罗斯泰斯特也写作了他们的作品；与巴黎相比，英格兰传统中的宗教因素和托马斯主义的成分更少。自 1120 年起，西班牙的翻译运动更加火热，除了托莱多之外还扩散到了纳瓦拉。许多知识分子参与到了这一进程中，在整个西欧建立起了联系网络。在这场运动中最重要的人物是克雷莫纳的杰拉德，他将上百卷书籍由阿拉伯文翻译成拉丁文，包括托勒密的《天文学大成》和阿维森纳、盖伦、希波克拉底、拉齐、亚里士多德和法拉比的作品。他翻译的亚里士多德的著作对于后来欧洲思想的发展极为重要。[96]

在泰法斯们的艰难时代，之后是阿蒙拉维德和阿尔摩哈德两个世纪长的清教徒柏柏尔人的王朝，产生了同时影响近东和西方文明的伟大哲学家与科学家。阿威罗伊在 12 世纪中写作了对亚里士多德的注解、对柏拉图《理想国》的重述以及对气象学和医学的研究。他的许多著作被翻译成了拉丁文，但他的阿拉伯文原文著作则随着被基督徒或穆斯林对图书馆的破坏而损毁。这类翻译活动在西方历史中极为重要，它们为基督教欧洲保存了希腊作者的作品和阿拉伯知识的文献。阿威罗伊有一部原创的哲学书籍，名为《不一致性的不一致性》，回应了波斯苏菲派的加扎利（1058—1111）在《哲学家的不一致性》一书中对哲学家的批评。在医学方面，有了阿布卡西斯（生于 926 年）的作品，他写作了篇幅达十三卷的百科全书《塔斯里夫》。他是第一个用烙法进行手术的人，同时也做了大量临床观察。他还大力支持解剖学研究。之后在地理学方面，在西西里的罗杰手下工作的艾尔·伊德里西发表了关于整个世界的论述（《罗杰之书》）。以上列举的只是在这个时代涌现出的许多伟大学者之中的少数几位。并且，故事在这里尚未结束。在基督徒夺回格拉纳达之前的两个世纪，出现了"一场迟到的伊斯兰文化的繁荣，可以与大约三百年前倭马亚王朝的黄金时代相媲美。这场繁荣留下的最非凡的遗迹是阿尔罕布拉宫"。[97] 米克尔观察到，伊斯兰世界在之后的时代中的许多发展——伊本·艾尔·纳菲斯的医学，阿威罗伊的哲学，伊本·赫勒敦的历史学——并没有得到传承；这些都被西方的基督徒所继承。这可能是由于伊斯兰世界并没有像后来的西方社会那样，对世俗知识进行制度化。[98]

1096—1099 年，在黎凡特处于政治分裂状态时，十字军侵入近东和许多中间地带，这样在同一个世纪中，内部的混乱与外部欧洲人的入侵合在一起，为库尔德人出身的萨拉丁将军提供了机遇。他从埃及将法蒂玛王朝最后统治大马士革的哈里发赶下台，夺取了叙利亚的统治权，创立了阿尤布王朝，此时开罗的科普特基督徒正在经历"一场真正的知识复兴"。[99] 本地其他居民也是如此。阿尤布建筑在叙利亚北部的要塞城市阿勒颇保存得最好，今天在那里我们可以看到大量已经被精心现代化了的防御工事和敬虔的赞助者传统的延续交织在一起。甚至自法蒂玛王朝时期开始，开罗就已经是一座以建造大型陵墓闻名的城市，征服战争的战利品越来越多地被花费到这上面。作为宗教设施与宗教学校建造在一起，这种安排使赞助者占有其陵墓所需地契有了法律上不可动摇的根据。正因为这个原因，从阿尤布一直到后来的马穆鲁克时代，许多陵墓就修建在卡萨巴和开罗的中心街道上。在风格上，当地的创新与来自过去世纪中黎凡特和美索不达米亚建筑的思想带来了某种折中主义；正方底座与八边形圆顶的组合，蜂巢凹槽设计，尖顶的几何机构，"伊万"（一端开放的拱形大厅）和水文要素的使用，等等——甚至偶尔会借用基督教大教堂建筑设计。一些体量更小的艺术品也是如此；萨拉丁时代被认为相对简朴，但对精致饰品、容器和其他日用品，包括工程师艾尔·加扎利生产的、记载在他《论自动装置》[100]中的令人惊叹的各种物件的需求一直在增长，直到阿尤布时代终结。

设计与品味随着贸易路线的变化、通过战争所取得的财富和胜利者背景的不同，而来回摇摆，在战争、政治和商业中将他们各样的新旧观念带到别处。在这场跨越伊斯兰全境的持续运动中，严格地讲，所产生的并不是一场复兴，而是全新的繁荣景象——在这里并没有被忽略或遗忘的过去的文化成就，只有一个与其他文化保持持续交往的文明本身的潮起潮落。

阿尤布王朝的统治一直持续到13世纪50年代，当时他们在埃及和之后在黎凡特的领土被其"奴隶"的首领——马穆鲁克的雇佣兵所侵占；王朝从其北部败退后不久，叙利亚就陷落在了蒙古侵略者手中。但马穆鲁克人的政权在军事上胜过了新的入侵者。蒙古人传统上遵循萨满教信仰，但在13世纪他们统治着广大的穆斯林疆界。为了与当地穆斯林精英的文字文化保持协调，蒙古可汗们赞助各种学术研究，支持甚至远在中国的学者，还在阿塞拜疆建造了一座重要的天文台。但是，在13世纪中期时，别尔哥汗（成吉思汗的孙子，死于1266年）以及他之后的（西）蓝帐汗国都改信伊斯兰教，这促使他支持埃及的马穆鲁克人在巴勒斯坦与他的堂兄旭烈兀作战，并在高加索地区取得了最终的胜利。旭烈兀的继承者在14世纪初期也改信伊斯兰教，并资助了许多伟大的穆斯林作家，比如曾经是犹太教徒的波斯的拉施德丁——他是一位医生，同时也是引用资料最为广泛的用阿拉伯语写成的历史书的作者。[101]拉施德丁曾经是伊尔汗国统治者完者都（1304—1316年在位）的维齐尔兼宫廷历史学家。1307年，他可能在大不里士写了《世界历史》一书，有人在几年后为这部书作了丰富的插图（图 2 和图 3）。这些以蒙古历史作为开始的书卷由艾尔·丁在位于拉西迪亚的缮写室完成，当时那里已经成了波斯的伊尔汗国学术、艺术、神学和文化生活的一个中心。他成立了一项支持学者和学生的基金，在其支持下，每年都有阿拉伯和波斯双语学术著作出版并向汗国的各主要学术中心分发。这项活动吸引了中亚、远东、美索不达米亚和伊朗的知识分子。不论如何，随着伊尔汗国向巴勒斯坦和埃及扩张企图的失败，蒙古力量在西部也开始瓦解，此时另一派土耳其统治者力量开始膨胀，他们当中有许多都来自在马穆鲁克军人中迅速成长的军事团体，马穆鲁克军人在 9 世纪时的哈里发王国统治下得到了迅速的发展。在穆斯林世界的东边，统治印度西北大部分地区的早期德里苏丹王国（包括 85 年的"奴隶王朝"和之后 30 年的卡尔吉王朝）也来自马穆鲁克，并且多次成功抵御了蒙古人的入侵。苏丹王国的中心是"一个文化上十分活跃的地方，吸引了许多成功人士"，[102] 其中有库卜特复合建筑（包含伊斯兰世界中最大型的尖顶，以及未完工的八倍体积的柱子），建立在甚至更宏大的印度和耆那教建筑的遗迹之上，据说总共有 27 座神庙被毁掉。这些都让我们看到突厥－穆斯林在建筑方面的天分，将他们与在这些世纪中实质上主导了东亚、西亚、中亚、内亚和南亚的阿尔泰犹太人的蒙古成分区分开来。

在西边，以开罗为基础的马穆鲁克政权曾成功地抵御了黎凡特的波斯伊尔汗的入侵，虽然他们的制度在政治上极不稳定，但依然得以繁荣壮大；在头一个世纪中，这个"王朝"的统治仅持续了数年。紧随王朝的初创而出现的文化繁荣帮助埃及在阿尤布王朝时期取得了文化上的主导地位。[103] 作为对更早出现的中国著作中表现的对北京之顺从的回应，伊本·赫勒敦在评论埃及——毫无疑问，他在这样做时，主要想着的是首都开罗——时这样说道："没有见过它的人根本不知道伊斯兰的力量。"[104] 当时知识活动的发展包括伊本·艾尔·纳菲斯（1213—1288）的贡献，他作为一名外科医生发现了肺循环，欧洲的医学家在 300 年后才通过阅读纳菲斯的作品而开始对肺循环有所了解。

而对于埃及本身而言，它对高等文化的需求来自马穆鲁克统治阶级而不是商人；的确，爱廷豪森就认为埃及当时的情况使得"一种大量存在的、富足的资产阶级的形成成为可能"。[105] 不过在马穆鲁克控制，甚至抑制其他阶级的财富增长的情况下，埃及大部分财富产生于受到政府鼓励、扩展到极远范围的商业活动，在将近三个世纪中，他们的疆域都直接接触地中海和阿拉伯海的海运航线。因此，伊朗艺术的繁荣并不像其宣传的那样独特。埃及也经历了以迅速发展的贸易为根基的"文艺复兴"，只是其消费者与伊朗不同。但这两场复兴都依赖于各自城市文化的存在。

这些活动的繁荣有时仅发生在一个区域。穆萨拉姆提到在萨哈威（1497 年逝世）的时代，女性对宗教活动参与的活跃"十分引人关注"，同时也出现了"妇女宗教学术的复兴"。[106] 艾尔·萨哈威作为一位夏斐仪派学者，在马穆鲁克时代末期生活在开罗的阿拉伯人聚居区；他编写的传记体百科全书最后一卷是《妇女之书》，列举并详述了 1075 位女性（如果不是萨哈威的记载，这些女性将被彻底遗忘）。在萨哈威之前大约五十年，伊本·哈贾尔·艾尔·阿斯格拉尼也记录了许多这样的女性。

忽都思苏丹（1259 或 1260 年逝世）和他的将军拜巴尔（后来刺杀了忽都思，在 1260—1277 年间担任最高统治者）开启了埃及马穆鲁克王朝的统治，篡夺了白益政权在开罗的残余力量，稍后又击退了伊尔汗国对其领土的侵犯和基督教十字军的威胁——实际上，十字军中的高层曾为忽都思提供援助，只有圣殿骑士团主张支持蒙古人。拜巴尔的继任者嘉拉温同样击败了蒙古人，并攻取了几座十字军的城堡（尽管之前曾与十字军签订条约）。在嘉拉温统治的时代，贸易活动变得繁荣起来，来自中国、印度和也门的商人通过马穆鲁克的港口带来了许多宝贵的商品，为国家提供了丰厚的收入。[107] 宫廷为艺术活动提供赞助，造就了特有的马穆鲁克风格。他们的瓷器深受中国"青花瓷"等风格的影响，而马穆鲁克金属制品的几何学与铭文则是在模仿威尼斯的"威尼托－伊斯兰"产品。[108] 马穆鲁克王朝与上述两地的商业贸易十分活跃，频繁地接受它们的影响，因为马穆鲁克王朝并不像其他穆斯林王朝，对这些文明怀有敌对态度；由东亚及两地之间的广大地区流入的手工艺品带来了新的装饰风格——带有花草图案，和起源于中国、蒙古、突厥和希腊的鹰身女妖、狮身鹫、麒麟、凤凰、斯芬克斯等异兽。[109] 如果说双方在艺术风格上确实存在着互相接受和影响，在技术和应用上也同样如此；在中国发现了埃及马穆鲁克的玻璃制品，而近东地区从明朝进口的瓷器，也模仿了近东金属制品的装饰风格。[110]

从拜巴尔和嘉拉温时期开始，一大批建筑开始兴建，包括穹顶和尖顶的清真寺，精致的陵墓和后来很快成为开罗标志性建筑的宗教学校。不过，马穆鲁克艺术的高峰出现在嘉拉温的儿子艾尔·纳齐尔·穆罕默德统治时期。"靠着由贸易和改良的农业生产方法而产生的财富，他有能力成为马穆鲁克最大的艺术赞助人，修建了巨大的宫殿和大约三十座清真寺，并为世俗和宗教的目的订购了大量宝物。"[111] 在他的委托下，修建了开罗第一个公共喷泉和从尼罗河到卫城的大输水渠。但并非只有统治者才扮演赞助人的角色。"埃米尔与苏丹相争……马穆鲁克帝国的财富和苏丹宫廷的奢侈品激励着艺术家和建筑师们"。[112] 伊本·赫勒敦曾亲眼目睹宏伟的巴赫里开罗，将其称为"宇宙的中心，世界的花园"。[113] 精英间的竞争导致了"一场史无前例的艺术品的激增"，以及"人与笔"式作品，如叙利亚历史学家阿布·艾尔·菲达（1301—1373）。而在 14 世纪，巴赫里苏丹们的外交活动达到了早期穆斯林王朝从未设想过的宽度，他们同后来的伊尔汗国，金帐汗国，许多印度、巴尔干和阿比西尼亚的统治者，罗马主教以及法国和阿拉贡的国王们建立了密切联系。

然而，巴赫里王朝的统治被布尔吉王朝（1382—1517）所取代，国家也不像之前那样繁荣。统治者们曾试图效法早期苏丹的禀赋，修建属于他们的大型清真寺综合建筑，但在许多方面，特别是金属和玻璃器具制造的工艺有所倒退——部分原因在于黑死病带来的毁灭。在 15 世纪中期，凯特贝苏丹的长期统治（1468—1498）见证了——按照埃蒂尔的说法——"马穆鲁克艺术的复兴"。[114] 他一方面扩大了商业活动，同时又修建清真寺，"复活"了包括书籍在内各种形式的艺术品制造；随着宗教学校的扩展，对精装《古兰经》的需求也愈发增长，书籍插图艺术迅速发展起来——虽然在更早时期这些艺术主要被用在世俗的流行书籍上，比如分别在约 1000 年和 1100 年写成的艾尔·哈姆达尼和艾尔·哈里里的讽喻散文集，艾尔·穆卡法的《五卷书》等。由于萨拉丁时代主要关注军事和行政活动（这一时期的主要文学体裁是书信与传记），阿尤布王朝相对短暂，母语非阿拉伯语的王朝创立者以及源于奴隶、有勇士气质的早期马穆鲁克，当时阿拉伯的文学和科学著作在蒙古入侵之后的几个世纪中可能经历了一段黯淡时期，但其中也产生了像伊本·朱拜尔（1145—1217）和伊本·白图泰（1304—1377）等人撰写的优秀的旅行文学作品，以及伊本·赫勒敦，这些都源于马穆鲁克疆域以外的地区。当时的情况很大程度上取决于所在的地区。如果我们把注意力放在埃及之上，就会发现它在 13、14 世纪的文化生活并不比之前的时期逊色。有许多活跃在各个领域的学者，例如伊本·赫勒敦的老师之一、逻辑学家和法学家艾尔·沙里夫·艾尔·提里姆萨尼（1370 年逝世），天文学家伊本·艾尔·沙提尔（1365 年逝世）和书法家萨法迪（1363 年逝世）。不过，在蒙古入侵之后的年代，视觉艺术的繁荣仅限于那些更视觉化、更具装饰性、实用和可塑的部分，即便是在盖贝依的时代。不过在这些艺术中，盖贝依的统治留下了一个"重现过往时光之显赫"的传统。"显赫"包括对近东、欧洲和中国风格与图案的渗透，这一点在以下事实中得到了清晰的展现：

> 研究马穆鲁克丝绸的过程中，最困难的任务是识别出哪些是在埃及和叙利亚生产的，并将其与来自中国为苏丹们生产的织品和意大利和西班牙生产的仿马穆鲁克风格的织品做出区分。中国为马穆鲁克宫廷生产的丝绸织物采用与马穆鲁克当地艺术类似的阿拉伯铭文和纹章图案。马穆鲁克的丝绸也向其西部出口，整个地中海沿岸的国家对这些丝绸有很大需求量，马穆鲁克丝绸也促进了格拉纳达和威尼斯纺织工业的发展。[115]

中国人为了满足外国消费者的需求而煞费苦心。一些带有阿拉伯字母的纺织品一直流通到西欧，特别受当地教士的欢迎，现在在中欧的许多教区中心城市和博物馆——比如伦敦的维多利亚和埃尔伯特博物馆，圣彼得堡与柏林的博物馆——都有这些纺织品的踪迹。此外在开罗，通过福斯塔特的挖掘，许多来自印度的刻板印刷及使用防腐材料的棉纺织品也被发现。[116]

尽管在金属制品等领域引进了中国工艺品的某些特征，马穆鲁克时期的文化主要还是对阿尤布王朝的延续，并且与阿拔斯王朝的分野更加明显，比如美索不达米亚陶器。在建筑上也有创新（锦缎地毯，纹章的使用，一些装饰性特征，与其他建筑相联结的陵墓），但主要还是对巴格达和早期叙利亚风格特征的延续。贸易和外交有了很大的拓展，同时有迹象表明文学和手工艺名家的个人活动变得更为活跃，但科学并未取得多大的进展，而人们从基本教条中——有些在当时刚出现不久，另一些则更为久远——提取宗教传统。虽然被称作是一场复兴，实际上并不存在一个被复兴了的文化的整体，也不存在意大利文艺复兴那样的爆炸式发展。与中国的互动是当时商业活动的一个显著现象，交易的对象大部分是装饰性的、供商业消费的产品。[117]这场"复兴"所指的是文化和经济的发展高峰，是某些艺术工艺和商业形式的创意产品的繁荣，而不是一场全面的复兴。曾在1348年，在巴赫里王朝时期造成人口大幅下降的瘟疫，在16世纪初期再次出现在黎凡特和埃及，造成了当地政治和文化权力的衰退。马穆鲁克人未能在同奥斯曼人的战争中取胜，在1517年被彻底击败。

取代了马穆鲁克的奥斯曼土耳其是否存在一场复兴？奥斯曼人在专门的宗教学校将乌理玛培训成官僚，他们的政府因此而得到了很好的发展。乌理玛官僚的影响是巨大的，但这也"阻碍了科学、哲学甚至神学的思考"，这一趋势在16世纪晚期已经十分明显。比如在1580年，奥斯曼帝国的最高宗教官员——伊斯兰长老——反对在伊斯坦布尔修建一 座新的天文观测台[118]，他的亲信则得到授权将其拆毁。然而在相同时期，拉其普特莫卧尔学者、王公杰·辛格二世在斋浦尔、乌贾因、贝拿勒斯、马瑟尔和德里建立了多座天文台。在伊斯兰世界内部，所关注的重点因地区的不同而存在着巨大的差异。

从蒙古入侵时代开始，阿拉伯的核心区域在整体上经历了一个黑暗时代，在文化和科学上停滞不前，后来奥斯曼的统治和对军事活动的关注又很大程度上加重了这一状况。在土耳其，奥斯曼人曾经历过苏菲诗歌的繁盛，也曾促进波斯语和突厥语作为文学语言的发展，同时在严格的礼拜和神学活动中使用阿拉伯语。17 世纪政治和军事力量对比的逆转促使他们在 18 世纪早期吸取欧洲文化的许多特征，这一时期被称为"郁金香时期"。但即便在那时，阿拉伯的文化特征，包括郁金香和疫苗接种，依然是由东向西传播。

因此奥斯曼帝国在阿拉伯世界的霸权并非总是对艺术活动有利。在这个多语言通用的帝国，土耳其多文化主义从很早时期就已经存在，但由于土耳其高官主导了艺术的赞助活动，任何一种附属的语言或文学都没能从中受益。对他们而言，大多数地区性文化，包括阿拉伯地区在内，实际上并不重要。因此即便是富祖里（在伊朗出生并创作）这样的诗人几乎不用阿拉伯文写作；他的诗歌大部分都以波斯文和突厥文完成。波斯诗歌基本上变成一个传统的抒情主题。

不过，土耳其文化有自己的起源和各种文化成就，尽管很难说它拥有欧洲意义上的文艺复兴运动。在文学方面，土耳其学者们将包括希腊文在内的许多材料翻译过来。[119] 很多希腊文手稿在征服者穆罕默德二世（1453—1481）的宫廷中被抄写下来，穆罕默德二世本人即因其"文化宽容"而知名。在建筑方面，伊斯坦布尔因其极具吸引力的天际线而为人所熟知——毫无疑问，拜占庭和圣索菲亚大教堂的早期成就在其中扮演了重要角色。罗马的建筑成就对早期基督教方形教堂也是如此。但蓝色清真寺及其他一些清真寺的宏伟并没有因存在这些联系而有丝毫削弱。这些建筑内部装饰之丰富和精美，不输伊斯兰世界的其他任何地区，其工艺和细节，浅白色的表面和装饰轮廓，显示出其赞助人十分慷慨。这里有马赛克石，有布哈拉式的穹顶群，混合使用的各种字体，对圆形浮雕和玫瑰色字版的偏爱，以及圆柱、拱门或穹隅的额外装饰，不

138

论在托普卡比·萨雷的宫殿和凉亭，还是在维齐尔和巴夏们的清真寺综合建筑群。之后在伊兹尼克发展出的瓷砖工艺，来自布尔萨的有名的丝绸和地毯，这些对于文艺复兴及以后的欧洲很有吸引力，经常出现在这一时期的绘画作品中。土耳其食品如今在全世界都享有盛名，被认为是最可口的菜式之一。的确，土耳其的菜肴很大程度上受惠于波斯，它的丝绸生产受惠于中国，军事技术则受惠于欧洲（以及中国和近东地区），但这种起源上的组合是所有欧亚大陆文明共有的特征，丝毫不减土耳其自身对于其成就的贡献。[120] 后来与土耳其控制的近东地区的贸易成为欧洲经济恢复的一个重要原因，这使得文艺复兴成为可能。这些可能都无法达到欧洲意义上的"文艺复兴"标准，但土耳其文化确实曾经历了这样的繁荣时期。

　　近东地区目睹了苏莱曼（1520—1566 年在位）治下的奥斯曼人和阿拔斯一世（1589—1629 年在位）治下波斯的萨法维人之间的斗争。在 16、17 世纪，萨法维王朝统治下的伊朗凭借波斯语言和视觉艺术上的发展，继续他们的"文化繁荣"。[121] 哲学的发展，包括"照明学派"在内，得到了鼓励。"照明学派"是一个由苏赫拉瓦迪（1191 年逝世）创立的哲学团体，他希望回到柏拉图的智慧和苏格拉底之前的、琐罗亚斯德教的先贤的思想。这场曾被帕慕克提到的运动受到了中国的影响，反过来又影响了印度等位于伊朗周围的文明。[122]

　　在伊斯兰世界的西部，11 世纪时，改革运动在北非逊尼派柏柏尔当中迅速发展起来，当时柏柏尔人被请求来抵抗基督徒收复西班牙。西撒哈拉的桑哈贾联盟由参与穿越撒哈拉的贸易商队的几位领袖组成，他们很早之前就与伊斯兰世界有联系，后来又促成了称为廷巴克图大学的建立。其中一位领袖曾前往麦加朝圣（和许多其他人一样），并带回一位教师——阿卜杜拉·因布·亚辛，来将真正的宗教生活传授给自己的追随者。阿蒙拉维德王朝就这样建立起来，他们后来征服了摩洛哥、西撒哈拉、毛里塔尼亚、直布罗陀，以及塞内加尔、马里、阿尔及利亚的部分地区。他们也曾被召集来帮助安达卢西亚人与基督徒作战，但在 11 世纪 90 年代，他们第二波入侵的实际目的是取代当初召集他们的伊

139

斯兰世界南部"地方国王"们的统治。[123]

在来自阿特拉斯山的伊本·土尔马特（他曾前往麦加朝圣，是波斯神秘主义者加扎利的学生）的领导下，阿尔摩哈德人比他们的前任更加苛刻，这位创始人曾将统治者的妹妹从马背上扔下，因为她没有戴面纱。[124]经过12世纪中数十年的发展，阿尔摩哈德运动逐渐在马格里布和安达卢西亚取代了阿蒙拉维德，也减缓了基督徒收复这些地区的步伐。王朝依然作为艺术和出版的赞助者，扶持重要的学者团体，包括伊本·艾尔·阿拉比，此人曾将自己描述为苏菲派成员；阿威罗伊（伊本·拉希德）；安达卢西亚犹太居民中的伊斯兰社群；尤其是对主要在开罗活动的摩西·迈蒙尼德作品的支持。尽管阿尔摩哈德政权最终开始衰落，后继的国家也为安达卢西亚穆斯林的许多杰出成就作了巨大贡献，包括格拉纳达宏伟的阿尔罕布拉宫，其足以与欧洲任何大教堂相媲美（图4）。在马格里布，作家群体也迅速发展起来，其中尤为显著的是一些伟大学者：旅行家伊本·白图泰（1304—1368/1377）和历史学家兼法官伊本·赫勒敦（1332—1406）；历史学家赫勒敦同样对许多现代人文学科作了贡献，可以称得上是通博之士。

在伊斯兰世界东部，帖木儿·巴布尔在印度建立了统治。在这时，许多波斯学者来到印度，包括那些享受丰厚资助的诗人。在巴布尔的王国，一个自由传统开始兴盛。巴布尔的孙子阿克巴（1556—1605年在位）废除了不宽容政策，取消了向非穆斯林征收的特别税，提倡一种普世性观念。在艺术方面，印度与穆斯林传统得以交汇，由此产生了许多重要的成就，比如泰姬陵。

帖木儿政权的影响力始于与欧洲的战争，欧洲在此之前已经开始了它的扩张和抢夺殖民地的过程。欧洲通向东方的直接海上通道的开辟，以及在西方对美洲的征服与殖民，首先是一个军事与海上力量的现象——即"枪与航海"。充满侵略性的欧洲人的到来在伊斯兰各派势力中激起了两种反应。第一种是吸收、接受西方的道路，其典范是之后20世纪的土耳其——以凯末尔和青年土耳其党改革的形式，这其中包括从西方借鉴来的世俗化措施，也包括某种形式的本土复兴。另一种

140

反应则是强烈地排斥西方事物的同时，决心以伊斯兰的方式进行"现代化"，埃及的穆斯林兄弟会是这种态度的主要倡导者。前一种运动主要是世俗的，沿着民族国家的路径进行，而后一种运动则采用了泛伊斯兰的教义，强调宗教和先知的言行。但后者并非一种纯粹的保守主义，因其试图用宗教的语言复兴曾被抛弃的某些传统，比如瓦哈比运动。[125]

141　　　从长期来看，伊斯兰教是近东一神宗教的一部分，而近东一神宗教都根植于闪米特人。这些宗教都间歇性地试图恢复希腊罗马古典社会的成就（犹太人主要是通过穆斯林来完成这一任务），但由于其一神论信条和——至少在起初——对亚伯拉罕传统的坚守，他们在智性上对于异教文化也持矛盾暧昧的态度。文化复兴的一个重要方面是回顾属于"异教"的希腊罗马的古典遗产；而借鉴这些遗产会涉及更世俗化的思维模式，强调理性而非信仰（虽然信仰本身也可以或多或少地得以"合理化"）。伊斯兰世界有时会回顾"外国科学"，包括哲学，但在其他时期则回顾亚伯拉罕宗教传统。与意大利文艺复兴不同，世俗的世界观在伊斯兰世界从未得到较长时段的制度化，虽然科学传统一直是伊斯兰文化的一部分。重要的思想和实践的复兴基本上是临时性现象，除了医学——医治者的角色显然总是受欢迎的；以及技术——其发展经常（并非总是）得到支持。但尽管伊斯兰世界在科学和艺术（程度上弱于科学）的某些方面取得了发展[126]并影响了意大利文艺复兴，这些发展却缺乏连续性，并且与1600年后的欧洲相比，它们面对的阻力更大。无论如何，伊斯兰世界有其繁荣期，在不同的历史时期以复兴、跨越式发展的方式表现出来。

　　　穆斯林在欧洲大陆南部军事上的胜利带给欧洲北部的影响一定程度上导致意大利文艺复兴产生。10世纪末期阿拉伯科学在加泰罗尼亚对欧洲产生了重大影响，11世纪时意大利南部由此产生一些小幅度的进步，而在12世纪初，托莱多和萨勒诺则取得了突破性的进展，[127]"照亮"了中世纪的欧洲知识。德耶巴曾提到这一"预示了未来现代性的人类文化。"[128]为什么这个曾取得许多进展，并为欧洲科学革命做出巨大贡献的文明却落在了后面？许多学者曾从双方在道德和智性上的区别给出了答案。但本质主义的答案无法解释这种轮替。宗教原因也不是令人满意的答案。另一方面，德耶巴指出了经济原因——伊斯兰世界失去了对地中海的控制，同时意大利建立了与东方的贸易关系，这是亚平宁半岛在当时飞速发展的根本原因。但也是在相同的时期，世俗和宗教的保守主义态度渗入了穆斯林文化中；直到近代，伊斯兰世界的大学及其他研究机构也未能将世俗研究制度化。

大部分处在奥斯曼主导之下的阿拉伯地区的地位，随着 19 世纪的进展以及被称为"那赫达"的、以多种形式一直延续至今的复兴活动而不断变化。英文中经常把这一运动称为"阿拉伯复兴"，它在某些地方吸收了欧洲因素，促进了图像和造型艺术、文学及其他活动的兴旺。这一源于埃及和叙利亚的运动在早期显示出与先前阿拉伯传统的非常密切的联系（对传统的复兴），并很快促成了文学领域的新古典主义运动。

颂诗和其他对句形式的诗歌也经历了一次相对短暂的复兴，但这些形式的文学，在一个诗人不再以侍臣或请求者身份写作、政治与旧时的沙漠部落传统几乎完全不同的世界中，能发挥的作用十分有限。这场复兴对散文的影响几乎可以忽略。我们完全可以预想到这种新古典主义推动力发挥作用的时期是很有限的，在它之后推动思想和文学革命的力量更多来自与其他现代文明的接触，而非对往昔因素的复活；某种意义上，新交流方式的出现（印刷术、摄影术、电影，或者概括地说，重现方式），越来越多地冲击着每一个阿拉伯人的生活。变革开始于拿破仑对奥斯曼在埃及主导地位的冲击，和印刷机的引进；各个地方都开始有了自己的出版物，报纸和其他印刷品在几年内大规模出现。报纸——其出版显然依赖印刷术和后来的轮转印刷机——改变了政治参与的程度和大众的形象。爱因斯坦就认为这种通讯方式的改变对意大利文艺复兴是至关重要的。[129]

不过，虽然毫无疑问存在这场跨越式的发展，现代化并不包含太多对过去文化的复兴。主要贡献并不在于任何过往存在事物的重生，而在于对新事物的狂热追求；它的文化受到外部影响的刺激。对过去的创造性使用并不多，虽然我们发现，在清真寺建筑等方面，传统因素被一种创造性方式与新观念组合使用，但其中的创新是受到限制的。

在其他地方，比如中国、印度或日本，"现代化"部分也是与西方的不平等交往的结果，不平等来自于其在军事和经济力量和知识积累上与西方的差距。但过往因素的复兴在其中所起的作用并不明显，除了在宗教方面；而在世俗领域，对古典文化的回顾毫不重要——哲学可能是个例外。是同时代的西方而非历史传统提供了相关范例，虽然在更早的时期，西方的文艺复兴就在很大程度上借鉴了外国因素，并与通过和近东穆斯林及更远地区的联系而产生的经济复兴密切相关。

通过对伊斯兰世界更概括的观察可以发现，在早期我们可以看到明显的对希腊甚至东方文化的"复活"，就此产生了丰富的科学和哲学翻译成果，帮助科学在许多领域产生了重大发展，这些发展对于后来的欧洲文艺复兴是至关重要的。在伊斯兰历史进程中，希腊学术经常得以复兴，作为下一步发展的基础，在这个过程中，宗教与世俗交替主导着不同的时代，虽然在任何时期都同时存在宗教与世俗的因素。世俗，特别是科学，主要是试图统合伟大学者、伟大成就与大型图书馆的宫廷之生活的特征之一。高等教育在宗教学校教师的手中得以发展，但世俗和科学并没有发展出后来出现在欧洲的那种制度化的形式——在欧洲，宗教与知识生活的联系逐渐受到限制。但在伊斯兰世界，这种非先验方法的结晶从未像在西方那样成为一种持续存在的思想背景，部分原因在于缺乏世俗化（或部分世俗化）的高等教育机构和禁止以印刷出版形式传播知识，以及近东作为贸易中心的地位与经济活动的衰落——至少在世界范围内大规模使用石油的时代以前。在 19 世纪早期，随着那赫达运动的开启，情况发生了某些变化。[130] 但某些领域，至少在文化繁荣的意义上，达到了某种（临时的）复兴，这不仅发生在阿拔斯王朝、白益王朝、马穆鲁克时期、莫卧尔印度和突厥人当中，也发生在 8 到 10 世纪之间的安达卢西亚——当时安达卢西亚地区有丰厚的财富和灌溉农业发展的支持，从东方引进了糖、丝绸、许多类水果和蔬菜，通过使用中国纸张和建立大型图书馆（虽然是临时的），有用信息的流通也变得更加迅捷。在这一时期，现代信息社会的轮廓开始表现得更加清晰。

第五章　犹太教文明的"大解放"与繁盛期

　　从复兴的角度谈论犹太教文化历史的做法并不常见。但我选择这样做的理由是：尽管受到亚伯拉罕宗教的束缚，但犹太人一是深刻地参与了安达卢西亚和伊斯兰世界其他地区的知识复兴的过程；二是对蒙彼利埃和萨勒诺医学学术的复兴作出了贡献。我将首先讨论他们——沿着塞法迪（西班牙犹太人）传统——在伊斯兰世界西部的角色，然后我会审视阿什肯纳兹（德国犹太人）对现存的后文艺复兴的欧洲文化作出的巨大贡献——在被称为"大解放"的期间，这一过程不仅使得犹太教文化脱离了占主导地位的北方基督教文化对其施加的限制，更重要的是，使犹太人脱离了自己宗教的限制。这些过程的发生更多地仰赖于对周围文明的环顾，而非向自身历史的回顾；犹太人在某种程度上对世俗思想的引进同样不可或缺，当然，犹太人在此时也继续回顾圣经的时代。

　　犹太文化在塞法迪或安达卢西亚－西班牙犹太人，与阿什肯纳兹或法兰西－日耳曼犹太人分支之间存在着许多不同。前者将他们的文化谱系追溯至巴比伦，后者则追溯至意大利和巴勒斯坦。那些居住在穆斯林地区的犹太人写散文时使用阿拉伯语，写诗歌时则用希伯来语；阿什肯纳兹人基本上只在犹太人的内部交流中使用希伯来语。当南方的犹太人分支在阿拉伯人和他们对希腊学术作品翻译的影响下开始写作世俗诗歌与科学著作时，北方犹太人的文学则基本上全是宗教主题的。塞法迪一般也更加密切地融入当地社群当中，他们当中许多人不只在世俗科学上，也在行政上将自己与其他人区分开来。但在 1147 到 1148 年，他们的社区后来基本上被来自北非的、更倾向原教旨主义立场的阿尔蒙哈德改革者的入侵所摧毁，这些犹太人逃往西班牙北部和普罗旺斯，以及像迈蒙尼德的家族那样，逃往北非和埃及。[1]

政治上，近东的犹太社会先后受到希腊人和罗马人的深刻影响，这两者都曾征服近东地区。但尽管某些犹太人被希腊化，大多数依然持守着它们自己的生活方式和宗教，并起来反抗征服者。贝伦森曾提到"反希腊的犹太人"。[2] 但不论怎样，特别是通过巴格达的阿拉伯人，希腊的影响依然不可阻挡地渗进来，对过往文明成就的回顾，意味着一场"知识的繁荣"不仅被注入阿拉伯世界，同时也注入生活在阿拉伯世界中的犹太人，特别是通过柏拉图思想。后来在北非，[3] 扎夫拉尼提到在犹太人－穆斯林关系方面的黄金时代，虽然双方存在宗教上的区别——犹太人"享受着宽容与可接受的妥协"。哈里发政权在近东地区的疆域范围意味着大约百分之九十的犹太人都在穆斯林的统治之下。当穆斯林获得政权时，犹太人已经生活在阿拉伯半岛上。他们被罗马人所驱散，在那之前则被掳掠到巴比伦，犹太人当时在巴格达建立了两所著名的犹太教法典学校，这些学校的领导者（院长）为世界其他地区的犹太人提供了重要的参考。穆罕默德消灭了麦地那的三个犹太部落，因为他怀疑这些犹太人与他在麦加的敌人共谋反对他。但其他犹太人则作为"被保护民"，作为有经人而被允许留下。

这些区域的犹太人在几个方面与穆斯林有着密切的联系。首先，犹太教与伊斯兰教都以亚伯拉罕作为他们价值观与信仰的来源。其次，他们在地理上的联系也是密切的，分享相同的区域空间。他们也有类似的神秘主义思想，犹太卡巴拉与伊斯兰教苏菲主义有一些共同的因素；[4] 双方魔术的形式也很类似。[5] 一位苏菲派人士曾说："我不是基督徒，不是犹太人，也不是穆斯林"。[6] 犹太人和阿拉伯人在许多方面深刻地纠缠在一起，希腊成就的复活也将两者在智性上联结得更紧密，比如，对希腊文献的翻译导致第一位犹太哲学家撒狄亚院长（882—942）

"追随希腊－阿拉伯哲学家"，发展出了"一个理性的宗教体系，信仰与理性的因素均包含在其中。"[7] 这两种文明的联结意味着两种宗教在许多方面的相遇，因此也会产生许多问题。但在任何方面的相遇都有其特点，包括许多传统的伊斯兰学者或者欧洲阿什肯纳兹学者的多数。对他们而言，哲学是理性的领地，信仰则是宗教的，而哲学又被看作是从希腊流传下来，因此某种程度上是"异教"的。这种联结（欧洲启蒙运动是其典型案例）不论是在阿什肯纳兹人当中，还是在摩洛哥，都是非常不容易的，当地社区居民之间的关系很紧密，对律法的任何偏离都很有可能招致警惕的邻居和拉比们的谴责；在某些极端情况下，有的人被逐出社区，或者被开除教籍。市镇的环境则更加自由和自治。

11 世纪，犹太人的文化重心由近东向西转移到了西班牙。在安达卢西亚的黄金时代，这种犹太－阿拉伯的综合体，在经济上和社会文化上，都"帮助犹太社会参与文学、艺术活动和中世纪文明繁荣中严肃或大众的时尚产业"。[8] 犹太人参与到了所有这些活动当中，包括诗歌和吟唱的娱乐。安达卢西亚歌曲与欧洲北部的音乐不同，在欧洲北部，某些音乐限于上层阶级享受；而在安达卢西亚，所有的民众都有所参与。犹太法典对表演和饮酒的禁止时不时占据上风，有时甚至某些内容并无不妥的娱乐活动也被禁止，比如女奴的歌唱——迈蒙尼德曾谴责这种娱乐。但在安达卢西亚，宗教限制总体而言更加宽松。

犹太人中有诗歌的传统，巴勒斯坦的礼拜诗歌包含在其中。从 10 世纪开始，犹太人的中心开始移动，诗歌创作受到安达卢西亚的重大影响。诗句开始被世俗化，"逐渐地发展出了离开宗教领域的倾向"，首先成了辩论的工具，后来又成了"作为娱乐的亵渎的文学"。[9] 这种分离在精英中表现得尤其明显，他们从一个国家通过与伊斯兰世界、特别是地中海地区的贸易而产生的经济繁荣中获益最多——尽管社会更低阶层的人也能分享诗歌的乐趣。

犹太人无法对他们生活于其中的文化中视觉表现的模式完全免疫，我们可以在他们婚书的装饰，甚至在后文艺复兴时的欧洲制作的圣经，以圣经《以斯帖书》为内容的圣剧，和他们在安达卢西亚黄金时代文化的角色中看到这些视觉表现的因素。但一直到 18、19 世纪欧洲犹太人被解放之后，阿什肯纳兹犹太人才在欧洲北部的这类活动中占据了重要位置，特别是随着他们向美国及其他地方移民，犹太人开始一反之前的偶像破坏主义立场，投身于新形式的视觉沟通之中。即便如此，在犹太人的圣地，比如会堂和墓地，在当时和在今天也极少有任何形式的视觉表现。由于早期确立起的诫命，伊斯兰教和犹太教都无法像在佛罗伦萨和意大利其他地方一样产生绘画或其他视觉表现艺术的复兴，因为两者都没有产生与欧洲类似的对宗教限制的突破。他们也没有可供回顾的视觉表现艺术的历史，而欧洲则有希腊罗马雕塑、戏剧和其他各类艺术活动的历史。在这方面，犹太教除了反象征主义的历史之外，几乎是一片空白。伊斯兰教则在占领了曾属于希腊罗马的土地之后，某些程度上采纳了希腊和罗马的传统。马蒙同样如此，他继承了萨珊和早期阿拔斯的传统，鼓励胡纳因和其他人收集希腊文献，并之后在他的宫廷中进行翻译，后来在伊斯兰世界发挥了重要作用。这类文献主要集中在科学和哲学领域。这种对历史的回顾对艺术的影响很小。除了某些宫廷以外，视觉艺术的出现大部分要等到殖民时代的到来。当时，西方的影响在 19 世纪为阿拉伯表演带来了一场属于阿拉伯的"复兴"，这场复兴并非简单地接纳西方模式，虽然它的产生毫无疑问受到拿破仑对埃及侵略的刺激。[10]

在地中海地区，犹太人和穆斯林受到希腊的影响多于西部和北部的拉丁欧洲。起初犹太人对古典是拒绝的；虽然属于多神信仰，异教世界在另一方面却是捍卫一神教的。直到后来基督教在更广阔范围内取得胜利，并随着伊斯兰教的到来，这种温和的希腊"智慧"才能得到接受。[11] 伊斯兰地区的犹太思想经历了希腊化的过程。这一过程甚至导致了中世纪南方犹太人当中某些世俗因素的出现，哲学（和神秘主义）"伴随着理性与宗教的回响"，但同时也"带着普世主义的态度和主导的人文主义立场"而得到发展。[12] 在被基督教势力夺回的托莱多，我们可以看到阿什肯纳兹传统主义者亚设·本·耶希尔与他在拉比公堂的同僚——以色列·本·约瑟夫·以色列的相遇所带来的后果。后者是西班牙－马赫里布文化的代表，主张以理性的原则对抗宗教；希腊影响在后者所持的立场中非常明显，但并未影响到前者。

由于穆斯林和犹太人在 1492 年（甚至更早）被从安达卢西亚驱逐，犹太思想产生了进一步的"改革"。这场运动深刻地影响了穆斯林和犹太人社群，并在犹太人中产生了"一场灵性的欢腾"，特别是在巴勒斯坦的萨费德，导致人们对卡巴拉（这一点受到了苏菲主义的影响）和其他某些领域的兴趣上升，所有这些都带有同样的神秘主义特征。这基本上是一场宗教的恢复，产生自被某些人称为"第三次流亡"的灾难，而非之前"黄金时代"中的宗教与世俗思想的发展。这场改革由犹太人的分离而产生，在改革前，犹太人被卷入进穆斯林社会，并和穆斯林一样，进行了一定程度的"希腊化"，甚至部分的世俗化。之后两个族群之间在哲学、文法、数学、医学和天文学，以及诗歌与音乐方面产生了一种共生的关系，在以上这些领域，犹太人的参与在穆斯林地区比在其他任何地方都要自由（可能医学是个例外）。[13] 在伊斯兰世界西部，犹太人和穆斯林社区就因此在语言和其他一些方面联结在一起，在双方共同经历的复兴当中，展示出了对"外国科学"的兴趣，并为人类知识以及特定类型的艺术做出了巨大贡献。

因此伊比利亚半岛上的犹太人与欧洲北部的阿什肯纳兹犹太人有着不同的经历。和后来的意地绪人一样，他们使用当地（安达卢西亚）占主导地位族群的语言即阿拉伯语，并从 9 世纪开始，不再使用他们的亚兰方言，虽然他们依然经常使用希伯来文的文献。撒狄亚院长曾将圣经和许多其他文献翻译成阿拉伯文，并且，正如我们所看到的，这些文献被当地社群作为有权威的文献所接受。所有这些都发生在一个被扎夫拉尼形容为"共生"的社会中，并伴随着宗教、哲学和自然科学方面的"一场犹太思想与文学的盛筵"。[14] 在这样的文化环境中，希腊思想对于穆斯林和犹太人都很重要。本质上说，他们从柏拉图那里发展出了对物质与精神之对立的详细阐释。受到希腊的影响，撒狄亚在 9 世纪时提供了一种理性化看待宗教的方式，其中同时涵盖信仰与理性的因素——法利赛运动坚持主张这两者是分离的。这就是

14世纪托莱多冲突的核心，即我们之前已经提到的阿什肯纳兹与西班牙－马赫里布犹太人之间的分歧。[15]

依据扎夫拉尼的说法，西班牙伊斯兰教自身与其他地区的伊斯兰教不同，虽然并没有抛弃宗教教育，但它们把推理的"次级科学"放在首位，并引发了某种特定的"人文主义"。[16]居住在那里的犹太人也能享受到这种相对的自由。扎夫拉尼提到，穆斯林和基督徒"在哲学、医学、数学、天文学等领域"进行着竞争。[17]但在不同时期，穆斯林西班牙被有不同目的的不同个人和王朝所统治，因此宗教与世俗科学之间的平衡也随时间而变化、交替。

这种交替的影响波及所有社区，在许多方面都有所体现。对于伊斯兰，有像柏柏尔阿尔摩哈德人第二次入侵，在1140年占据了安达卢西亚和科尔多瓦城之后的严格僵化的清教主义时期。这种坚持原教旨信条不妥协的王朝，意味着包括哲学家、科学家迈蒙尼德在内的许多犹太人将被强制改信伊斯兰教。因为宗教现在是在"伊本·图马特坚韧不屈的追随者的主导之下"，这些人接受的是一种"严苛的极端统一的教义"。[18]这种教义的实施不仅意味着对宗教少数群体的排斥，也意味着排斥世俗的、"异端的"、与希腊成就相关的科学及教授或实践这些科学的场所。所以迈蒙尼德选择在这时去埃及，那里的什叶派法蒂玛王朝的统治更加宽容。绝对一神论的思想对知识的破坏作用比多神论或一般的灵性论更大，因为一神论者敬拜一位通晓一切的存在，这个存在有能力做成任何时期，这样留给人类自己的活动空间就很小了。在某个层面，"恶的问题"使得人们对上帝的良善产生了某些疑问，从而责备"人类个体与神明适度沟通"的无能。但是，正如我们已经看到的，和犹太人会经历不同势力的轮替主导一样，在穆斯林中同样如此；在他们当中有人文主义的时期，而在另外的时期则会有"一位统治者决定不折不扣地执行伊斯兰法律的每一个字"。[19]

在某些圈子当中（比如卡尔·雅斯贝尔斯所在的圈子），将犹太人的早期发展与近东地区的核心地带联系起来成了很普遍的看法，或者更宽泛地说将现代主义与轴心时代的出现联系起来——一神主义和"忏悔式宗教"就在此时出现。持这一论点的人认为圣经的命令"反映了在当时的商业环境中,他们对公平、诚实、守约、节制、法律与秩序、责任和普通人权利的特别关照"。[20] 但这些因素是否仅仅,或者主要与一神论宗教相关,与其他社会则毫无关系,这一点是很值得怀疑的;轴心时代概念的提出似乎是这样一种努力的一部分:证明一神论乃至犹太－基督教文化是优越的和独特的,其发展必然导向现代化和资本主义。

在大离散之后,欧洲的犹太人生活在外邦社会中,从西班牙和葡萄牙而来的讲拉地诺语的犹太难民——特别是在 1492 年被驱逐之后——加入到已经在北方定居的犹太人社群当中。生活在地中海地区的犹太人受到周围穆斯林文化的影响多于北方基督教文化,融入当地社会的程度也更深,11 世纪时犹太诗歌也在当地迅速发展。这一融合的过程经常涉及对犹太人的部分解放,以及在某些时候犹太人信仰的改变。概括地说,这一改变在南部发生得更早,甚至在基督教社会中就已经开始。拉比威尼斯的莱昂·摩德纳(1571—1648)注意到欧洲北部犹太人和意大利犹太人(其中有些来自西班牙)的不同。后者当中的许多人"在家里收藏画稿和绘画作品,画中人物轮廓不太清晰,而且很少包括整个人体,一般都仅有肖像"。[21] 当时已经允许在遵从某些限制的前提下绘制画像。文艺复兴的来临对意大利犹太人的生活产生了深刻影响,特别是对"宫廷"和"商业"犹太人,就像之前生活在穆斯林西班牙的犹太人一样。后来在马赫里布,在 15 世纪末期被从西班牙驱逐之前,许多人回顾了他们文明的黄金时代。在那里,他们为科学(特别是医学)、哲学和诗歌做出了贡献,这些领域在宗教方面都是中立的。南部的犹太人不只在科学方面做出了贡献,他们还打破了反偶像崇拜的禁忌,他们冲破宗教对形象表现的反对,用符合美学的方式展示上帝的话语。对"上帝诫命的美化"成了一项义务,人们用包括图像在内的多种形式来进行这一工作,特别是在图书插画和婚书的装饰上。在北方,这些变化产生得稍晚,在 18 世纪末期产生了哈斯卡拉运动。这一明显受到欧洲启蒙运动影响的运动本身是文艺复兴的后裔,又是锡安主义的起源。哈斯卡拉运动在德国与摩西·门德尔松(1729—1786)的名字联系在一起,其目的在于促使犹太人学习欧洲语言，放弃意地绪语，并在其他方面进行"现代化"。德国犹太人甚至比附近加利西亚的同族更加"现代"，正如我们在哲学家迈蒙的自传中所看到的——迈蒙曾到柏林游学，在那里成了一位医生，并见到了门德尔松。他在追寻知识的过程中丢弃了信仰的严格规条的限制，一度甚至差点儿成了基督徒。

152

总体上说，除了少数像斯宾诺莎或马克思这样完全放弃了犹太教信仰，或者爱因斯坦和弗洛伊德这样激烈地修正了他们信仰的少数人物以外，欧洲北部大部分犹太社会依然处于封闭状态。原因很明显，在18世纪末，迈蒙曾提到"依靠迷信的力量统治数个世纪的（加利西亚）拉比的专制"。[22] 当他前往德国学习"真理"时，他被认为是一个"无神论者"，而且他的确试图成为一个"挂名"基督徒。对他而言，世俗性是最基本的，迈蒙最终为"启蒙犹太民族"而彻底放弃了信仰。但他"受到的教育太多，无法回到没有理性的职业或社会的波兰过悲惨的生活，回到迷信和无知的黑暗当中，为了逃离那种环境我曾付出了巨大的努力"。[23] 曾有一位居住在柏林的犹太人拒绝与迈蒙同桌吃饭，因为他见到迈蒙对"科学"（主要是哲学）投入了太多的精力，因此认定他忽略了对塔木德的研习。迈蒙还几乎被从他所在的城镇驱逐出去，因为他随身携带与他同名的西班牙哲学家迈蒙尼德的作品。[24] 正统派将所有科学和哲学研究看作是"某种对宗教和好的作品具有威胁性"的东西，因为这些研究会滋生怀疑主义——这是某些波兰拉比以及迈蒙所具有的思想特征。[25]

特别是在19世纪晚期，当犹太移民抛弃他们的反偶像立场及类似限制的时候，这类活动在许多领域产生了爆炸式的发展。他们从反对图像一下子转移到了另外一个极端。在电影方面，犹太人事实上掌管并拥有好莱坞。在纽约的舞台上也是这样。在绘画和雕塑方面，犹太人也作出了巨大贡献。夏加尔来自维捷布斯克北部的农村地区，为摆脱这些限制而移民到法国，成了一位很有影响力的画家。夏加尔是第一位重要的犹太画家，为了绘画事业而逃离他之前所居住的犹太小镇前往巴黎。这种导向上的转变发生在一代人的时间中，并且更多的是一场新生，而非重生，不过它依然与发生在意大利，以及16世纪整个欧洲艺术活动的繁荣有许多相似之处，欧洲的繁荣也涉及从基督教会施加的宗教限制中得到部分释放。因此犹太人的"大解放"同时意味着犹太人从自己的宗教中得到解放。

在此之前，犹太传统中很少有形象表现艺术。依据迈蒙尼德的说法，采用视觉方式展现上帝形象的做法是错的。即便在今天，在宗教环境中也没有视觉形象，犹太会堂中只有某些抽象画，在墓园里则没有雕塑和鲜花。在布拉格的犹太博物馆，关于犹太人先祖的绘画也是非常罕见的。在欧洲，视觉艺术——特别是随着阿什肯纳兹移民在1880年左右大规模向新世界移民——在19世纪末期取得了实质性突破。

这一阶段的犹太人生活有时被以"大解放"的概念来描述。但犹太人是从什么当中被解放出来？是从基督徒社群施加给犹太人的限制中？至少与之同等重要的是从犹太宗教中得到部分解放，这一点在迈蒙的自传中表现得很明显。霍布斯鲍姆在更早时也提到这一点：当犹太人生活在外邦社会中时，会采用和适应当地的语言及饮食，但"他们极少，只是间歇性地，有能力和意愿参与到周围社会的文化和知识生活中"。[26] 犹太教育大部分是宗教性和限制性的；除了在某些有限的方面，它禁止与其他民族及其学术的接触。除了医学以外，"拉比的权威禁止哲学、科学和其他非犹太起源的知识分支"，甚至外国语言也部分地受到限制。[27] 只有宗教得到了研究，虽说他们教授所有的男性成员阅读。对谋生技能的学习并不在学校，而在家庭中进行，年轻人继承父亲的贸易生意所需要进行的学习活动也是如此。这里，在有关宗教与普通生活的学习之间就存在着明显的不同。学校教育不应当为学生在物质收益方面带来优势，[28] 因此职业技术在家庭中通过学徒制得以传授，从现代知识的角度来说这造成了某种固化。除了中世纪时西班牙的某些例外，女性极少能进入识字群体，她们则在家庭环境中通过模仿来学习总结与工作。她们偶尔能接受初级教育，但普遍地说，在犹太教，以及伊斯兰教和早期基督教社会，女性在宗教生活中并没有需要扮演的角色，因此也无法受到宗教训练。

在北欧，犹太人的解放发生在 1789 年法国大革命（当时人们废除了宗教规条，崇拜理性，连墓地都被世俗化），以及后来的 1830 年革命之后。在 1848 年以后，犹太人在革命政治中的作用十分显著，但发挥这种作用的仅限于他们当中的精英，而且其影响力只限于某些地方。不过，犹太人之前那种乡村保守主义态度随着他们向城市移民而发生了剧烈的转变，这些城市新居民接受了他们新居住环境中的城市价值观，不再被之前所生活的犹太乡村的框架所束缚。这场移民运动的规模十分巨大。维也纳的犹太人数量由 1848 年的少于 4000 人，增长到了一战前夕的 17.5 万人。城市化意味着解放，而当解放发生时，"就像高压阀被从高压锅上摘了下来"。[29] 一位从加利西亚移民到伦敦裙子巷的犹太人写道："在经历了几个世纪的歧视和隔离，以及只能以犹太拉比的方式表达思想等束缚之后，我祖父的生活终于有了急剧的变化，就像石油从刚刚开凿的油井中喷射出来一样。"[30] 这些移民们也从对图像的反对迅速转移到另一个极端。和早期基督教世界一样，这种变化是革命性的。但是，这种"外来"的种族 / 宗教团体大规模涌入基督教社会也引发了其他后果，在城镇和工作场所刺激了反闪米特主义的增长。对某些人来说，犹太人在被解放之后变得更加"危险"，因为社会空间中的竞争因为犹太人的加入而变得更加激烈。

在摩洛哥也是如此，早期犹太人的学校教授的是宗教，而非普通的、世俗的课程。这种学校有些一直存留到今天。因此这些学校"基本目的是为儿童，主要是男孩，提供参与宗教敬拜活动的能力"，[31] 使他们成为社区的成员。教师的职责是增加儿童在家庭中能受到的教育，"教他们阅读圣经律法书"。[32] 教育的目的因此不是让儿童为生计，而是为宗教做生活准备。与基督教或伊斯兰教世界中基础教育的自愿参与不同，基础教育是所有犹太男性成员普遍接受的，在 13 岁接受受戒礼时完成，传统上犹太男孩在这时需要在会堂进行一场讲道。在此之后，某些学生会继续到犹太高等学校接受拉比教育。这种教育制度使得犹太社会中没男性文盲；所有人都会接受宗教教育，并在自己的成年礼和成为教派一员的仪式上达到顶点。

霍布斯鲍姆写道：毫无疑问，在解放者的头脑中，传统状态的改变有两点是最基本的：一定程度的世俗化和对民族语言的教育，而这两者本身也是密切相关的。[33]"世俗化"的意思不是对犹太教信仰的损害，而是这样一种宗教的建立：不再是"严苛的，无所不在，无所不包的生活框架。相反，不论宗教有多重要，它都只是生活的一部分"。对于意大利文艺复兴也是如此；它并没有使得人们抛弃基督教信仰，而是限制了宗教存在的领域。教育，如果不是全部，也至少是部分地，从教会的管辖下脱离出来，并与公民权密切相关。作为法国大革命的结果，在德国的公立学校教育向所有居民开放，不过在加利西亚（以及大部分居住在波兰的欧洲犹太人），犹太人会在宗教机构学习希伯来字母。

解放在此之前已经以分散的方式发生。正如我们所看到的，在西班牙和马赫里布，犹太人曾在某些时期强烈地影响了周围的伊斯兰文化，他们间断性地回归到希腊以及其他形式的知识当中。伊斯兰文化又影响了意大利文艺复兴。尽管女性对艺术的参与并不是犹太教文化的特征，但在中世纪的西班牙，我们发现了一支犹太女性组成的流派，她们写作包括爱情诗在内的诗歌——这一点同样深受周围阿拉伯文化的影响。中世纪时的犹太人，甚至其中的男性，一般也很少是世俗诗人。在巴勒斯坦，敬拜诗歌是礼拜仪式的组成部分。但从 10 世纪开始，犹太人的重心从东向西转移，他们的诗歌实践也由此传递到了西班牙，并受到当地形式的影响。通过对穆斯林风格的模仿，"一种脱离宗教领域的倾向开始出现"。[34]诗歌首先被用于辩论目的，后来也与当地的诗歌一样，成了"一种具有高度声望的诗歌艺术，人们可以看到与上层社会和基督徒和穆斯林的知识精英的艺术竞争的愿望"。[35]因此在许多方面，10 世纪的西班牙犹太人与生活在其他地区的同族有许多不同。

大解放也影响了戏剧和小说等类型的形象表现艺术。犹太人和穆斯林、基督徒一样，都禁止戏剧。随着时间的推移，三种宗教在这方面的限制都有所缓和。基督教世界对戏剧限制的放松发生得最早，并最终允许以神秘剧的形式演出宗教戏剧，此后从意大利的默萨托开始，世俗戏剧在文艺复兴中得到了恢复。在黎巴嫩，沙阿社区发展出了有关阿里之死的一种宗教演出。在欧洲，犹太人制作了关于王后以斯帖的戏剧，在住棚节的时候上演，这出戏剧很大程度上受到了基督教神秘剧的影响。虽然在犹太教或伊斯兰教世界存在极少的戏剧活动，但在犹太教当中，真正的改变发生在 19 世纪末期，从那时起产生了意地绪戏剧的传统，以及与之相关的剧本写作、演员和舞台导演。就像我们之前所提到的，不论是在表演还是在资金方面，好莱坞已经被犹太人所占据，犹太人的参与主导了新的电影工业，他们成了传播至全世界的美国视觉媒体（虽然在文字文化的印度和中国还没有扩展到很深的地步）的领导者。这种形象表现活动是一场新生的一部分，而非重生，与犹太人的解放联系在一起，但它是从拉比们所施加的严格的宗教限制当中突破出来，而非从外邦人为他们划定的聚居区当中。除了之前偶尔对律法书作插图外，犹太人基本上没有从事过这类活动。这场转变与意大利文艺复兴也有某些类似之处，因为对于犹太人，世俗化同样意味着艺术有了更多的向前发展的空间；在欧洲，占支配地位的宗教曾经只允许宗教领域内存在艺术活动，而基督教欧洲的艺术家和戏剧家们则从宗教所施加的限制当中开掘出了一条前进的道路。在基督教欧洲，世俗表现艺术的重大突破随着文艺复兴而到来，在犹太人那里则发生在改革者当中，与 19 世纪末期的解放密切相关，而在伊斯兰世界的部分地区，突破随着欧洲的殖民和影响（也包括中国的影响）一同到来。

　　某些门类的"科学"较少受到宗教的限制，另外一些则被严格控制着。普遍地说，哲学被严格禁止，因为哲学使用推理的方法，用理性取代信仰，因此可能挑战神职人员的世界观，从而与宗教产生冲突。但对世界的探寻也有可能与《圣经》和《古兰经》中的内容发生冲突。在信仰已经确定了何为正确观念的地方，实验方法是不受欢迎的。有时实验被明令禁止，比如切割人体的手术。但也存在着一些相对自由的领域。医学的实践，在任何对医学有需求的地方，取得了某些进展，特别是在药学方面，因为关于植物及其品性的知识在当时已经得到了广泛传播。穆斯林、犹太人和基督徒们在阿拉伯世界中的伊斯兰医院、在欧洲的医院和大学中分别进行医学的实践和研究。近东地区在某些技术领域，如通讯（造纸，但不包括印刷）和农业（灌溉），在未受到宗教势力干扰的情况下取得了许多进展。此外，提升识字率、支持知识进步会为王朝和宫廷带来名望，这也给包括艺术在内的许多领域带来了某些自由发展的空间。在伊斯兰世界，当一些人在宗教学校中学习宗教知识的时候，科学工作则以相对非正式的方式在宫廷、图书馆、医院、天文观测台以及在学术团体中进行。除了医院和天文观测台以外，科学教学并没有像宗教知识在伊斯兰宗教学校或犹太学校，或者宗教与世俗知识在后来大学中那样被制度化。不过，技术则多少可以自由发展，不论是医学、航海、农业还是通讯，唯一的例外是伊斯兰世界对书写机械化的禁止——不允许使用印刷术，不论是中国的还是欧洲的。

在所有宗教，但特别是亚伯拉罕宗教之下，探索自然世界本质总会与超自然领域相遇——宗教就是有关超自然领域的论断。在伊斯兰世界，被称为"外国科学"或"古代人科学"的世俗科学必须与"由《古兰经》注解所衍生的"穆斯林科学相区分。"两者的关系因地点、时间和当事人的不同，有时是开放的，有时则受到限制。"[36]伊斯兰教的知识历史就由宗教与世俗科学之间的轮替而标记，这也影响了生活在伊斯兰世界中的其他社群。一直有某些个人或运动将注意力集中在宗教文本之上；其他人则在"世俗科学"上取得了成果，特别在数学、天文学与医学领域。在医学方面，这些成果主要在医学的环境中产生，此时期的大部分医学成果都是伊斯兰世界获得的。伊斯兰世界的许多地方把天文学作为一种确定节日节期的方式而推动其发展，其研究一般在天文观测台进行。但概括地说，古代科学并不包含在普通的伊斯兰教育中，伊斯兰宗教学校中很少教授这方面的内容。宗教学校的主要目的是进行宗教教育。在基督教或犹太教世界当中，情况也与此类似。修道院和教会学校主要进行宗教指导；直到人文主义时期，古典文献并没有在教育中占有中心位置，虽然这些学校一直提供内容比较宽泛的教育。在犹太学校也是如此，学生在那里学到的是宗教作品。犹太人在医院中从事对"古代科学"的研究，不过由于犹太人自罗马时代之后就再也没有属于自己的国家，他们只能在这些归属于另一种宗教的医院中工作。某些拉比同样从事医疗职业，在蒙彼利埃附近的卢奈尔等地向别人传授医学知识，同时也翻译希腊文和阿拉伯文的文献。但是学校占主导的是宗教方面的教育。

犹太人没有自己的国家、只能居住在其他宗教占据主导地位的区域 这样一个事实意味着他们必然受到当地政治和制度的影响。举例来说，在欧洲南部，犹太医学很大程度上受到阿拉伯医学实践的影响，当然他们也反过来影响了阿拉伯医学。曾将许多医学知识从北非和近东带到意大利的非洲人君士坦丁很有可能起初是一个居住在迦太基阿拉伯人中的犹太人。有许多证据表明犹太医生在阿拉伯和基督教地区执业。其他领域的学术同样如此，比如迈蒙尼德的哲学作品。犹太学者一直深入参与书籍和文献的相关工作，因为所有犹太男性从较小的年龄开始就接受教育以具有读写能力，由于他们生活在其他民族的间隙中，他们通常具备翻译能力，特别是翻译阿拉伯文——另一种闪米特语言。通过这类活动，他们熟悉了学术和其他某些门类——甚至包括艺术——的著作。

但从全球范围的比较来看，这些从临近文明借鉴来的成就最初是不完全的；随着犹太人获得解放，这种借鉴随之迎来了一场大爆炸。霍布斯鲍姆曾提到"19 和 20 世纪（犹太人对外界的）这一影响的巨大转型"；其原因在于"犹太人从 18 世纪晚期开始获得解放及自我解放"。[37] 在那之前，情况则很不一样。犹太人在职业和各类活动上经常面临各样的限制，不只是外界施加的，同样也有他们内部的限制。并且，两种限制产生的原因都与宗教有关。例如，欧洲中世纪时没有犹太艺术家，原因部分在于当时所有的艺术（例如戏剧和大部分小说）只有基督徒可以参与创作（教会及某些时候的宫廷作为赞助人或受众），但同时也由于圣经对视觉表现所施加的限制——在基督徒至少在宗教艺术方面已经抛弃这一规条的时候，犹太人和穆斯林依然在遵守。因此犹太人同时面临内在和外在的制约。

不过，即使是宗教知识本身也并不是完全静态的。在所有文字宗教中都会有改革发生，扎夫拉尼曾提到 10 世纪末期在开罗古城曾有"一场希伯来研究的复兴"。[38] 迦莱特派将他们的起源追溯至 8 世纪，他们拒斥正统律法，将信仰的权威直接诉诸圣经上的话语。他们的反对者是拉比信徒，这些人也必须通过重审圣经上的言语来为他们的教导提供依据。所有这些因素都促使"犹太人的头脑和想象力重新向圣经的记载开放"。[39] 但宗教依然占据着主导地位。最初即便是世俗作品，也必须经过"神圣化"以获得尊重。虽然圣经中的《雅歌》基本上是一篇世俗的爱情诗，但我们如今能读到它是因为神职人员对它的阐释使得这卷书适合被拉比们保留。"在圣经正典已经完成后，我们需要等到超过一千年的时间才能看到希伯来世俗诗歌出现——即 10 世纪时希伯来诗歌在西班牙的复兴的一个重要部分。"[40] 但这同样也是在伊斯兰世界的影响下产生的。在其他时期，非犹太的范例总是被轻视，而且犹太人对于"从事可能最终会违背律法和犹太人习俗的活动"总是持有犹豫的态度。但是，在西班牙，犹太人积极参与了对希伯来圣经的重新发现，并且回归圣经影响了他们诗歌的主题。这次对历史的回顾发生在宗教而非世俗领域，直到后来他们受到周围阿拉伯文化更广泛的影响之后，犹太人才开始在大部分诗歌主题上仿效大师进行创作。

经济对于犹太教的这些变化——不论是临时还是长期的——都至关重要。不仅仅是所有"休闲活动"的增长需要一定程度的经济繁荣，同样，犹太人经常涉足的贸易活动也需要读写和计算能力，并在犹太社群与其他文化之间建立起了联系，当时有人在地中海上与印度洋西岸地区频繁进行贸易，他们在两个地方都建立了定居点。

总而言之，不论是明显地追寻一个现今已经消失了的过往的辉煌时代，还是向黄金时代的跳跃式发展，或者是开放迎接外来的影响，文化复兴所具有的因素贯穿文字文化的历史。在犹太人大解放的例子中，繁荣来自对周围文明的环顾而非对自身文明的回顾。促使一个文明脱离纯宗教思维与学术的刺激因素通常来自它们具有影响力的邻居——伊斯兰世界，基督教欧洲，或者亚洲。在接下来两章以及最后一章中，我将审视在更严格的意义上——与改变了犹太教面貌的这场运动相比较而言——经历了复兴的文字文化，因为这些复兴经常直接诉诸过去：在伊斯兰世界，最初是向希腊和其他翻译过来的文献以及《古兰经》，在印度则主要回顾了宗教文献，而在中国，人们回顾的是孔子和其他人的世俗作品。但只有在亚伯拉罕宗教信条之下，才存在打破支配性宗教之束缚的需要，尽管伊斯兰世界（以及湮灭在其中的塞法迪犹太人）曾有过 160
强调"古典科学"的时期，并最终影响了意大利文艺复兴。

第六章　印度的文化连续性（与芬内尔合著）

161　　当我们开始从文化复兴的立场评估亚洲文化的不同时期与侧面之时，会产生一个关于印度和中国的问题——这两个文化都表现出了很强的连续性，不论是在语言、文化还是其他很多方面。尽管存在朝代变迁、来自北方的入侵以及目前正在进行中的社会发展进程，这种连续性依然向我们提出了这样的问题：在不存在像欧洲或近东那样的文化中断的情况下，这些文化是否依然需要重大的文化重生运动。换言之，这种连续性排除了重生的可能性，但并未排除繁荣的可能性。在印度，对吠陀梵文文献和史诗持续不断的回顾是一个或多或少持续不断的灵感来源。同时，不像欧洲，在那里没有占支配地位的一神论宗教干涉人们回顾经典。的确，诸神和宗教的多元性一直存在于印度，并且印度也有自己的世俗思想传统。因此在印度历史中，很少需要通过"对世界的祛魅"过程来按照世俗的导向修正人们的信条和对古典的态度。

　　这种连续性的存在部分原因在于梵文的长寿，梵文是最早的印度文献所使用的文字；从那时起，这种文字多次复兴，到现在它不仅仍然在礼拜、仪式和知识活动中占据重要位置（被大量地用在婚礼和祭祀仪式中），并且在少数地方还被人们作为第一语言而使用。[1] 除了在旁遮普（60% 的居民是锡克教徒，印度教在那里是最大的少数宗教），以及勒克瑙、海德拉巴等城市的穆斯林的邻居，还有少量的佛教徒与基督徒之162外，几乎在所有的乡村，嵌入这些梵文中的印度教依然在大多数人的生活中居于中心位置。佛教在印度曾经占据非常重要的位置，但后来基本上被印度教的影响所消灭，不过现在佛教正在回归印度的贱民（"不可被触碰者"）社群。耆那教依然存在于商业领域，但它的重要性也不及从前。印度在历史上许多时期得以改革和重组，而这个过程不可避免地涉及古典文献——吠陀梵文文献及其注释。但与西欧不同，印度和它的古典文化之间不存在像罗马衰落与基督教或伊斯兰教兴起之间那样的空隙；尽管存在政治上被征服、被强制改信外来宗教以及反复出现的主流信条的分化与重整，但从早期时代起印度文化依然保持着很高程度的连续性。印度科学也一直延续着，在 6 世纪到 12 世纪之间，甚至在欧洲处于黑暗时代之时取得了诸多进步。

和亚伯拉罕宗教一样，印度教——如今已经是一种图像化的文化——也曾有过反对以形象表现神圣存在的倾向，至少在亚历山大的时代以前如此。帕萨·米特认为："除了陶器之外，我们基本上看不到公元前 3 世纪以前艺术存在的证据"，[2] 而吠陀梵文经典中并未提到过对图像的崇拜。[3] 佛教艺术在头几个世纪是反对形象表现的，只是随着希腊，或者印度–希腊文化的到来，佛陀的形象才第一次被绘制出来。[4] 中国的"帝"和印度教的至高神大梵天也是如此，中国人和印度人没有用雕塑表现它们的形象，即便是对湿婆的最具敬意的表现也是非形象化的生殖崇拜式的柱子（并且有时是不可见的或想象的）。我们不能说佛教艺术经历了一场复兴，因为之前并不存在可被复生的形象艺术。但以一场繁荣的形式出现的艺术表现标志着新时代的到来。[5] 不过，在后来的印度教传统中并没有发生大规模的断裂，没有从反偶像崇拜主义突然转变到视觉表现，从宗教转向世俗，或者在周围充斥着基督教回响的时代，由部分内生的、受到阿契美尼德影响的孔雀王朝的纪念碑艺术，转向早期佛塔那种手工艺的、叙述性的雕塑艺术；在形象表现艺术方面并不存在着大爆炸式的发展，它的逐渐发展产生自世俗政治保护与为这些政治保护提供正统性支持的婆罗门制度之间的联系（图 6）。

印度曾回顾了自己的古典时代，但并不存在像在欧洲那样的决定性的知识突破，虽然在特定地区，由于穆斯林和英国的征服，其文化发展

163

出现了中断的状况。不论怎样，在印度并没有类似欧洲的文化断裂（除了与早期佛教断绝关系），其宗教也没有像欧洲基督教作为霸权性的宗教到来时那样排斥其他知识。不过，印度的高等教育主要是宗教性的，因此其内容也受到限制。印度科学并没有取得与中国相媲美的辉煌进步，但这不是因为科学在印度面对着一个宣称其神圣文献掌握了解宇宙所需之一切的、在神学上非常激进的宗教。虽然宗教因素占据主导，但早期印度人承认"自然法"的存在。[6]印度教并不敌视实用或数学科学，也不试图谋取在解释性权威上的垄断地位。在任何时候，其他思维模式都是存在的，而这一点对于欧洲文艺复兴而言非常重要——回归古典意味着至少最低程度上的世俗化。我们应当看到，印度科学经历过活跃和繁荣，也经历过停滞和贫乏的时期，但它从不需要以一种与欧洲一样的激烈方式与某种宗教解释断开关系。尽管当时高等教育的内容与宗教知识联系在一起——主要是佛教的，因此也遭到了穆斯林和其他入侵者的破坏——它也总是包含某些世俗的课题，使他们在宗教之外得到发展，例如天文学和医学。更进一步地说，一种无神论思想传统在印度教占据主导地位的时期一直存在，而这更有利于科学探索的进行。换言之，艺术和科学随着时间都取得了进步，而这意味着印度并不需要与欧洲一样的"重生"过程，在这些领域中发生的变化是以一种缓慢演进而非革命的方式进行的。我们提到这种相对稳定的连续性，并非像马克斯·穆勒和拜登·鲍威尔等早期欧洲学者所倾向的那样，暗示印度文化从未发生过变化，在他们的观念中，印度人过着田园诗般的静态的乡村生活。在印度城市和乡村生活的历史发展轨迹中，在艺术和科学领域，各种运动频繁发生。但在宗教和肖像方面，并不存在我们在西方所看到的那种断裂。社会历史学家罗密拉？萨帕曾写到"令人印象深刻的跨越许多世纪的主要社会制度的连续性"。[7]在《印度史》一书中，她这样解释道：

> 对制度的研究并没有得到许多重视，其原因部分在于人们相信印度并未经历过重大的变化：这种观念又进而导致了以下理论的产生，即印度文化在许多世纪中是一个静态、不变的文化——主要产

164

154

生自印度人死气沉沉的精神状态和对生活阴郁的、宿命论的态度。这种说法自然是极其夸张的。即便是对几个世纪中印度种姓结构、土地制度或活跃的商业活动中变动的社会关系进行最肤浅的分析，我们也不会得到"静态的社会经济模式"这种结论。印度的某些特定层面确实在超过三千年的时间里保持了文化传统的连续性，但这种连续性不应当被与"停滞"相混淆。[8]

因为连续性并不意味着停滞不动，而是指特定特征的持续稳固存在。在印度的某些地方，特别是关于对神圣与世俗的观点不时出现巨大分化。印度在历史上许多时候曾出现文化繁荣，这些繁荣往往与对吠陀或印度宗教的回顾或者梵文的复兴密切相关。

在早先时期，与近东和中国一样，印度河流域曾有过发达的青铜时代文化即哈拉帕文化，它在印度河谷地区繁荣一时，经历了城市社会的发展和与之伴生的各类工艺——包括一种目前还没有令人满意地破译书写系统。"印度文明是古代河流文明中最广博的"，它与外界的联系一直扩展到帕米尔（为了获取天青石）和阿曼（可能是为了获取铜）。[9] 这个早期的有文字、使用金属的社会（对金属的使用导致了对自然的探索）——可能是受到肥沃新月地带的刺激——似乎沿着印度-伊朗的边界发展出了新石器时代文化。小麦和大麦，绵羊与山羊以及印度牛开始在约公元前8000年或前7000年时出现，在此之后约一千年才出现了陶器。在第二阶段，我们发现了越来越多的谷仓和大型水井遗迹，类似纪念碑的建筑，以及许多新型活动，包括使用铜和象牙。在公元前3000早期，这一文化发展为哈拉帕文化，拥有了由砖块砌墙的城市——虽然（可能）拥有一座大型谷仓，却依然没有犁；[10] 这里的大型城镇中还有庙丘和墓地，在莫亨朱达罗还有一座大型浴池；棉花的产量在上升（不过稻米则没有），当地人开始制造纺织品，为取水而建造在河边的城市中各类手工艺也在繁荣发展。就公共生活而言，哈拉帕文明的城市远超青铜时代的任何其他人类聚居区。这一文明的成熟阶段出现在公元前2600年左右，大约是美索不达米亚阿卡德的萨尔根时代。这个社会一

165

155

直存续到公元前约 1750 年，从其物质文化的水平来判断，其内部是高度统一的，这显示着一个中央集权的政权存在，其中某些因素可能影响了后来，甚至直到今天的印度人的生活。萨帕注意到哈拉帕社会中许多物品在后来的宗教崇拜中再次出现——天竺菩提树，公牛，女性形象的雕塑，有角的神祇等。尽管目前存在某些争议，哈拉帕文化中表现出的印度因素给史前史学家戈登·柴尔德（与现在的考古发掘者 J. M. 克诺耶类似）留下了深刻印象，他认为这一文化已经可以称得上是印度的，并且为现代文化奠定了根基，比如在封印上的某些形象，比如现在被有争议地称为湿婆林迦（即对男性生殖器的崇拜）的造型。[11] 这样的解释有很多夸张成分；我们无法确切知道这一形象的身份，因为文献本身尚未被破译出来。另一方面，这些封印自身表明当时存在着与美索不达米亚地区大规模的商业交易，而书写则与商业活动密切相关。[12] 书写的观念是由商业活动产生出来的吗？至少它不大可能是本地制陶工人在产品上做的标记，因为如之前所说，书写是一项属于城市的活动。[13]

哈拉帕文化在其艺术品的重量、规格以及艺术形式上的统一性是显而易见的，特别是在封印上，这些都与宗教崇拜活动有关（或者也可能是孩子的玩具），其中包含后来被用在瑜伽中的动作，类似的动物形象，超自然人物以及万字符的使用。这个国家与周围广阔的地区进行贸易，特别是从拉特的洛索尔，沿着（伊朗）莫克兰海滩直到美索不达米亚的道路上的许多地点，在那里发现了许多哈拉帕产的封印，但贸易道路另一端的出产则没有被发现，这显示了主要的贸易产品流动的方向。[14] 印度文明逐渐走向封闭，很有可能是由于其湿润气候[15]而非像之前有人曾认为的那样受到讲印度 – 伊朗语的移民的影响（有人假设这里的"印度语"是德拉威语，来自印度南部），而城市社会的中心则迁移到了恒河流域。但这种早期的城市文明还是给后来的印度留下了印记；这个新的文明承接者吸收了（可能不是太多）既有的因素。正如我们已经看到的，某些图案比如天竺菩提树，流传进了后来的历史。[16]

哈拉帕时期终结之后，印度进入了历史学家所称的"黑暗时代"，城镇衰败，文献和封印也都消失了。[17] 后来在公元前 2000 年末期，大规模的城镇生活重新在恒河沿岸平原和印度南部海岸出现，这些定居点的扩大与印度和亚洲及地中海贸易的扩展密切相关。种姓制度在此时似乎就已经出现，据称梵语的"文学"（口头形式）与多种类型的印度教和后来在公元前 1000 年中期产生的佛教一同出现。铁和马匹对此时的印度已经非常重要。

然而，非物质的文化成就，比如口头和宗教形式的吠陀梵语圣诗显然更难研究。惠特尼很早之前就曾这样说："印度文学史中所给出的所有材料都像是等待被推倒的玩具木牌"。[18] 据说早期文献，《梨俱吠陀》中的圣诗，大约在公元前 1500—前 1300 年间"吠陀时代"写成，可能是在旁遮普。[19] 有人会认为这一阶段的终结在公元前 800 年，但这些文献更像是在很久之后用笈多婆罗米文或者悉昙文的字母文字写成的，而不是有些人假设的哈拉帕的语标文字。事实上，现存最早的手稿只能被确定到公元前 11 世纪。根据温特尼兹的说法，有些学者将《梨俱吠陀》的完成日期推测为公元前 3000 年到前 2500 年，其他人则认为是在公元前 1000 年。[20] 这个问题关系到印度所谓"雅利安文化"的发展发生在什么时期。温特尼兹否认天文学材料的相关性，对语言学方面的材料表示怀疑，认为楔形文字也是不确定的，因此他回到了从印度文学历史本身中所涌现的证据。因此他提出了有关佛教作品中提到吠陀经之存在的假设，这将我们带回到了公元前 400 年，佛教正典的成书时间。但温特尼兹进一步将时间向前推到公元前约 2000 年或前 2500 年，作为吠陀经编纂的起点，并认为其编纂完成是在公元前 750 年到公元前 500 年之间。[21] 温特尼兹很少谈论手稿，只提到这些文献可能采取的字母形式很有可能在早于第三世纪的铭文中就已经被使用（有反对意见认为是第五世纪），因为它不是"一项新发明"。[22]

这些对年代的推测对于罗密拉·萨帕而言都太早了，她写道："我们今天拥有的（史诗的）版本基本上按年代顺序被排列在公元前 1000 年中期至公元 1 世纪中期之间"。[23] 当然，这些对时间的推测是纯推测性的，因为这些成果是依赖口头传播的。"这些圣诗被准确地记忆下来，在被写

167

157

下之前的几个世纪中以口头的方式传播"。[24] 但我们现在怎么可能知道这些？它似乎与我们现在所理解的冗长念诵的传播不同。萨帕认为，口头记忆由背诵发展而来，"使得其内容几乎无法改变……教育在理论上对婆罗门、刹帝利和吠舍三种种姓的人都是开放的，虽然正式教育的课程基本上只对婆罗门阶层的人有用"。[25] 这一假设的"口头"门派听起来与一个早期的文字流派非常类似。我们是否知道任何在有文字之前的世界中，这种传播方式的可靠先例？相关证据需要被详细地评估。

萨帕写道，"神话"的"口头来源有时通过仔细的记忆得到保存，像在一些吠陀仪式作品中，其内容几乎达到凝固的程度"。[26] 另一方面，萨帕认为，像《摩诃婆罗多》这样的作品更加开放，其内容则不那么固定。前者对于特定类型的短篇幅口头材料是可能的。但我们不能确切知道任何特定作品的连续性，特别是长篇幅的作品，除非有书面记录。最近在对吠陀文献的记忆中，我们看到了这种连续性。至于《古兰经》或圣经，可能在这种背景中存在书面文献。我们必须对所谓纯口头文化的结论持怀疑态度，口头文化意味着人们会选择对这些作品的附加、灵活的替代，现存的知识也支持这一点。[27] 随着时间流逝，长篇背诵的传播不是造成轻微的变化，而是本质的改变。[28] 这种理解很大程度上影响了早期文化"非物质"贡献的连续性这一问题。不过在印度，甚至在书面文本方面，这个问题也不存在，因为"我们今天所拥有的史诗并不是在历史上某个精确的时间写成"。[29] 这些作品已经被编辑、插补，不存在一个单独、可查明的作者。

168 　　这些吠陀文献成了印度宗教的基础，同时也是与科学密切相关的教育的基础。背诵《梨俱吠陀》的内容（不论其是何时写成的）是上层种姓男性学习的一项重要内容，它是如此重要，正如我们所看到的，以至于许多人认为这部文献依靠口头传播从遥远的古代一直延续了许多年。但在我们拥有"口头"背诵之证据的较近的时期，婆罗门教师已经有了这部文献的书面副本这件事是基本上确凿无疑的，教师们可以随时查阅这些文本。[30] 在其他早期文字传统中，特别是在宗教这样的保守背景下（认为神圣的话语奇妙而永恒），对一部书面文本的记忆是教育内容里非常重要的一部分。即便对这种形式的机械记忆不再被严格要求时，对《古兰经》或圣经的背诵至少也是受到鼓励的。一个人只有能够按记忆背诵出来的时候才算真正懂得一部文献，这种观念我们在今天仍然可以听到；背诵能力一般被认为是评判一个人对华兹华斯或莎士比亚懂得多少的依据。

文化历史学家巴沙姆认为，在《梨俱吠陀》已经丢失了的圣诗写成的年份和佛教出现的时代之间，一定经历了"较长的历史时期"——可能长达 500 年——这样，《梨俱吠陀》的大部分内容应该是在公元前1500 年到公元前 1000 年之间写成。但这纯粹是推测的结果，没有任何可信的历史证据支持这种观点。[31] 而且，从许多评论家甚至将《梨俱吠陀》的写作时间推算至公元前 6000 年这一事实中，我们也可以看出巴沙姆观点的不可靠性。巴沙姆承认与《伊利亚特》《尼伯龙根之歌》或萨迦相比，《摩诃婆罗多》对历史学家而言没有多大用处。对于《罗摩衍那》，也存在类似的年代问题，它所描述的那场著名的战役实际发生的时间，人们给出的答案从公元前 3102 年到 9 世纪不等，"它声称自己在描述的那个时代，与它实际产生的时代非常不同"。[32] 为什么吠陀文献不可能存在这样的情况呢？从对过往历史的引用来看，吠陀文献显然属于荷马时代。

在印度，我们看到一个不断地回顾自身起源的社会的例子。但这些起源不论是在宗教还是在口头背诵方面都很难分辨。据说吠陀"文献"是口头传播的，但我们很难确定"口头传播"究竟意味着什么。吠陀文集被认为是由四部主要的"文本"所组成，即《梨俱》《娑摩》《夜柔》和《阿闼婆》。其中《梨俱》是公元前 2000 年来自伊朗高原或旁遮普的印欧人的圣诗，这些人使用的是某个版本的梵文。印欧人进入美索不达米亚世界，比如喀西特人、赫梯人和米坦尼人被记录在了楔形文字材料中。显然，迁移到恒河平原的也是这些人，但作为外来者，他们接受了当地文化的许多方面；我们已经看到，今天人们一般认为内部，包括生态上的因素，而不是"雅利安"从外部的入侵，是导致哈拉帕社会衰败的重要因素。因此雅利安人可能是作为移民而非征服者来到了这片土地。

169

《阿维斯塔》文本，作为琐罗亚斯德教的奠基性文件，据说是在公元前2000年中期时创作完成的。它使用的语言与《梨俱吠陀》接近，当时已经有了辅音字母文字，叙利亚北部（乌加里特）的亚兰文使用的就是这套字母。亚兰商人将这套字母带到了印度，进而导致婆罗米文的发展，3世纪时阿育王的古印度语法令最早记录了这种文字。它显示作者对婆罗米文相当熟悉，因此可能是向前回顾了"几个世代"。[33] 放射性碳和热释光测年代法的检测结果显示，带有婆罗米文的大陆泰米尔纳德邦陶器产生的年代在阿育王之前，至少产生自公元前五世纪；但这种证据并不牢靠。印度河文明中目前尚未破译的语标文字很显然并不存在连续性。不过，当居鲁士皇帝跨越兴都库什山，使阿契美尼德王朝在公元前530年控制犍陀罗国之时，在印度西北部，伊朗亚兰文导致了佉卢文的产生。阿契美尼德的统治在公元前330年随着马其顿的亚历山大皇帝的政府而终结。这种伊朗文本可能就是伟大的文法学家帕尼尼在公元5世纪时提到的那种，尽管这一判断依然存在争议。

一项书写本身并没有使之成为可能，但其存在因为书写而变得明确的活动是对植物和动物的分类，这个过程是科学发展所必需的，并且它也提出了关于生物物种的性质等问题。这一过程在动物分类当中也表现得特别明显，动物分类这个领域后来很大程度上受益于对特定大型动物的描述文字——这些文字的写作又很大程度上受到莫卧尔皇帝贾汗季的观察与记述的影响。

很难将婆罗门与书写活动分离开来。在今天，婆罗门需要在很多的乡村仪式上出席，带着一张写（或打印）在纸上的祈祷词。在以前，这些祈祷词可能会写在棕榈树叶或者木头上。婆罗门作为宗教仪式专家和掌管学校的人（吠陀文献的传播者）这样的地位与他们对书写文字的控制息息相关，他们作为社会管理者的职分同样如此。背诵《摩诃婆罗多》一类长篇文献可能早于字母文字的出现，但在没有文字的时候，文献也不存在固定的形式。在宫廷圈子当中，毫无疑问存在较长的颂赞诗，歌颂王朝的早期历史，尤其是战争。但我们从未发现作为一个群体和口头历史学家的婆罗门阶层曾放弃过对书写的控制。我们也不相信长

170

篇口头史诗不会因时间的流逝而发生改变——有时它们甚至无法在形式上保持统一。加纳北部洛达基人的巴格里神话在较短时间内就发生了大量的变化,很难保持严格的连续性。"巴格里"这个标题一直没有变,而且社区成员也声称他们背诵的是同一个,但事实上,"巴格里"这个名字可以指称许多不同的版本;确实很难把这么多版本看作是同一篇"神话"。即便是在克里希纳的故事中,潘达瓦兄弟的这位朋友也并不总是被描绘成一位神祇,《摩诃婆罗多》在某些地方把他写成了一位牧人。在印度的例子中,没有证据证明有一种口头传诵是以《摩诃婆罗多》的形式一直传续下来——这本身是不可能的。并且,认为口头传诵文本的内容会随着时间流逝而保持大体上不变的想法并不符合我们已知的口头传诵的局限以及在这些条件下人类的记忆能力。因此,通过我们今天所知的形式来推断曾经历如此长时期口头传播的吠陀或印度宗教文献之前的内容是完全不可能的(至少可能性很低)。宗教和口头背诵一样,会经常地发生改变,而且不只是微小的改变;口头传播经常涉及发明。[34]温特尼兹提出,婆罗门试图"完全占有文字书写"以"增强他们的权力和影响力",[35]在史诗中加入某些传说。在不控制书写——我称之为"知识人的技术"——这种沟通方式的情况下,这种努力很难获得成功。[36]正如我之前所提到的,在任何情况下,我们所知的史诗[37]的存在,是已经出现某些形式的书写活动的后青铜时代社会的特征。

以梵文作为"神圣"语言的这个宗教的问题同时在最宽泛和最严格的意义上影响了文化的发展。它与亚伯拉罕宗教的区别是显著的。萨帕认为"早期印度历史中的宗教并没有形成统一的力量……没有出现国教的观念"。[38]并不存在霸权性的一神宗教。与生殖崇拜相关的对本地神祇的崇拜非常广泛,但在城市地区则不如在更具清教特征的佛教、耆那教、印度教的虔诚派的地区那样流行。"第三个层次包含古典印度教和更抽象层次的印度与耆那教",[39]很大程度上强调主要的神祇或教派创立者的教导。对于印度教,它的存活很大程度上在于它的灵活程度。多神论宗教并不像西方的主要宗教那样强调排他的忠诚。婆罗门学者和他们的学派支持一种"正统"的印度教,但在皮瑞尼印度教等时期,发生

171

161

了许多对宗教的修正。并且在（4 到 9 世纪）南印度帕拉瓦王朝，一些国王对阿尔瓦斯和纳杨纳斯等人很感兴趣——他们基于广泛传播的强调个人委身的虔诚派信条，教导一种新形式的毗湿奴派和湿婆派教义。这场运动的目的在于教导一种流行的印度教，它更偏向于使用本地的泰米尔方言而非古典梵语。这种新的虔诚教派表现了某种程度的变化，并且特别在下层种姓中，与佛教和耆那教产生了竞争，后二者因此逐渐衰落，而前者曾影响了印度思想，后来又受到了湿婆密宗派的影响。[40] 耆那教反过来受到本地生殖崇拜教派的影响，从它崇拜的每位神祇都有妻子这一点可以看出。同时一种更加正统的婆罗门教也在迅速发展——特别是在摩诃因陀罗跋摩一世（600—630）在位时期的湿婆教区域，婆罗门教获得了来自皇室及其他方的土地捐献，它们在这些地方建立了寺庙（比如 7 世纪早期马马拉普拉姆的综合建筑），寺庙既是传授吠陀知识的学校，也是宗教艺术的中心。

虽然印度教在寺庙学校教育的重心在于婆罗门的正统教法，但作为一个多神论宗教，其信仰内容是十分宽泛的，甚至包含某些异端。印度教在之后的许多年中吸收了许多变体，包括佛教。同时，梵语在公元后一千年的时间内一直是重要的中介，不只是对于宗教（即便是南印度的泰米尔区域，在碑文方面梵文与当地文字一直处于竞争状态，甚至导致了相当数量的双语碑文的产生），对于艺术同样如此。尽管梵文的使用在历史中也经历过起落，在某些情况下也会为地方方言让路，但在南亚次大陆，梵文在书写和口语方面一直保持了自己作为知识人使用的语言的地位，也保持着它作为戏剧和诗歌创作语言的角色。印度文化在语言上没有出现断裂的原因就在于梵文一直没有消失；梵文保持了其文化声望，但对梵文的使用也经历了高潮和低谷，随着商业活动和政治、教士阶层赞助财富的变动而潮起潮落。正如汤因比所说，梵文无法重生，因为它"从未死亡过"。[41]

这样，通过梵语，正统印度教从书面文字出现起就开始规律地回顾过去。这一过程产生出了正统教义，同时也使得宗教改革较少发生，在印度教历史中更多见的是新宗教——后来被认为是印度教自身的变体，如佛教、耆那教，甚至锡克教——与旧宗教彻底的决裂。主流印度教中这种常见的多样性可以很容易地解释这种观点。这些新宗教基本上是反种姓制度的运动，利用印度教中固有的等级制度中的冲突，在这种等级制度中，贱民阶层在印度历史中的不同时期不断地斗争，并最终导致了马哈拉施特拉邦的安贝德卡及其追随者回归到一种独立的佛教（作为"新佛教徒"），意即从整体上脱离主流。但是，影响了这种宗教传统命运的不只是宗教信徒，同时也包括那些非信徒和"无神论者"——马克斯·穆勒称之为"不彻底的无神论"。即便印度教从未有过亚伯拉罕宗教那样规范的神学，它依然提供了一套世界秩序的解释，而这套解释在某种程度上依然是由上帝推动，或者说是超验的。但即便是在《梨俱吠陀》的圣诗当中，也包含怀疑主义的成分，比如在创造诗歌当中所提到的宇宙诞生：

> 甚至连虚无都没有，也没有存在……
> 诸神在创造之后才出现，
> 这样，谁真正知道宇宙何时出现？[42]

印度教在神学上缺乏精确的规范性，因为它保留了某些口头文化时期形成的宗教的特征，而亚伯拉罕宗教的发源则依赖于一个与书与文字密切相关的权威来源。[43] 虽然印度从未落在一个霸权性宗教的控制之下，印度教依然是一个文字文化的宗教，并且经常诉诸《梨俱吠陀》的权威；它还发展出了一些内部的抗议运动，包括那些完全反对婆罗门政权、反对一切对世界的灵性解释以及反对区分灵魂与肉体的运动。其中一项运动是路伽耶陀（顺世论），意思是"通俗的，即在民众中很流行"，[44] 并且显然得到了广泛传播。它是否采用了书面的形式是有争议的——我们主要是从它对手的文献中获得了对顺世论的认识，而这些对手显然坚持另一种（灵性的）教义。但它的主要教义似乎是在《布里斯哈帕提佛经》中列明的，据说是在大约公元前 600 年时写成的，其精髓保存在 15 世纪婆罗门玛达威迪亚阿阇梨的《摄一切见论》当中。但这

173

163

个流派中唯一现存的著作是《颠真狮》（意为"打翻所有的原则"）[45]，其作者是6世纪的极端虚无主义者贾耶拉希·帕得。[46]

顺世论对献祭（不只是印度教的献祭）的益处，以及对所有超自然信仰持高度怀疑态度，同时也质疑种姓制度。顺世论不是吠陀的，又似乎与早期形式的佛教、耆那教和阿耆毗伽教有密切的关系。[47]顺世论同时也与某些密宗和性仪式联系在一起，但它的基本特征是反对对世界的超自然解释：

> 当生命属于你时，快乐地生活；
> 没有人能逃过死亡那只四处探寻的眼睛；
> 当我们这具躯壳被焚烧，
> 它还能如何归回？[48]

很自然地，这些世界观遭到了强烈的反对。但很明显，它代表了一种世俗的因素，在印度思想中与科学家的工作联系在一起，特别是在解剖学与生理学方面，正如李约瑟将道教与中国科学联系在一起，也类似于世俗化因素在意大利文艺复兴中所扮演的角色。[49]对宗教信徒而言，很难再去探寻信仰已经提供了答案的领域。在医学领域做出贡献尤其困难；理论上，比起身体，信徒更关心灵魂，并且在印度的例子中，种姓制度禁止"重生"的人触碰尸体。印度医学无论如何是很重要的；不仅是阿育吠陀医学，印度人在手术方面的成就也遥遥领先。[50]

174 顺世论不只是一种普通人的世界观，它与对自然的研究联系得更紧密。顺世论采取一种"唯物主义"视角，即不将现象归因于超自然力量，而是接受一种更加自然主义的立场。同时这一教义将世界的世代或层次变更归结于性活动，这一点与某些没有文字文明的相似（比如，加纳洛达基人的巴格里神话）。[51]意思是说：将世界的时代或层次的变更与人类的世代更替相类比，将其归因于性行为。这样，顺世论就与密宗一样，对性行为很感兴趣。但无论如何，顺世论的方法更加关注人目前所生活的这个世界，而不是往世、女人、性行为和其他类似伊壁鸠鲁的流行活动。对顺世论者而言，没有上帝，没有灵魂，也没有死后的生命。

一位评论者[52]事实上就将这个信条流行的时期称为印度历史上的文艺复兴。[53]唯物主义者会讨论所有个体都应享有的自由问题。和佛教徒一样，他们反对吠陀式的献祭、吠陀祈祷文的背诵、重复性的仪式、种姓制度、巫术和禁欲主义的实践。的确，一项特征很有可能会影响另一项。"印度一直拥有自由思想的氛围，佛陀就是这种自由氛围的产物"。[54]夏斯特里写道，这场运动的后果"是不同艺术和科学的产生和传播"。瓦茨亚亚拉记录了大约六十五个印度艺术品的名字，它们很有可能就是在这一时期产生的。从文化繁荣的意义上，这是一场复兴，尽管其中并不涉及对过去的回顾。但它确实表现出了对先验论断的忽视，某些人认为这也是意大利文艺复兴的一个方面。因此两方面都存在着世俗因素。虽然当时艺术依然主要是宗教的，但同时也存在其他艺术，其中某些是高度感性的。欧洲中世纪艺术是"真实地宗教性"的，那时的哥特建筑风格是垂直的，直指天空；艺术作品的赞助者也是受宗教原因的驱动。在印度，情况则相当不同；所有的雕塑都采用女性形象，并且由世俗工匠制造，而这些工匠经常将感性的活力注入他们的作品中。

历史学家恰托帕德亚亚注意到，由于唯物主义的观念，密宗也为人类身体的研究做出了贡献；密宗也增加了人类在炼金术和普通化学方面的知识。[55]而正统思想，特别是唯心主义学派的思想，如我们已经看到的，事实上并没有为解剖学做出贡献，原因首先在于它们主要关注灵魂，其次在于只有低级种姓的人才可以触碰尸体。另一方面，密宗与"传统上受到鄙视的手艺与行业"联系在一起，与道教在中国的情况类似；因此他们可以在不受意识形态约束的情况下开展他们的研究。[56]

印度的科学活动很大程度上依赖于炼金术，这种活动来自穆斯林，后来在12世纪传播到了欧洲。在更严格的意义上，炼金术一般围绕着两个目标，第一个是将原料转化成贵金属，第二个是炼仙丹以帮助人获得永生。这项技术依赖于对汞和硫磺的处理（化合之后会生成朱砂），

175

这需要专业的实验室和助理人员，以及为此目的而专门制作的设备。炼金术可能最早出现在公元前几世纪的中国，特别与道教联系在一起。直到5或6世纪时印度才出现了炼金术，与密宗密切相关，并且产生了大量相关文献。但炼金术与埃及也有关系，希腊人关于物质元素的理论中阐述了炼金术的思想。这项整个欧亚大陆各个地区都在从事的活动毫无疑问是欧洲所谓"科学革命"中的化学实验的先驱和模范，并且在阿拉伯，最初炼金术与化学在语言上并没有作区分。化学本身只在18世纪末期出现在欧洲，它为变化提供了一种机械的解释。

在被称为早期历史的阶段中（前500—前150），辅音字母系统毫无疑问已经到来，并且由于书写活动的出现，《往世书》中已经记录了这一时期相同的几个王朝。"历史"在印度出现的时代，即佛陀的时代，是"一个充满了智性和灵性痛苦的时代"，哲学家和商人由此产生。[57]同样在此时，梵文成了受过教育的人的口头语言以及吠陀宗教的书面语言。某些世俗作品被确定为早在公元前3世纪时就已出现，但更重要的是之后时代的某些碑文。当时已经存在对更早时期的另一种文化的回顾。结果是，在特定领域，吠陀文学遭到质疑，同时导致唯心主义与唯物主义的出现，即印度教的超自然主义与顺世论的怀疑主义；同时正统教义依然占统治地位，而这些替代性思想传统与之平行存在，由它们对正统教义的质疑产生了佛教和耆那教——二者都强调平等（特别是终身虔诚派）、民主的修道生活、地方方言、教育和提高女性地位。此外，它们对吠陀正统表达了强烈的质疑。佛教最初并没有广泛使用梵文（更喜欢使用巴利文），因为它的主要信众由各地对现存制度不满的平民组成，而现存制度又对梵文奉若神明。这些宗教吸引了赞同阿欣萨（"非暴力"，意为和平共存）的非吠陀教义的商人，随着经济繁荣，为回报所接受的超自然力量的帮助，商人和皇室的女性也为寺庙和其他宗教事业慷慨捐献。这些经济活动见证了公元前5世纪佛教和孔雀王朝时代城市和整个经济的增长，行会的成型，银行家的产生以及硬币的使用。新的文字、经济的繁荣、非吠陀宗教、不断增加的文学活动，这些都展现了当时的繁荣景象，且彼此之间密切相关。[58]不过，佛教文献对科学发展的贡献相对较小，因为佛教哲学关注的重点在涅槃，专注于永恒，因此对医学领域以外的科学相对缺乏兴趣。[59]另一方面，耆那教徒与印度教的关系更密切，并且"展现出了对世俗知识与科学，特别是数学的强烈兴趣"。[60]

印度在信息交流上拥有十分明显的地理位置优势。从很早开始，包括在青铜时代，印度就从近东地区接受信息。在史前时代，印度与埃及和西亚也有联系。在后来，阿契美尼德帝国和北方的希腊人通过地中海也建立了联系。罗马和埃及与南亚次大陆都有贸易来往。随着佛教向中国传播，印度与中国也建立了双向联系，其中包括科学信息的交流。丝绸之路的打通与伊斯兰教的出现巩固了这些联系。

在天文学方面，印度更偏爱吠陀的系统，但十二宫星象的发展可能是受到了巴比伦的影响。而之后的发展也在很大程度上归功于希腊，虽然印度总是会在借鉴外国成果的基础上加入自己的贡献。同样重要的是大约在基督教时代印度对中国的出口，特别是佛教、棉布和糖。印度的知识通过穆斯林传播到了拉丁欧洲，借此影响了欧洲文艺复兴。

在前孔雀王朝的时代，定都在塔克西拉（塔斯科沙里拉的希腊化形式）、横跨印度河的犍陀罗王朝很显然产生了一场文化繁荣。它所统治的地区覆盖与伊朗进行交流的道路，并且受到波斯阿基米尼帝国的影响；犍陀罗王朝在公元前519年变成波斯22个总督辖地之一而宣告终结。波斯成了羊毛制品、希腊艺术和形成于印度的佛教雕塑流通的渠道。在这些作品中，我们看到佛陀母亲的形象与雅典妇女类似，在雕塑中也出现了许多类似阿波罗的肖像。但最初，印度与希腊文化是同时代的，因此印度借鉴希腊在当时并非回顾历史。希腊和印度文化的混合不只发生在既与希腊人作战又显现出希腊文化某些元素的波斯帝国时期，也发生在亚历山大之后征服此地并在公元前327年左右建立了许多定居点之时，由之又产生了与西亚进行贸易和沟通的动力。在目前已有的印度资料中，没有关于这些联系的记录，除了某些地方提到耶婆那的长笛演奏者与戏剧中的奴隶，以及相关的文献，不过有不少希腊文献提到了当时希腊人对东方的印象；希腊人当时的识字率毫无疑问比印度要高。

但据说亚历山大曾遇到旃陀罗笈多·孔雀，孔雀王朝的首任统治者，他后来曾与伊朗的塞琉古王国作战，并进入之前被亚历山大帝国占据、后来被遗弃的领土。在这之后是异端友好时期，被认为是旃陀罗笈多首相的考底利耶在塔克西拉写作了一部重要的政治经济学论著，即《政事论》。[61] 但是，在旃陀罗笈多的孙子阿育王统治时，王朝几乎走向灭亡，虽然阿育王修建了公路和客栈，种植药用植物，还为病人建立诊疗中心。阿育王的统治很大程度上体现了政治和社会的人文主义，并表现出宗教宽容和启蒙伦理的色彩。但帝国的统治依赖征收土地税，以及高收入的官僚阶层和军队，尽管当时有农业上的进步，建成了一些灌溉系统，贸易也有所扩展，但维系这样的统治组织架构依然非常困难且昂贵。艺术也经历了繁荣发展。在雕塑方面，哈拉帕时代到孔雀王朝之间超过一千年的时间当中，没有任何作品流传到今天；但孔雀王朝皇帝的赞助、不断增长的物质财富和西方的影响一道，导致了文化的"复兴"，即便是在政治崩溃时也是如此。[62]

孔雀王朝覆亡以后在南部出现了数个小王国（自公元前180—300），但尽管政治上四分五裂，印度此时的经济正蓬勃发展。这也是印度-希腊国王统治的时期，他们当中的最后一位是米南德（公元前155—前130年在位），他被称为"印度的弥兰陀"，是一部对话体作品《弥兰陀国王之问》中的人物，在这部作品中与国王对话的是佛教哲学家那先比丘，对话的结果是国王决定皈依佛教。同时，由于中国汉朝的统治者决定阻止中亚部落进入中国，这些部落因此转而向印度移民，在那里建立了自己的王朝，随从印度当地的风俗。比如，很多地方的皇室碑文记载，佛教僧侣和寺院得到这些部落——一般是其中的统治者——的捐赠，婆罗门也收到了赠送的土地，同时统治者还进行吠陀式献祭。[63] 多样性得以保持。

在南方，这一时期的泰米尔婆罗米文记录了皇室成员、商人和工匠给佛教和耆那教僧侣的捐献。森格姆文献确认了这些捐献的存在，这些文献是用古典泰米尔文写成的诗歌，其中的元素受到北方梵文传统入侵的影响。当时南方的稻米生产非常繁荣，与罗马和东方的贸易也处于重要地位。在北方，巴比伦文明在此之前就已经开始使用印度木材，而罗马人和闪米特人一同沿着海岸贸易路线与印度进行贸易，直到后来发现季风存在，使得两地间直接航行成为可能，导致与近东的贸易更加活跃。其中与印度南部的贸易联系发展得尤为迅速，包括印度半岛的东西两侧，西侧的贸易中心是穆萨里，东侧是阿里卡曼陀，主要的贸易货物是香料和奢侈品。从罗马金币的数量和陶制品的质量来判断，当时贸易的规模和金额都很大。文化也得到了扩展；文学，不只是诗歌，在此时都在繁荣期。大众史诗作为故事宝藏，被戏剧所使用，例如梵语戏剧的奠基人跋娑的戏剧；婆罗多舞蹈产生了自己关于表演的研究成果。在科学方面，天文学和医学的发展最为显眼，这一现象反映了印度与西亚进行的思想交流的成果。查拉卡和苏胥如塔撰写的两部基本医典大约也在这时完成。[64] 这些著作似乎分别在公元 100 年时的塔克西拉和 14 世纪笈多王朝统治下的贝拿勒斯写成。他们所描绘的材料可能部分起源于佛教时代的早期，反映了医学在孔雀王朝的发展。

也许由于帝国生活在包括军事等许多方面的高度制度化，在当时可能出现了医学的一个小规模"黄金时代"。医学知识存在于当时成形的知识和习俗体系，以及某些今天已经遗失的佛教徒的作品中；寺院很有可能从事搜集这些材料的工作。查拉卡和苏胥如塔的医典，以及篇幅更短、内容较分散的《毗卢吠陀经》成了后来出现的阿育吠陀医学文集的重要来源；这些文献当中已经包含关于节食，大量植物标本的效能，甚至包括眼睛和整容在内的复杂的手术技术，许多疾病的成因及症状（包括水肿、痔疮、不同类型的发热、癫痫、结核、哮喘以及所有常见病症），不同传染病的处理办法，临床检查技术，诊断与预后，生育医学（包括催情药），妇科及胎儿保健，放血，治疗术和动物植物矿物药典。在笈多时代的末期，我们也能看到大约公元 600 年时伐八他的《八支心要方本集》中详细的助产术治疗方法，和大约公元 700 年左右马德哈瓦卡拉在《因缘集》中系统化的病理学，这些都成了后笈多时代医学所遵循的范本。

阿育吠陀医学很显然是由口头社会的早期治疗技术中发展而来。但它本身又是一种文字医学。不然它如何列出六百种药物和三百种不同的手术？手术本身基于解剖，同时也有类似希波克拉底誓言的存在。[65] 阿育吠陀医学的目的是维持身体和心智的健康，而达到这一目的则依赖于幽默，不过并没有排除手术的干预（在早期是这样，后来发生了变化）。这些文献的写作涉及医学问题全面的知识，包括"社会医学"、历史、化学、心理学、宇宙论和宗教。印度医生随着希腊军队来到欧洲，因此影响了欧洲医学，可能影响了对幽默这一问题的理解，但印度医学对欧洲影响的程度有多深，这一点我们无法清楚地知道。[66] 医学在印度与欧洲之间，和与阿拉伯和波斯一样，是双向的。印度医典被翻译成了阿拉伯文和波斯文。的确，甚至在阿拉伯人到来之前，波斯就已经受到了印度医学的影响，我们可以在 5 世纪的波斯医学中心贡德沙普尔看到这一点。一个世纪以前，在位于大夏与中国贸易线路上的中亚库车发现的医学手稿，为我们提供了这类知识向西藏和东南亚等东方地区传播的证据。印度医学很有意思的一方面在于，一直到欧洲医生到来之前，印度医学还在不断地扩张，并且产生出新的评注类文献。

180　　在笈多时代（320—540）产生了一场明显的文化繁荣，比如在笈多都城之一的优禅尼。这一时代也见证了医学和天文学知识，以及其他领域——尤其是数学——的剧烈膨胀。教育在印度教和耆那教的修道院以及佛教寺庙中得到发展，虽然这些教育内容基本上都是宗教性的，延续着早期吠陀传统。但佛教寺庙中的教育环境比别处更加非正式，在离孔雀王朝首都比哈尔邦的巴连弗邑（今天的巴特那）不远的那烂陀寺还发展出了一套类似大学的继续教育系统，将传统"四艺"的内容加以扩展，包括文法、修辞、诗学、逻辑、形而上学和医学。很有可能的是，随着制度化组织的发展，笈多时代与为多种目的而进行的书写活动的扩大同时发生，并且促进了后者进一步发展。为医学研究而使用的主要书写材料的数量稳固增长，医典不断有新的修订版本出现，并且，当时繁荣的大学环境也是促进我们今天所看到的这些文字材料在那时迅速增加的主要原因。印度在此时已经全面使用十进制，公元 595 年古吉拉特邦的碑文清楚地显示了这一点；数字零最早出现在公元 876 年（属于后笈多时代）一部论文的残片上。十进制从此向印度支那和日本传播，向西在第九世纪被花剌子模采用，最终在 12 世纪传到欧洲。依据 10 世纪基督教修士的说法，印度人拥有非常精妙的才能，所有人都承认他们在美学、几何学及其他人文学科上的优势。[67] 我们可以看到，由于使用更加抽象的数字系统（即"阿拉伯"数字），数学在笈多时代得到了迅猛的发展。欧洲直到文艺复兴甚至更后来的时期，才获得了某些印度在早期取得的数学发现。

早期时代以来，高等教育有一些显著发展。除了那烂陀寺以外，在印度还有许多学术机构，尽管与宗教领域——尤其是佛教——联结在一起，但同时也教授某些世俗课题。得叉始罗大学（希腊化的名称是塔克西拉，即我们之前提到犍陀罗的孔雀王朝都城，它与波斯有密切联系）是其中一所重要机构，特别对于婆罗门学者而言，它是"印度知识的首都"。这里提供的教育堪称典范，深受当地统治者的推崇。它吸引了来自全印度的，主要是婆罗门和刹帝利种姓的学生。在教学中有一定程度 181 的民主性，来自不同群体的学生聚在一起进行讨论。教育内容不仅包括宗教经典，也教授十八门艺术与科学，涵盖大象知识、狩猎、射箭、巫术和多种形式的占卜，医学，法律与军事科学包含在学校教育的不同课程中。今天，塔克西拉城的遗址可以在巴基斯坦的旁遮普省看到，在伊斯兰堡西北部约 30 公里。作为世界最古老的大学之一，它在印度，特别是在印度教徒和佛教徒之间受到特别的尊崇。印度教徒看重这所大学，因为后来巩固了旃陀罗笈多皇帝政权的伟大战略家考底利耶曾在这里任高级教授。考底利耶的政治论文集《政事论》（原文为梵文，字面意思是"关于经济的知识"），据说就是在得叉始罗完成的。文法学者帕尼尼也在这里写作。佛教徒看重它则是因为他们相信大乘佛教是在这里形成的。

有些学者将得叉始罗大学的存在推算至公元前 700 年，大约与北方字母文字的出现同时，在遭到 5 世纪中亚游牧民族入侵者（白匈奴人）摧毁之前，这座城市一直是学术活动的中心。学生一般在 16 岁入学，学习四部《吠陀经》和"十八艺"，除此之外也存在一些我们提到过的专门学校。

我们之前已经提到另一个早期高等教育中心，即那烂陀，据信佛陀乔达摩曾到访过那里并在"波瓦利伽的芒果树林"附近讲道。塔克西拉大部分属于印度教，而那烂陀则主要是佛教的。那里的教育得到了充分的资助，大体上是很自由的，吸引了印度及周边地区，特别是中国的许多学生。它有可能是当时世界中已知最早的，当然肯定是最大的学术居住区。在其繁荣时代，有超过一万名学生和一千五百名教师，它的图书馆设在一座九层建筑当中。那里教授的课程据说涵盖了所有知识领域。那烂陀这个名字的字面意思是"授予莲花的地方"。根据一部西藏的传记，龙树（约150—250）曾在那里的一座修道院里受教。阿育王据说曾在那里建造了一座庙宇；它也是耆那教的圣地，其创始人大雄据说在那里度过了十四个雨季。[68] 不过，历史研究表明，这所大学只是后来在笈多帝国时期由摩罗笈多王建立的（约320—546）。在此之后的历史，我们有更详尽的记录。从唐代中国而来的一位佛教旅行者玄奘在 7 世纪详细记录了他对这所大学的印象。[69] 然后它成了一座"讨论的学校"，不同信仰和地区的人们可以在这里公开辩论，学校的管理以"民主"的方式进行，其教学充满宽容和自由的气氛；学生可以在艺术或科学领域进行婆罗门或佛教式的研究。

在很大程度上，藏传佛教和远东地区大乘佛教的其他变体一样，都是在 9 世纪晚期到 12 世纪由产生自那烂陀的思想流派发展而来。小乘佛教，即佛教的另一个主要流派，曾以安得拉邦的龙树丘（以龙树命名，据说他曾在那烂陀做教师）为中心，斯里兰卡、缅甸、泰国、柬埔寨和其他一些地方追随这一流派，小乘佛教后来就在这些地方发展起来。有许多外国学生到那烂陀学习，而许多那烂陀的毕业生也到外国工作。在 1193 年，那烂陀大学被巴克赫提亚尔·卡尔吉率领的突厥穆斯林入侵者毁坏，据一位波斯历史学家记载，所有书本都被他焚毁了。有人曾把这一事件看作是佛教在印度的终结点，但事实上，佛教的许多思想在 12 世纪时被婆罗门教的信仰体系所吸收。

其他一些重要的大学位于瓦拉比，它对于耆那教尤为重要，7 世纪时的中国旅行者义净曾提到这里；还有许多西藏僧人曾提到 13 世纪时被穆斯林毁掉的南亚的飞行寺和佛教的超戒寺大学。瓦拉纳西，又名贝拿勒斯，则延续着其作为印度教知识活动中心的地位，并被一些人称为"印度的文化首都"。

这些在印度迅速发展的高等教育机构一般围绕以佛教为主的宗教机构，后来被整合进了婆罗门教，而婆罗门教又使得这些机构变成了穆斯林征服者眼中明显的打击目标。这类机构大多数都使用梵文进行宗教教育。在科学方面，人们则需要到别处去寻找，比如在当时的宫廷，而技术活动则更多体现在行会当中，行会组织在那时随着经济的发展而增长。[70] 随着寺庙或修道院变得越来越复杂，装饰艺术和雕塑也随之繁荣起来，例如可能是从佛教发展而来的阿旃陀的壁画艺术。

就其他方面的成就而言，因为涉及对世界的理解，物理学与宗教紧密地联系在一起。例如，印度学者在希腊人以外独立发展出了一套原子理论，但"印度关于宇宙起源和堕落的思想基本上是宗教而非科学性的"。[71] 基督教时代的早期，印度的知识人就不再接受地球是平的这种观念，这可能是受到了希腊人的影响。这种观念代表着地理学真正的诞生。同样可能是从希腊人那里，印度接受了一些观测活动所需的天文学思想。化学方面，印度人的主要活动是制造药物化合物——很多时候会使用汞。正如我们所看到的，这个国家建立了一套以经验为基础的手术科学，在这一领域对欧洲的优势一直保持到 18 世纪。印度数学，特别是十进制系统的发展，明显促进了计算的进步。笈多时代早期，主要以几何和天文学计算为内容的《四悉檀》编纂于 4 世纪晚期和 5 世纪早期，它很有可能像艾尔·比鲁尼所认为的那样，受益于希腊的数学论著；笈多王朝的资助很有可能促进了对希腊天文学研究方式的采用，并且鼓励将印度观念用在对成果的润色中。在约提沙维担加和苏里耶－普拉贾那帕提建有天文台。第一个采用科学方法的天文学家阿耶波多在公元前 499 年就计算了 π 的数值和太阳年的长度，他接受地球在轴向转动、地球的阴影导致月亏、月球的阴影导致日食这样的观念。森认为阿耶波多是"印度数学复兴的领头人物"[72]，他的研究被从婆罗门笈多（598——

668）到现代的许多重要的数学家所延续。印度天文学与数学反过来又影响了阿拉伯计算，印度在这些领域的领先地位很大程度上依赖于他们使用的十进制系统。巴比伦人也使用进位系统，但是是六十进制的。而印度人在《吠陀经》中就已经进行基于十进位制的计算，并且至少从阿耶波多的时代就开始使用零。

　　虽然印度科学取得了巨大的成就，并很有可能影响了希腊医学和早期文艺复兴时的整个欧洲，印度科学本身似乎并没有经历剧烈的爆炸式发展，而基本上是缓慢但全面的进化。穆斯林到来之后，科学开始采取不同的形式。无论如何，古典时代据说表现了历史中科学和技术的一个"辉煌时期"。"从 4 世纪到大约 8 或 9 世纪，以及之后的两个世纪中，不同门类的科学取得了巨大进步，甚至在……文献中被编纂成册。"[73] 医学书籍被翻译成了其他语言，波斯医生艾尔·拉齐将这些知识收进了他的医典当中，而拉齐的医典在 13 世纪又被翻译成了拉丁文，成了中世纪后期欧洲医学的标准参考作品。炼金术和化学、原子的思想（其复兴只发生在 17 世纪的欧洲）、冲力说、技术实践（特别是金属制造）和农业也都如此，印度科学"积极地参与到这些进步乃至科学思想和技术的传播过程中"。[74] 但这是一种演化，而非"科学革命"。演化随时间的流逝而延续，影响了中国和阿拉伯－波斯学术并被其所影响，而且通过花刺子模等地对"欧洲数学复兴"发挥了重要作用——始于 13 世纪皮萨诺关于来自印度的数字进位制的著作发表之时。[75]

　　在笈多时代，旃陀罗·笈多二世的统治"可能标志着古代印度文化的高水准"，[76] 并且"达到了印度在后来从未达到的高峰"。这一时期也被描述为文学和音乐赞助活动的黄金或经典时代，梵文这时在宫廷和贵族阶层中作为精英语言被使用。为这些人表演的戏剧，特别是浪漫剧的剧本、迦梨陀娑的戏剧和诗歌、苏德拉卡的一部悲剧，也用梵文编写。[77] 此外，传记和寓言都是当时流行的文学体裁。文学批评和法律评论——对《摩奴法论》的评注——也在此时出现。这是"新生的印度教"和物质繁荣的时期，印度文学、艺术、建筑和哲学的规范都在这时建立。[78] 有学者将它称为"婆罗门教大复兴"时代，[79] 贸易和（某些

184

174

人的）生活都经历着繁荣。我们可以从《爱经》当中瞥见当时"奢华"的程度，《爱经》是关于性爱的一部文集，是不受宗教中清教因素限制的社会上层人士的生活特征。

然而，曾有人认为"虽然笈多时期经常被看作是印度的文艺复兴，但除了在政治方面重现了孔雀王朝的统一以外，它并不是一场重生"。[80] 当然此时存在对吠陀宗教和梵文文献的回顾，以及文化的繁荣。在罗马帝国衰亡以后，印度与西方极少有交流；但就印度本身而言，它在"长期的缓慢发展"过程后出现了"繁荣"，表现在"音乐，文学，戏剧和造型艺术表达上的复杂与权威"。[81] 因此在"一个在其过去及后来再也未达到的完善程度，和所有文体及肖像因素的完美平衡与和谐"的意义上，这一时期可以被称为印度的"古典"。[82] 再一次，我们可以看到运动与延续性同时发生。伟大的印度史诗《摩诃婆罗多》在此时经历了最后一次修订，而《罗摩衍那》则再次流行起来。

艺术史学家罗兰比较了婆罗门教复兴，或者笈多王朝的黄金时代与意大利文艺复兴。[83] 罗兰特别提到了列奥纳多、乔托和埃尔·格列柯。那个时代的"丰富和对解放的观念"，他写道，"毫无疑问标志着印度教教堂艺术的复兴正在发生。"[84] 但是，他也提到"笈多王朝鼎盛时期的雕塑，和与之相关的绘画与建筑艺术一样，在任何意义上都不应被看作是一场复兴或重生，而是几个延续着的传统在逻辑上发展的顶点"，包括印度的马图拉和希腊－罗马艺术的遗产。[85] 它的标志是"其他艺术门派极少能与之媲美的在完成上的精妙和在表达上庄严的平静"。[86] 但笈多时代绘画和建筑与雕塑一样，"仅仅是达到了顶点，而不是古代传统的复兴"。[87] 延续性一直得到强调。在这一时期有三类绘画存在，即寺庙、宫廷和私人民居绘画，其性质被分别认定为"真正"、"抒情"和"世俗"的。神圣和世俗艺术的组合是阿旃陀和其他笈多形式的壁画所固有的，它取得了"相当于希腊和罗马艺术在西方的地位"。[88] 在与西方相同的意味上，笈多艺术成了"古典"，但它从未遭到西方古典艺术所曾经历的排斥，因此也不需要被复兴。在印度，艺术体现了更多的延续性，而非停滞的特征。

185

175

举例来说，史诗本身在这个时代当中不断地被重新解释，它们也持续地成为灵感的来源。笈多时代的梵文剧院中，除了剧作者自己发明的情节之外，许多戏剧都是基于这些材料。某些戏剧中有一些世俗因素，其他的则完全由神圣文献中提取内容；后来，8世纪巴瓦希底以《罗摩衍那》为基础编写了剧本，这一传统后来一直持续到今天。在印度南部的德拉威乡村也是如此。在朱罗帝国时期（10到12世纪），我们发现在坎那达语、泰卢固语和马拉雅拉姆语当中，从10世纪开始产生了文学的觉醒，其中坎那达语作品是基于梵语史诗。而泰卢固语作品中，婆罗门纳纳亚·布哈塔拉库杜（约1000—1100）也以梵语作品为基础开始创作了《安德拉·马哈布哈拉塔姆》，这部作品在13世纪才完成。通过这种方式，梵语史诗成了发展中的印度地方语言传统不可分割的部分。

尽管印度在宗教方面表现出了相当程度的文化延续性，但并非所有领域都是这样。这个国家在经济领域产生了重要发展，特别是在棉花生产上，从很早时期就开始向东方和西方出口。所以从更严格的意义上，文化经历了明确的"繁荣"时期。尽管宗教文化保持着连续性，在某些时候也发生了实质性的变化。印度种姓制度的刻板表现在它对许多事物的拒斥和佛教、耆那教的出现当中。印度教对大乘佛教的吸收是这一变化的另一个明显例证。湿婆和毗湿奴派的印度教之间也出现了分裂。前者更注重正统的湿婆崇拜，而后者更加关注黑天，由此产生了强调个人委身与平等的终身虔诚派。我们同样发现了由多神论向某种一神论有限的、地区性的发展趋势。

在之后的700至1200年之间所谓的封建时期[89]，婆罗门教育内容的神学和正统性在不断增加，文学活动则变得相当贫瘠。经常作为古典建筑标志的寺庙建筑在此时到达高峰，特别是在北方和中部的大型商业与文化城镇，如克久拉霍、布巴内斯瓦尔、帕塔达卡尔、艾尔霍里、埃洛拉，以及南方的甘吉布勒姆和坦贾武尔。宗教文化的力量在这时非常

强大，在大约1200年穆斯林王朝到来前，很少有通过一般的复兴而繁荣的因素。穆斯林的到来本身并没有导致复兴或者改革，但强化了正统

印度教。在经济方面，南方的朱罗王国发展壮大起来，与东南亚进行广泛贸易，征服了锡兰，并向印度尼西亚的苏门答腊派去了一支海上探险队。泰米尔文化如果不是民主的，至少也称得上是大众的。[90] 在北方，穆斯林的统治也在扩展，向南方最远达到了马杜赖。但在南方的毗奢耶那伽罗也发现了一个重要的印度王国，它与入侵的葡萄牙人在果阿邦建立了关系。

面对穆斯林对印度南部的威胁，毗奢耶那伽罗采取了一种被斯坦因称为"集中朝贡制度"的反应方式；[91] 但它的高等文化"基本上是保守的和累积的，与婆罗门文化的支持相适应"，[92] 很少有创新活动的证据。在接近 3 个世纪的时间里（1336—1565），帝国抵抗着自北方来的穆斯林特别是苏丹巴赫曼尼的进攻（在他的统治下，和基督徒一样，婆罗门教的庙宇和大学遭到破坏），为印度教的事业而战斗，并"在它的政体中确定了国家的传统、学术与艺术"。[93] 毗奢耶那伽罗基本处在"战争状态"中，包括长期与穆斯林和某些时候与印度教徒的战争，其军队很大程度上依赖从阿拉伯半岛上进口的战马，但同时它的统治者也在资助印度神殿与学校。[94] 从波斯来的大使经由这里前往中国。克里希纳迪瓦·拉雅"建立了一个光荣的时代"，他是一位伟大的统治者，重组了军队，同时也是艺术的赞助人，"为首都增加了许多美景与便利设施"，他自己也是一位学者和诗人。[95] 大部分诗歌是以梵文和一些地方语言写成，大部分是宗教主题，但也有世俗题材的。一般由耆那教徒写作的坎那达语作品更多地涉及包括科学在内的世俗话题。但"像'基督宗教'与'拉丁－希腊世俗'之间的不同欧洲古典遗产的对立，在印度传统当中并不存在"。[96] 在印度，这两种传统交织在一起。

当穆斯林从北方南下到达印度时，他们不只破坏了大学，也损毁了当地一些古迹，虽然总体上讲这些穆斯林统治者是相对宽容的。不过除了锡克教的发展以外，穆斯林的到来并没有给印度带来"人们曾期待会发生的对印度文化发展的刺激作用"。[97] 面对这一挑战，印度教反而变得更加保守。马拉塔·辛吉曾给印度教带来了一些政治上的革新，但同样没有"真正的文化复兴"——这一点在欧洲人到来、特别是在孟加拉亚洲学会成立，以及在外国接受教育的印度人回到印度之后才出现。

伊斯兰教在此之前就已经进入到了这片陆地（在 7 世纪时的信德省就有了第一条穆斯林修筑的道路），王朝是在 1206 年随着突厥部落对此地的征服才在德里正式建立，这些部落的历史大约可以追溯至公元 1000 年，他们从阿富汗出发，向南亚次大陆地区发起了攻击。突厥统治时期给印度北方和南方（包括马穆鲁克之后的希利吉士）带来的真正影响开始于德里的马穆鲁克（奴隶）王朝。随着伊斯兰教的到来，梵文与婆罗门教，以及印度寺庙的雕塑、梯井和其他建筑都因穆斯林对形象表现的厌恶，而遭受破坏。但伊斯兰教也通过回顾早期伊斯兰的文明成就——特别是波斯的艺术形式——在这一地区迅速发展起了自己的文化，而波斯宫廷绘画特别是细密画，包含某些世俗的绘画成分。在 16 世纪早期，波斯的萨法维统治者沙阿伊斯梅尔开始迫害某些苏菲派成员，导致的结果是包括诗人在内的许多苏菲派成员逃往印度，他们在那里建立了一所印度－波斯文学学校，即"印度风格".[98] 穆斯林的入侵也意味着数学和天文学方面的阿拉伯和波斯文献，包括由希腊文献——例如欧几里得的作品——翻译过来的材料被引入印度，这刺激了印度的数学研究，也引发了许多本地作者为之撰写评注。

在北方，早期突厥侵略者不得不面对蒙古人的攻击，1398 年帖木儿最终（但也是短暂地）侵入德里。除了进行战争以外，突厥人也继续与北方进行贸易，用纺织品交换马匹作为战马（可能从 15 世纪后半叶开始从土耳其进口加农火器）。他们购买马匹是为了进行特定类型的战争，纺织品则是他们付出的代价。在这个阶段，随着木轧棉机、纺车以及脚踏织机的引进，以及蚕丝业和建筑技术的进步，纺织品行业取得了许多重大发展。8 世纪时造纸术由中国传到印度（远早于欧洲），此后印度的书面记录活动不断增长，纸币的使用范围也逐渐扩展。但直到 14、15 世纪的伊斯兰时期，纸张才得到了广泛使用。在此之前，印度南部一般使用棕榈树叶，北方则使用桦树皮。纸张的生产得到了穆斯林统治者的大力支持。作为交易、管理和知识活动中心的城镇也繁荣起来，13 世纪时德里已经发展成伊斯兰世界中最大的城市之一。随着经

189

济增长，慈善和教育机构也在发展。在乡村地区，穆斯林建造了许多运河，提高了内部的运输能力，这个政权同样为文化和知识做出了巨大贡献。

尽管穆斯林统治着印度北方，南方的一些像在查耶那加尔（1336—1646）的印度政权依然继续繁荣发展。尽管存在着军事化趋势，这些国家与中国和近东地区的商业联系也在加强。甚至在更早阶段，朱罗帝国曾因苏门答腊妨碍通过马六甲海峡的贸易而侵入印度尼西亚。在某些方面，查耶那加尔有意地将自己表现为印度教抵抗伊斯兰力量的最后堡垒。在这个国家也在一定程度上存在学术活动，其统治者克里希纳迪瓦·拉雅（1509—1529）因他的知识和对泰卢固语和梵语文献的资助而出名。

大约在同一时期，火药在印度投入使用。卡恩认为，[99] 可以提出这样一个论点：火药在 13 世纪通过与蒙古人接触被引入德里的苏丹王国，首先被用在烟火表演中，之后在 15 世纪被使用在战争当中。印度使用火器的历史确实晦涩难明，但卡恩认为在 15 世纪后半叶时，加农火器与滑膛枪就已经在印度出现。

在印度北部，穆斯林莫卧尔帝国（1526—1761）成了波斯－伊斯兰与印度因素混合的产物。这个国家由来自中亚的突厥人巴布尔建立，这个地区的发展依赖于与外界贸易的扩大和外来的新技术与新思想。巴布尔的继任者是他的儿子胡马雍，之后是他的孙子阿克巴（1542—1605），阿克巴将伊斯兰教确立为国教，但他的统治风格也相当自由。之后到 17 世纪，贾汗季和沙贾汗的统治时期不只因经济活动规模的可观，同样也因绘画和建筑艺术的精湛而著称（图 7）。这时经济领域的货币化趋势也在发展，帝国皇帝拥有自己的贸易船队，还会向与他们进行贸易的商人预付货款。

沙贾汗是一位宽容的统治者，他赞助学者和梵语、印地语以及波斯语诗歌的创作。但他的继任者奥朗则布推翻了沙贾汗的政策，放弃了阿克巴的世俗统治原则，建立了伊斯兰政权，他拆毁印度教学校与庙宇，并对印度教徒课以重税。他的这些举动使得穆斯林法与法律实用主义、宗教与世俗、传统与现代、信仰与理性的传统对抗变得更加明显。

但印度北方并不完全由穆斯林统治。蒙古人在那个地区的对手是印度马拉塔人，他们在当地的政治角色越来越重要。在此之前，一些各自建立了宫廷的小国在这里经历了繁荣，由于各个小国相互竞争，这种政治上的分裂有利于文化的振兴（类似安达卢西亚的泰法斯）。南部印度在马拉塔人统治下的坦贾武尔也是一个"文化繁荣"的例子，这里产生出了高质量的泰米尔文、泰卢固文、梵文和马拉地文的文学作品。印度古典音乐的卡纳塔克传统和一种独特风格的绘画就在那时得以创立。在北方，拉合尔的旁遮普语和波斯语作品也是如此。印度和伊斯兰混合的结果经常是富有创意的；的确，许多印度的"传统"文化都起源于这一"传统"被发明的时期。

穆斯林和印度宫廷的存在都促进了多样性的发展。欧洲人的到来也有同样效果，他们认为自己的文化是极其优越的，英语、法语、葡萄牙语的高等教育和新形式的西方基督教都被引进到印度。伴随着基督教福音传播过程的西方化、自由思想的功利主义和激进理性主义从法国来到印度，其他的思想也从国外涌入。这些思想导致印度教的改革，并最终促使印度独立运动的兴起；这场改革废除了殉葬、童婚和杀婴行为。尽管当时大多数人依然坚持印度教或伊斯兰教信仰，充满了西方化热情的青年孟加拉人运动甚至走到了否定印度教的地步。不过，大多数人还是在借鉴世界其他国家文明成果的过程中成功地保持了对自己宗教信条的忠诚。

这场运动的一个重要部分在加尔各答附近发展起来，加尔各答是英国东印度公司的总部所在地，这一运动后来被描述为"孟加拉复兴"。虽然复兴梵文——和引进欧洲（英语）教育一样——是运动参与者的目的之一，但总体上他们对于梵文复兴的兴趣并不太大。[100] 加尔各答是经济活动的中心，在那里，农业土地食利者群体在首任总督沃伦·黑斯廷斯的统治下，形成了"一个时尚的、有知识的社团"。[101] 此时的印度当然是一个殖民地资产，因此在威斯敏斯特眼中，它最重要的角色毫无疑问是税收、商品和贸易来源。但黑斯廷斯的统治风格是自由的（同样在政治上也是精明的），他在对印度进行日常行政管理的过程中参照印度本土的实践和先例，而这为印度文化的复兴奠定了基调。在这种按照传统治理当下的实践当中，最早的尝试之一是黑斯廷斯赞助的印度法律摘要项目——《异教徒法典》，其中包括在南亚次大陆施行的印度和穆斯林法律条例的摘录，目的在于将印度法院裁判所依据的法律标准化，防止专设咨议官的专断判决。虽然他身边的亚洲语言专家大多数只懂波斯文，但从黑斯廷斯的私人通信中可以看出，他本身就是研究印度手稿的行家，能够熟练阅读法令和从波斯文翻译而来的文献。黑斯廷斯这种回溯策略促进了威廉·琼斯这位文献学者和律师被任命为加尔各答高等法院的普通法官。在抵达印度之后不久，依靠黑斯廷斯的资助，琼斯将加尔各答附近欧洲人的印度学元素与他能够找到的本地资源整合起来，成立了孟加拉亚洲学会。琼斯将他能够搜集到的所有印度本土的以及来自欧洲的有关印度文化、历史、宗教与科学的话题登载在学会的期刊《亚洲研究》上——琼斯在自己人生的最后六年担任这部期刊的编辑。《亚洲研究》同时还刊登民族学以及对印度周边地区的研究成果。琼斯本人也在他的工作过程中贡献了许多此类材料。

尽管琼斯作为梵文学者的地位（甚至按当时的标准来衡量）仍需要讨论——这个头衔主要是他的副官查尔斯·威尔金斯及亚洲学会的某些成员所授予的——但毫无疑问的是，当他召集亚洲学会的会议并出版期刊之时，琼斯开启并主导了这场可以成为梵文学术复兴的运动。学会以英属印度的首府为中心，从周围许多地区吸取资源，并使用书籍出版这种在印度很新鲜的办法传播知识，因此在印度讲英语的知识分子群体和孟加拉等地的受教育人群当中留下了很深的影响。没有人会认为安得拉邦种植水稻的农民，或者北方帕哈德山坡放牧的牧人，或者大部分印度人当时突然注意到了亚洲学会的活动，并意识到他们活在一个文化复兴的时代。但独立逐渐成了一项被广泛接受的诉求，而这涉及印度传统的复兴与印刷文字的使用。

不过，尽管这场梵文的复兴是由欧洲人主导，作为印度独立的政治观念复兴的一部分，但本地社群也显然在相当长的时间内对这门语言有着浓厚的兴趣——随着自治政府的重建，独立观念在文化生产方面达到了高峰。舒克拉和他的继任者曾追溯这一高峰的发展脉络，认为其中包括一直延续至 20 世纪的活跃的婆罗门写作与出版活动。[102] 出现了许多讨论当时热门问题的梵文诗作，包括关于殉葬、寡妇再婚和女性教育等讨论中两方的观点。1857 年暴动，维多利亚就任女皇，文化整体性与传统道德在这些作品中都有所体现。之后在 19 世纪中，印度人越来越意识到外国读者群的存在，因此用英文和梵文出版的灵性教育方面的写作数量激增。在这个世纪中出现了多种主题的讽喻剧作（一般都是与政治有关的讽刺作品），这些作品经常采取一种批判的，或者是消极的，甚至是反动的和反世俗化的态度。有了类似阶段，通过回顾印度文化，印度人在身份方面确实有所收获，特别是在中产阶级当中；一个伟大的民族国家也通过这种方式而产生，这个国家在原则上是世俗的，但实际上是印度教主导的。

在此之前，王权统治下的印度大部分处于"一种停滞的传统主义状态中"。[103] 然而，殖民地时代促使这个国家向西方的工业商品化、蒸汽轮船、电报、科学灌溉、铁路，和体现在印度国大党以及后来的独立运动等政治表达中的"现代化的"世界，打开大门。但许多征服者对变化的态度是模糊的。在 1857—1859 年暴动之后，有些人认为其产生的原因在于"世俗化损害了功利主义的实证主义和基督教传教士的传教工作"。[104] 因此改革进程中止了，征服者试图限制印度世俗化的进程，并且强调维多利亚女王有关英国永远支持印度本地统治者、不干涉宗教事务的政策。除了与独立斗争密切相关的"现代化"之外，回归印度文化的活动在此时的印度也很活跃。

193　　在书写文化当中，对过去的回顾并不妨碍这一文化向前发展；事实上，回顾往往是发展进程固有的成分。在某种意义上，印度文化一直保持着回顾古典的做法——这种做法被认为在很大程度上有助于印度的发展。在北方，这一发展趋势因伊斯兰教的到来、两种文化的相遇以及从东方流入的中国的影响而被深刻改变，导致了某种繁荣。特别是在蒙古人统治时期，当时印度拥有精致的宫廷世俗细密画艺术，新的建筑形式，天文学、医学和整个伊斯兰科学与希腊知识带来的影响。英国人的入侵带动了人们对古代印度文化的兴趣，而这反过来又激发了印度人的独立斗争。在某种意义上，圣雄甘地领导的斯瓦德西（"国内"或"国土"）运动就涉及对印度历史的回顾，比如这一运动号召人们使用手纺纱而不是从英国兰开夏郡进口的布料。巴尔·甘达格尔（"路克曼亚"）·提拉克是普纳市的一位数学教师，就职于他参与创立的欧式学校——弗格森学院，并且也是一位重要的印度民族主义领袖，[105]他将正统印度教与马拉地历史当作自己灵感的来源。他号召自己的同胞更多地关注英国人到来之前印度自己的宗教、艺术、军事和政治荣耀，而不是关注外国知识，与白人基督徒的压迫者相争竞。[106]为这个目的，他于19世纪90年代在普纳市帮助创立了象头神和希瓦吉节日。提拉克复兴运动的正统特征吸引许多人加入到其中，但这也导致了与穆斯林社群的冲突。

印度国大党于1885年12月在孟买召开了第一次会议。民族主义思想一方面作为对西方成就的反对，另一方面作为与西方成就的竞争而发展起来；许多提拉克这样的职业人士（提拉克在成立于1857的新大学中接受教育）在对印度文化的复兴中占据了重要位置。英国统治者将孟加拉分成穆斯林与印度教徒两个国家的做法并没有改善局势，并且遭到了民族主义者的强烈反对。他们发起了对英国商品和机构的抵制，号召人们使用本国产品。孟买的年轻领袖也创立了一些地区性的政治团体和独立报纸，还建立了印度改革者联盟，即"祈祷社"。在这个过程中斯瓦米·维韦卡南达发挥了重要作用，他通过在1893年芝加哥世界宗教论坛上的演讲呼吁人们重视印度教《奥义书》式非二元论的世界观；许多印度人把它视作自己文艺复兴当中的一个重要节点，因为它改变了印度教在世界中的形象，人们从此认识到印度教的普世主义思想，而不再把它看作是一种充斥着种姓制度教条的迷信。[107]

在国大党上台之前，神智学协会的联合创始人海伦娜·布拉瓦茨基（1831—1891）在1879年来到印度，成了达亚南德·萨拉斯沃蒂的信徒，后者被认为是印度教的路德（由于他进行的宗教改革）。萨拉斯沃蒂是一位宗教领袖，他在 1875 年于孟买创立雅利安社（意即"回归《吠陀经》"协会），目的在于祛除他认为的包括偶像崇拜在内的中世纪给印度教信仰人为加添的腐败成分。独立运动因此也深受对印度历史辉煌成就之回顾的影响，与英国的联系——英国人为政府培养公务人才而设立了新的大学体系——也在某些方面修正了独立运动的内容。布拉瓦茨基的继任者是安妮·贝赞特，后者在 1917 年担任国大党主席。从抵制英国商品的运动中衍生出了一种斯瓦德西文化，从许多方面刺激本地商品的生产；兰开夏郡的棉布则在许多地方被焚毁。

从一开始，国大党就是一个世俗的、全印度的、为独立目的而成立的团体。但印度教徒与穆斯林的分裂，很快使得它落入到选举与其他的麻烦当中。穆斯林领袖，赛义德·可汗通过他的写作让许多人相信印度教徒需要为暴动负责（虽然没有证据证明这一点）。可汗为东印度公司工作，他曾到牛津大学访学，在 1878 年回到印度之后建立了后来成为阿里格尔穆斯林大学的机构。在此之后，在印度教徒群体之外，穆斯林的运动开始发展起来。

最后的斗争涉及许多地区性的回顾，特别是在圣雄甘地的思想中。他忠于印度教教义的许多方面，包括献身于真理、非暴力以及对种姓制度的变革。但他也致力于实现印度教徒与穆斯林的团结，尽管二者最终在政治上分离。大量的"不可触碰者"们成了新佛教徒。而穆斯林则建立了巴基斯坦（以及后来的孟加拉国），这一进程后来引发了一场严重的大屠杀。但独立运动也带来了某种复兴，特别是在印度艺术和电影方面，古典舞蹈、音乐、绘画和写作在其中扮演了重要角色。在这一方面，印度人显然是通过回顾历史来发展当下的文化。工人们为独立运动的缘故，拒斥或修正了信仰当中"腐败的"中世纪成分，回归到吠陀生活"原初"的纯净当中。这些"中世纪的变化"被认为是印度变得虚弱和不团结的原因，使得印度无力抵御外国侵略，改革运动则是印度教净化运动的一部分，它会促成印度的现代化与独立。但同样也存在来自西方的影响。不论作为婆罗门阶层成员和印度首位首相的尼赫鲁具体读了哪些欧洲政治哲学的著作，这类思想显然主导了他所进行的行动和采取的政策；而吠陀文献在这方面显然并没有发挥多少作用。

　　这样，就产生了对印度文字历史的持续回顾，特别是对印度教。早期针对梵文文献，但也有相当部分的关注集中于舞蹈、音乐和绘画方面的印度传统文化。但随着湿婆派、毗湿奴派、耆那教与佛教的出现，这种回顾并不必然阻碍宗教的改革，也并不必然会阻止艺术方面的变革，更不会妨碍科学与技术的发展——尽管速度缓慢，但二者在整个印度历史中一直保持着发展的趋势。这不仅体现在印度和巴基斯坦今天都有了自己的核武器，同样也体现在印度的钢铁工业发展到了历史的顶点，甚至超越了欧洲，而印度棉织品已经在相当长的历史时期内保持了对英国兰开夏郡、法国鲁贝以及其他欧洲纺织品生产中心的优势。在更早的时期，印度也没有精力进行意大利式的文艺复兴，因为印度不存在欧洲式的文明发展断裂；并且没有因宣称已经知晓关于艺术和自然一切答案的霸权性宗教的到来，而导致的文化成就的缺口，相反，印度的文化随着持续性的回顾历史和偶尔的文化繁荣，一直保持着发展的连续性。我们在青铜时代，以及后来的铁器和再后来字母文字书写的出现当中，可以看到科学成就的发展。婆罗米手稿的出现，导致产生了佛教和耆那教的时代的到来。由孔雀帝国的建立而主导的时代，同样见证了亚历山大的希腊帝国的到来，因此也使佛教由一个无偶像的宗教变成了偶像宗教，由此开创了犍陀罗（或称印度－希腊）艺术流派。孔雀帝国分崩离析之后，被一些小王国所取代，包括一些印度－希腊政权。但印度社会在此背景下依然取得了经济繁荣，它与西方的罗马和东方各国进行着贸易。科学，特别是医学，也在被称为"印度文艺复兴"的笈多时代（240—550）的繁荣中取得了进步。高等教育与天文学、医学和数学科学一同发展。迦梨陀娑的宫廷戏剧和其他的文学类型，包括对《摩奴法典》的评注以及《爱经》一类的"奢侈"文化，也在发展。而且，已经有人将印度视觉艺术的成就与意大利文艺复兴进行详细对比。但虽然曾有过历史学家口中的"黑暗时代"，印度在之前的文化发展上不存在明显的空隙，因而在印度并没有出现大规模的文化重生。不过，印度也一直在回顾吠陀神话与梵语语言。

宗教教育在所谓的封建时期（700—1200）变得僵化（虽然在哲学上，宗教教育当中一直包含某些世俗因素），直到印度文化因为德里穆斯林王朝的建立而遭遇困境。很显然，印度教因此受到很大损失：高等教育受到限制，印度艺术被穆斯林的反偶像崇拜热情毁坏。但突厥侵略者也带来了某些波斯文化，包括波斯语言以及像造纸术这样的技术。其结果是，一种新的波斯－伊斯兰和印度因素的混合开始出现，特别是在莫卧尔帝国统治时期（1526—1761）。与外界的贸易与交换活动也在这时显著增长。

这一增长的部分原因在于英国对印度的入侵——它最终为印度带来了新的教育和生产、商品化方式，比如农业生产播种中的条播技术。但显然，许多印度人将基督教和伊斯兰教一样看作是对印度的威胁，因此这些人回归到了印度语言和文化当中。事实上，独立运动代表了印度文化在其所有方面的真正复兴和创新，同时也是对欧洲人和大部分穆斯林的驱逐。因此，在某种意义上印度也存在着一场重生，因为由于穆斯林和后来欧洲基督徒的到来曾使印度与其自身的早期文化之间产生了某种断裂。

历史学家罗密拉·萨帕曾考虑印度历史中"黄金时代"或"古典时代"的出现这一问题。[108] 她认为前者发生于"生活的所有层面都达到顶峰"。[109] 而后者一般是个难以捉摸的概念，以"长久的辉煌"为标志，"设定了评价标准"。[110] 笈多时代因其梵文文学和科学著作以及高品质的艺术而被第一个描述来称呼。一般假设黄金时代中整个社会都处在这种繁荣当中，但实际上对所有文化复兴的讨论都只是针对高等文化。萨帕写道："至少有三个艺术与文学表达达到令人惊叹的标准的时期"——后孔雀王朝和笈多时代，朱罗王朝，以及莫卧尔帝国。尽管她在此处并未提到，但科学成就也应包括在内。[111] 可以说，印度并没有一个古典时代，但在不同的区域文化中却存在着彼此各异的古典。关注点向婆罗门教和梵文文化集中的趋势是不可避免的，但正如我们之前所看到的，佛教在知识和宗教上也非常重要，它的艺术在笈多时代具有重要地位。并且，还有许多以帕拉克里语、泰卢固语等梵文以外的地方语言写成的文献。

　　萨帕关于笈多时代的结论是，古典主义更多是"在更早时期开始的一个进程的高峰"而非创新。[112] 古典主义是"一个演进中的连续统一体"，是"向着统一、精英的文化的转变过程"，但"成了许多其他文化的催化剂"。笈多时代因此是公元后第一个一千年中印度北方社会转变的开端，而非一场重生或文艺复兴。"[113] 换句话说，印度在其文化的连续发展中也会出现"繁荣"时期；并不需要严格意义上的文艺复兴，但却会有——更宽泛意义上的——文化更新。

第七章　中国的文艺复兴（与芬内尔合著）

　　谢和耐的《中国社会史》显示，中国毫无疑问存在一场文艺复兴。他在此书中提到秦代之前的古典时代、之后汉代末年的"知识复兴"、唐代"黄金时代"中佛教的"大发展"及其衰落、大约公元845年灭佛运动之后的中国"文艺复兴"、之后的"古文运动"，以及公元1000年宋代的"复古"。谢和耐宣称，在这种环境下，他采用了"'文艺复兴'这个术语，但也必须承认这种做法会招来批评，尽管中国历史上有许多类似'文艺复兴'的存在——对古典传统的回归，知识的传播，科学技术的发展高峰（印刷术、火药、航海技术的发展、带擒纵器的钟表等等），一种新的哲学和新世界观的出现"。他承认，和西方的文艺复兴类似，中国文艺复兴也有自己鲜明的特点。但这种对欧洲的参照也提醒我们看到"在其发展路径中，将它们联结在一起的文明历史总体上的平行发展和长时段的密切关系"。[1]这一论断也精确表达了我希望得出的结论；除此以外，我还认为这种平行发展的原因部分在于通讯交流的机制，而双方的密切关系则是一个社会经济发展的问题，今天的世界使这二者表现得更为明显。

　　在中国时常发生对过去的回顾，通常是回顾公元前6至前5世纪孔子的作品（前551—前479）。与伊斯兰教（或犹太教、基督教）不同，这种回顾与霸权性、一神论的宗教并无牵连——这种宗教会在兴起时清扫在它之前的一切文明成就，因此这种状况需要在以后被修正，某些异教的、受古典启发的文化复兴才能成为可能。在印度，这一复兴的进程涉及一种更多元化、较少霸权形式的超自然主义。而另一方面，在中国，尽管某些情况下多神信仰经历了繁荣，并且在843—845年受到压制之前，佛教也在繁盛发展；但在中国，儒家思想意味着对一种世俗的、关注个人与社会行为的学说的回顾。[2] 的确，在所谓的宋代（有些人还会把晚唐时期包括在内）"文艺复兴"当中，有一些受过教育的中国人倾向于排除来自印度的出世的佛教思想的影响，以复兴起源于中国本土的、修正的儒家思想，并在艺术和科学方面发展出一套非常世俗的文化。[3]

中国产生了亚欧大陆上最伟大的青铜文化之一。远在欧洲之前，在城市文化和城市革命的意义上，中国就有了一个复杂的"文明"。在此之前，中国发明了表意文字，促进了这个国家的统一，也推动了中国在科学、技术和艺术方面取得巨大成就。在这一点上，与欧亚大陆的其他主要社会相比，中国并不存在任何"倒退"。陶器上的标记装饰在公元前4000年就已出现，但更重要的是从商代末期（前18—前10世纪）发展起来的书面语言。在其位于今天河南省的首都安阳附近，发现了雕刻在甲骨上的文字，这些文字为国王提供占卜以及献祭方面的指导。书写对中国人变得尤为重要，它保存和散播了中国的文化（中文用书写文字的"文"来表示文化的意思）。这一点将当时开化了的中国人与他们所说的"野蛮人"（"北狄"）区分开来；而这种区分，可能从公元前6世纪孔子的时代开始，对于维持国家运转，以及对知识层面而言变得非常重要。文字标准化在公元前3世纪末期得到了秦朝的支持，从那时起，书写就成了对政治统一和文化整合而言更加重要的工具。[4] 在知识事务中，文字占有主导性位置。在唐代早期（7世纪），我们不只看到了帝国的图书馆，还有国立大学（国子监）存在。[5] 这表明汉代（前206—220）以后，选官考试制度开始在官僚系统高层人事任命方面发挥重要作用。

中国文字还需要更深入的评价。作为一种等同于我们数学符号的表意文字，它可以表现中国境内所存在的不同语言的多样性，因此得以将这个广阔而复杂的国家维系在一起，并为知识产品提供了统一的"市场"。美国通过坚持使用一种语言，即英语，实现了同样的统一效果，因此也压制了其他的语言和文化。欧盟试图在建立统一市场的同时保留所有成员国原有的语言和文化。比美国付出更小的文化上的代价，同时凭着比欧盟更高的效率，中国走了一条不同的道路。尽管列宁曾宣称东方将要进行采用字母文字的革命，但人们依然可以讨论：欧盟是否该考虑这样一个问题，即表音文字是否是最适合多语言环境的社区的文字，我们是否应当采用类似中文的文字，而字母则作为输入这种文字的键盘输入方式。

在艺术方面，早至公元前500年，已经有许多诗句被写下并收录进《诗经》当中，并且从那时起，许多"通晓古典的文人"开始创作诗歌。同时，中国发展出了一套编年史传统，为流行的历史演义小说提供了范例（这与纯口头文化里的故事和民间逸事非常不同）。然而，书写的大规模使用只在汉代得到了发展，当时书法成了一种艺术形式。[6]

书写，宽泛地说对于人文学科，以及具体地说对于艺术而言是十分重要的。在近东，书写最终产生了基于圣经的宗教，即犹太教，基督教和伊斯兰教。这些相继由前者转化而来、又有着坚定信念的一神论宗教的教义，坚定地主张世界的运行所应遵循的方式。但在美索不达米亚，以及在古典世界的科学研究中，和某些具有较少威权因素的多神论信条中，书写也在被使用着。随着时间的推移，中国经历了对自然之思考的逐渐发展，这一过程淡化了超自然因素。虽然最初并没有有组织的霸权性宗教，但从公元前5世纪开始，以儒家的形式，中国开始有了一种主导的世俗意识形态。后来来自印度的佛教进入中国，成了4到9世纪宗教热情所拥抱的对象。不过佛教从未占据主导地位，但它无论如何也冲击了中国关于超自然方面的信条。[7]随着9世纪中期对佛教的压制，中国世俗化的因素进一步发展，但佛教从未像欧洲和中东的亚伯拉罕宗教那样，拥有在后来必须被颠覆的支配地位。

对于中国科学史很重要的一点是中国拥有不止一种宗教及意识形态，而且不是一神论的。除了非神论的儒家以外，中国还有佛教、道教、祖先崇拜以及众多地方性和帝国的教派。多元性意味着没有哪一家是占据主导地位的，事实上都可以互相兼容，甚至与非超自然的观念共存，"几乎所有中国自然哲学的一个重要特征是不存在欧洲那种长期的有神论世界观与机械物质主义的争论——西方到现在还没有完全解决这一问题"。[8] 伟大的中国科学史学家李约瑟看到中国人对自然世界的兴趣明确地与道教联系在一起，从这一方面来看，道教与印度的密宗类似。其中尤为重要的是"道教为中国自然主义深刻的有机和非机械性的特征所做的贡献"。与儒家类似，道教接受这个被佛教拒斥的世界。道教信徒

> 拒绝放弃他们自然主义和现实主义的世界图景。对于他们，外在世界是真实的，并非幻象。……性因素居于所有事物的核心位置，而禁欲主义……仅仅是一个手段，目的在于达到物质上的不朽——这样对自然及其美丽的享受可以没有终结。
>
> 关键点就在这里。科学发展所必需的前提之一就是对自然的接受，而不是厌弃……但对这个世界所抱有的超脱尘世的拒斥态度似乎在形式上和心理上都无法与科学的发展共存。[9]

李约瑟关于道教的论点基本上不被人所接受。他认为儒家助长了一种对科学的矛盾态度。这种哲学很大程度上关注人和事务，而不是关注会导致科学产生的事物。"一方面，儒家基本上是理性的，反对任何迷信甚至超自然形式的宗教……但另一方面它又特别关注人类的社会生活，以至于排除了任何非人的现象，因而阻碍了对事物——作为人类事务的对立面——的研究"。[10] 李约瑟自相矛盾地承认"理性主义不如神秘主义更有利于科学的进展"。现在我们并不清楚事情为什么应该是他所说的这样，或者这种说法是否正确；这种说法的确曾被激烈地质疑过。莫特认为李约瑟对道教的强调导致他将儒家看作是对科学有害的，并且也低估了其他晚期的成就。[11] 在科技史学家中，将主要关注点集中在宋朝是很常见的做法，宋朝是伟大的"革命"时期，当时为接受文官系统选拔考试而钻研儒家书籍的受过教育男性对佛教的兴趣越来越弱，

202

而新儒家占据主导并同时吸收了其他思想体系。

因此在中国，不存在类似欧洲基督教到来的时期、伊斯兰教某些间断性的时期和犹太教经常出现的情况，即非现实宗教的主导地位急剧地中断了更"理性"世界观的发展。李约瑟写道，在中国没有与西方黑暗时代对应的历史。[12] 比如，在地理学方面，托勒密的地理学在欧洲渐渐被人遗忘，但在中国"它一直稳定地发展，到 17 世纪耶稣会士到来时，中国一直在使用直角坐标网"。[13] 造成这种差异的一个主要原因与宗教和世界观的性质有关——中国采取了"一种有机的物质主义"。"形而上学的唯心主义在中国从未取得主导位置，关于世界的机械论观点也没有出现在中国的思想当中……在某些方面，关于自然的哲学可能帮助了中国科学思想的发展"（特别是在对场论的促进上）。更重要的是这一事实：在受过教育的人当中，超自然导向的神学并没有像欧洲的霸权性宗教那样监管着所有关于自然的思想，阻碍科学发展。在科学方面，对中国产生了如此影响的耶稣会士是一个后文艺复兴时期的例外；在他们的信仰体系中，他们吸收了西方许多新近的发现，并试图将之用于宗教目的——向异教徒传教。为了以这种方式介入到世界其他地区，在不排除非现实因素的情况下，世俗主义和理性主义被掺入到了信仰当中。

道教和儒家所重视的问题都促进了对关于人或事务的物质世界的关注。并且，物质主义与物质的变化联系在一起，比如在和道教的隐退而非正统教导密切相关的炼金术中所体现的那样；这一活动不只为医学科学中的药物学，同样也为中国远在西方之前发明火药奠定了基础。后一项发明作为"中世纪时中国最伟大的成就之一"，最早出现在 9 世纪时的唐朝末期，但第一次记载使用硝石（硝酸钾）、木炭和硫磺配制火药是在 1044 年的一部道教著作当中。[14] 火药的发现似乎与为军事目的而进行的控制烟雾的能力有关——这一点最早在公元前 4 世纪时就有记录，人们需要它来掩饰军队的行进。但火药后来被用于"飞火"以及手雷和火箭。这项发明通过伊斯兰世界传播到欧洲；1248 年，安达卢西亚的植物学家伊本·艾尔·拜塔尔把硝石称为"中国的雪"。

不过，这种物质的变化并不符合所有人的口味，科学也并不总是能随心所欲地发展。从上流社会学者们的角度来看，特定的科学是正统的，其余的则不是。对历法的兴趣使得天文学变得很有价值，在西方也一样。但炼金术是"特别不正统的，是冷漠的道士及其他隐士们特有的追求"；[15] 在药学方面，某些类型的医学是模棱两可的，尽管和其他地方一样，实践的意义上治疗总是十分重要的——即便在理论不被重视的情形下。李约瑟解释道，中国人表现出了一种"基本的实用性"，并且"倾向于不信任所有理论"，11 至 13 世纪的"新儒家"和宋代革命的哲学基础则是例外。

尽管中国可能并不存在欧洲意义上的黑暗时代，但在其历史上确实有"文明"被"野蛮人"暂时征服的时期。青铜时代的文明在其中成长成熟的平原和山谷中的城市会遭受远方民族的攻击，后来长城的建立就是为了抵御这些民族。侵略者是北方的牧民，牛和马的饲养者，他们习惯于更粗糙的生存方式，可以快速地移动。自公元前 8 世纪初期，这些骑兵的入侵就导致了各个交战国家的联合，并且在大约公元前 3 世纪时建立了第一帝国。

中国第一个"历史朝代"是商朝，其王权的传承自公元前 16 世纪中期，持续到公元前 11 世纪。它与北方的"蛮夷"作战，从之前已经开始使用高温制陶的新石器时代的文化中发展出了金属（铜与青铜）技术。[16] 在这个新时代，产生了夯土防御工事建筑，宫殿，青铜武器、容器和装饰品，战车以及在甲骨上的早期书写（大约在前 1200 年）。对分布并不均匀的金属的需求可能导致当时的人们与"外国人"产生联系，有可能促成拥有殖民地以及帝国主义特征的更中心化的政治组织的产生，和适合其他语言的语标文字的出现。在墓葬中使用的有轮子的战车很可能最初被用于狩猎，似乎来自西方的高加索地区。但商朝用于仪式的青铜容器所展示的技术不仅涉及关于物质的复杂知识，同样也涉及复杂的生产组织——大量的矿工，燃料的采集者，制陶工人和铸造专家在中心控制下聚集在一起工作。许多此类精心制作的供物被献给了诸神和祖先，但没有一样是献给至高神"帝"的；和许多多神宗教一样，至高神没有属于自己的祭礼。

商朝之后的政权，即周朝（前1122—前256，或前1111—前255）在政治组织上被称为是封建制的；这一王朝一直延续到公元前3世纪，当时中国已经统一。我们在周朝发现了最早由皇家或王侯宫廷的文士撰写的文件。[17] 在此之前，在周朝的春秋时期（前770—前476），封建家庭关系在逐渐萎缩。春秋时代的文化在许多方面是非常特殊的，并且中国南方最终被吸收进一个社会政治——如果还不是文化上的——系统当中，但这个国家繁荣了起来。同化了许多"蛮夷"之后，中央控制建立起来，并伴有一个越来越多地由年度报告所掌控的官僚机构。在这个政权的统治之下，农业发生了许多重要的变化。在北方，当稻米的种植从南方传来，并且各处都开始种植大豆之时，小麦成了主要的谷物。人们开始给作物施肥，抛弃了休耕地的做法，引进了轮作方法。在中央平原，农业变得更加集约，人们也开始了频繁的除草工作。在某些地方，灌溉发展起来，以过滤碱性土壤和浇灌稻田。这类活动的大部分是由地方当局，而不是像许多关于亚细亚生产方式的理论所主张的那样由中央政府推进。

与这些发展相关联的区域内贸易在增长，新城市为商品和奢侈品提供了市场。大商人企业家是为国家的富裕做出最大贡献的群体，当时是商业活动和私人企业的高峰，这导致了城镇的增长。金属熔炼技术的发展导致了最早的有记录的高炉和早期钢铁的产生——上述过程创造了大量财富。为农业、战争和家庭目的的对铁的使用也变得普遍。金属的生产相对便宜，产量也很高。正如我们已经看到的，这一技术由新石器时代晚期制陶过程中的高温步骤发展而来，而在青铜时代被用来生产金属，用于战争和为祭礼奉献而制造的精致的三角鼎。

在西周和春秋时期（前1000年的前半期），我们看到青铜容器上有了更长的铭文，多达数百字。从这些文字的形状可以看到，象形文字的现实主义特征逐渐消退，更方便的线型文字取而代之，这可能是文字更频繁使用的证据，或者像某些学者所认为的那样，证明了这些产品最早所体现的宗教思想的削弱。在之后的一个世纪以及再后来的半个战国时期，这种铭文在人群中的使用范围增加了，并且我们看到这些年代出

205

194

现了广泛的评论性、法律、军事、商业和其他日常文件。同时有证据表明，从青铜可以从帝国的工场中取得并且其使用不再局限于皇家的意义上而言，青铜器成了使用范围更加广泛的奢侈品。[18]

在那以后，制度在处于早期铁器时代的战国时代（前475—前221）逐渐崩溃。在公元前5世纪时（可能更早），就有了常设的职业军队建立。之后的战国时代出现了孙子的《孙子兵法》等军事文献，在那时相当程度的城市化也在推进，特别是在黄河附近的中央平原；技术由于战争的需要而发展。但政治的分裂同样导致了不同领域中写作实践的差异，当时的文士在丝绸和竹简上记录档案。写作同样采取了一些影响到后来世代的富有创意的形式，特别是古典文集的产生——这些文集的创作大约是在这一时期完成的。《五经》甚至到今天都被人高度地尊崇，在文化影响的意义上曾被与西方柏拉图的著作或圣经相比较；其中包含《诗经》（"诗的经典"），《书经》（"历史的经典"），《易经》（"关于变化的书"），《礼记》（"礼仪之书"）和《春秋》（"春秋编年"，一部关于孔子的母国——鲁国自前722年—前479年的编年史）。在孔子的年代，这些著作最终成形。同样在此时，一种天庭的官僚体系观念也发展出来，其中各个神话中的统治者处在玉帝的监管下，玉帝确保地上和天庭的正常运转，这种天上的等级结构与地上的统治结构相平行，因此神圣与世俗之间不存在强烈的二元对立关系。

在这个时期，贸易和家庭土地税也都在增长；战国时代，面对着中央政权的控制，分散的各个政权逐渐消亡。这些政治与经济的变化伴随着被称为"百家争鸣"的现象，[19]孔子在当时宣扬后来在中国社会居于中心位置的社会与文化价值，即领导者是集合了才能与道德的人，而非仅仅或主要依赖出身。[20]在这个意义上，"封建主义"受到削弱，教育则取得了胜利。并且后来的世代所回顾的也是这个知识和文化繁荣的古典时期。孔子是这一时期几位重要的哲学家之一，其他重要的哲学家包括孟子（约前371—前289），墨子（前5世纪）和荀子（约前298—约前230）。这些人都是"士"阶层的成员，他们的作品在后来的朝代中成为政府官员主要学习和研究的对象，构成了中国古典教育的基础。这些发展所发生的时间与欧洲人认为的古代希腊发明哲学的时间接近，发端于此时的哲学却被不少西方人看作是他们所独有的。

在战国时代，这个"历史上所知的拥有最丰富的技术创新的时代之一"，多种多样的新发明大大改善了这个国家人们的生活，包括铁制工具的更广泛使用，周朝甚至生产钢，这些进而导致了市场和纺织业的发展，以及金属钱币与商人阶层的出现，其中有一个人，李斯，成了第一位皇帝秦始皇的首相。[21] 随着战国时代的终结，秦始皇在公元前 221 年统一了中国，这很可能是中国历史上的第一次统一。秦朝这个新帝国采取了一套法制的学说（由法家推动），将法律的地位置于礼仪之上——与早期哲学家韩非子（前 290—前 234）的主张相同。这个帝国统一的时代见证了文人的逐渐兴起，他们是早期士阶层的后代，部分地取代了之前曾掌控政府的贵族大家庭的地位。随着环境而变化的国家本身的需要，现在比不变的习俗，甚至比儒家的"仁"都要重要。依据这些需要，秦朝政权修筑了长城，并开始通过一系列大型工程来组织中国的疆域（在这个过程中，许多人因此丧命），挖掘渠道，修筑道路网络，并建立了全国性的书写、货币、度量衡和出于政治考量的人口移动体系。通讯也在此时得到了改善。公元前 3 世纪的最后十年，被征召服役的男女以飞快的速度修建着主要的道路。但在公元前 213 年，政府同样决定焚毁书籍（这一事件的规模和意义毫无疑问被夸大了），因为这些著作被认为是对之前政权的思念。中国的孩子接受的教育是皇帝"焚书坑儒"。[22] 但秦始皇自己的文字保存了下来，并且他意图建立一套新的知识秩序。法律、园艺和草药医学以外的书籍被排除在公共流通的范围之外（以上这些主题的书本在伊斯兰教和犹太教世界也未受阻拦），因为这些知识被认为是危险的。

统一的中华帝国需要巨大的官僚体系。巴拉日估计，在汉代，总人口的百分之十，即六百万人是文人官僚。通过沿着主要为政府使用的目的所建筑的道路而精心建立的驿站服务系统——这一巨大的网络将这个巨大的帝国联结在一起。[23] 后来这一系统被统治着从太平洋沿岸到巴尔干的西蒙古帝国所接管，这套官僚组织也随之被带到了欧洲部分地区。

在 13 世纪，这种形式的邮政被马穆鲁克苏丹——开罗的拜巴尔（突厥人出身）采用，虽然有证据显示他们也拥有更早形式的远程通讯方法。邮政同样促进了对鸽子的使用（这种方法之前就已经存在），以及通过烟或火传递视觉信号的系统（在更早时期的中国已经出现）。运输的物品不只包括从大马士革来的邮件，也有为苏丹的饮品而运送的冰块。商人因而被允许使用邮政服务以及相关的驿站。在欧洲，在罗马帝国陷落后就不再存在的远距离通讯于 1586 年重新出现在米兰公国，这个公国在穆斯林的土地上有很多利益。这一系统后来以付款为条件向商人及其他人开放——加札尼雅杜认为这一体系促进了与标识了西方而非东方的现代化兼容的一种新型模式的"主体化"。[24] 这种现代邮政确实很重要，但这种通讯显然不是被远方的中国所引发的，而且将这一特征归结在其引进上似乎是个错误。但蒙古人向欧洲的进军可能为其他中国发明进入欧洲提供了机会，其中可能包括刺激印刷术和印刷机出现的因素。路易十一（1461—1483 年在位）将印刷术引进法国（但没有用于私人用途），他之前已经与米兰结盟，还将武器生产带到里昂和图尔斯，将丝织业带到了里昂。

在中国，第一位皇帝在可疑的情形下死去，之后没多少年，这个王朝就终结于暗杀、政治起义和混乱。从秦朝的崩溃开始，刘氏家族逐渐兴起，并在公元前 206 年建立了汉代，除了中间短暂的王莽篡权以外，这些皇帝一直在与前朝一样的帝国基础上统治到了 220 年。这个新王朝继续着大规模的公共工程建设。书写变得更加广泛和实用。这个时期同样见证了隶书的发展，它在这一时期"达到了美学上的完全繁荣"。[25] 从越来越多的私人开始收集可在城镇市场上交易的手稿这一事实可以看出文字的广泛作用；它们不再仅仅存在于帝国图书馆之中。文献以官僚阶层为目标对象，这一事实并不意味着有阅读能力的群体规模很小。虽然中文文字很有难度，但当时中国有阅读能力的人很有可能比使用字母系统的西方人更多。[26] 据说一位官员拥有许多（"万卷"）卷轴形式的文献，因为在中华文明的所有方面，书写的作用在逐渐上升。[27]

为了学习文字，富裕的家族为他们的后代提供私人教师，而穷人家庭的后代则更多地在自愿基础上，在小型学校接受教育。正式教育被限定在对中文经典的学习之中（学生以此学会中文文字）。起初的四到五年，男孩们以识记文字作为教育的开端，之后开始学习文字书写和创作。这些将要担任公职的学生之后将在主要的市镇参加公开测试并进入政府开办的学校，因为管理复杂的国家需要雇用受过文字训练的文士和官僚，而不是不识字的封建贵族。

在公元前 2 世纪以前局势多有动荡，其中涉及不同改革者群体之间的争斗。一方"由受传统束缚的儒家文士组成，他们只主张进行能得到儒家经典认可的'合理的'或'正当的'改革"。[28] 这场许多学生参与的运动由文士的联盟"党人"推进，由一些被革职并禁止录用的官员组成，最终遭到了血腥镇压；直到近代，受训的和被录用的文士之间的平衡一直是个问题。而对于其他人，儒家思想被打扮成了革命性的或反传统的模样；新思想必须穿戴一身旧打扮。文士现在在宫廷变得更加重要，而这意味着在秦代被禁止的书籍又重新回到了流通当中。

官僚统治需要文献和百科全书的摘要，以总结知识。更进一步地说，在这些文献所涵盖的话题随时间流逝而产生的变化中，一位历史学家看到了"由仪式到功用"的转变，从而"出现了世俗化，理性化和官僚化"。[29] 经常担任管理者的受过教育的人会回顾在先前被写成的文字，尤其是在政治的广泛领域中；这解释了文件和百科全书收藏量为何如此巨大。这些学者官员来自一个很大程度上通过表意文字的管理而整合起来的庞大的国家。在这种处境下，是（为政府而训练出来的）文士引领着道路。他们并非没有对手——宫廷中的宦官，佛教和道教的神职人员，但从长期来看依然是文士居于支配地位。经历了某些摇摆，以及冲突和反对之后，最好地表达了文士生活方式的儒家教条被他们接纳为自己的意识形态。在此之后，如我们所看到的，即便是革命性的变化也被历史的戏服装扮起来，不论哪一个新政权建立，国家的复杂性都意味着文士会很快控制政权的行政。

汉代在扩展和巩固政权上的成就与汉武帝（前 141—前 87）密切相

关，他首先受到大哲学家董仲舒（前175—前105）所领导的儒家学派的帮助。汉武帝的长期统治标志着中国的利益延伸至中亚、南方热带地区以及与越南的边界。他的大部分功绩在于组织这个国家支持军事活动，其中很大部分是由国家垄断的盐、铁，以及后来在公元前119年设立的酒类机构，和对手工艺人与商人征税来提供资金；一些税款可以通过上缴丝绸抵付，然后国家通过销售这些丝绸，将收益放进国家财政收入当中。不只是帝国宫廷，王子们的宫廷也成了知识、文学、科学和艺术成就的中心，所有这些领域都在繁荣发展。宫廷是这些活动的主要中心，特别是在后来被资产阶级占据的艺术领域。[30]

　　武帝的汉代宫廷在长安（今天的西安），当时世界上最大、人口最多的城市之一，吸引着各地的学者和官员前来。它依照学术才能任命官僚，这些官僚因而都是识字的（而不是孔子生活的年代中的封建贵族）；但官僚制度无论如何都促进了科学发现、技术成就及艺术活动，在这些拥有高度文化的人当中也有宗教专家。但教育制度的主要目的并不是提供教士（像在亚伯拉罕宗教或印度宗教世界当中那样），而是培养官员。比如，许多历史著作是由官僚作者为官僚读者而写的，目的在于为行政实践提供指导。

　　在公元前110年，皇帝建立了乐府，重新编辑了《楚辞》《诗经》等诗集。同时，我们可以看到与阴阳和具有可塑性的五种元素（五行）的观念相关的整体相关性系统进入到了儒家思想当中。许多为了官方目的制作的文件使用一种经过修改的字体，写在笨重、易碎的木条上，有时则写在丝绸上。在这种环境下，纸张的发明（不晚于105年）特别地有用，而纸张所带来的流通又进一步加强了整个官员阶层的地位——他们作为书面行政的专家，依赖于对技术术语的广泛知识和对传统书写的掌握。有了纸张，这些可以被更容易地复制。选拔人才填补官员职位的科举考试，现在也向其他人开放，不只局限于官僚的士（学者）阶层成员，因此确保了才能在选拔官员的过程中扮演逐渐重要的角色。在大约100年，这些文士的活动包括对古典文献的解释和写作，精心编制参考书目（比如文献目录）和编纂词典（许慎的《说文解字》）。同时也有司马迁（约前145—前86）的重要历史著作，他写的带有脚注的《史记》涵盖了到他自己所生活年代的整个中国历史。在这些作者的努力下，中国的散文达到了"完全的成熟"。[31]

这一时期的许多成就与政府管理活动密切相关，比如用于评估官员的数学教材（徐岳编写的《数术记遗》），和一部有关照顾军队与马匹的医学作品的残片。人们需要用滴漏水钟为工作任务计时，比如装饰宫廷的画家。国家的制铁工业预备了兵器，对盐业的垄断需要挖掘深井，这项活动和为运输与灌溉而兴修水利的活动都需要工程师。这个政权安装了用在磨坊上的水轮，后来被用于工业目的；熔炉用水能来驱动活塞式风箱。轮子出现在第三世纪，而为驾马所使用的胸带远比这要早许多。

部分地作为疆域扩张以及随之而来的人口与经济紧张的结果，在西汉和东汉的整个历史当中，外部的侵略和内部的动乱，以及顶层权力交替的争斗是这个政权必须经受的周期性的危险。由于 2 世纪晚期农民起义的浪潮，这个王朝的最终崩溃变得不可避免，特别是黄巾军起义，这是一股救世性道教的分支。在 190 年，都城洛阳被洗劫，包括图书馆和档案在内，从而导致了比之前秦朝焚书更为惨重的书写材料的损失。但这无论如何是一个知识活动密集的时期，儒家开始让学者－官僚阶层的某些成员感觉失望，他们因此转向别处，尤其是道教。特别是在这一时期的写作方面，主导思想越来越多地受到佛教影响，佛教开始在中国留下自己的印记。汉代展示了文化和科学复杂性的不同迹象，比如在新的农业技术与工具的发明上，这时也是工程与公共建设的高峰时期，同时在医学方面有了新的趋向，儒家世俗主义再度兴起，发端于秦朝的文学与帝国行政的高涨势头依然在持续，但政权的稳定性依然是高度易变的；伴随着所有军事野心和民事责任，它在某种程度上出于"悬崖边上"。

如果没有繁荣的经济，所有这些活动都不可能出现，而经济的繁荣则被佛教——商人的宗教——之出现所刺激，通过对南北方的征服和印度—伊朗贸易的开放——这是一项极其重要的发展，它将汉代与罗马帝国，以及与在越南沿海做生意的叙利亚商人联系起来。在这场国际交换中，很难将私人贸易与官方商贸区分开来，两者都参与其中，不论是进口还是出口。正是这种商业活动和增长的物质生产与技术进步一起，构成了汉代军事、外交与商业扩张的背景，展示出了已经由文学与考古学证据证实了的生命力。印度的使馆出现在西部，与亚洲其他地区的关系也增加起来。在这里我们再一次看到，公共和私人企业并存，比如在丝织业，甚至在国家垄断的盐业和制铁业中都是如此。那些活动并没有阻止 199 年限制商人生活方式之法令的颁布——和后来的欧洲一样：商人被禁止穿戴丝绸，骑马和携带武器。

汉朝灭亡，在 220 年被三国（各自以洛阳，成都和南京为基地）所取代，它开启了有时被称为"中国的中世纪"的时代。佛教庙宇曾在艺术领域带来了希腊的影响，并且和后来的基督教一样，以宗教名义委派给许多艺术家、画家、金属工匠、雕塑家和建筑师工作进而维持他们的生活（图 8）。在中国艺术当中，和日本一样，从旧石器时代（前 5000）开始就有宗教和世俗的模式，最初由刻在石头上描绘日常生活各个方面的绘画所记录。之后，在大约 300 年到 600 年之间，佛教成了影响艺术的重要力量；尽管少量佛教艺术从汉代留存下来了，但直到南北朝时期（386—589）以后，佛教艺术才变得普遍。从这一时期开始，宗教艺术由佛教绘画所主导，世俗艺术则由人物和自然类绘画所主导——受道家和儒家的刺激。[32] 佛教导致了一系列重要的纹饰出现，因为相同图案的重复出现是一项宗教实践，它甚至见证了雕版印刷术的产生，并最终带来了通过相同步骤完成的印刷文字——借此无休止的宗教仪式的重复成为可能；在 8 世纪，因为皇后的命令，一段佛教咒文被印刷了一百万份。[33] 这个宗教同样有助于方言文学的发展，在 4 到 8 世纪之间促进印度在世俗科学方面，特别是数学、天文学和医学作品的传入。尽管原本已经消失，"婆罗门"文献的译文在这一时期的后半部分依然占据特别重要的位置。

汉学家白乐日写到"中世纪的灵性复兴"，和这个国家从公元前 200年到 600 年（秦代到唐代初期）的彻底转型。[34] 在基督教创始的时代从印度引入中国的大乘佛教的救世主义教义在 4 世纪时变得具有高度的影

213

响力。这一影响的后果包括佛教组织取得了大量的财产和权力，并建立了具有学识的修道院和学校，尽管其中的学问主要是宗教性和关于圣卷的。在北方的洛阳、敦煌和长安，在 2 世纪和 5 世纪早期之间，乔达摩的梵文文献被翻译成中文，这是一项巨大的任务。佛教向南方的扩展发生在南朝，以南京为首都的梁代（502—557），其繁荣一部分原因在于海上贸易，也在于东南沿海港口的修建而得以与东南亚和印度洋沿海市镇进行的商品交换。许多外国商人来到这些中国港口，这个国家变得更加富裕，佛教组织则由于其特权地位而从中取得了许多经济利益。

在汉朝衰亡后，直到 581 年隋朝建立，除了——或者说，可能因为——成为这个国家标志性景象的政治分裂外，文化和社会生活是"在中华世界的知识历史上一个最丰富和复杂的时期。这个时代的文化成就惊人地多产，且富于创新"，并且在这些方面，据说与文艺复兴的意大利很接近[35]——它的形而上学，宗教热情（主要是对佛教），对美学和文学批评的兴趣，同时绘画成了一项富有娴熟技艺的艺术，特别是在风景画方面（受到道家对自然之兴趣的影响），并且出现了没有先例的"诗歌的繁荣"。在 2 世纪的后半段，战国时期（前 4 世纪—前 3 世纪）思想也曾经历过"复兴"，但"复兴"采取了相当不同的立场。中国北方从 304 年开始，见证了一个新的"蛮族"入侵与统治的时代。在扬子江以南，发生了一场无组织的反对运动。尽管在政治上很虚弱，"这些王朝都在文化上具有光辉的特征：在文学、艺术、哲学和宗教上，它们组成了中国历史中最具创造力的时期之一"。[36] 再一次，政治虚弱并没有阻碍文化繁荣，并且文化的进步在面临政府与宗教诸多问题的情形下依然在持续。

214

梁代是南朝的数个政权之一，海上贸易在那时得到发展，在梁代之后是几个短命王朝。最终，从洛阳起步，国家的统一由具有部分"蛮族"血统的将军杨坚（后来被称为隋文帝）完成，他是隋朝（581—618）的创始人，从此引出了延续超过 3 个世纪（包括整个唐朝）、同样被称为"黄金时代"的时期；这一时期以经济繁荣没有内战和技术、文学、造型艺术、音乐与舞蹈等广泛领域的成就为标志。隋朝继续开拓水路，极大地促进和扩展了通讯与商业，完成了联结南北方的大运河的开凿；运河促进初级生产者和市场开发长江流域的农业生产潜力，并且中国人于此时开始向朝鲜和苏门答腊派去舰队进行海上探险。贸易也在扩大。在 628 年，伊斯兰教首次到达中国。随着在下个王朝——唐朝时商业的进一步扩大，瓦哈比卡布查，先知穆罕默德的一位母舅被从阿拉伯半岛通过海路派往广东，在那里修建了中国的第一座清真寺，并收到了皇帝的礼物。聂斯脱利派基督徒也在 631 年从波斯派遣了一支布道团。同样是从波斯，拜火教已经在同一个世纪的更早时期到达中国，而摩尼教则在更晚的 694 年到达；有许多宗教被允许存在。750 年的广东有婆罗门庙宇与商人。[37]

唐朝在 618 年，由另一位将军——与突厥叛军联盟的高祖皇帝所创立；他后来被他的儿子李世民暗杀 *，李世民成了太宗皇帝，在 626 年到 649 年在位。唐朝的前两位皇帝再一次统一了这个国家；大体上，他们延续了隋朝的政治管理实践，但也采取了更经济性的方式。这个时期包含一个在很大程度上恢复了儒家理想的"善政时代"。朝廷的管理主要由军人和贵族所构成，但也达到了某种区域间的平衡，而且其中大约 10% 的成员是以通过科举考试选拔作为候选人补充进来的。这种考试在隋朝之后已经被重新恢复，虽然候选资格是受到限制的——在教授标准化课程的官办学校接受教育的主要是贵族和高级官员的后代；不过，这一制度很快就会变得更加开放。在唐朝早期，在都城长安的领导下，经济得到了发展，长安是当时世界上最大的城市，有至少六十万居民。聚集资源以开拓疆域的欲望，促成了农业体系的重组，每个家庭需要在特定的土地上种植作物，以提供谷类、丝绸或劳力作为所缴纳的税。这种"衡平地"式地租和民政管理方式已经被早先的隋朝所采用，甚至也曾出现在更早的北魏王朝。这种行政管理显然需要一个复杂的、规律性地进行大规模人口和土地普查的官僚体系。

在采取了合理化税收的措施以后，这个"善政"时期因其低物价和

215

---

* 唐高祖李渊并未被李世民暗杀，原书作者或许将李渊误作玄武门之变中被杀的李世民的兄弟了。——编者注

普遍的繁荣而知名。太宗采用新的方式汇编了法律，为强大的中央控制做了准备。唐朝重新整合的军事力量现在将自身的控制范围延伸到北方的突厥部落，导致了与西方更多的交流。拜占庭派来了使节（罗马在汉朝时的 166 年已派出过海上使团）；聂斯脱利派教堂和佛教庙宇也在较大的市镇中建立。

最为独特的是以"武皇帝"的名号为人所知的女皇武曌（627 年出生）非凡的统治，她是前一任皇帝的妃子，当时这位前任皇帝将首都迁到了洛阳，并且他更喜欢用考试选拔的官员填补高层官员职位。女皇自660 年开始掌控政权，从 690 年到 705 年打破了唐朝正统的继承顺序，占据皇位。随着参加科举考试人数的增加，政府管理的规模也在扩大，参加考试的官员候选人的出现必然挤压了贵族的作用，虽然许多拥有学位的人本身也是贵族，并且 80% 的官员依然没有学位；但无论如何，半数官员是因良好工作绩效而从省政府序列中提拔上来的前办事人员。这种重视参加科举考试的官员候选人的转变很有可能对之后出现的"文艺复兴"十分重要。人员规模的扩大同样需要新的税收收入，而加税政策的不受欢迎也促使女皇在 705 年退位。但是，日本（和朝鲜）对通过考试选拔官员的制度，并没有像中国那样的依赖。"日本儒家保持着对他们本地贵族传统的忠诚。"[38] 在中国并没有同样的精英主义，但直到14 世纪，商人的后代才有资格参与考试，因此（男性的）机会平等的演进是一个很缓慢的过程。之后的玄宗，即"唐明皇"的统治是唐朝物质繁荣、制度进步和"艺术繁荣"的顶点。作为他彻底的行政改革的一部分，纳税人登记更加高效，并随着对大运河体系的修复（在武皇帝时运河遭到了忽视），他的朝廷也在帝国的财政收入方面取得了很大增长。这一时期，工程，运河、道路与桥梁的修筑，以及艺术方面也取得了卓越的进步。甚至超越同时代的卓越诗人王维的成就，中国诗歌的"阳"与"阴"，李白和杜甫（即英语读者所知的"Li Po"和"Tu Fu"）被认为是所有时代中最伟大的诗人；这被看作是"像文艺复兴一样，将古代与现代世界联结在一起"。[39] 尽管作为"官员诗人"，杜甫明显倚重儒家价值观念，而李白潇洒精妙的作品则毫无疑问是道家的，而且虽然李白

204

曾多次试图进入官僚体系，并在某段时间内得到官职，他作品中明显而丰富的自由思想，正如我们可以想象到的，在语气上是非儒家的。诗歌编辑库珀将之形容为"中国诗歌三千年历史中，黄金时代中的黄金时代"，[40]像"我们的都铎时代"。[41]这一阶段之前据说是"中国的黑暗时代"（虽然李约瑟的观点与此相反），开始的时间早于隋朝，人们对这段时期的思考也有很大不同，但无论如何，存在着"在任何其他世界文学中都尚未被发现的传统的连续性"。在汉朝和隋朝之间的整个三国、晋朝与南北朝时期由于政治分裂、入侵、反叛、起义、疆域的不稳定性和经济问题而存在一段黑暗时期，但无论如何也有文化繁荣。之后，库珀提到"类似文艺复兴的时代"的出现，他将杜甫与但丁[42]、杜甫周围的社会环境与15世纪的佛罗伦萨[43]相比较，而其他人则会参照西方古典时代的作品。[44]

　　唐代被认为是中国诗歌的黄金时代，但在唐代之前和之后广泛存在诗歌创作。在这个古典诗句的"黄金时代"中，诗歌的作者们是一些原创、个体诗人。[45]但唐代同样也是一些更方言性的散文取得重大成就的时期，并且以某些小说写作的早期尝试——唐代"传奇"故事——而知名。建筑（虽然当时的成果极少有流传至今的）和绘画（虽然还没有发现多少当时的原创作品）等视觉艺术也繁荣起来。小艺术当时十分活跃，丰富多彩。总之，在通讯手段方面出现了重大的转变。印刷术的出现，首先被用来复制佛教经卷，后来被用来制造日历、年历和字典。雕刻印刷出现预示着知识的更快速散播以及流行文学的出现，以及书面祷词的复制。"印刷术的发明使得之前无法实现的知识的更广泛散播成为可能，并且让并不富裕的人也能获得图书。由此导致的图书馆数量的增加加强了教育的书本性质，固定了考试的文字性质，并帮助新儒家将传统保守主义教导给人们，并将对古典的尊重态度传播开来。"[46]从唐代早期，从杰出的佛教学者、翻译家和历史学家玄奘（602—664）的旅行开始，有了一种为佛教论文而翻译梵文和其他印度的语言的传统；玄奘自己甚至将老子的《道德经》这部影响巨大的道教经典翻译成梵文。[47]这种新的知识环境导致了政治哲学的多样性，不过在这一时期繁荣发展的除了知

217

205

识以外，还有商业生活。城镇壮大起来，奢侈品的范围在扩展，农业取得了进步，制铁技术变得广泛，税收被规范化，手工艺也在繁荣发展。在这个国家，税基转向了私人土地，从商业取得的税收变得更加重要，国家垄断的机构则促进了新商人阶层的崛起。

唐代的皇帝正式支持道教，因为道教被认为是从其创立者老子传承下来，但无论如何还是佛教受到了偏爱。与其他地方一样，许多土地财富之前被转移到了佛教庙宇，因此必然从正常流通环节中退出，成了不能变卖的"永久管业"。这些庙宇直接或间接地利用这些土地获利，运营磨坊，提供医院，照顾病人并开办自己的学校。843年到845年，武宗皇帝决定压制佛教，就部分地出于财政原因（和欧洲宗教改革一样），庙宇被关闭，土地被没收，大约25万僧人和尼姑被驱逐。这场对佛教的攻击并没有持续太长时间，但这标志着佛教影响开始衰退，儒家则以新形式得以复兴。

中国之前曾有过深受宗教影响的时期，修建了许多在功能上是从印度佛塔演变而来的塔。而在当时，正如我们已经看到的，有几位中国僧人到访印度并对那些地区的生活留下了宝贵的记载。但官员圈子则越来越担心佛教力量的增长，导致了对佛教的迫害和禁止，以及后来更进一步地对大众的和受过教育人群的思想流派的"中国化"。同样在这时，中国开始沿着丝绸之路与穆斯林接触，丝绸之路不只是商品，同样也是与印度和西方思想互相交换的重要渠道。不过，中国人在751年在巴尔喀什湖附近的塔拉斯河战役中失利，据说当时的战俘将造纸的秘密传了出去，这发生在查尔斯·马特尔在普瓦捷战胜穆斯林之前18到19年的时候。不过这种与亚洲的知识交换并不是单向的。天文、材料和数学知识，商品制造、音乐和工艺从西亚和中亚涌入，给了唐代文化一种确定的世界性特征。

尽管受到阿拉伯和其他势力入侵的威胁，加上内部社会压力和周期性的起义的变迁，唐代（618—907）仍然保持繁荣至755年。之后，突厥－粟特将军安禄山的叛乱攻破了都城，使得唐代的第一个阶段终结，虽然此后帝国的统治得以恢复，但这为之后漫长但稳定的衰退的历史奠定了基调。中央政府在 907 年最终垮台，艺术家和手工艺人失去了一位有力的赞助者，之前帝国宫廷曾促进了文学"黄金时代"的产生。随后五代时期（907—960）的地方宫廷试图延续艺术和文化上的同一传统，特别是四川的王国；许多诗人，画家和学者转移到这个组成了一个微型唐朝宫廷的地方。比如，当时有一位僧人贯休，他所画的阿罗汉，即佛陀的门徒，展示了疼痛、苦难和死亡意识，深刻描绘了他们的灵性经历，这些主题很少被宫廷赞助的绘画所触及。

当时绘画的主要形式是在墙面，以及一些屏风上的画作，但在之后的 10 世纪，这些绘画类型受到了更小型的、更加私密和便携的绘画的挑战，导致了在后一个世纪中高雅微型画的出现。但在中国北方，唐代壁画的伟大传统随着对佛教的迫害而终结，在 955 年尤为严厉，并且直到 13 世纪晚期和 14 世纪才重新抬头。唐代的影响在金陵（当时被称为南京）延续着，金陵是南唐王国的首都，在艺术文化上达到了极高的水准，特别是佛教僧侣巨然（活跃在 906—985 年间）和宫廷画家董源（962 年逝世）的风景画。这些人的作品与北方画家非常不同，似乎就在苍翠繁荣中所创作，展示着江南——南唐保有的疆域特有的自然环境；它跨越了五代和宋朝早期，很大程度上为宋代作品设定了标准。虽然五代之后，始于 960 年的宋代无法在人物和叙事绘画上媲美唐代，但在描绘自然，在风景画和花鸟画方面超越了后者。

在 8 世纪前半叶，中国在亚洲的影响力达到顶峰，许多从印度、中亚和伊朗来的使团访问中国。而在 9 世纪早期的唐代，我们发现了"回归古典"（古文）运动，第一次在文学领域留下了印记，之后又开始着手对古代文献阐释，导致了"激进革命"的过程，进而引发了"由 11、12 世纪宋代'新儒家'构成的那种文艺复兴"。[48] 从民族主义的角度来看，那场"回顾"导致了唐朝最早在 836 年、最终在 845 年禁止外来宗教。其中包括拜火教和聂斯脱利派基督教会，但佛教所遭受的破坏最大，因为它们之前积累的最多。僧人被迫还俗，土地被没收，铜钟和雕像被融化造成钱币（类似亨利八世的"改革"）。这些措施很快就缓和下来，但佛教此后再也没有像以前那样占据中国人生活和思想中如此中心的位置。[49]

219

通过征服战争，宋代政权在 960 年建立（终结于 1279 年），在 10 世纪 70 年代之前通过夺回大部分分裂的领土，重新统一了这个古老的帝国。在这种情况下，宋代见证了传统学术与教育的重生，但目的是用它们促进许多领域的进步，而不是退回到过去。所有传统的中国教育，以参与最高等的考试考取进士为终点，需要学生掌握十到十二部基本的儒家经典。宋代"新儒家"运动的领导者之一朱熹（1130—1200）就对古典学术有很深的造诣。虽然他的教义直到他死后超过一个世纪才被宣告为是正统的，他对"新儒家"的贡献中包含一个教育体系，将儒家哲学的四部核心书籍——《中庸》《大学》《论语》和《孟子》，以及他的评注——放在一起，形成了基础教育文献。这些书一直到 1905 年被废除时，一直都是选官考试的标准。这样，已存在了约 2500 年的意识形态连续性的标准来衡量，南宋的评注是一个关键因素：它的核心是一个并不妨碍科学知识或艺术成就增加的世俗意识形态。并且，这种意识形态的社会视野也受到几个方面的限制。例如，据说朱熹曾写过一本叫作《朱子家礼》的书，在核心章节中以一个人的生活方式描述了各种仪式；在这些以及其他一些问题上，他给女性施加了越来越多的限制，倾向于将她们放置在更强烈的男性控制之下。部分出于这个原因，关于"大道"的学说被视作是僵硬、缺乏头脑的，构成了人们所认为的中国文化后期发展缓慢的一个因素。但无论如何，"北宋的知识活力产生于重新发现儒家价值"[50]——换句话说，对过去的回顾带来了文化的繁荣。

自宋代以来，除了蒙元时期，中国的上层阶级不再像以前那样对军事职业感兴趣——那是雇佣兵做的事情。他们更喜欢关注文献知识，在他们的闲暇时间中收集书籍和艺术作品，进行文学、绘画和篆刻实践，这些方面取得发展有赖于之前出现的雕版印刷术。[51] 南宋的艺术活动中心在首都杭州，那里有许多科举应试者、官僚、军人和佛教僧侣。[52] 这些人的生活表现出被描述为高消费水平、奢侈的品位和对异国产品之热爱的特征。相同的消费类型多数在其他大的城市中心也很明显，因为精英分散在全国，城市之间的贸易规模也很大。这些城市的娱乐区进行流行演出，吸引了许多普通观众，包括从乡村地区前来的人。同时，娱乐的扩展还包括流行文学的萌芽；说书人，影子戏剧院，小说和戏剧繁荣起来。在中国，总是存在文人的传统作品和更粗鄙的民众文学之间的区别，尽管变革的大部分推动力是由后者提供的。"每一种新形式"，胡适写道，"……来自……乡村未受教育的阶层……"[53]

依据埃尔文的说法，中世纪时的中国——他意指 10 到 14 世纪，晚唐到宋代——经历了一场广泛的"革命"。李约瑟也提到 11 和 12 世纪自然科学的"黄金时期"。[54] 技术上说，中国的农业得以转型：在北方，改进了的磨粉机促使小米向小麦转变；在南方，水田种稻技术也有了更加娴熟。新方法的传播受到模板印刷的促进，特别是新的种子、复种制、水分控制以及由此提高的抽水量（通过戽水车这样的手段）、[55] 对土地更仔细的预备以及市场的开拓。在水路运输方面也发生了一场广泛的革命，不论是通过内陆的道路和河流，还是在海上从中国的一个地方到另一个地方。到宋代之前，中国船只已经变得非常复杂，用铁钉建造，用油防水，使用不透水的隔板、浮力舱、轴舵和指南针。运河将内陆的河流联结起来，11 世纪双向船闸的发明缓解了难以通行的节点的通航问题。与技术的进步一起，商业活动也变得更加复杂，许多种类的合伙组织利用水运系统谋利。同时，道路也得到了改进，甚至开拓了新的道路。贸易增长，而贸易所部分依赖的货币的供应量也在增长。在 11 世纪，纸币最早出现，但大量使用纸币导致 12 世纪早期和 13 世纪时的通货膨胀。其结果是纸币被废除。不过，商业信用依然以纸钞交易及其他工具的形式存在。中国向商业活动的开放，特别是在南方的省份以及与印度洋之间的商业往来，意味着 10 到 13 世纪中国在所有方面的繁荣。

埃尔文提出，一场更深刻的商业革命发生在市场结构和城市化方面。商业之前一直很重要，但现在，提供日常商品的远距离市场发展起来。对农民来说，这意味着交换的增加，不只是食品和木材，同样也包括纸张和丝织品。不管是内部贸易，还是与日本、韩国和东南亚的国际商贸都有了很大的增长。商业活动作为一个整体，变得更加复杂，城镇发展起来，但埃尔文却认为这些中心的历史作用与欧洲的市镇很不相同（这意味着，在他看来中国的城镇并不预示资本主义的出现，只有欧洲

221

209

的市镇才有这样的功能)。

从 10 世纪起,中国很明显经历了科学革命,其技术也"发展到了系统实验调查自然的基础的水准",在锻铁和丝织方面创造了"世界上最早的机械化工业";[56] 在 13 世纪,这些技术被麻织品行业广泛采用,以运河水为动力,这可能影响了欧洲的卢卡、博洛尼亚,并一直影响到英格兰摇纱机器的创造。[57] 进步也发生在数学、天文学和医学等知识领域。这些进步的基础同样是基于发明于 7 世纪、在 11 世纪时被广泛使用的雕板印刷技艺。11 世纪时甚至发明了活字印刷,尽管它从未得到大规模使用。埃尔文写到由政府驱动的"一场学术的复兴"。[58] 宋代编辑并印制了许多文献,既有古老的,也有新近的,将"全国的知识水平提升到了新的高度"。

历史学家谢和耐也把 1000 年左右看作中国的文艺复兴时期,这增强了埃尔文论点的可信性。11 世纪以回归古典儒家传统和佛教从 5 世纪开始的影响力的终结为特征。[59] 他宣称,11 世纪受过教育的中国人,是"与他们唐代的前辈非常不同的,正如文艺复兴时期的人与中世纪的人之间存在许多差异"。[60] 谢和耐发现了一种基于实验的实践理性主义,对一切事物的测试,对人类知识所有领域的好奇心,促进了建构一套体系和一种自然哲学的尝试。事实上,以城市经济和"便宜的复制书写材料的方式"[61] 为基础,当时存在着一种完全的"知识生活的更新"。

在后一个方面,中国在印刷术上的经历相当缓慢。构成佛教著作和图画主要部分的许多文件和文本被存放在北方敦煌洞穴里的储藏室中。这些储藏室大约在 1000 年时被关闭,直到 1907 年才被发现,其中包含历书、辞典、一部篇幅较短的大众百科全书、教育性文献、写作示范以及历史和神秘著作。很有意思的是,这些文献中只有不到百分之一是印刷的。文人们采用这种新方法的过程十分缓慢,但从 932 年起,《九经》即由省级政府印制,之后很快,在宋代之前,所有佛教经卷也开始印制,尽管佛教当时还面临管制措施。

文艺复兴时期,西方最终在活字印刷方面取得了重大进展,但这种技术第一次在中国使用则要追溯至约 1040 年。不过,中国在活字印刷时并没有涉及印刷机，而没有印刷机，活字印刷很难在 19 世纪欧洲机械印刷到来之前成为对雕版印刷的补充。直到那时，制作雕版通常比排活字更加迅捷和廉价。这种技术并未促生活跃的书籍贸易，以达成广泛的知识扩散。之前学术的主要中心是佛教庙宇和首都的国立学校。但从 11 世纪起，公立和私立学校与图书馆都迅速增加。最大的图书馆之一是建立于 978 年的皇宫图书馆，后来收藏了八万卷图书。这是一个收集文献、大型百科全书和编制复杂书目的时代。这个时代同样以自然科学领域出版的图书数量而知名。从 12 世纪后半叶起，中国东南部的私人出版繁荣起来，从而在医学、地理、数学和天文学领域，"取得了显著的进步"；在数学领域，有代数的发展和使用数字"零"的证据。[62] 此外，1090 年，在开封建造了由擒纵机构棘轮驱动的天文机械，这种装置提供缓慢但规律的动力，由此产生了当时最精确的计时装置。

223

宋代同样见证了古典兴趣的觉醒和考古学的成长，这些进程早在之前的 8 世纪中叶就已经开启。这反过来导致了复制和造假的活动。据说这一时期已经出现了一场批判性反思的运动，特别是对不同版本历史的比较——这是文字很重要的一个方面。这场运动形成了一场"历史研究的有效更新"和历史百科全书编纂的基础。[63] 司马光的作品是特别重要的（比如《资治通鉴》），它以穷尽来源地搜寻和对文献采用批评性的方法为标志。

同时，宋代作者们也形成了一套关注人与自然秩序的基本特征的哲学体系，这套体系与佛教思想显然是敌对的，虽然在回归被认为是真正的儒家传统的过程中，它也采用了佛教的某些问题和教育方法。从这一方面，这种新学术，就像我们已看到的，与一种跳过之前时代的宗教限制回归包括古典文献在内的古代资源的努力联系在一起，这一目标与后来欧洲的"人文主义者"并没有太大的差别。事实上，这个时代被描述为一个"乐观主义和相信普世理性"，相信教育的益处与社会和政治制度改良的可能，并有着对知识进行系统化，并寻求替代佛教意识形态的"良善生活"模式这些愿望的时代。[64] 这一任务涉及对过去的回归和"新儒家"的形成，而后者——与西方的亚里士多德和阿奎那的思想相

224

比——对中国思想产生了稳定作用。[65]

总结来说，与欧亚大陆上那条大型商道另一端的意大利城市呈现出新生活模式之前欧洲相对的"落后"状况相比，中国在 11 到 13 世纪见证了"一场令人赞叹的经济和知识的高潮"。[66] 在一段时间内，通过陆路和海路的贸易避免了曾使伊斯兰世界遭受重大损失、却也建立或恢复了亚洲东西部之间联系的蒙古人的入侵，尽管这种联系又因中亚的蒙古帝国从 14 世纪中期开始的分裂而受到损害。在 1500 年之后，西方通过对东方的探索，特别是通过航海，而重新出现；阿拉伯人，印度人，中国人和其他一些人则在之前长期通过印度洋和中国海进行贸易。

在更重要的市镇中，政府推广教育，其内容主要是文字性的，但同时也教授实践课程。医学有自己独立的培训体系，和中东一样（欧洲最终也变成了这样），医学教学受最高医学办公室的监管。这个机构建立了一所学院，在政府的管理下，在全科医学、针灸、按摩和驱邪术四个领域提供指导。[67] 在 629 年，唐朝皇帝就已经在每一个州建立了医学院，在 11 世纪时药物学著作被集中印刷；先进且内容广泛的药典也得以出版。医学训练需要七年的学习，知识程度将以考试的形式检验。这种训练的一部分涉及对伦理概念的学习，它与希波克拉底誓言很接近。和西方一样，中国医学并没有产生多少手术技术，因为人们认为身体应当以神或祖先所赐予时的样式返回到神或祖先那里。结果是，在这个领域很少有人进行调查研究，但解剖还是从 1045 年发展起来。在这些医学工作中，道家发挥了重要作用，特别是与驱邪术相关的部分；但佛教僧侣则很少参与其中，除了照看穷人和病患者的照看，——这项活动在对佛教的迫害运动之后，在 9、10 世纪时被政府接管。但除了"宗教医学"外，还存在"儒家医生"，即在唐朝更显重要的世俗医生。[68]

225　　私人印刷变得繁荣起来，其中不只有佛教经卷，也包括农业和数学的文献，因此中国成了"世界上最会算数和识字率最高的国家"。[69] 在写到 10 至 14 世纪的"科学与技术革命"时，埃尔文提到"这场学术的复兴"。[70] 它发生在"之前几个取得了科学与技术进步的世纪"之后，[71] 其中包括从 8 世纪时开始的雕版印刷的进步，它作为这场复兴的基础，保证了科学文献的广泛流传。但"主要的驱动力"是政府（除了天文学，它被"评定"有潜在危险）。另外宋代政府编辑和印制了标准教材，不只是在数学和农业方面，也在医学和战争方面，同时还包括儒家文献、历代史、法令和哲学著作。政府还赞助了一些新的出版物。换句话说，和爱森斯坦[72]对意大利文艺复兴的评述一样，埃尔文也认为印刷术（雕版印刷）从大约10世纪起发挥了重要作用。并不是所有人都同意这一点。在麦克德莫特关于中国书籍的著作中，他认为宋朝印刷书籍的作用被夸大了；但无论如何，印刷术传播旧知识和促进新知识方面是十分重要的，而中国早于古腾堡几个世纪就已经有了这种能力。[73]

在艺术领域的成就并非更不重要，它构成了"所有后来朝代的基础"。[74]在宋代，"绘画艺术取得了前所未有的繁荣"。[75]皇帝们自己也会作画，绘画成了一种雅致的艺术。[76]这一时期绘画艺术的伟大实践者是属于贵族阶层的李柽（919—967），他以早期南北方画家的作品为基础，成了宋代风景画风格的创立者，他绘制的优雅的世界成了"中国历史上最有活力、最精细、最成熟的作品"。[77]北宋审美的宽度体现在李柽和另一位伟大画家范宽（955—1025）之间的突出对比上，后者是一位"山人"，他创作了现存最伟大的风景画之一：《溪山行旅图》（图9）。

徽宗皇帝曾组建了一所皇家绘画学院，徽宗自己除了绘画以外，也从事诗歌和篆刻艺术的实践。在这所学院，画家们在非常优越的环境中工作，描绘他们身边的飞鸟与花草。徽宗同时也是与过去历史紧密相关的古文物领域的专家，他的这一兴趣使得制陶工匠们开始以三千年前制造的青铜器的形式复制这些物件。大约在1110年，手稿和石头、青铜与玉上的铭文在宋朝得以编辑，而这使得人们能够通过这些文件窥见古代中国的文化和政治生活。 226

把比以往更多的画家带到首都的徽宗在他的绘画学院中强调了三个方面。首先是道家宗教和对自然仔细、直接的探寻——这是在当时最伟大的艺术家郭熙的作品中所体现出的表现自然的传统（图10）。徽宗还坚持系统研究古典绘画传统；他为政府的收藏品所编纂的目录是"确立艺术经典过程中的一份主要文件"。[78]第三个要求是对"一个诗意想法"

213

的达成，徽宗自己的画作就达到了"一种古典的，根植于过去、现实观察和诗意理想的美"。[79]

宋代的政治进程同样分为两部分：北宋（960—1126）和南宋（1127—1279）。在艺术成就方面，莫特对前者大加赞扬：

> 北宋被誉为一个拥有完美的诗歌、纯文学和历史性散文作品、华丽的绘画与篆刻、无与伦比的瓷器和被中国人看作是次等艺术的艺术完全发展的时代。学者－官员精英们……是诗歌和其他文学以及绘画、篆刻的创造和生产者，他们还赞助了制造……瓷器和所有他们所收集、藏和日常使用的精美物件的手工艺人……在人文学科的某些领域，宋代见证了相当系统化的学术的开端，这种学术在它的方法和目标上相当地现代。在这个时代，对百科全书中知识的广泛领域进行系统化和排序整理是一项典型性的事业。对过去的研究见证了历史研究、语言学、对古典材料的批判研究、对古代青铜器或石头上铭文的收集和研究的进展，以及考古学的开端。

宋代精英

所取得的进展远超过欧洲文艺复兴时的"珍奇室"阶段，后者在欧洲存在了相当长的时间；宋代精英们专注于与鉴定、语源学、年代测定和释义相关的知识研究……从那个产生了艺术家、作家和人文主义者的同一个学者－官员精英群体中，还出现了钻研数学、科学、医学和技术的人物，他们使得宋代在这些领域的成就也达到了高峰。[80]

在这一时期特别重要的是沈括（1031—1095）的著作，他拥有"高度独特"的性格，莫特列举了沈括的各项伟大成就。[81] 他以"通晓人文"之士而知名，在科学和艺术方面同样在行。"当然，也存在不出名的非精英人士，他们设计和建造船只，将航海技术应用在航海事业上，建造桥梁、宫殿和庙宇，雕刻大型佛像，令人赞叹地装饰庙宇，设计和生产武

227

器和兵器，并通过无法计数的方式为社会生活做出了贡献。"[82]

在 10 世纪晚期和 11 世纪，北方的官僚体系广泛地招募人员，科举考试变得更加重要。官员工资上涨，每一个行政区域都设立了学校，为参加考试做准备；福利机构也在增加。不论是从效率，还是从社会公正的立场上，征税都得到了改善。同样在这一时期，盐、铜、铁和煤的开采也在扩大。神宗皇帝的宰相王安石所采取的这些措施被他的继任者"以孔子的名义"废除。之后北方这个饱受党争困扰的政权变成了"马背上的蛮族"——源自唐古特部落的女真人的猎物，这些人最终在 1127 年在首都开封俘虏了徽宗皇帝。

蛮族对首都的洗劫导致宋朝向南方的撤退，他们跨过扬子江，来到风景优美的杭州，这座城市后来成了"可能是 12 和 13 世纪全世界最繁华的商业中心"。[83] 在 11 世纪，部分通过种植占城稻米，南方也已经变得更加富裕，占城稻米使得当地可以在一季当中收获两次，并且部分因其港口为向整个世界出口商品打开了道路，从而为商人阶层带来了可观的收益。现在，他们重建了绘画学院，为统治者提供绘画作品，而统治者的偏好对于促进某种艺术风格是十分重要的，因为大多数艺术的主题是由这些统治者确定的。这个被重建的王朝尤其关注艺术的力量，"致力于古典复兴的一个新图景"，[84] 特别是"旧的历史叙事讲述帝国的艰辛、生存与重生"。皇家的赞助在这一时期居丰导地位，因为商人并不赞助绘画。绘画本身大部分掌握在工匠家庭的手中，而他们的兴趣是很保守的。在佛教庙宇的赞助或启示下完成的绘画作品，以及禅宗绘画作品也是如此。

依然受到北方入侵者威胁的南宋在扬子江上建造舰艇，一部出版于 1044 年的关于战争的书稿中描述了，发展了为战争目的的火药使用。北方来的蒙古人模仿了这一实践。火药的发明传到了阿拉伯人那里，之后在 13 世纪晚期又传给了欧洲人。在南宋王朝，首都临近地区拥有大片土地的家族变得越来越重要，直到一位改革派的宰相贾似道（1213—1275）上台，他实施了将拥有土地的上限定为大约 27 公顷的政策，剩下的土地被国家没收以支持军队。但是，他的改革发生在王朝的最后关

228

头，并且也只影响了扬子江下游三角洲地区。在第一个世纪的大部分时间当中，南宋保持着繁荣，东南部的商业变得愈加重要。城镇在发展，由于间种早熟水稻，农业也繁荣起来；贸易在增长，不仅是沿水路进行的国内贸易，包括不只为宫廷，现在也在私人交换中为暴发户而生产的奢侈品；与外面世界进行的对外贸易也有发展。从大约 1200 年起，中国拥有了世界上规模最大的海军，包含拥有十二扇帆，直立龙骨和密封隔间的巨型船只（"中国平底帆船"），可容纳大约 500 到 600 名乘客，由水手的指南针和地图来导航。这个国家还发展了天文学，发明了第一座机械钟。[85] 这个时代被总结为一个"新文化"成形时期，尽管它后来被看作代表"传统中国"，但存在"一种学术和思想中的新精神"，并不是"通过某种程度的超自然启示获得的不容置疑的真理"。精英们以一种自觉的方式追求建立成就，他们的自信建立在社会繁荣之上。"在宋代超过三个世纪的时间里，中国是世界上最富裕，最有秩序，在文化和技术上最先进的"，[86] 特别是在南方。它拥有最大的城市，支持着比世界其他地方都要多的商业活动，印制着几千种图书，识字率也在上升。在这一时期，中国人中受过教育的比例很有可能比西方要高。[87] 那意味着中国可以"高效地积累，展现并传播知识"[88]，这改善了人们的生活与生计。因为它拥有"科学和技术方面令人惊异的创造力"。

中国那时在很多重要的工业领域成了"世界工场"，特别是丝织、茶和使用煤炭与水利机器以在更高温度下生产的陶瓷业。广泛的商品交换，不论是公共的还是私人的，都见证了铜质货币的广泛使用（有时是熔解佛教雕像制作的）以及使用纸钞的开端。然而，许多汉学家及其他人被引导问这样一个问题：中国在那时为什么没有保持发展（至资本主义？）。埃尔文认为，尽管在中国发生了许多领域的革命，中国并没有发展出一个"现代"的经济体，因为它陷入了"一个高度的均衡陷阱"；经济取得了发展，但埃尔文断言生产的技术发明在明代和清代几乎是不存在的。他分析了农奴制和庄园秩序的瓦解，市场城镇的增加和乡村的工业化，还讨论了中国为什么没有发展出工业资本主义的传统解释，即资本的不足和市场的受限，经济增长所面临的政治障碍，以及

216

当时的企业规模小、寿命短。他将这些解释抛开，提出了"陷阱"的概念。不论如何，依然存在企业家精神和某些发明，尽管埃尔文提到这样一个阶段——虽然并不是全然静止，但它依然阻止中国进入现代化。[89]他承认在欧洲十分重要的行业公会力量的增长——在某些领域"成了市级政府"——涉及比人们通常所提出的更加不同的关于东方城镇的观念。[90]但当谈论到未能以这种方式建立官僚化的"现代"经济时，作者似乎在本质上还是参照了西方的成就，而西方成就此时在大型制造领域处于被"落后的"中国所赶超的危险当中。[91]

有些人把这种假定的未能在"现代化"进程中持续前进的原因归结为宋朝被他们之前抗击女真人的盟友——成吉思汗（1167—1227）领导下的蒙古人所征服，成吉思汗在1215年侵入北京（之后入侵北京的是金人）。

在南方，蒙古人（1211—1368）于1276年在杭州击败了宋朝，并在1279年完成了对中国的征服，这对于统一分裂的中国和促进南北方之间的交流有很大的积极作用。蒙古人建立了元朝，刺激了水路贸易的发展并建立了单一（纸质）货币体系（直到最后一位统治者时发生通货膨胀为止）。通过广阔的蒙古帝国而进行的贸易使得中国与近东的联系更加密切，并一直延伸至西方的欧洲。在很多方面，宋朝的知识和艺术传统都在延续。在12世纪，评注儒家经典使得朱熹在受过教育的人群当中越来越有影响力，而王朝也试图通过依附中国经典和习俗来为自己的统治建立合法性基础。至少在东南部，文化的繁荣势头延续下来，并且在行政管理上不太需要旧精英，他们因此转向追求学术。尽管唐代和宋代教育培养法律、医学和财务专家，科举考试终止考察这些科目意味着政权不再为技术课题提供社会和政治支持。[92]因此这些训练成为负担官僚统治技术层面的职员等人的保留地。此类活动并不符合儒家学说关于业余爱好的理想。

蒙古人有自己的萨满宗教，但他们仍然支持佛教，也以弱于对佛教的程度支持道教和儒家。总体上说，元朝的统治和成就是保守的，他们所统治的中国人依然坚持着自己早先的道路。[93]但事实上这种保守也意味着一种"创造性的复兴"。[94]儒家和它的社会等级制度并不像之前那

230

样被严格地实施，因此社会中商人群体普遍地成长起来，促进公共表演活动，特别是戏剧和历史浪漫剧等戏曲，并为之提供了观众群体。

通过这种方式，元或蒙古王朝成了"拥有最伟大艺术的时代之一……这是一个儒家教育制度、学院、图书出版、对释经文献的学术关注、哲学和政治写作都表现出巨大进展的时代；这是一个具有高度文化成就的时代。"[95] 科学领域受益于与西亚，特别是波斯的联系，这些领域包括数学、天文学、医学、水力学和包括军事工程和其他领域。为准备编制历法，一家穆斯林天文学研究机构就在于中国天文研究机构的旁边。医学同样如此。在这些以及其他领域，比如在为天文学作出贡献、建造了诸多科学仪器的郭守敬（1236—1316）的作品中，许多富有成果的交流正在发生。

231　　元朝之后是明朝（1368—1644），它的统治延续到西方意大利文艺复兴时期，重建了中国本土传统。明朝的创立者曾经是位佛教僧侣，后来成了成功的叛军领袖，目的是将中国从蒙古人的统治中解放出来。明朝还通过接受日本、锡兰和波斯湾的朝贡，恢复了中国的国际主导地位。地方政府按照宋朝模式的路径继续发展，不过顶层的集权化趋势在增加。政府本身总体上采用非世袭的考试选拔政府官员的方式，这种做法甚至比北宋更加彻底。这种考试要求熟知经典，有"新儒家"中朱熹一派阐释过，而答案则需以高度风格化的"八股文"方式书写。这种招募制度让政府兴办的学校到达了县一级。特别具有才华的学生则会升入首都的国立大学。到后期还出现了私立学院的繁荣，学生在这里聚集讨论并为考试做准备。虽然父辈的职位和财富毫无疑问会影响一个人被招录机会，但是新的血液仍然能够进入官场当中。

郑和伟大的海上探险发生在 1430 年代，明朝的早期，他航行至印度和非洲，试图建立皇帝的合法性和中国作为世界中心的地位。中国在宋代和元代时已经拥有世界最大的海上力量。[96] 然而，政府庞大的海外探险在这些航海活动之后停滞下来，与外国人的接触也因为避免"蛮夷"影响的缘故而被禁止。但这一倒退事实上并没有阻止中国人口在海外的地理扩散，也没有停止中国内部甚至与其南部邻国的商业活动，虽然后者在很大程度上涉及走私与海盗活动。同时，欧洲商业在开放，商人与通向东南亚、印度、波斯湾和非洲的贸易与外交通路一样，变得更加重要。他们的财富以及——在很多情况下——家庭背景使得商人可以与官员阶层通婚，成为体制的一部分；的确，许多富商的后代取得了正式学位和官位任命。结果是，像启蒙时期欧洲的资产阶级一样，他们不太可能挑战现存秩序。莫特写道，晚明社会十分活跃，拥有大型的城镇；在 16 世纪，识字率比任何其他前现代社会都要高，中国"拥有世界上最高的识字率"。[97] 他们将这些技巧应用在多种活动当中，"避开被启示的真理这种观念"，[98] 而"传授这样的观念：人必须学习过去，观察与他们有关的世界——特别是人类世界——并将学到的课程……用于解决当下的问题"。这种观点对未来是非常重要的。

明朝政治上的软弱看起来似乎有助于特定的"文化繁荣"。[99] 一些"文学社团"在发展，刺激了社会和政治辩论，并且有相当大比例的文人在政治体制以外参与到了各项活动中。在"非凡的"晚明时期，许多方面出现了现代主义的预兆，包括艺术的表现主义与抽象，社会自由，合伙式婚姻和情感文学。便宜图书的市场增长意味着有更多关于人们私人生活的信息，因此也有了更多关于女性、个人和个人主义的知识。这是一个上流阶层进行奢侈消费的时代，但同时，某些圈子的人士也强调这个时代有保守的早期实践类型的儒家"清教主义"。

这同样是文学理论与批评的伟大时代。诗歌特别重要，并且"所有人都同意，古老的《诗经》……是文学创作的源头"；[100] 诗人们采用历史上成型的形式，并且按照儒家的规范，再一次回顾过去，不过这并没有妨碍他们前进。明代早期的风格逐渐被抛弃，被另一种更加有活力、意味着要恢复古老模式的风格所取代，但"它是一种改革性的古体文学，几乎是革命性的"，这和 20 世纪某些英格兰诗人运用的盎格鲁－撒克逊文学一样。[101] 明代早期散文僵硬的简单性使得它在 16 世纪早期以前发展向两个很多时候相互冲突的方向：一个是高度的文化古典主义，大量使用经典文献的典故；另一个是更加直接和富有活力的方言，通常取材于作为教人识字的初级教材的古典文献。再一次，一个社会通过回

232

219

顾过去来变革当下，这是在文字社会中经常发生的事情。

写作者们在戏剧和小说写作上进行实验，戏剧作者包括汤显祖（1550—1616），他通常被认为是中国的莎士比亚，而他的确与莎士比亚

同时代；汤显祖的"临川四梦"（至今依然以许多形式演出）中，最著名的是时长 20 小时的《牡丹亭》，该剧内容为害了严重的相思病的柳梦梅——这个名字即意味着他所做的美梦——在帝国的科举考试上中了头名，并且被皇帝赦免了盗墓的罪！而在小说方面，中国五部最伟大的小说当中有四部在这时被写作或重写；[102] 所有的故事情节都被设定在早先的朝代，并且所有作品都是匿名发表的，因为对于有雄心的文人来说，写作这种方言形式的娱乐作品是不合适的。

佛教继续对艺术施加重要影响。和日本一样，艺术存在宗教与世俗的不同模式。前者基本上被佛教绘画所主导，后者则受道教和儒家的刺激，包括人物和自然的绘画。[103] 关于中国，李写道元朝的文人画家是"戏剧修正主义"的一个例子，并且参与了"重写历史"。[104] 这种重写事实上在明代（1368—1644）早期被清除干净，但在后来又获得重生。那个早期阶段由"在历史基础上进行富有创意地建造的传统画家"所主导，他们由宫廷和职业艺术家组成，试图为他们自己的王朝确立合法性。在 1450 年以后，文人风格的风景画再次被采用，其中较著名的是沈周和吴派，他们"彻底改变了中国艺术的面貌"，[105] 使用纸（而不是丝绸），白描和自我表达。通过他们的绘画回顾艺术的历史，这些扬子江下游三角洲的画家有意识地评论过去的艺术及其历史，以努力让"古典精神"和一种"新传统"充满他们的作品，而他们为这个新传统带来了"从儒家、道教和禅宗佛教思想发源而来的概念"。[106] 在北方，明朝皇帝鼓励宫廷画家提升专业素质，而南方的名流士绅则鼓励文人和职业艺术家致力于风景画和装饰艺术。晚明时代的中国是"一个绘画和篆刻的伟大时代"，还发展出了作为一种文学体裁的随笔。同时，"图书文化"在印刷和收藏两方面都繁荣起来；古文物鉴赏像研究和新的学术分支那样发展起来。

和其他许多汉学家一样，莫特也无法避开为什么中国没有像文艺复兴以后的欧洲那样转向资本主义，或者更深入地说，转向"现代"这个

问题；莫特从 16 世纪和 17 世纪早期晚明社会的背景框架下看待这个问题，而埃尔文，如我们所看到的，则从宋代及之后来讨论这个问题。学者们强调这一事实：中国的城镇并没有发展出像西方那样的自治政府的机构，而中国的乡村则更加自治。然而，埃尔文认为，中国城镇发挥的作用与别处城市的作用很像。我们之前已经提到地方政府的某些行业公会的作用——向特定的人群征税；它们扮演着政治角色。在任何情况下，这些城市是复杂的，是文化活动的中心；"文学和学术、图书出版与收藏、艺术与戏剧、音乐与娱乐，以及富裕的精英生活模式的放纵全部表现在所有这些城市当中"。[107] 它们发挥着其他地方的城市所发挥的作用，韦伯式的关于两者区别的结论看起来似乎是错误的。

所有这些迹象使得一部分人认为晚明表现出了"资本主义萌芽"——以一种"精英"的方式，在其中我们发现了新形式的钱币和信用工具、商业的发展、市场农业、复杂的工业流程、医学的改善和更自由的劳动力市场。莫特认为，如果资本主义这一概念由在西欧所发生的时期来定义，那么中国的轨迹就企业家精神和法律的意义层面而言，是非常不同的。不论如何，经济进步确实在发生，某些早于、某些则稍晚于西方的发展，正如我们从当前的进步当中明显看出的那样。

巴拉日也提到了为什么中国从未达到资本主义这一问题，尽管事实上他从周朝（战国时期）就看到了某些趋势。但统治这个国家的学术精英"无法在不用古典的黄金时代作为掩饰的情况下形成任何社会改革运动"。[108] 然而，不论黑格尔、马克思和韦伯如何认为，中国发展的连续性从来不意味着停滞。在一个流动的社会中，各个种类的变化是非常丰富的。但在中国历史中保持事实连续性的，是学者－官员组成的官僚阶层，其成员从 221 年开始管理这个国家，并且通过控制教育制度来保证自己作为一个群体，能培养出新的成员。它的意识形态是儒家的，在许多方面是世俗而僵化的，它提供了一种意识形态，学者们在其中持续地回顾过去（有时则是前进）。然而，他所看到的连续性是保守的，这种连续性最终与西方复苏的"资本主义"相对立。

明朝之后，中国又出现了满族人建立的清朝。这些满族人是中国化 235

了的通古斯征服者，源自金朝（1115—1232）的女真人，他们试图以清朝（1644—1911）这个名字获得统治的合法性。满族人在1644年从北方征服了中国；当时从"贼寇"即李自成领导的农民叛军手中夺回首都北京的将军吴三桂，率领军队在长城加入了他们。他们宣称自己是中国的合法统治者。他们发现自己要想统治中国人，就必须遵循中国当地的惯例。他们上演了"有序的继承"，变得比中国人还要中国化，尊崇儒家价值，恢复仁政，继承"天命"，谴责晚明时期的社会放纵现象。不论如何，他们要求所有汉族男性以满族的方式剃发留辫最初是非常不受欢迎的。

在传统历史中，有一种非常普遍的观念，即中国的清朝时期与西方相比是落后的——就缺乏民主、科学、技术和军事知识诸方面而言。但更正过的分析已经表明"普通的关于中国缺点的清单"，包括儒家对商业的蔑视等观念，普遍缺乏对以下方面的考虑：贸易的增长、政治主权在中亚及其他地区的扩展、军事技术的发展和新军工厂的建立和土地生产率的增长。[109] 在文人当中，关于西方科学（西学）是否是全新的，与格致之学（与现代科学不同的前现代科学）完全不同的话题的讨论开展起来。不过，尽管有避免这种二元论、强调持续因素的愿望，许多晚清知识分子最终选择拥抱现代知识，忽略了清朝试图结合二者的努力。19世纪导致大约两千万人死亡的地区性叛乱、1895年被日本击败和南美革命导致的银子短缺等因素对上述努力显然没有帮助。但是，相比其他国家，中国不能被认为是如此落后。日本经常自夸在"文化上"接近"资本主义"的英国，但大部分关于西方科学和技术的信息是通过中国获得的；尽管中国在中日战争中，由于敌人在军事训练上的优势而被击败，二者区别依然没有那样大。

不论如何，清朝的儒学与宋代的新儒家有很大的不同，它是这样一个阶段，即回顾过去并借助被称作"汉学"或"考据"的方法检视早期文献。乾隆皇帝（1736—1795年在位）向学者们开放了他所收藏的数量巨大的中文文献，因此促生了被称为"一场思想和学术新近的繁荣"的现象。[110] 再一次，回顾历史促进了向前进步。"考据"导

236

致了对宋代形而上学，特别是儒学的更正，经验主义的考证（"检验证据"）[111] 运动认为其过多地受到了后来佛教的影响。曾有人试图努力回到起点，即文献本身，皇帝保证了这个，以期恢复儒家的活力。比如，这场清初到清中期儒家复兴运动的领导人物戴震（1724—1777），他摆脱了佛教对自我检查和对人类欲望之贬损的幻想；戴震认为，对现实的理解预设了与外在世界的主动的、经验的接触，[112] 这种方法在他关于许多科学领域的著作当中被证实。因此在清朝中期存在一场"学术和儒家知识的繁荣"。不过，诗歌并没有大繁荣；直到非常晚近的时期，除了最详尽的诗集，明清诗人的作品基本上是缺席的。但是，散文在蓬勃发展，并且这一时期还产生了一些伟大作品如《儒林外史》和曹雪芹（1715—1763）的《红楼梦》——对很多人来说是最后的也是最伟大的古典中文小说。

　　清朝还将它统治的疆域扩展到远至柬埔寨，因为在那个地区，他们拥有装备最精良的舰队。清朝三位"明君"（1662—1775）维持着科举考试制度，加强了财政和货币系统，而官僚阶级再一次将孔子的教导作为标准。在这个时期，中国的"现代化"并未把回顾早先规范排除在外。为了取代他们所认为的写作者的"明朝的放纵"，清朝在 1778 年决定进行一场焚烧图书的运动，被焚毁的书籍一部分是反满文学，一部分是关于被禁止的主题的图书，包括色情在内，其目的在于重建正统儒家道德。在规模更大的城镇，街角上有人公开背诵儒家原则，强调责任、美德和服从。其他的教义则遭到了谴责；甚至改宗基督教的满族王子也遭到批评。皇帝们更加不遗余力地鼓励艺术和传统中国文化。清朝早期宫廷绘画当中的乡愁要么主要是明朝风格主导的，要么是折中的，这个征兆显示了过去的历史是人们兴趣的主要对象这一观念：在这个意义上，它是对明代的延续。尽管汉族知识分子和艺术家仍旧心怀愤恨，但帝国赞助的都市和地区绘画（大部分是传统文人风格的，尽管通常显示出新的色彩表现）的水平在康熙皇帝统治时达到了一个新的高度，并且这种发展势头延续至乾隆皇帝时期，伴随着西方雕刻、油画和壁画对中国绘画逐渐增大的影响力。有明确赠予对象的题画和一些长篇诗作的实

237

践从明朝延续了下来。特别是在扬州这样的南方大型中心，商人客户会委托创作更大胆、风格自由的作品。

从1679年开始，长期统治中国的康熙皇帝（1662—1722年在位）主持编纂了《明史》（几乎所有隋代之后的王朝都会为前朝编纂史书），也编纂了一部内容翔实丰富的字典（《康熙字典》）和一部篇幅巨大的插图百科全书。乾隆皇帝之后收藏了每一部留存的书目，总数大约有一万部，由大约一万五千名抄写员抄写。在考据学派实践的方面，在工程、数学和其他科学门类，以及藏书家和百科全书作品中，我们所拥有的是中国儒家学术的复兴工程，其中有些是由中央赞助的（而且一些是由皇帝本人支持的）。

对中国来说，18世纪是一个相当繁荣的时期。满族人在农业上支持小农，反对大地主，在农业和其他生产技术上带来了进步。这个国家除了是世界的大工场之外，还是一个大市场，不论是对外还是对内。纺织和铜器制造都在增长；茶、丝绸、陶瓷和漆器大量出口，使得中国处在贸易顺差状态。据估计，在1771年之前的两个世纪当中，美洲大约一半的银子最终流转到了中国。

然而，经济的成功似乎导致中心地区人口过剩和汉人在帝国建立过程中向南北方人口相对稀少的地区迁移。同时，政府管理变得更加腐败和低效。在这个阶段，存在从西方而来的巨大压力，首先是北方的俄国人，后来是英国和其他沿海的欧洲列强。鸦片战争导致欧洲炮舰的进一步入侵，被强迫签订"不平等条约"，中国人被羞辱，后来的以西方方式推行"现代化"的努力，最终是1912年民国的建立。欧洲人的攻击削弱了满族政权，他们在面对太平天国的叛乱时几近崩溃。朝廷和地方官员意识到，西方在科学、制造、军事力量、铁路和电报通讯上取得了巨大的进步，但他们在如何应用这些技术方面有巨大分歧。胡适认为，中国的文艺复兴是由这种与西方的接触带来的。一种采用了日本模式的强大的改革运动最终兴起，导致孙中山领导的民国的诞生，而孙中山就是在夏威夷和香港接受的西式教育。1894年，孙中山建立了一个小型的共和党，其名称是有深长意味的"兴中会"，后来最终演变为国民党。就视觉及其他艺术而言，在1911年的共和革命到来以后，出现了一个西方化与传统方法互相竞争的时期。1949 年中华人民共和国的成立见证了向社会主义艺术的转向，这种艺术开始很大程度上来自于苏联，同时也存在很多其他来源。之后则在毛泽东的领导下出现了更加民族主义的趋势，强调中国传统，而这继而导致了"文化大革命"(1966—1976)这一剧烈事件。在 1976 年毛逝世后，开始了一个相对放松的时期，产生了更加明显的"寻根"和中国历史的复兴，比如电影《大红灯笼高高挂》(1991) 的导演张艺谋的影视作品。[113]

中国文化历史的特点一直是对儒家经典、对"古代"的持续回顾，这为保守者和改革者以及二者为自己建立正当性的努力都提供了持续的参照。西方基督教曾排除了古典传统，其他霸权性宗教曾剥夺先前宗教合法地位，而中国从未出现过类似的、儒家传统被彻底抛弃的时期。中国历史上最接近这种经历的时期，与佛教的到来有密切关系，然而佛教的重要性从未以相同的方式达到儒家的那种支配地位，部分原因在于官僚阶级的反对，也在于社会大众坚持着信仰的多元性，包括道教和地方宗教。在宋代，佛教成了包含多种思想的信仰体系中的一个，在知识生活中并没有起到特别限制性的作用。

在西方，霸权性宗教的阻碍作用在艺术和科学领域的经历是不同₂₃₉的。在艺术方面，阻碍作用最初表现为反偶像崇拜，并且所有主要宗教在它们能"表现"世界之前都需要克服深刻的反对，不论是在视觉艺术还是在戏剧领域。尽管在中国和印度艺术中有时会出现某些禁忌，比如在文人绘画中的色彩使用（可能还有在希腊雕塑到来之前早期佛教对雕塑的禁止），但从未出现过西方这样的宗教和世俗艺术之间的尖锐对立。绘画和雕塑在接近一千年的时间里被限定在宗教题材当中，戏剧同样如此，这些领域中希腊和罗马的伟大成就遭到了拒斥。[114] 然而，在中国，并不存在类似的对传统的排斥——在排斥之后发生的是对过往足迹的追溯（重生）。[115] 在科学领域也是一样，某种程度上在基督教、犹太教以及某些时候的伊斯兰教影响之下，科学遭到了冷落——至少在特定的某些重要领域内是这样。[116] 科学在中国得以延续，像李约瑟在关于植物科学的图表中所表现的那样，甚至在这些活动在西方遭遇停滞的时候，在中国它们依然稳定地进行着。[117]在中国并不存在像意大利文艺复兴那样的在一道缺口之后产生巨大的进步，相反地，这些活动在许多时间段内比在其他时间里更加繁荣。

莫特关于晚期中华帝国（900—1800）的论述总结为"缓慢的创新性变化"，这刻画了中国历史的特征。[118]他的话值得引用：

> 自我创新性的变化是持续和逐渐的，并非突然的和具有颠覆性的，并且总是通过对过去模式的参考而得以正名。中国社会回顾过去的目的在于向前稳定而缓慢地发展，以恢复古代价值的名义来克服不时出现的制度性停滞，排除对爆炸式变革的需要，并且令人宽慰地说服自己：它并没有发生任何改变，而在事实上它正在随着时间的流逝而成长……这呈现了服务于创新性变化之路径的古语令人着迷的神秘。[119]

这样，中国也被描述为"一个开放社会"和一个"拥有丰富成就的社会"，尽管这些术语本身也被质疑。它在某些特定的知识问题方面是特别开放的。尽管中国时常回顾早期儒家学术和传统家庭礼仪，宗教信仰保持着兼收并蓄的状态，并且，在儒家以外，并不存在可能阻碍知识探索——因此阻碍早期科学取得巨大进展——的凌驾于一切之上的信条。中国精英们的高等文化由特别关注儒家经典的教育所维系，因此倾向于教导价值原则，而非教条。它是一种通过掌握一套复杂的读写能力体系而扩散的高等文化，统治阶级以及许多皇帝自己就获得并拥有这样的能力。直到一套激进的教义和影响深远的社会变革得以建立的20世纪，这种描述依然适用于"学者-官员阶级"。但即便是后来的毛泽东也写作传统诗歌和书法，而且儒家也没有死亡。不过在21世纪初，在政府以及数目逐渐增长的普通民众当中，我们又可以听到支持儒家的声音——可能只是一种文化民族主义的形式。在2008年的今天，儒家以一种极度流行的态势得以复活。[120]回顾世俗意识形态并未阻碍一场彻底的"现代化"。

第八章　文艺复兴是欧洲独有的吗？

意大利文艺复兴是独特的吗？对欧洲而言，从历史上说，它显然是的。但从社会学角度而言呢？文艺复兴，或者说复兴，有两个主要特征：对过往历史的回顾和繁荣。从跨文化的角度来说，这些现象并不必然是巧合。可以只是回顾过去，特别是以宗教的话语，而没有达成多少进步，仅仅是对关于超自然之教义的重申，或者是重新阐述。换句话说，它在性质上是保守的，或者是一个保守的过程。欧洲宗教改革时期的艺术即是如此，当时在加尔文主义的社群当中犹太教的反偶像崇拜主义再度抬头。但人们也可以发现不涉及回顾过去的繁荣，像大离散时的犹太文化。在意大利文艺复兴当中，你可以同时发现这两个因素。

从历史的角度而言，意大利文艺复兴显然是独特的。然而在社会学上，我们不应当只把它看作是欧洲的经验，也应该将之视为在所有文字文化中发生的，涉及回顾历史和向前进步——二者并不总是联合在一场事件中——的更大的事件序列中的一个。在文字社会中，繁荣的时期并不罕见（并且经常被看作是"黄金时代"），那时文化变化的速度很显然受到通讯模式的影响；进步并不总是、但也经常涉及某种程度的回顾。甚至在欧洲，意大利文艺复兴也并不是这些阶段中最早的一个。如果欧洲人文主义者宣称通过回顾之前被冷落的古典文学而"重塑了世界"，这对于文艺复兴或世界又是什么意思？在复兴早先文学的意义上，文艺复兴并不是独一无二的，人文主义也不是。这在世界其他地方也有发生，是文字的功用之一。

在欧洲存在一些早先的例证，它们事实上被命名为"文艺复兴"或"复兴"。学者们会谈论 8 到 9 世纪的加洛林复兴和 12 世纪——伴随着拉丁诗歌的复兴、对希腊科学尤其是对亚里士多德的兴趣以及受到来自穆斯林的资源的刺激而获得的医学发展而出现的——罗马法在博洛尼亚的确立。在威尼斯人统治下的帕多瓦和其他意大利城邦，一种早期人文主义也发展起来，在这些地方商业的复苏，特别是与地中海东岸地区的商业往来导致教士阶层对知识的垄断被打破。商人和神职人员一样需要识字，他们与东方的接触扩展和深化了许多文化视角。但在 15 世纪，佛罗伦萨市议会（1438—1445）从宗教和贸易城市君士坦丁堡请来了希腊学者，这促成了被称为柏拉图学院的机构的建立；在希腊学者的到来之后是拉丁语的西欧对希腊学术之兴趣的强势复苏，之前希腊学术在那里基本上消亡了。很早之前在小亚细亚，第四次十字军东征之后，在热那亚影响下的拜占庭据说经历了一场巴列奥略复兴，这场复兴以皇帝的王朝家族名字命名，当时学术和艺术活动都获得了繁荣，包括在君士坦丁堡建造的拥有精美壁画的圣救主乔拉教堂。所有这些实例都限于基督教世界。

作为一位艺术史学家，潘诺夫斯基已经看到 12 世纪两场欧洲的复兴，他称之为"前文艺复兴"和"前人文主义"。前者，即古典艺术的复兴，是一个地中海地区的现象，起源于法国南部、意大利和西班牙，在那里古典因素在人们的日常生活中依然占据重要位置，并且当时贸易和城市化又重新开始发展。伊斯兰世界在这一发展进程中的作用十分重要，如我们所看到的，伊斯兰促进了欧洲医学——在学术和实践两个层面——的产生。东方的影响对于艺术的重生也是十分重要的。诗歌艺术繁荣起来，小说得以回归，次等艺术也被更新。很有可能是在诺曼西西里，随着伊斯兰世界和拜占庭艺术家的到来，"雕塑家的古代艺术重新在西方世界获得了新生"。[1]之后在欧洲更北部的地区也是如此，出现了主张人文教育的声音，如索尔兹伯里的约翰，从文人的角度培育古典传统。这一人文主义运动涉及回顾"异教"作家和某些宗教控制的放

228

松，与艺术的重生相比，这些现象发生在更北部的地区。但这一运动同样遭到了诋毁。"在巴黎"，当时的一位作者写道，"他们表现出了对人文艺术的关心；在奥尔良，是对文学；在博洛尼亚，是对法学书籍；在萨勒诺，是对药盒子；而在托莱多，则是对魔鬼。但没有哪个地方关心道德。"[2] 所有这些例子都来自基督教欧洲。但这些现象并不局限于基督教世界。后来占据君士坦丁堡的希腊城市的土耳其人也是，他们在巴布尔（1483—1530）的统治下经历了被称为帖木儿文艺复兴的时代。作为重要的回忆录《巴布尔传》的作者，巴布尔最终领导了莫卧尔王朝对印度的征服，同时他也是艺术和科学的慷慨赞助者，经常被描述为一位文艺复兴的国王。[3]

243

欧洲的局势导致诸多复兴的兴起，但是，像我们在之前章节中所看到的，类似阶段也发生在亚洲。它们并不总是涉及像我们在意大利版本的文艺复兴中所见到的突然的繁荣，但无论如何，在那些形式繁多的繁荣当中也都表现出了朝向"现代化"的进步。历史学家曾长期认为在欧洲曾有过一些早期阶段，当时有人试图拯救古典作品的手稿。这一努力不可避免地激起了对前基督教的神祇和前基督教时代的兴趣。这就是说，它促进了适量的世俗思考，也表明基督教信仰之替代的存在。欧洲文艺复兴独树一帜的原因之一在于后罗马时代欧洲崩溃的程度，和亚伯拉罕宗教的主导地位。由其导致的世俗知识中的裂痕，使得欧洲对许多世纪以前之时代的回顾比任何其他地方都要明显，特别是在科学和艺术所需要的一定程度的世俗化得到鼓励的情况下。然而，这一特征不应当使得我们忽略别处出现的类似文艺复兴的特征——我们一般不会将复生早先文化这种观念联系到别的时期地点。有一段时期，繁荣是同临近的穆斯林地区一同发生的，而穆斯林为欧洲的历次复兴做出了巨大贡献。我们也已经看到，类似的过程也可以在欧亚大陆其他部分的文字文化中找到，它们在经济上与欧洲大概处于同一水平。

在西方使用"文艺复兴"或"复兴"这些术语涉及这样一种欧洲历史的观念：欧洲历史是从古代发展而来的，或多或少保持了连续的过程，在之前曾遭遇一段低谷期，一种历史的低潮，在此期间这一文化失去了自己自然的发展进程，但它在（向"资本主义"的）过渡之后恢复了过来，再一次回到预期的轨道当中，同时获得额外的智慧和新的活力。这种观点带来的后果——如何强调都不过分，即这种解读怎样强有力地嵌入了对资本主义化的"文艺复兴"的使用中——是非常严重的。首先，一个后果是它确保了欧洲人对于古典成就的垄断。我们之前已经看到，当欧洲还有复兴古代知识的需要时（在中世纪，这些知识大部分已经消失或潜藏），它们某种程度上还在欧洲大陆以外的阿拉伯翻译中存在着。但欧洲宣称它拥有希腊和罗马古典的遗产，从这种角度来说，欧洲是在中世纪时为妥善保存的目的把这些遗产借给了其他文明。这种信念有时得到了彻底的支持，有时则为我们使用的术语所暗示。但就希腊古典而言，在所有这些情况中，它都忽略了一个简单的事实，即这些古典遗产在我们所知的北欧几乎不存在——它基本上存在于地中海世界，一直扩展到近东和波斯。但此外，为了成为希腊古典之胜利的后裔和复兴古典的候选人，欧洲历史学创造了一个古代世界，作为自己主导的和独一的祖先。

244

　　如果我们关注可比较性的话，那就涉及两个命名法的问题。首先，对那些明确地进行比较的西方学者而言，哪些其他的运动被他们以复兴的名义而提起？其次，哪些其他的运动被当地的学者以这种方式所描述？第三，哪些其他的运动可以被我们看作是复兴，并且可能拥有某些我们在本书第一章中所提到的特征，包括回顾过去和文化重生，或者简单地说，存在一场文化繁荣？在霍奇森对伊斯兰世界所做的卓越研究当中，他并没有用一种比较的方式使用文艺复兴或复兴这些术语，他写到 15 世纪时"波斯文学的一场活跃的繁荣"，[4] 还写到宋代时中国文化"巨大的突破"，[5] 以及哈里发时代伊斯兰的"伟大繁荣"，这场繁荣"从它的创造性上，或者基本制度的新颖性上，并没有超过"欧洲文艺复兴。[6] 这里我们关注的是复兴的社会学定义。

　　在有记录的历史中，文化重生的出现比欧洲文艺复兴要早许多。柴尔德写到发生在埃及、美索不达米亚和印度的文字社会中的黑暗时代，这些时期发生在繁荣之后，当时"很少有建筑和铭文留存下来"。[7] 其结果是出现了轮流交替。在前两个地域，文化活动重新出现，"从某些祖传的野蛮（在技术意义上）束缚中解放出来，并且得以深化，更全面地使社会中的新阶级受益"。换言之，黑暗时代之后是一场文化的繁荣。就我所知，没有证据证明当时人们有意地回顾过去，尽管某种文化创始之神话传说经常提到某些可能影响未来事件的过往的"黄金时代"。但因为这些都是青铜时代的文化，拥有书写传统，这样的回顾总是可能的，从而过去历史可以被呼召来恢复当下的活力。苏美尔存在一个更加特定的黑暗时代，之前美索不达米亚的国王们统一了苏美尔和阿卡德城市，出现了一段繁荣期；黑暗时代的来临是因为他们遭受过建立巴比伦的"半野蛮的亚摩利人"的攻击。[8] 很快，统治者汉谟拉比巩固了这个新王国，并颁布了一套成文法典，带来了更优良的运输方式（使用更轻巧的轮子）；一个复杂的文化在明显的倒退之后再次蓬勃发展起来。但黑暗时代为复兴提供了希望，正如柴尔德在第二次世界大战中所写的那样（甚至在面对纳粹时），它"不是一个无底的、所有文化传统都被吞没的裂缝"。[9]

更晚近时，我们在欧亚大陆的文字社会中看到了其他的复兴或繁荣。我们并没有仔细审视日本和波斯的历史，[10] 二者都是欧亚大陆上的文字社会——尽管由于引入这个词语，我们已经提到这两个文明——但在中国、印度和伊斯兰世界，类似的繁荣时期确实存在，甚至文艺复兴这个术语也被使用过。例如，这个词曾被用于描述 19 世纪伊斯兰世界以"那赫达"的名义所发生的运动，但在当时，与回归过去相比，它更多地意味着在拿破仑入侵埃及以及这一事件产生了重要文化后果之后的文化活动的重生。这一活动明确地追随西方的现代化。在伊斯兰世界也有一场持续的对过去的回顾，不只是对《古兰经》（因为它是一个有此圣书的文字宗教所涉及的），同样在阿拔斯王朝也有对希腊、印度和其他文献之翻译的回顾；因为在征服近东的过程中，伊斯兰世界已经占据了靠近地中海的土地，而在那里书面的希腊和波斯知识是当时人所关注的。随后在伊斯兰教之下，与强调宗教问题的时期相交替，产生了很多世俗知识主导的环境，在其中循着回溯亚里士多德和柏拉图的传统进行研究更容易。这些时期在文化繁荣、更新和人类活动扩展的意义上被描述为复兴。此类时期间或出现，比如 10 世纪的科尔多瓦。但这些时期是暂时的，且受制于宗教主导阶段的回归。只有随着世俗知识在与神学（或其他）信仰不同的大学、学校和学院里得以制度化之后，人类才在这些知识上取得了更加长久和稳步的积累。否则这个世界的知识就会被超自然导向的关于宇宙性质的观点带来的干扰所阻碍。这个部分世俗化的过程并没有随着大学的建立而立即发生，因为最初这些大学深受培养教士这类需求的影响。我现在所在的剑桥大学（及其圣约翰学院）早期的图书馆是很小的（特别是与中国和伊斯兰的图书馆相比），而且其馆藏图书大部分都是宗教书籍，而非世俗文学或一般知识。《贝奥武甫》和乔叟在这里是缺席的。

在印度教的印度，我们可以再次看到被不同的作者以文艺复兴来命名的文化活动高涨的时期。这种情况发生在孔雀王朝（前 360—前 185）和笈多王朝（320—540）时期，并且它们展现了并非源于回顾历史的文化繁荣。依据萨帕的说法，在朱罗王朝和莫卧尔王朝时期也是如此。当知识获取的过程更多的是保存既有的（神圣）著作，而不是新的原创信息的创造时，对吠陀文献的回顾就经常发生。这也是掌握在教会之中的亚伯拉罕宗教下许多学校的问题，因为它们设立的目的在于教人们阅读或理解圣经，学会旧的而不是新的知识。傅瑞和奥佐夫注意到 18 世纪法国乡村教育基本上是指向既有的宗教知识的重复。[1] 今天以色列的犹太宗教学校也是这样；因此，促进"现代化"的因素不只是学校的数量，同样也应包括这些学校所传授或积累的知识的本质和性质。在中世纪的欧洲，当代的伊斯兰和现今的犹太宗教学校，后者的比例并不高；在日程表上的不是创新，而是保守。

如果审视欧亚大陆上的其他主要社会，就像我们之前试图去做的那样，某种程度上会发现这些社会都回顾早先的著作，在中国是对儒家的作品，在印度是对吠陀作品，而在伊斯兰，回顾的不是希腊，就是《古兰经》中穆罕默德自己的言语。这种参考的对象是成书的经卷，通常是宗教性的，但在其中某些间断的时间，回顾的对象是更加世俗的知识。

这种回顾的背景一般是经济的腾飞，总体上城镇居民和商人（"资产阶级"）从中受益，但从长远来看，乡村参与其中也是不可避免的。并且这些活动可以导致不同形式的文化的繁荣，西方学者也经常用文艺复兴这个名字称呼这种繁荣。

像我们已经看到的那样，有时这种回顾是指向神圣（或半神圣）文献，比如在伊斯兰教的例子中。这个过程并无新文化活动的迸发，相反导致了停滞。这发生在中世纪的基督教，从较早时期开始主导印度文化并建立了一系列著名大学的佛教也基本上是这样。这些大学基本上是在教授佛经。在另一个相当不同的层面上，重生这个观念是佛教所固有的，但它与在轮回转世意义上的个人更新观念和形而上学意义上的表明了思想与图画之恢复的"复兴"联系在一起。[12] 一个个体在以完美的人的形象出现之前，会连续地经历不同的肉身，上述观念即与此相关。但我们在这里讨论的是文化而非个人的重生。在佛教中，存在一些对非宗教文献的阅读，并且数学和天文学虽然没有在大学，但在宫廷中发展起来，数学是为税收的实用目的，而后者则是为编制历法。在医学方面，概念化的水平和治疗的能力都得到了发展，因为医学是所有人都需要的知识，在某种程度上独立于任何一个特定的宗教。正如我已经指出的，在印度历史中存在一些阶段，其中像孔雀和笈多王朝等，以开明君主的宫廷为中心，这为科学和文化成就开辟了道路。在阿拔斯王朝哈里发马蒙（813—833 年在位）统治下的巴格达也是如此，当时的成就是基于古典知识的复兴。在印度的例子中，并没有类似的回溯参考（尽管希腊人再次部分地参与了犍陀罗的活动），但的确存在一场突破式的进步。然而，随着后来印度人对穆斯林和英国政权的反对，确实出现了对早先印度社会的回顾和对他们独立统治传统的兴趣。在更晚近的时代，独立国家建立之后紧接着出现了知识、艺术，现在又有了经济活动的新生。这包括对吠陀文献的回顾，它并没有发挥多大实践性的指导作用，对印度人来说所起的主要是象征性的影响。

在中国对儒家著作的回顾则不是这样，特别是在唐代（618—907）末期和宋代（960—1279）。儒家，或新儒家，为政权运转的行为提供了指导性文献，也提供了非超自然的、与佛教相对立的世界观。在唐代早期，佛教曾对知识生活发挥着非常重要的作用，虽然在某种程度上它从未像欧洲的基督教会和近东的伊斯兰教那样阻碍世俗知识发展。宋代被人称为是文艺复兴的时期，而且它的确表现出了这样的特征。[13]它不只为政治目的而回顾儒家时代——这些著作是科举考试系统的重要部分，同时艺术、科学与技术也在繁荣发展。后来回溯儒家延续着，但并没有以相同的方式再次出现一场宏大的进步。

我并没有以试图解释所有这些回顾历史和跨越式发展的阶段作为开始；辨识"其他文化"中所有相关因素会是一项宏大的工作，因为其原因是复杂而繁多的。但无论如何，某些想法还是产生了。很明显，一个重要因素是财富的创造，它不只导致了交易，还带来了巨额的奢侈消费，而这影响了对科学和艺术的追求，更不用说生产和交易的增长。像丽萨·贾丁所强调的那样，在意大利文艺复兴和与东方贸易的开辟中，这一经济因素的意义十分重大。[14]之后又有了统治者和他们宫廷的支持（包括教士的宫廷），比如，在孔雀和笈多王朝的印度，在欧洲的加洛林文艺复兴，以及在伊拉克阿拔斯王朝的"革命"中，这些地方同时都是贸易的中心。对这些财富和休闲的享受可能基本上限于社会的上层阶级，对下层的影响几乎没有，白益王朝的文艺复兴看起来就是这样，甚至文艺复兴时期的欧洲也是，尽管盛会和演出的对象群体更加广泛。这也产生了政治维度上的影响。政权的变化自身可以引起突破发展，例如在法国和英国革命中。

因此我想要和复兴联系起来的有两个概括的方面，首先，让人有能力回顾过去的识字能力；第二，贸易和经济的繁荣，它们提供了回顾过去所需的闲暇时间。大部分我所提到的这些阶段中，存在着通讯手段的扩展，例如在书写、印刷、纸张或类似进步的最初发展。另外，还存在特定的自由度将知识人从固有的宗教议题中解脱出来，投入到——至少在某些领域——更灵活的世俗知识当中。并且，还存在一定程度的商业的成功，建立了与外在世界的联系，增加了足够的财富以维持追求艺术和科学活动所必需的"闲暇"。文艺复兴最初是富人的，但也会向下渗透。这些就是所有复兴背后共同的因素。

我之前把这样的"重生"与文字联系起来。但很显然，与书本不同，物体可以不借助书写的帮助而被后来的人所复制，比如陶瓷器、金属物品和建筑。一个人几乎可以发现罗马建筑的复兴（比如在罗马风格建筑中），它产生于罗马建筑物的持续存在。毫无疑问，这样的一场更新发生了，可能是刻意地采取了古董主义的形式。但这一过程在书写被发明之前，不太可能获得普遍的重要性。在任何情况下，它只会构成一个文化复兴之很小的部分，是汤因比所关注的那种部分的重生。[15]

所有这类复兴中，最重要的特征之一是信息流动的增加，特别是文字书写方面。并不是所有回顾历史的案例中都存在这一情况，因为关于超自然内容的著作更多地发挥着保守的影响。但也存在着世俗知识的积累。对于所有的对历史的回顾而言，识字能力和书面文字的重要性的问题是最基本的。但同样重要的并不只是简单的书面文字的存在，还包括文字流通的程度，特别是当我们处在由少数人占据读写的能力到大多数人都拥有这种能力的更"民主"的社会这一过渡期时。信息流通的增加可能部分地依赖印刷，比如在意大利或孟加拉文艺复兴中，中国的唐宋时期也是如此，但这也随着所使用的材料而不同，例如，在 1 世纪的中国和 8 世纪的伊斯兰世界以及之后欧洲所发生的向纸张的转向。这种由植物或废料，而不是之前在欧洲所使用的昂贵的羊皮或纸莎草，所制成的更便宜的材料意味着书籍可以被提供给更广泛的人群。另一个重要的因素当然是书写的内容，特别是其所使用的语言。在许多并不讲阿拉伯语的地区，伊斯兰世界的识字率由于必须使用这种语言来书写而受到阻碍。中世纪时的欧洲也是如此，高等的读写能力关注的是对拉丁文而不是各种方言的学习。这种对另一种语言的偏好很显然与宗教联系在一起（比如伊斯兰教与阿拉伯语的联系），它要求将圣书或礼拜仪式所使用的语言置于特殊地位。这在欧洲造成的结果是直到文艺复兴早期，读写能力依然主要掌握在神职人员手中。在英格兰，13 世纪之前，一小拨拥有读写能力的精英分散在大量的不识字的人口当中。人们日常使用的语言并非总付诸书面，而掌握读写技能涉及学习一种精英的、通常是已经

250

死亡了的语言。[16] 在文字世界中，精英语言逐渐让位于方言，后者一直是普通会话所通用的，但对于人文主义者和许多文艺复兴学者来说，拉丁文依然是"博学之士"的语言（极少有女性掌握它）。甚至在今天，剑桥大学（直到 1947 年还不向女性颁发学位）在授予荣誉学位的推荐书和背诵学院祝祷词的时候依然使用拉丁文，不是作为口语，而是作为书面语使用。之前在拉丁文和方言之间存在着间隙，前者是书面语言，后者是口语，但现在这种情况基本上已经不复存在。古典阿拉伯文对于穆斯林，希伯来语对于多数犹太人（在获得重建的以色列国除外）也是如此；在更早的时期，对于"博学之士"，经文的或书面的语言优越于口语。文艺复兴改变了这一切；的确，书面语的方言化早在但丁用意大利文、乔叟用英文写作时（很久之前还有盎格鲁－撒克逊诗人）就已经开始了。但在中国，这个问题从未存在过，因为汉语文字不是表音的，可以用不变的形式表示任一种语言，包括正在变化中的；在书面语中则不存在类似的古典和方言之划分。

此处的论点是：读写能力的性质本身，用书写的方式保存不可见的会话，或者更确切地说，"变化了的会话"的发展，意味着总是可以有回顾，不论是发生在艺术领域——回顾荷马或莎士比亚；在科学领域，回顾亚里士多德或达尔文；或者是在宗教领域，回顾圣书。因为文字已经成了一种有形的物体。在科学方面，我们回顾过去的部分原因是为了在早先工作的基础上继续发展，但在艺术方面是为了赞美和表现已经取得的成就。在宗教情景中，文字被认为是神圣的，我们经常向前回顾甚至更长的历史时期，不是为了构建新的内容，而是为了保守，以及为日常生活寻求指引。但尽管这种回顾可能导致宗教改革，它本质上还是一个专注于恢复永恒的上帝之言的过程。当然，文字社会频繁地回顾过去，目的是为了按照事物的本相或者它们应有的样式来保存这些事物。这种保守主义在宗教领域中尤其典型，甚至例如西欧的宗教改革就牵涉回到《圣经》的真正宗教信仰；再一次地，宗教改革是一个历史上独特的事件，但在社会学的意义上则不是。犹太教、伊斯兰教和佛教也经历过这种回到经典文本的改革。

然而，这样的回顾不只发生在与超自然相关的领域，在中国，或多或少属于世俗性质的儒家也存在这样的情况。在许多世纪中，孔子这位哲学家的著作被当作是道德和政府的指引。他的作品不只被复兴过，甚至——特别是被新儒家拿来改变行为方式。这一对过往的回顾与西方文艺复兴不同的地方在于它并不牵涉跳过一个曾排斥如今是人们注意焦点之事物的文化。犹太启蒙运动很大程度上受到意大利文艺复兴或者在西班牙受到安达卢西亚的伊斯兰教的活动与后果的影响，所发生的是对周围文化的环顾而非对自身过往的回顾。并且，近东的穆斯林也有同样的经历，因为它们细密画的实践说到底发源于中国；甚至他们从希腊和梵文翻译来的"外国科学"也是如此。在中国和印度，对过往的回顾比在欧洲有更多的连续性——欧洲曾经历过"灾难性的倒退"。那意味着某些曾经被禁止的文化层面的消失及在之后的复兴，古典知识和表现自然而非宗教景象的艺术的复兴。中国的这类问题更少，因为即便是在北方游牧民族入侵之后的时期——这些民族大部分时候都被中国化，有时甚至比汉民自己更加的汉化——在科学和艺术上依然存在一定程度的文化连续性，而不是在被严重中断之后再回顾过往。

印度的情况与之类似，在持续存在的梵语的帮助下，与相关中文文献相比更难清晰地确定写成年代的吠陀文献为连续的可供参考的内容形成了背景。[17]传统印度从很多方面看待过去，甚至独立运动本身在向前展望的同时也回顾了其历史中，印度既独立又是印度教的时代。穆斯林的征服曾经明显地改变了这一切，甚至在政治上也是如此。在艺术方面，这意味着表现艺术和形象作品的缺席，尽管穆斯林和印度传统中都存在特定的重塑——它受到最初起源于中国、来自莫卧尔，并导致一场新的细密画之"繁荣"的影响。在诗歌和科学方面，当时在北方成为主导力量的伊斯兰教也为之做出了自己的贡献。印度和中国成就中存在高峰和低谷，艺术和科学繁荣的时期，但也有过类似西欧随着基督教这种一神论的亚伯拉罕宗教的到来而产生的长期倒退，基督教的立场不仅反对古典科学和一般意义上的知识，也谴责形象表现——除了在后来的宗教环境中。印度教的印度从未经历过这样否定的时期，虽然从某种方式上，佛教的到来和穆斯林与英国入侵者在提供特定的对文化发展的刺激以外，也给印度人自己的文化发展之连续性带来了问题。

当中国回顾过去时，它回顾的是很大程度上属于世俗性质的儒家思想，至少人文方面是这样。李约瑟认为这一教义与科学格格不入，但其他人并不同意这一点。[18]科学继续发展，并且在艺术上没有什么限制自然主义的绘画主题，尽管一些文人更偏向于用墨而非色彩作画。中国社会经常回顾古典，甚至被北方游牧民族（比如蒙古人）征服时也是如此，而且他们的古典基本上是世俗的；并且也不存在占主导地位的宗教意识形态（除了某些个人的例子以外）阻碍科学的进步——科学进步取得扩展需要一个至少部分世俗的框架。一种对世界的固定的宗教观点只会造成阻碍。当佛教在1世纪从印度来到中国时，它本可能起到这样的作用，但佛教在宋朝被控制之前，从未在社会中取得彻底的主导地位；之后，佛教部分地被冷落，让位给了在大多数领域都促进人们自由探索的新儒家。

考虑到这些其他的重生时期，或者甚至可以说是人文主义时期时，我们应当重视文艺复兴的另一个方面——经济，这个方面最近得到了贾丁的强调。[19]在她论述的序言中，贾丁写道："我将在后面章节中探讨这种企业家精神，目的是支持我的判断，即我们自己繁盛的文化多元主义和精致的消费主义都根植于欧洲文艺复兴。"[20]换言之，在很大程度上，它的成就根植于商业活动。这一观念当然与布克哈特的论调相去甚远，后者认为是古典的复兴与意大利精神的结合"构成了文艺复兴的基础"。[21]他的"本质主义"模式在学术上已经不再被人接受，尽管这种模式依然在更广阔的范围内被使用（欧洲而不再是意大利"精神"或"天才"）。甚至贾丁在将欧洲文艺复兴作为我们"繁盛的文化多元主义"和"精致的消费主义"之基础时采用的更加企业家精神的路径某种程度上也是种族中心主义的。文化多元主义的确是所有帝国的特征，不论是在政治还是商业上，帝国都整合了多元的人民，其中一些人比其他人更热心于"文明化的使命"。第二个特征，即消费主义的一种早期形式，标志着和西方一样的、东方在贸易和制造上的繁荣；正如贾丁所推

253

238

测的，这在西方是资本主义的特征之一但欧洲显然不是唯一的例子。在19世纪时，这两个特征确实在欧洲表现得更加广泛，主要是因为工业革命的结果。但当我们将注意力集中到欧洲身上的时候——许多欧洲人确实决意要这样做——我们必须避免做这样的假设，即这些特征是欧洲所独有的。商业活动是跨越大洲的。中国已经展现出了一定程度的文化多元主义，并且，伴随着商业，消费主义从青铜时代以来就在发展过程中。贾丁提出了一个新的着眼点，但她依然将欧洲文艺复兴本质化为现代性的播种机。"我们自己的"现代性确实如此，但这种论断暗示，普遍意义上的现代化依赖于这一发展。而这并不是显而易见的。

通过强调企业家精神和商业层面，贾丁显然在引起人们对以下事实的注意：意大利文艺复兴发生在一个生产和交换的文化中，这一经济环境显示出了繁荣的增长，其主要的贡献者之一是与东方（和南方），因此可以说是与欧洲以外地区的贸易。这确实是文艺复兴市场之重要性的一部分，布洛顿和贾丁在指出这一点时不只提到了土耳其地毯和帷幔进口，——它们在当时装饰了许多欧洲的绘画，还提到了特定画家暂时的输出，比如詹蒂莱·贝里尼，他绘制的穆罕默德像（1481年）今天展示在伦敦的国家美术馆，而之前它被继任的苏丹认为是偶像崇拜而卖掉。[22] 向穆斯林国家的统治者引进表现艺术和贝里尼肖像画——被遗弃在伊斯坦布尔的 个市场中，后来被英国商人发现——的历史，是文艺复兴市场中所发生之事情的一个戏剧性的案例。皇家宫廷经常把自己看作是甚至不受制于作为法律施加在别人身上的宗教禁忌的存在，但当考虑到其他人时，这种东西方的遭遇是很脆弱的。并且这种遭遇以商业的交换为基础。

记起土耳其对意大利文艺复兴的贡献就是让我们意识到一个相关方面，即威尼斯（更宽泛地说，意大利）与地中海其他地区贸易之复兴的重要性。因为我们需要记住，虽然在后罗马时代向西的贸易经受着严重的衰退，近东地区继续表现出在欧洲大部分地区已经败落的城市文化，不是在帕尔米拉和阿帕拿米亚这样的罗马市镇，而是在亚历山德里亚、阿勒颇和君士坦丁。再者，在这段时间，它还继续着与印度和中国活跃

254

的贸易活动。据说 9 世纪时广东有超过十万名穆斯林商人；[23] 也有许多在印度南部寻找香料和其他奢侈品的人，而这导致了远在葡萄牙人到来之前，在科钦就建立了永久性的定居点。

　　和在许多其他繁荣的例子中一样，国际贸易对于后来的欧洲文艺复兴是非常重要的；这些商业活动带来了信息的交换。然而，本质论的对内部增长的强调可能有时会使外部因素对这些拥有更多文化活动的时期发挥的作用变得模糊起来。这些时期之所以有可能出现，部分原因在于贸易和生产的增长。不只是丝绸和棉花大规模地被带到欧洲，羊毛也被广泛地出口（在本地也被大量地使用），这为在东英吉利建设精美的教堂，在布鲁日（勃艮第的一部分）、佛兰德斯和安特卫普的编织工人中的北方文艺复兴的接受和发展，集中于普拉托、佛罗伦萨和威尼斯、热那亚等其他意大利城镇进行的那种商业活动提供了财富。与美第奇家族的例子一样，不只是对高等资产阶级，对于宫廷和教会提供资助所需的财富，这些商业活动都是至关重要的；后来，当消费主义和世俗化占据上风之时，更广泛的人群对于视觉艺术的需求被创造了出来（可以被诵读的文学和可以被公开观看的戏剧已经更加的民主化）。

　　对欧洲人而言，很明显，他们的文艺复兴是他们的现代化所固有的。从其本身来说，有人认为，如果没有与传统的决裂（"转向"），欧洲的中世纪不会导致"现代化"，而这种决裂从概括的方面说是一场富有创造力的运动。这种变化还涉及世俗，随着宗教被限制在更狭窄的领域当中，科学和艺术发展有了更多空间，同时"世界商品"的生产和交换也得到了促进，而许多这类活动都是以上述商品生产与交换为基础的。在其特定的细节中，这种与传统的决裂涉及古典文化的复兴，但这种复兴几乎没有为促进欧洲扩张和这种扩张所带来的贸易的增长发挥什么直接作用，也没有影响后来工业革命中大宗生产的发展。不过，"早期的现代欧洲"以所有这三项特征为标志，尽管这些特征并不是欧洲独有的，它们在其他地方也曾出现。这一点在贸易上表现得很明显，因为贸易是相互的。扩张和探索新世界的欲望在之前的时代就已经出现，尤其是希腊和罗马帝国，但也存在于亚洲文明之中；在伊斯兰教非同寻

255

常的传播中，经济网络和政教领地从安达卢西亚延伸到蒙古的边疆；中国人向中亚和东南亚扩张，特别是在皇帝忽必烈统治时期，更不用说郑和的航海事迹；印度人向南印度迁移，到达印度尼西亚和东南亚。至于大宗生产的发展，我们在欧洲的工厂中看到了它的顶点，但我们也在之前中国的陶瓷生产和印度的棉纺织当中看到这类因素；二者都是大量出口到欧洲和其他地方的产品，工业革命中它们成了工业生产的对象，采用发展了的、但同时也明显地与中国和印度密切关联的技术。不过，在这时，东方社会拥有最初远胜西方的消费主义，从鉴赏活动的实践中，[24] 在食物的准备和花卉的培育和使用中可以看出这一点。[25] 在工业革命之后，欧洲在经济和其他方面变得比东方更加发达，但许多西方人将这一优势当作是长期存在的，这显示了一种对历史强烈的目的论观念。事实上，相对来说，欧洲大陆在罗马之后在经济和在更广泛的意义上都在倒退，只是为文艺复兴和重建与东方贸易作准备的时代中才重新开始发展。

但关于欧洲文艺复兴也存在某些特别之处，它拥有一项特征，在别的文明中也存在对应物，可以用一般术语来表述。让欧洲文艺复兴与众不同的特征在它对过去的回顾当中，欧洲文艺复兴回顾了古典时期的文献，这些文献显然不在基督教，甚至不在亚伯拉罕宗教的传统当中，而是更加世俗，并且显然是异教的，其中有些是无神论、物质主义的，比如青年马克思曾以之为题写过论文的伊壁鸠鲁。换言之，通过回顾过去，他们并非保存中世纪的文化，而是跳过之前的宗教信条施加在他们身上的限制，到一个强调不同价值的文化当中。普遍地说，这对于思想是重要的，但对于艺术则是尤其重要，因为亚伯拉罕宗教曾有效地禁止了形象表现，尽管基督教后来允许在宗教领域这样做，形式包括视觉性的绘画、雕塑和戏剧。犹太教和伊斯兰教在特定的环境中也曾如此，但从总体上看，排斥形象依然是当时的命令惯例。

有一个更深入的问题，所有亚伯拉罕宗教，即犹太教、伊斯兰教和基督教，起初都存在这样的问题：一神论教义不只阻碍艺术（由于反偶像崇拜），也阻碍科学（因为独一的上帝是全知的）。文化繁荣在出现在 256

任何上述领域之前都会有一场突破，进行部分的世俗化。另一方面，伊斯兰教和犹太教都没有自己的古典历史可以用与欧洲同样的方式进行复兴，虽然伊斯兰教回归到了它的翻译运动及其与其他古代文明比如波斯的联系当中。

犹太社群直到最近依然大体保持着反对偶像崇拜的立场，而从他们放弃这一立场之后，犹太人就在世界的许多地方主导了形象表现和媒体。我们很难把这一发展说成是"复兴"，因为几乎没有证据显示犹太人径直回顾早期，那时这些表现形式曾得到自身的促进（尽管金牛犊崇拜一直存在）。他们也回顾了希腊和罗马，但和早期基督教一样，这些文化被看成是异教的，因此不是他们复兴的对象。犹太人后来获得的解放显然意味着一场"文化"的繁荣，但这场繁荣主要应归功于他们所生活在其中的周围的社群，而不是在他们过去历史中存在的某些事物的重生。

伊斯兰教也展现了大体上类似的情景。然而，尽管不存在像欧洲那样公开宣告的、有计划地从坚决反对偶像崇拜的《古兰经》传统向早先形象传统的回归，在他们所占领疆域的背景中，还是存在一些替代模式，如在爱奥尼亚海岸、叙利亚、阿拉伯半岛及其他地方的古典艺术，两河之间的亚述艺术，沿着丝绸之路、总体上影响了波斯和突厥人的中国艺术和高原上的波斯艺术。形象表现有时曾经出现，特别是在宫廷的环境中，像莫卧尔统治者的绘画（通过波斯、阿富汗和中国的影响，且经常以微缩画而非全尺寸表现的方式）。在科学和世俗学术领域，大体上，他们回顾了"古代的科学"，伊斯兰世界周期性地复兴、并且以一种后来使得欧洲文艺复兴从中受益的方式发展了这些科学。他们独自前行，特别是在医学方面，概括地说则是在通讯、技术——尤其是治水、天文学和数学方面。

在科学领域，正如李约瑟及其他人所解释的那样，回顾过去和复兴是必要的，因为学者需要探索的自由。科学家无法在他们自己的作品中做一个超验主义者；他们必须依照自然的本相探索自然。换句话说，他们必须成为"自然主义者"，在他们的作品中将上帝推到遥远的地方，可能是作为第一因，但不是一个全能的存在。在面对这一局面时，教会也在进行着抵抗——的确，教会直到现在有时依然这样做。不论如何，不顾教会对日心说的谴责，哥白尼和伽利略最终取得了成功，后来的达尔文主义也是，它大体上胜过了"创造论"。自然主义，或者有可能是不可知论，是科学活动的中心。并且在欧洲，这一趋势被人们对古典时代写作的回顾所强化，古典时代的哲学是独立于宗教的。带来人类知识重大进步的科学和技术的运转需要自由，而自由只有通过部分地抛开现有形式的宗教才能得到。

当我们在比较复兴及其影响时，一个主要因素是回归这个文化中的某些早期阶段。在欧洲，这场回归涉及一个异教的古代，尽管有其多神论下的诸神存在，但在基督教背景下，它显然是世俗的或是异教的，因此这场回归有放松霸权性宗教之束缚的作用。这种放松束缚的整个过程可能受到周围文化的影响，类似欧洲的犹太启蒙运动，以及更早犹太人与伊斯兰教控制下的西班牙的关系。尽管在宗教意义上处于主导地位，伊斯兰教也有其形式的人文主义时期，涉及对"理性"以及信仰的求索（或者在某些例子中，是强调其中一个以取代另一个，尽管二者只在极少的情况下才互不相容），并且在特定的情况下，这种回归伴随着一个与之并非毫不相干的前进。的确，在最初的时候，阿拉伯人知识生活的一个重要方面是，阿拔斯王朝宫廷以及之后一些商人和学者，对收集和翻译希腊手稿（是世俗的和科学，但不是文学或宗教性的）以及从印度而来的作品和甚至从中国传来的知识（像先知穆罕默德本人所承认的那样）的渴求。在欧洲，这样的两种霸权性宗教相遇造成的结果之一是产生了某种形式的部分世俗化，或者至少是对一个人自身信仰之根基的拷问，正如在征服之后的托莱多可能发生的那样，基督教教士们在那里遇到了穆斯林的文本和犹太翻译家。不过，这种相遇所造成的相反结果是在认知不协调的情况发生后，通过重申而强化了既有的信仰。[26] 很久之后，伊斯兰教与后来的西方文化（比如在土耳其）的遭遇导致了前者当中许多人产生了这样的认识：他们的社会必须"现代化"，即改变，尽管在很多情况下依然试图保持其穆斯林身份（坚持世俗化的阿塔图尔克并不是这样）。在当时，乌理玛和沙里亚的权威受到了严重挑战，某种程度的世俗化被引进。在伊拉克和叙利亚，复兴党的世俗立场是公开的，他们表现出一种激进的阿拉伯民族主义。在大多数现代化类型的新阿拉伯民族主义当中，一个常见的思路是这样的观念：他们要复兴早先存在的前伊斯兰时代的身份，拒绝一神论宗教的威权。

古典的复活对于意大利文艺复兴当然是非常关键的，并且，正如我们已经看到的，这场复活也与日本和欧洲的区别有所关联。除了像安德森所认为的"封建主义"的遗产外，[27]这种区别在于只存在于欧洲而不存在于东方的"古典的持久的遗产"。欧洲古代世界自身有能力向资本主义过渡，并且古代之后所出现的"灾难性倒退"在文明史中没有类似的存在。然而，中世纪见证了缓慢的、以资本主义的诞生为顶点的酝酿时期——而资本主义则是产生于"古代和封建主义的一连串事件"以及前一个政权的各种内部矛盾。换句话说，回归到古典促成了这一重要改变的发生。但他声称，并不存在从一种模式向另一种模式的缓慢演进；这一进程只有"通过抛弃任何作为一个整体的历史时间的纯线性观念"才能被理解。[28]我们必须以"一场复兴"或"一系列相关事件"的概念来思考，因为欧洲对于日本的"优势""存在于它的古典先辈之中"；而对于这一进程，向古典时代的回顾是必不可少的。"文艺复兴依然是——不管那些简单的批评和修正——作为一个整体的欧洲历史的中心：一个同样没有先例的空间的扩展，以及时间的恢复。"[29]即，"对古典世界的重新发现和对新世界的发现"，这两个方面对于文艺复兴和"资本主义"的增长是至关重要的。

从这方面来说，意大利文艺复兴并不只是一场历史复兴，而是在欧洲古典通向欧洲资本主义道路上关键的一步。许多19世纪版本的历史叙述中，欧洲在发现（或获得）"资本主义"方面是独一无二的。因此文艺复兴和欧洲古典在社会学上也是独一无二的。但汉学家埃尔文经常对比罗马帝国时期，也就是古典时代的中国与罗马。如果这种对比是有效的，那么中国显然没有太多偏离主流的社会发展路径，其程度并没有亚细亚这一概念或欧洲特殊主义所预想的那样高。从另一个角度来看，并不存在早期的分离，在之后也没有立即发生。如埃尔文所讲的那样，在"超过一千年的时间里",东方的发展沿着一条与西方"几乎平行"的路径,[30]这条路径包含突破性发展以及停滞的时期。欧洲主义者则认为在古典时代之前,东方和西方的制度已经发生了分离,在政治上分离的程度和经济方面一样。中国依然是一个独一的帝国;欧洲则形成了竞争性"网络"。两个政权都发展出了庄园制度,但在中国,统一的国家保持着对国防的控制,而在欧洲,这一任务则被交给了封建领主。[31]关于之后的现代化和资本主义的增长,埃尔文认为,"有太多的证据显示……从16世纪晚期开始的经济活动节奏的增加,以至于我们必须面对这样一个问题:'为什么中国没有在大约与欧洲同样的时期完成向现代经济增长的突破?'"[32]当然,这一时期比"宋代的革命"——中国的文艺复兴——晚了许多,但它是接续宋代的繁荣而产生的。因此埃尔文追问"对前现代机械工艺的熟练掌握如此广泛,没有发生更进一步的技术进步这一事实看起来是很奇怪的"。[33]

答案并不在于中国的历史,因为这个国家至少拥有和其他任何国家一样多的企业家精神,并且拥有持续增长所需的所有文化上必需的因素。在东西方都有过一方对另一方拥有优势的时期。但对大多数欧洲人来说,文艺复兴显然在通向"资本主义"总体的路径上是至关重要的。这个回顾与改变的时期的确对于作为一个整体的现代生活是不可或缺的。但其他主要的欧亚大陆上的文化也有过反思和复兴的时期——可能并不是因为像西方的中世纪"倒退"这种如此激烈的原因,这些时期对于他们的现代化是非常关键的,在某些情况下对于我们的现代化也是如此。这些其他文艺复兴的经验之重要性在于,它强调了并不存在简单的通向"现代化"的单独一条路径,即基督教,而是也存在我们所考察过的其他社会所采取的其他路径。这些时期涉及对超验信仰的拒斥或分隔,而这一做法暗含着对"人类创造了自己"的认可,在这里我们使用了史前史学家戈登·柴尔德的书名。[34]一个人可以想到印刷、纸张、火药和指南针的发明,可能还有印度数字和数学,以及中国陶瓷、丝织和印度钢铁。在生产、通讯、毁灭性武器、运输方式和知识体系本身方面的变化让人类文化走上了不同的道路。由于很明显的原因,这在科学领域比艺术方面表现得更清楚，但在绘画、雕塑、小说和戏剧方面，也发生了一些在某种程度上可以被视为发展的变化。正如我们之前所评论的，使得意大利文艺复兴独树一帜的是在某些领域的反转，在另一些领域的修正——霸权性宗教在早期的主导地位，其一神论的上帝观念，以及这种宗教在视觉艺术（基督教主题的除外）表现的排斥性和在科学（例如伽利略）上对沿着特定研究方法探索世界的勉强，尽管技术所面临的环境一般来说要更加自由。在这种环境下，意大利文艺复兴带来了某些剧烈改变，部分通过跳回到异教或世俗的、在许多方面与当时迥异的历史中，然后是进步——而不是回归到经常在中国和印度所发生的、回归到自身历史的延续性发展当中。伊斯兰教在它早期重建希腊科学的努力中表现出了某些类似之处，但这一努力基本上没有影响到艺术，并且长久以来也几乎没有改变亚伯拉罕宗教的影响。

260　　没有其他任何文明可以重复这场对古典的重新发现，因为它们没有以相同的方式丢掉其历史。从他们亚伯拉罕宗教的立场来看，大多数犹太人、基督徒，以及某些时期大多数穆斯林将希腊知识当作是异教的而丢弃，但印度和中国，像我们之前所看到的，对过往的成就保持着间歇性的信念，他们缓慢地积累，而不需要像意大利文艺复兴和犹太启蒙运动，以及在某种程度上像阿拉伯人文主义时期所发生的那样，急于弥补失去的时间。在欧洲的例子中，发源于罗马的多数传统曾随着基督教的到来和在后来被称为黑暗时代的时期而被贬低。但犹太教和伊斯兰教与古典时代的关系与之有很大不同——古典时代对于前者，是一位敌人；对于后者，则在很大程度上是外来的。事实上，这些社会采取了与罗马法相近的一种普通近东法律传统，而欧洲也曾采用日耳曼法典。在这个"封建"时期之后到来的是一场明显的重生，早期文艺复兴见证了罗马法坚实的复兴。这个过程被一些人认为是经济变化所固有的。以私有产权的概念为例，马克思和其他一些学者认为它为资本主义铺平了道路。罗马法被认为是包含了从"有条件的"到"绝对的"私有产权的转变，是资本主义（或"现代性"）发展所固有的，因此是西欧所独有的。但这种论调没能给予亨利·梅因爵士权利等级观念以足够的重视，即并非两种形式的产权，"现代的"和"原始的"之间直白彻底的对立，而是基于等级排序的程度的不同。哪个社会对于某些事物没有一种多少"绝对所有权"的观念，对于另外事物的所有权则有更多的条件性？但认为罗马法在这方面是独一的这种信念意味着它的复兴被看作是资本主义和现代性发展的关键，只能出现在欧洲而不是任何其他地方。这种论断基于对法律制度的一种简单化分析，因为从本质上说，大体上类似的概念已经在近东及其他地区出现了。

261

对于历史学家佩里·安德森而言，这场罗马法的复兴及人们所认为的变化与整个古典文化遗产的再造相伴发生，即，古典的"哲学、历史、政治和科学思想——不用说它的文学或建筑——突然获得了一种新的能力"，在这一过程中"批判的、理性的成分"跨越了巨大的"宗教分界"；"作为一种非基督教的经验领域，它总是存在于一种敌意的、腐蚀性的环境当中"。[35] 这是一项非常重要的因素，我们之前已经看到；古典补充了——在某些领域则是撤弃了——基督教的（神圣）宇宙观，促进了世俗化。结果是"一场知识和创造性的革命"，"因为古典主导了中世纪。神学障碍依然存在、有时还会恢复力量的时期，逐渐展开的、越来越分析和世俗的文化"，使得欧洲与众不同。[36] 在许多领域，中世纪时期的霸权性宗教不再占据支配地位，类似的障碍没有再出现；世俗和分析的思想不再被以同样的方式所限制。

欧洲经济随着罗马帝国的灭亡而衰落，而这一衰落过程影响了整个欧洲大陆。但从文化方面而言，衰落问题随着基督教与其他亚伯拉罕宗教的到来而出现。亚伯拉罕的上帝不仅是独一的（不同于南亚和中亚那些信仰超自然的国家中神祇的多样性），并且是全能、全知的。上帝写下的话语（或者是受上帝默示的人写下的话语）包含了全部的真理，因此寻求其他答案是没有意义的。因此，曾经在古代世界繁荣一时的科学，因为一神论宗教占据了霸权地位而不再被需要——尽管在农业、战事和医药技术等诸多领域，科学依然在持续地进步。此时的科学是以炼金术、魔术的形式在暗中发展。当然，在不涉及任何对过去历史之回顾的情况下，文化也有可能从这样的宗教统治中解放出来，本书第五章中

247

讨论的犹太启蒙运动即是如此。这种解放是受到周边文化的影响而产生的。无论如何，与早先 12 世纪时欧洲的文化复兴，或者与伊斯兰世界中的"人文主义"运动类似，这是一个亚伯拉罕宗教受到暂时限制的例子——若非如此，亚伯拉罕宗教将会在科学和艺术各领域阻碍"信息社会"的发展。

对于世界历史或社会学来说，展现与意大利文艺复兴相平行的运动，即在欧亚大陆上其他社会与之类似的时期，重要性在哪里？欧洲的文艺复兴已被看作是现代世界发展和随后欧洲对世界事务之主导的关键。因此从一方面讲它的确是这样，但在一个很重要的意义上，那是因为欧洲在之前的诸世纪中已经在许多方面相对"落后"，不论是知识上还是商业上。比如，李约瑟已经证明，与公元前 5 世纪不同，中世纪时期中国在植物学方面拥有的关于植物的知识远远超过同期的欧洲。这仅仅是很小的一个方面。亚伯拉罕宗教的权重很大程度上影响了关于宇宙的知识积累，它用自己的宇宙观版本为之划定了界限。在这样的环境下，文艺复兴所表现出对东方强权之成就的追赶是十分重要的，东方未曾经历过同样的神圣全能者的问题，需要用一种不同的精神回顾自身的早期经历。

我们可以把意大利文艺复兴看作是对部分由先前限制而导致的落后的弥补，同时也是在其基础上建造并在克服了亚伯拉罕宗教的某些限制之后取得的突破性发展，直至"现代化"、工业生产和"资本主义"。中国已经在更早的时期开启了这些不同的进程，不只是在知识——尤其是科学方面，在经济方面——伴随陶瓷的制造与出口，在某种程度上还包括丝绸和纸张——也是如此。在这种新环境下，欧洲在上述以及其他领域使用某些源于东方（比如使用水力的纤维卷轴）的技术和知识，更深入地发展了这些工业过程。但在起初时，这并没有引起东西方地位的完全反转。中国在整个 18 世纪依然保持着最大的出口经济体的地位。被西方超过是在 19 世纪的工业革命之后，但中国依然保持着出口生产，不论是在经济上还是在知识上，尽管不再如之前那样重要。这种经济和文化的主导地位导致欧洲人对世界持一种种族中心主义和目的论的观念。但看到中国在近年再次在世界经济中变得如此重要，我们对之并不感到惊奇。在西方主导的论点中并不容许这样的事实存在，因为它倾向于汤因比所采用的本质主义方向，汤因比在文艺复兴中看到的是"西方精神的自然表达"。[37] 这是本质主义最粗暴的形式。

欧洲文艺复兴清理了环境，使得科学，或者更概括地说在知识方面，以及艺术方面的突破性发展成为可能。几乎从定义上，这种由于我们的学术和训练制度而使得现代世界的增长成为可能的力量是自足的。但这并不是资本主义本身的增长，因为它在世界其他地方也以商业活动和为交换目的的生产这些形式而存在，包括某些工业和商业化的生产。显然在 18 世纪晚期和 19 世纪的欧洲存在某些重要的发展，但很快这些发展转移到了东方，就像东方很早之前的发展成果转移到西方一样。这些转移来的成果落在了肥沃的土壤上；在 19 世纪结束之前，印度向英格兰出口的机器制造棉衣的数量超过进口。日本以及现在的中国在其他工业商品上也是如此。被出口的并不是资本主义这个概念，而是工厂生产；一些商业和工业活动已经蓄势待发。西方资本主义并不像西方人曾经想的那样独特。并不只有日本，中国、印度和东南亚等国目前也在向世界经济进发。这也不只是"西方"资本主义向其他区域出口的结果。因为，在一些很重要的方面，这些地区一些部分已经有了某些工业化或商品化的生产过程，可以创造更多产品。不只中国在 19 世纪之前是世界上最大的出口商，印度在棉制品和奢侈品方面也曾居于贸易顺差地位。

意大利文艺复兴不只对于欧洲历史，对于世界历史也是至关重要的一步。但它是否是这类活动唯一的案例呢？在关于"资本主义"在欧洲之出现的重要研究中提到日本时，安德森认为"没有哪个勉强能与文艺复兴相比较的运动能够取得最后的成功"。[38] 他认为日本的教育是落后的；"没有科学的发展，法律也很少有进步，任何哲学、政治和经济理论也极少有进展，批判历史则是完全空缺"。但在西方，这些领域的繁荣并不是原生的或持续的，也不是西方"文化"在历史发展过程中的特征。所有这些都曾存在于古典时代，但之后其相对缺失的状态也是很明显的，直到在早期文艺复兴时再次出现，而我们在第二章中看到文艺复兴并非仅承续自身的历史，同样也因与伊斯兰世界的接触而到来。对欧洲社会而言，要从这种"落后"中再次浮现出来的话，复兴就必须重新发现古典社会和文化，并且通过这种行动，重新发现一种修正的世俗主义。更进一步说，日本并不是完全没有安德森所提到的这些领域，因为在所有这些领域当中，除了自身以外，日本都有机会接触并依赖于中国的成就。然而直到最近，中国在关于现代性的讨论中才被赋予了一席之地。日本得到了某些关注，部分由于它之前在工业和"现代化"方面的表现，受佩里将军率领的美国人攻击的刺激而产生。更"理论性"地说，日本被认为是另一个像欧洲一样从"封建主义"中发展出来的社会，而中国则不被认为曾有过这种封建主义的政权（尽管一些人比如李约瑟曾提出过中国存在"官僚封建主义"）。

因此对于许多西方作者而言，日本封建主义的重要性在于它有与西方类似的历史。安德森认为这种历史的平行最显著地表现在"两个地方后来的命运之中。欧洲封建主义……被证明是通向资本主义的大门。"[39] 在欧洲之外，只有日本达到了"发达的工业资本主义"阶段。"社会－经济的先决条件……深刻地存在于曾使马克思感到震惊的日本封建主义之中。"[40] 因此日本与欧洲的相似性以目的论的方式被确认了。日本社会的历史必须与欧洲相似，因为它后来达到了资本主义阶段。事实上，日本历史的路径与中国的更为接近；它也有自己的"启蒙运动"，但那与后来犹太人的"哈斯卡拉"和伊斯兰的"那赫达"类似，都是基于对西方的刻意模仿。[41] 但安德森宣称它没有任何地方"可以与文艺复兴相比"。如今看来，当初关于日本"封建主义"及其资本主义发展的所有结论，在中国、东南亚四小虎和印度取得非凡的发展之后，显得多么过时！的确，日本人在相对较早的时期就开始了工业生产。但除了他们自己在工业和商业生产上的成就以外，与日本相比，除了缺乏大规模"封建主义"的论断之外，从全球的时间来看，中国和印度并没有落后太久。

这引向了与其他复兴运动相平行的问题的另一个特殊方面。在伊斯兰教和犹太教中，我们已经看到，曾有过一些"人文主义"时期。在伊斯兰教的东方，除了翻译运动本身以外，在伊拉克还存在白益时代的人文主义者。[42] 西方西班牙－马赫里布文化的黄金时代见证了阿威罗伊和迈蒙尼德的写作，二者当中一位是穆斯林，一位是犹太人，他们都生活在安达卢西亚的科尔多瓦。两位作者的作品反过来影响了 13 世纪欧洲的"复兴"，特别是阿威罗伊，他之前被苏丹委派承担研究亚里士多德作品的职责；因为在这一时期，宫廷是向世俗学术开放的主体之一。犹太人和穆斯林当然也参与到了推动自身宗教传统的活动中，但在这时他们给了哲学、医学、数学、天文学和一系列被称为思辨的"次等"科学以重要的地位；通过这些活动，他们采用了新的思维方式，为我之前提到的其他"人文主义"时期中的某一个做出了贡献。

265

在欧洲也一直存在某些世俗世界观的元素，即便是在霸权性宗教之下，但不可知论的观念从未占据主导地位，因为流行的意识形态总是屈从于强大的教士阶层的控制。比如，在离蒙彼利埃不远、建有欧洲最早的医学院之一的贝济耶，在 13 世纪时可以看到一种宽容和世俗的因素。这种情况终结于 1209 年，从北方而来的阿尔比十字军侵入了这座城镇，许多居民遭到屠杀。从知识上说，由于教士阶层的控制增强，贝济耶从此变成了另外一个地方。这种控制导致的后果我们如今很难想象得到，但它们曾广泛地存在于欧洲社会之中。这种影响也体现在很久之后剑桥大学的教育上，"当时剑桥的主要作用是为英国国教会培养教牧人员，其教师不得结婚，没有实验室和正式的科学事业。大科学家需要以独立的方式来追求他们的目标……"[43] 这就是说，甚至在 19 世纪，宗教和科学还没有和谐共处，尽管在大多数情况下，一方需要改变以适应另一方。但一定的世俗性因素，或者至少是宗教的碎片化，是这个世界上大多数知识进步和艺术的创造性所固有的。从传统宗教内部，尤其是一神论宗教的内部经常很难获得这种条件，因为一神论宗教并不会轻易放弃其关于自己握有一切答案的宣告。

然而，文艺复兴当中，一场重要的变化发生在欧洲。但又是什么促使这场改变发生？在一个层面上，是经济，特别是意大利和地中海的经济，以及与东方的贸易。这个进步对于许多文化、科学和艺术活动来说都是非常重要的。但可能是对历史的回顾以一种爆炸性的方式将这片大陆从宗教霸权中，至少是部分地释放了出来，从而采用了一种更富探索性的和世俗的方法。这场释放不可能以同样强烈的方式发生在之前没有占据如此主导地位之宗教的文化当中，它也不可能在学术和训练领域中不存在世俗机构的情况下发生。关于这种世俗性的来临，不论是科学还是艺术方面，也许安德森和其他人一样，没能展开足够的论述。

这种对于世界更加世俗的研究方法并不只在欧洲才有。但与霸权性宗教，特别是一神论宗教相关的问题是它们将最高的权力和知识归给上帝。所有男人和女人需要知道的东西都包含在宗教经典当中。这种信仰体系不鼓励人们去干预上帝的造物，然而科学则需要一些进行实验和探索的自由。宗教在另一方面则发展出了某些神秘主义的形式，比如苏菲派、卡巴拉或者基督教中与之同等的存在，它们赋予了超自然因素以极其重要的角色。天国知晓一切，是全能的，超越万有。在极端情况下，甚至任何不包含在圣经或者神秘教派中的知识都是不需要的。你可以迷失在神秘思想和实践中；不论别处发生着什么，你都以自己的方式跳舞歌唱。

很明显，如果在科学和艺术方面要发生改变，这种态度就必须被修正。关于艺术，闪米特的反偶像崇拜主义被逐渐地突破。在基督教内部，绘画的自由最早出现在某些神圣人物的肖像画上，比如据说是福音书作者路加所绘制的基督本人的肖像，它表现了基督的人性而非神性。[44] 这也是拜占庭艺术的焦点，即圣像——不带有形象背景的神圣肖像。拜占庭艺术对西欧有着深远的影响。但西方产生出了背景的概念，特别是在文艺复兴早期透视法发展出来（或者说是被重新发展出来）之时。背景自身已经是一个世俗化因素，因为它在神圣人物之外促进了人们对风景的兴趣，尽管背景当然也是在宗教情景之中。最终意大利文艺复兴将"神圣人物"的范围扩展到了皇室成员、教士及其他艺术的赞助者，但也采用了某些古典主题，比如波提切利著名的《维纳斯的诞生》。像普桑（1594—1665）这样的画家给予自然越来越多的强调，但他的作品依然是"古典"的，被罗马雕像和远景的人物所占据。之后，人物经常消失，让位于对自然的浪漫关注。这可能在保罗·塞尚（1839—1906）的作品里达到顶峰，他以一种收敛的方式希望将真实的色彩涂在这些画作上，并"用普桑的方式描绘自然"，[45]即用"自然"的颜色绘画，并且其中不包含人物。的确，塞尚最后阶段与早期抽象绘画和法国、俄罗斯及其他地方形象表现的缺席有着密切的联系。

在这场艺术的发展中，我们不太容易明白在之前时代中宗教在生活中居于何等中心的位置，这些时代与后文艺复兴、后启蒙运动的西方世界有多么不同。在所有活动领域中都是如此。扎夫拉尼在写到犹太社区中的婚姻时，将其描述为"一种宗教法律制度"，[46]婚礼上通过婚姻祝祷词而赋予其神圣色彩，并包含一系列诵读宗教术语的仪式；在当时的基督教和伊斯兰教当中也是如此（在某些方面，到今天依然如此）。如果婚姻涉及宗教仪式，这等于主张对配偶的选择权不应当仅仅归属婚姻当事人，对子女的教育也应当由主流的教条来组织，而这种教育的主要目的是为了宗教本身，而非取得世俗知识。婚姻意味着宗教的内婚制，你只能在同一宗教内选取结婚对象，与本宗教以外的人相爱是不被认可的，并且主要出于教派的目的，年轻的男性后代至少要学会读和写。世俗知识的取得经常发生在另一种情景下，主要不是在亚伯拉罕宗教所设立的学校，而经常——如果不是全部——是在家庭或非正式场合中。孩子跟随父母在家学习某一行当。教育是为了宗教社会化的目的，不是为了向受教育者提供新的前途和不同的机会。这也是文艺复兴在欧洲的基督徒社区中成为如此重大的一项突破的原因，它从异教资源中寻找灵感，并且减少了因其一神教教义而曾经占据主导地位的宗教所控制的领域。并且，对于许多人，在许多情景下，宗教依然扮演着这样的角色。文艺复兴没有做到的是将西方世界从宗教中全部解放出来，但它确实限制了宗教的影响，特别是在艺术和科学领域。

正如我之前所说的，这种主导地位对于今天的西方人而言很难全部理解，不论他们属于亚伯拉罕宗教的哪一支。比如，西方人写作的印度史很大程度上受到启蒙运动的影响，这场运动将世俗思想推动到了比文艺复兴更深的层次。这意味着欧洲历史学家"为一种……不是一神论的宗教所困惑，没有历史创立者，或者特定的神圣文本，或教条，或教士组织"。[47] 用我自己的话说，印度宗教并不是霸权性的，而且并不以同样的方式阻碍文化或知识上的多样性；"多样、多种的宗教在这里被实践着"。[48] 但后启蒙运动的欧洲历史学家并没有给予这种具有较少规范性的教义以足够的重视，宗教的影响不可能得到适当的评估。另一方面，对东方文化的研究的确给了西方的某些成员以希望：可能有另一种与希腊的理性主义复兴不同种类的文艺复兴，"灵性的"东方可以补充欧洲的规则、理性与物质主义，这种思想根植于德国（某种程度上也包括英国）浪漫主义当中。[49] 这种文艺复兴与之前发生在西方的文艺复兴的方向有很大不同，也是对其世俗化色彩的一种回应。

不过，"现代"历史学家对于印度的不理解，部分原因在于对一种一神论信条和转变的文字宗教所残余的坚持。在口头社会中，超自然世界更加兼收并蓄。多神论宗教也是如此，比如印度教的例子——它最终吸收了佛教。他们对世界的解释依然存在于超自然和超验领域。即便如此，在这些社会，也有某些特定的文化繁荣时期，更加世俗形式的推理至少在某些活动领域中走向前台。在其大部分国民中存在种类丰富的对诸神之信仰的中国，精英的儒家思想产生了祖先的经典（除了佛教的经典以外），这是后来的文人时常回顾的对象。在这个层面上，儒家基本上是一种世俗教义，相比于超验教义之下的社会，儒家的统治为研究提供了更加自由的环境。在中国，科学的发展保持着相对的连续性，就像李约瑟通过关于植物和动物知识的例子所展现的。也存在一些极具活力的时期，但中国在国家政体、经济和意识形态因素等相关方面同样也经历高峰和低谷。

关于欧亚大陆上这些不同的繁荣时期并不完全相互独立，存在着理论上的可能。我们已经提到基督教对于犹太解放运动和伊斯兰世界对基督教世界文艺复兴的影响。但我将讲到更广泛的影响。毕竟，到 16 世纪——在某些案例中时间远早于此——欧亚大陆上的主要社会之间已经直接或间接地进行交流，主要是通过贸易或其他形式的交换，但也会通过征服战争，特别是匈奴人和欧洲的蒙古人。贸易则依赖于生产，甚至在初级物品——金、银及其他金属的例子中，它们的交换需要生产而不是制造。但在各个案例中都涉及互相交换，而这种交换又可能包括一种新物品和技术的发明所包含的"文化"的转移——比如从东方传到西方的纸、印刷术、指南针、火药，以及从西方传到东方的透视法和钟表。关系也发展起来，不论是敌对的还是友好的。但商业和商人的流动依然在继续：突厥人的旅馆、浴池和清真寺分布在东西方的贸易路线（例如在威尼斯）和做出司法裁决的地方，例如伊斯坦布尔。所有一切都处在持续的交流当中，比如意大利的银行家和伦敦伦巴第街的商人，以及北德意志汉萨同盟的城镇。

这些商业活动包含许多种商品，但如同我们从佛罗伦萨的羊毛（美第奇家族是布料商），卢卡和博洛尼亚的丝绸布料，埃及的亚麻，印度的棉和中国的丝绸中所看到的，纺织是这种贸易的一个基本特征，其利润支持了许多复兴运动。研究开罗犹太人的历史学家戈伊泰因注意到"中世纪时地中海地区的主要工业"是用于进行这种交换的纺织；[50]更早以前，埃及生产的亚麻地位十分重要，成了图利尼德时期（868—903）及之后的法蒂玛王朝黄金时代经济繁荣的基础。亚麻在大地主的地产上生产，大地主们又会向这个行业进行再投资，并在国家或私营"工厂"（比如在提尼斯）进行纺织生产，然后进行包括出口在内的广泛交易。在欧洲也是如此。"纺织业在经济发展和中世纪及文艺复兴中的意大利城市，低地国家，和英格兰的发展中所扮演的角色……曾是研究中世纪欧洲经济历史的核心。"[51]

这种交换导致了各地商人和制造业群体的建立。在近东，戈伊泰因提到8和9世纪时的一场资产阶级革命；[52]这场革命对于商人尤为重要，但它也使有学识之士自富人当中兴起成为可能，比如哲学家迈蒙尼德的家族，他们曾涉足于印度的宝石贸易。类似的群体也存在于远东，正如我们之前看到的，在中国和印度，并且有类似的意识形态。在这些地方，商业组织的重要性超过人们通常所认为的程度。"古代印度的理想，虽然可能并不与西方一样，也丝毫不排斥赚钱。印度不仅拥有热爱奢侈品和寻求闲暇的阶层，同样也有寻求财富的商人和繁荣的工艺人阶层，他们如果没有受到像婆罗门和军人那样的尊重，在社会中的地位也依然是很高的。"[53] 这在中国和日本也是一样，许多地方商人发展出一种富裕的城市文化，虽然他们不时遭受歧视。

在这些商业条件下，生产并不是单单基于家庭活动，而是在其他机构中进行。孔雀王朝不只拥有纺纱和编织工坊，还拥有制造武器及其他军事补给品的工场，雇用领取薪酬的手工艺人。国家还开发大型的矿藏。但私人生产也存在巨大的空间，其中有些涉及面向广大市场而进行的大规模生产（因此也是"个人主义的"）。在建筑及其他行业，一种涉 270 及精细劳动分工的工业组织形式由被雇用的合作性的工人群体组成。这些工作经常由同业公会管理，它们在多数城镇的经济中发挥着重大作用，在那里公会也拥有自己的政治角色，其中有些在至少早至佛教时代（从公元前 5 世纪起）还拥有自己的民兵组织。

如此广泛的贸易很显然受到了可接受的交换媒介之使用的促进，这些交换媒介包括依赖识字能力和信任关系的纸币。金属货币可能首先从近东被引入到印度，但等同于货币的物品，如贝壳则在更早的时期就已经存在。出借金钱收取利息的行为也非常普遍，像在伊斯兰和犹太教世界——尽管存在对高利贷的限制；银行家的数量很多，他们经常是同业公会的领导人物，在地方议会当中代表公会成员，通过这样的方式参与到了政治决策当中。一般由临时性的康曼达类型的协会组成的商业公司联合在一起进行航海探险，与西亚和东南亚进行广泛的贸易。使团被派往罗马等地，商人们时常到访近东，在索科特拉岛建立了一个相当大的印度殖民地。布料和包括糖与米在内的各种奢侈品，以及算命师和娼妓都流向近东。除了金子以外，印度所需要的回报很少，虽然罗马陶器（砂器）和葡萄酒、金子、女奴等一切奢侈品也经常出口到东南部的阿里卡曼陀。不论此种广泛的贸易在什么时间、什么地点出现，识字能力很明显地在算账，尤其是远距离贸易中扮演着重要角色，因为识字能力的优势之一在于在不需要面对面交流的情况下，使得跨越空间的人际交流成为可能。

我之前已经主张过，在早期广泛出现的商业活动的规模受到了书写之创新的促进。的确，有人已经提出交换对于美索不达米亚早期书写系统的完善是十分重要的，在这个系统中，物质的象征由书写的标记（符号）来表示，它们被写在包含这些符号的黏土信封上。[54] 当然，交换在此之前已经长期存在，但书写促进了更复杂形式的信用，特别是后来的纸币。有大量证据显示为何"实用性的读写"对于商业交易的完善如此重要。[55] 因此，我们之前主张书写对于政治和宗教事务的重要性，特别是在亚伯拉罕宗教当中，读写教育被宗教人士所垄断，因此学校最初都严重偏向对宗教文献的读写能力培养。但无论如何，271 商人及这类学校中某些学生的父母也出于其目的，发挥着有利于实践性教育的影响。在任何主要的文字社会中，学校从来都不仅仅是宗教性的，因为一定比例的孩子总是会成为商人，而商人为了进行他们的工作，需要书写的能力。因此存在计算和书信书写方面的指导，而其他学生则是为了管理复杂的国家而学习书写，特别是中国为官僚统治的目的而进行的教育。

在中国，商人当中进行世俗读写能力培训的动力尤为强大，在印度也是如此，那里在大规模商业中使用的会计系统显然也是基于书写。这种技术对伊斯兰世界也是十分重要的，不只是对于宗教、翻译、贸易、行政管理和科学，在另一个相当不同的环境下也是如此，就像罗迪森所展示的那样，它使得商人有能力建立起食谱的收藏，这样就让他们的菜肴，更广泛地讲，使他们的文化更加精细。[56] 并且很明显，欧洲也是如此，尼古拉斯已经向我们展示了佛兰德商人的孩子所接受的学校教育的重要性，佛兰德商人是引导北方经济恢复的众多人群中之一。[57] 在英格兰的伊丽莎白时代，当宗教改革运动将英格兰从天主教会的垄断下解放出来以后，文法学校通过皇家宪章发展起来，并受到商人后代的资助，而他们后来的活动不可避免地影响了这些学校的课程设置，尽管学校的教导依然在很多地方是宗教性的。因此教育的世俗方面在增加，尽管这个因素在历史上从没有完全消失过。

我已经给重生过程中读写能力和通讯方式以根本的重视。但是，正如我们已经看到的，读写能力可能是非常有限的。有人认为波斯的一种文字形式只用于皇室铭文，[58] 又有人认为美索不达米亚的早期文字可能是由商人为着商人本身的目的而发展的，还有人认为早期基督教、犹太教和伊斯兰教中书写的使用主要是为了宗教目的。当文字主要是由资产阶级所使用时，它才真正成了对更广泛的文化具有重塑性作用的因素，并且导致了文化繁荣的产生。当然，它的出现之前曾对于政治／法律、经济和宗教制度发挥了巨大作用，正如我在别处试图说明的那样，[59] 但如我们已经探讨过的那样，为了在广泛的文化意义上更有效果，它必须被提供给更广泛的人群。在任何一场重生当中，重要的是你回顾

272 的是什么。很显然，在一些纪念性的文献中，我们只能检视到公共铭文（虽然在波斯存在其他书写形式）。回忆这类文字的内容不会产生出文化繁荣。这依赖于书写的用途，书写必须覆盖社会生活的广泛领域。超验的使用本身不会有这种功效，除非是对宗教知识的更新。当然，以文字方式进行的回顾可能降低为一种纯粹模仿，比如许多复制希腊或拉丁诗句的学术努力，或者是拜占庭学者创作与古希腊文文献等同的作品的努力。这种过程近乎造假，但它无论如何代表了一种极端形式的保守或者复制。[60]

在这一部分，我也出于显而易见的原因而强调了贸易的角色。首先，在我看来贸易对于欧洲文艺复兴有至关重要的作用，特别是欧洲内部和地中海商品交换的重建，阿拉伯人对地中海控制的终结，威尼斯和其他意大利城市与近东以及从近东到波斯、印度和中国之间商业额度的增长。其次，东方的历史倾向于强调政治方面，或者作为前者的替代强调内部经济，而不是与外界的交流。正如萨帕在评价她同行时所说的那样，"过去，印度的历史基本上是基于陆地的，海上贸易居于边缘地位"。[61] 在思考关于商品交换和复兴的更广泛的历史时，要克服这种偏见。在印度，曾存在着活跃的与波斯湾、阿拉伯半岛、埃及、土耳其以及通过红海与埃塞俄比亚和非洲东海岸的贸易。这些贸易所包含的某些商品通过陆路又传播到北非、撒哈拉以南的非洲和欧洲。一系列对于意

258

大利文艺复兴有着基本的重要性的商品交换受到推动，因为贸易意味着知识商品也会涉及其中。

但我们没有理由认为所有领域都在同时发生了这样的突破式发展，不管是艺术还是科学。我之前曾提出，探索我们周围的自然世界和在宗教环境下艺术的扩张，一定程度的世俗化是必需的，尽管超验信仰依然在另外一些限定的领域中继续存在。艺术变得相当多样，宗教只是诸多主题中的一个。意大利文艺复兴的独特性由此进入它的历史背景中，通过回顾过去，文艺复兴重审了一个"异教"文化，躲开了许多基督教之前加在科学和艺术活动上的限制。关系的放松也发生在贸易和与东方文化的知识交换当中——尽管东方人是异教徒。这种限制的放松也不时发生在伊斯兰和犹太教世界中，以及宋代的中国；在印度则存在着更多的文化连续性。不论如何，在阿拉伯文、中文以及梵文中，也存在一种重要的连续性因素，在这些地方回顾过去在语言学上涉及在过去和当下之间持续的接触，而在欧洲（和早期的伊斯兰世界），回顾过去依赖于对外文文献的翻译——有时反之，依赖于将文献翻译成外文（比如拉丁语），而这些语言显然对多数人来说是无法掌握的。这一内生的过程与在另外一些社会中的复兴相当不同，在这些社会里，复兴属于一个以相当不同的语调来表达自身的文化。在欧洲和早期伊斯兰世界的例子中，尽管文化重生涉及翻译其他语言的文献，文艺复兴的进步事实上包含了知识和创造性活动向地方语言的转移，换句话说，涉及方言化。当然，就范围更广泛的人群的参与，特别是技术专家和工匠而言，在这方面文艺复兴为向"现代化"的更持久的进步布置了背景。正如博尔加所言，任何有阅读能力，而不仅仅是有能力阅读古典语言的人都开始熟悉知识。[62]

通过这种对艺术，尤其是对科学的世俗探索方法之可能性的建立及制度化，意大利文艺复兴促进了对世界的改变。

这种制度化部分地是在大学和学院中保存的非超验知识的结果。它也与支持这些学院的内部经济的变化有关，通讯手段也深刻地参与进了这一过程。印刷机使人类在先前所学的基础上积累成为可能；

"人文主义思想最终留存下来可能的确要归功于古腾堡的发现。"否则，像 12 世纪的复兴一样，它可能"被一种新的经院哲学完全改变"。博尔加认为，它并没有创造文艺复兴，但是"帮助革命性的思想存活了下来"。[63]

外部经济也是重要的，因为它随着发现美洲和殖民世界其他部分而扩张，使得大规模的生产和交易活动的增长成为可能。伴随着动力控制技术和操纵机器所需的工作组织，更大的市场意味着大规模工业企业的发展。

这样，我的主题即为：所有拥有书写这种对商人、官员和学者以及教士来说非常重要的技术的社会，会回顾在早先时期写下的文献，而这种回顾之后有时会出现突破式的发展。然而，在宗教领域的回顾尤为重要，宗教领域并不欢迎进步与变化。所有有文字的宗教都会回顾过去，亚伯拉罕宗教会回顾犹太圣经及后来的积累，多神论的印度教徒会回顾吠陀文献，佛教徒回顾他们的经籍，耆那教徒也会回顾他们的经典。但在更加世俗的中国也是如此，人们会回到孔子及那时的其他学者那里，这些人物经常被当作权威而被引用；所有文字社会都会回顾宗教或非宗教的文献。这个过程并不总是导致一场重生；它有时可能会涉及保存和延续，尽管引用过去文献也可能刺激新的文化活动，甚至为一场突破式发展提供资源。当这种回顾涉及复兴一个有不同意识形态的文化时，一种更重要的刺激因素就会产生，比如在古典的非基督教世界可供人们回忆，并在生活的许多方面促进了更世俗方法产生的欧洲。罗马帝国的衰落曾导致西方城市经济的崩溃。城镇的重要性降低，它们之间的贸易也因此受到影响。地中海不再是经济活动的中心，直到欧洲与东方和南方的商业再度兴起，而从波斯、印度和中国，一直到整个欧亚大陆，这些地方的城市与商业文化一直存在。在这些地方，并不存在西欧所经历的那种衰退，尽管并不是没有受到过打断，印度和中国的发展更具有连续性。并且，不考虑伊斯兰世界的话，印度和中国也是更加多元的。与这些东方文化的交流刺激了改变，这些改变最终导致意大利文艺复兴发生，包括贸易的回顾、更广泛的方法的复活和与过去及当代的文化联系

274

的更新。但这些其他的文字社会中的每一个都有其回顾过去的时期、有其文化繁荣和自己的复兴——在超自然解释不时受到挑战，更加世俗的人文主义兴起的时候。站在社会学的立场上来看，复兴运动有很多，且并不局限于"资本主义"或者西方。欧洲的经历并不独特，它也不是一座文化的孤岛。

尾 注

前言

[1]　关于资本主义，现代性与工业化的关系，参见本人的 *Capitalism and Modernity* (Goody 2004)。

[2]　Dumont 1963.

[3]　Durkheim and Mauss 1967[1903].

[4]　Lévi-Strauss 1949.

[5]　Goody and Watt 1963.

[6]　Goody 1977.

[7]　Childe 1942.

[8]　Goody forthcoming.

[9]　Goody 1982.

[10]　Goody 1993.

[11]　Goody 1986.

[12]　Goody 1976.

[13]　Goody 2004.

[14]　Goody 1997b. 这不仅仅是崇拜图像，也是崇拜他们所造之物。但就像我之前所论述的，在天主教会中一直有圣像崇拜的趋势，但在后来被加尔文主义所反对。

第一章

[1]　尽管将这一时期命名为"文艺复兴"是较晚才发生的事情，但自从彼特拉克开始人们就已经意识到这一时期与我们所称的"中世纪"之间存在着断裂。

[2]　Toynbee 1954: 4.

[3]　Toynbee 1954: 4.

[4]　我对这种"亡灵"比喻的使用是有别于汤因比的——他在作品中不知疲倦地大量使用这个比喻，在《历史研究》第九卷 128-129 页随处可见。

[5] Toynbee 1954: 166.

[6] Toynbee 1954: 56.

[7] Bury 1924: 48; Toynbee 1954: 67.

[8] 关于古代的讨论，见 Toynbee 1954: 68-9；关于现代的讨论，见 Fontenelle 1716[1688], Wotton 1694, Swift 1704 and Bayle 1697, 这是狄德罗《百科全书》的先驱 (Diderot 1772).

[9] 对于意大利宗教活动在其他领域的延续乃至扩张，见 Crouzet-Pavan 2007；关于宗教改革，见 Bublack 2005。

[10] 前者是 Bereson (1952) 等艺术史学家的课题，后者则是李约瑟 Needham (1954-) 等科技史学家的课题。

[11] Jardine 1996.

[12] Fontenelle 1716[1688]: 147.

[13] Bolgar 1954: 96.

[14] Bolgar 1954: 127.

[15] Crouzet-Pavan 2007: 57.

[16] Crouzet-Pavan 2007: 86.

[17] Eckstein 2005: 6-7.

[18] Augustine 1945: 426; 他还写道："在灵魂中存在着……一种贪欲，并不以肉体享受为乐，而是以感官知觉为乐。这是一种以知识和科学的名号来粉饰的徒劳的好奇心……为满足……这种病态的渴求，人们研究超出自己控制范围的自然的运转，这之中没有益处，人仅仅是为求知而求知。" (Augustine, *Confessions* 10: 35: 54-5; trans. Chadwich 1991: 210-12).

[19] Vernant 2006[1979].

[20] Assman 2001[1984].

[21] Berenson 1952: 4

[22] Beck 1999: 10.

[23] 在他之前，意大利人已经有了类似做法。

[24] Bell 2007: 186.

[25] Beck 1999: 7

[26] Burckhardt 1990[1860]: 63.

[27] Crouzet-Pavan 2007: 346.

[28] Evans-Pritchard 1940.

[29] Goody 1997a: 75.

[30] Chambers 1903.

[31] Goody 1972: 230f. line 477.

[32] For the Bagre see Appendix 3.

[33] Kristeller 1990: 20.

[34] Crouzet-Pavan 2007: 511,532; Gilli 2004.

[35] Bolgar 1954: 20.

[36] Bolgar 1954: 48.

[37] Bolgar 1954: 49.

[38] Burke 1978: 4.

[39] Bolgar 1954: 62.

[40]   Bolgar 1954: 62.

[41]   Bolgar 1954: 86.

[42]   Bolgar 1954: 86.

[43]   Bolgar 1954: 89.

[44]   Almaqqari 1855-61: 256.

[45]   Hariz 1922: 110.

[46]   Toynbee 1954: 134-5

[47]   Spufford 2002: 255.

[48]   最早是在 1235 年，以较为粗糙的工艺在热那亚制造；见 Burns 1981。

[49]   Spufford 2002: 357.

[50]   McDermott 2006: 43.

[51]   McDermott 2006: 48.

[52]   Eisenstein 1979.

[53]   Goody and Watt 1963.

[54]   McLuhan 1962.

[55]   Ong 1974.

[56]   26 年前，诗人的冠冕则被授予了穆萨托。

[57]   转引自 Innis 1951: 24

[58]   Bernal 1954.

[59]   Spufford 2002: 93.

[60]   Sombart (1913[1911]) 和 Veblen (1925[1899]) 的作品中强调了奢侈品的重要性。

[61]   Crouzer-Pavan 2007: 315.

[62]   Spufford 2002: 82.

[63]   Spufford 2002: 19.

[64]   Spufford 2002: 29.

[65]   Spufford 2002: 489.

[66]   Spufford 2002: 48.

[67]   Spufford 2002: 29.

[68]   Spufford 2002: 410.

[69]   Spufford 2002: 119.

[70]   Spufford 2002: 390.

[71]   Spufford 2002: 441.

[72]   Spufford 2002.

[73]   Goody 1998, chapter 11.

[74]   Hobsbawm 2005.

[75]   Hariz 1922: 19.

[76]   Thapar 2002: 306

[77]   Rostow 1959.

[78]   Howard 2000.

[79]   Gibb 1950.

[80]   Zhang 2006.

[81]   Khalidi 2005.

[82] 亚里士多德也被许多人认为是"第一位伟大的教师"，Robinson 1996。

[83] Pomeranz 2000.

[84] Carboni 2007: 15.

[85] 这些在印度南部地区的基督徒属于聂斯托利派，他们在第五世纪被定为异端，可能在 6 世纪早期逃至印度。

[86]   Goitein 1963.

[87]   Brotton 2002: 3.

第二章

[1] Elgood 1951: 153.

[2] 在马蹄铁贸易中的联系尤为密切。它同地中海沿岸的纳尔博纳、马赛以及不列颠均有往来。(Etienne 1990)

[3] Labouysse 2005.

[4] Iancu 1995: 57.

[5] M. Bernal, private communication and forthcoming

[6] Brotons 1997: 199.

[7] Brotons 2005: 183.

[8] Brotons 1997: 189

[9] 'sur leur demande'，Brontons 1997: 205.

[10] Achebe 2001.

[11] Hobsbawm 2005: 16.

[12] 在图卢兹的西哥特王国，由官员选拔医生和教授 (Labouysee 2005: 32)。

[13] Hariz 1922: 91.

[14] Zucherman 1972.

[15] Iancu 1995: 30.

[16] Iancu 1995: 24.

[17] Bourain 1986: 96.

[18] Iancu 1995: 57.

[19] Hariz 1922: 28.

[20] 依据 Clot (1999: 270) 的说法，他还写作过一篇希伯来文著作。

[21] Hariz 1922: 30.

[22] Hariz 1922: 38.

[23] Toaff 2000.

[24] Blazy 2001.

[25] Bolgar 1954: 243.

[26] Bolgar 1954: 243.

[27] Bonnet 1992.

[28] Bonnet 1992: 27.

[29] Troupeau 1995: 228.

[30] Troupeau 1995: 230.

[31] Troupeau 1995 for an account of this school.

[32] Adams 1966.

[33] Goody 1983.

[34] Hariz 1922: 24.

[35] Havelock 1963; Goody and Watt 1963.

[36] 布齐格大学的保罗博士（Dr. Paul）和伊连·布拉斯博士（Dr. Hélène Bras of Bouziques），巴恩斯大学的吉尔伯特·刘易斯博士（Dr. Gilbert Lewis of Barnes）对本章的完成做出了极大贡献；另外还要为我访问萨勒诺的旅行而向维罗纳大学的瓦妮莎·马赫教授（Prof. Vanessa Maher of Verona）致谢。

第三章

[1] 奥古斯丁引用《圣经·哥林多前书》中的经文"知识是叫人自高自大，唯有爱心能造就人"，并评论说"关于有朽之物的一切知识都是卑下的"(1945: 270)；知识来自于上帝，并且属于上帝，并非人的创造。这并不是知识社会的建立所需要的思维模式。

[2] Reynolds and Wilson 1968.

[3] Burke 1998: 60.

[4] Burke 1998: 31.

[5] Gutas 1998: 177.0

[6] See Bakhle 2008.

[7] Bousma 2002.

[8] Jurdjevich 2007: 249.

[9] Jurdjevich 2007: 251.

[10] Jurdjevich 2007: 251.

[11] Skinner 1978.

[12] 当然，在博洛尼亚大学之前就有甚至包括专业人士参与的法律的教学和实践。但这种活动是通过私立机构和学徒制（在早期律师的办公室内）进行的，而不是在专门的法学院 (Bolgar 1954: 143)。

[13] Goody 1998.

[14] Goody and Watt 1963.

[15] Finley 1972: 20.

[16] Mir-Hosseini and Tapper 2006: 9.

[17] Diogenes Laertius 1925 1: 14.

[18] Dudley 1937.

[19] Goody 1998.

[20] Malinowski 1935.

[21] 关于这一点，同样可参见 Worsley 1997 关于不同种类的知识的论述。

[22] Charbonnat 2007.

[23] Charbonnat 2007: 55.

[24] Charbonnat 2007: 54.

[25] Finley 1973; Goody 2006.

[26] Olmstead 1948: 328.

[27] Olmstead 1948: 340.

[28] Charbonnat 2007: 142.

[29] 关于伊朗最近在这一问题上之立场的概述，见 Mir-Hosseini and Tapper 2006。

[30] Goody 1983.

[31] Wroe 1995.

[32] Spufford 2002: 88.

[33] Elsner 1998: 248.

[34] Sisam 1953 [1921: ix – x.

[35] Sisam 1953 [1921]: xiii.

[36] Sisam 1953 [1921]: xx.

[37] Sisam 1953 [1921]: xxxi.

[38] Reynolds and Wilson 1968: 110.

[39] Bolgar 1954: 191.

[40] Bolgar 1954: 201.

[41] Gutas 1998: 89.

[42] Gutas 1998: 91.

[43] Ibn Ridwan, cited Gutas 1998: 93.

[44] Charbonnat 2007: 170.

[45] Witt 2000.

[46] Charbonnat 2007: 174.

[47] Charbonnat 2007: 406.

[48] Hobsbawn 2005.

[49] Gilson 1944: 386.

[50] Gilson 1944: 397.

[51] Gilson 1944: 406.

[52] Goody 1998: chapter 11.

[53] Crouzet-Pavan 2007: 489.

[54] Ginzburg 1992.

[55] Oppenheim 1964.

[56] See Southern 1970: 29ff. for a fuller discussion of the meanings of humanism.

[57] Crouzet-Pavan 2007: 489.

[58] Lewis 2002.

[59] Dumont 1963.

[60] Goody 1986.

[61] Elias 1994 [1978].

[62] Brotton 2002.

[63] Howard 2000.

[64] Caskey 2004.

[65] Lewis 2002.

[66] 见 Miller 1961: 96。

第四章

[1] 关于本章，请参见 M.G.S.Hodgson 的 *The Venture of Islam*, 3 vols., 1974。

[2] Gutas 1998: 12.

[3] Waldman 1997: 109.

[4] Labib 1969: 81.

[5] Labib 1969: 82.

[6] Labib 1969: 85.

[7] Labib 1969: 87.

[8] Waldman 1997: 114.

[9] Irwin 1996: 40.

[10] Saliba 2007: 1.

[11] Pokorny 2009: 51.

[12] Leclerc 1876.

[13] Gutas 1998: 16.

[14] Gutas 1998: 18.

[15] Gutas 1998: 143-4. 在阿拔斯时期以前已有由梵文译成巴列维文的作品，特别是天文表。但在曼苏尔统治时期，有一个印度使团到访，其中一位成员带来了那些后来被翻译并以 Zig al-Sinlhind 出版的天文表。法扎里使用的就是这些天文表。

[16] Gutas 1998: 45-6.

[17] Gutas 1998: 54.

[18] Kraemer 1986: 76.

[19] Sarton 1927: 423-4

[20] Khairallah 1946: 24.

[21] Djebbar 2005: 72.

[22] Gutas 1998: 118.

[23] Gutas 1998: 56ff. 不过，"智慧之屋"这一名称似乎是宫廷图书馆的统称，在前伊斯兰时代就已经存在。

[24] Djebbar 2005.

[25] Jacquard 2005: 56.

[26] Herrenschmidt 2007: 179.

[27] Robinson 1996: xx-xxi.

[28] Jacquard 2005: 102.

[29] Djebbar 2005: 32.

[30] Gutas 1998: 151.

[31] Gutas 1998: 166.

[32] See Gutas 1998: 168.

[33] Gutas 1998: 186.

[34] Jacquard 2005: 89. 在 13 世纪初期有：博洛尼亚，巴黎，牛津和摩德纳。在剑桥大学（1209 年）建立后，13 世纪 20 年代以前又有几所大学（巴拉多利德，萨拉曼卡，蒙彼利埃，帕多瓦，那不勒斯和图卢兹）也出现了。

[35] 尽管哥白尼的理论是日心说，而沙蒂尔的是地心说，罗伯茨和肯尼迪认为他们在

268

数学计算上的细节是一致的。(Isis 1959: 227-35).

[36] 请参阅 Saliba 2007. 本·马萨纳曾记载：马蒙禁止他解剖人体。虽然伊斯兰律法中并未明文禁止人体解剖，在中世纪时我们确实没有看到有这类实践存在。犹太教和早期基督教中也存在类似的禁忌。

[37] Waldman 1997: 117.

[38] Kraemer 1986: 211ff.

[39] Kraemer 1992: 13-20.

[40] Kraemer 1986: vii.

[41] Lopez 1962.

[42] Gutas 1998: 152.

[43] Kraemer 1992.

[44] Kraemer 1986: 209.

[45] Djebbar 2005, 尽管这种宣称本身是自相矛盾的，因为在 17 世纪伊斯兰教世界的许多地方存在着显著的知识方面的进步。

[46] Robinson 1996: 228.

[47] Jacquard 2005: 104.

[48] 关于经济衰弱和文化辉煌的悖论，见 Lopez 1962 和 Kraemer 1992。

[49] Crone 1996: 31.

[50] Kraemer 1986: esp.p.115.

[51] 对于这一所谓的衰落，以及为什么"伊斯兰"没有产生"科学革命"，有人认为原因是纯粹"辉格主义"的。这类答案存在的问题远比德耶巴所指出的程度更严重，因为不论十字军还是莫卧儿帝国造成的损失都比不上 14 世纪中期的黑死病，当时三分之一至一半的城市人口因此丧生。

[52] Kraemer 1986 和 1992。

[53] Jacquart 2005: 88.

[54] 卡斯提尔的阿方斯六世收复了托莱多，在那之前，自 1085 年开始他就已经从托莱多索取供奉。

[55] Kraemer 1986: 286.

[56] Goody 1998. 许多诗人的诗作得以保存，并影响了 11 和 12 世纪时的奥克西坦语和加泰罗尼亚语的诗歌；游吟诗人的作品中对马、植物、女性、鸟类和其他自然界事物的描绘，以及对诗歌意象、人物、态度和风雅的编排方式，在中世纪的拉丁诗歌中是不存在的，却可以在一直向上追溯到阿布·努瓦斯等早期阿拔斯王朝诗人的西班牙-阿拉伯文集中见到。某些语句和意象（比如鸟儿的语言）在一个世纪后的克雷蒂安·德·特鲁瓦的作品中也可以见到。残存至今的历史最悠久的作品（阿基坦的威廉创作的诗歌）大部分是单一尾韵（全诗都押相同的韵脚）。即便是最早的"武功之歌"也是以单元韵写成的，这在中世纪拉丁诗歌中并不常见，而单一尾韵律却是阿拉伯诗作的常见特征。

[57] Schimmel 1997: 67.

[58] 这种黄金时代的观念是 19 世纪时建构的；其主题（经常是同性恋的）和风格（雕琢、矫揉造作）并不被西方的东方主义者和西化的阿拉伯文学批评家所欢迎。

[59] Miquel 1995: 177.

[60] Pellat 1976.

[61] Achour 1995: 310.

[62] Achour 1995: 332.

[63] 或者是在印度佛教，甚至是印度教的影响下：两种宗教在这一区域均建有神庙。

[64] 《古兰经》基本上接受了犹太教的律法书（包括出埃及记 20: 4，利未记 26: 1，特别是申命记 5: 8 关于人造的像），并且的确复制了这些诫命中的大多数内容，但不包括此条。

[65] Saliba 2007: 235. 在任何情况下，对图书馆的毁坏程度都是巨大的，据说当时底格里斯河河水变成了墨水的颜色。

[66] Pamuk 2001[1998]: 401. 这一事件可能是作者虚构的想象。

[67] Pamuk 2001[1998]: 198.

[68] Pamuk 2001[1998]: 190. 伊斯法罕的穆罕默德和伊斯梅尔·米尔扎王子都可能是作者虚构的人物。

[69] 努斯雷特·何贾的原型可能是基于在宗教教规上持严厉立场的比伊特的穆罕默德（1522-1573）。

[70] Pamuk 2001[1998]: 132.

[71] Pamuk 2001[1998]: 135.

[72] Pamuk 2001[1998]: 295.

[73] Pamuk 2001[1998]: 325.

[74] Weber 1966[1921].

[75] Musallam 1996: 176.

[76] Waldman 1997: 104.

[77] Goody 1967: 104.

[78] Dale 1996: 64.

[79] Chardin 1988. 类似地，据说在成吉思汗统治下的"蒙古和平"时代，以及帖木儿的统治下（13 到 14 世纪），一个人可以头顶着一个金碗，从帝国的这头走到那头（比如，从安纳托利亚到中国海）而不被抢劫。

[80] 关于麦加在伊斯兰教之前处于何种状态的问题依然存在疑问。穆罕默德的部落——巴努·古莱什掌管着克尔白神庙（见 Crone 1996）。

[81] 见 Dols 1977.

[82] Chaliand 2004: 75.

[83] Fennel 2005: 237n.

[84] Muqaddimah iv.42.

[85] 阿拉伯语为 dhikr，"纪念安拉".

[86] Landau 1977: 69.

[87] Zeevi 2006 中有一章专门讨论影子戏中的性因素。

[88] Achour 1995: 337.

[89] Miquelon 1995: 165.

[90] 伊本·哈兹姆在伊斯兰世界主要被当作一位扎西里派的宗教学者和"异端研究者"而被纪念，他对纯文学也有涉猎。

[91] Clot 1999: 137.

[92] Jacquard 2005: 101-2，引用赛义德·艾尔·安达卢西的《有经人艾尔·乌曼姆的塔

巴卡》。

[93]   Clot 1999: 189.

[94]   Clot 1999: 271.

[95]   Clot 1999: 273.

[96]   关于 12 世纪的复兴，参见 Southern 1953，1970，以及 Bolgar 1954。

[97]   Irwin 1996: 57.

[98]   Miquelon 1995.

[99]   Miquel 1995;85

[100]   KitábfíMa'rifat al-Hiyal al-Handasiyyah, Atil 1981; 255ff.

[101]   Jami al-Tawarikh，"编年史摘要"。

[102]   Waldman 1997: 122.

[103]   Waldman 1997: 122.

[104]   来源于他的传记，Al-Ta'rif bi Ibn Khaldun wa Rihlatuhu Gharban wa Sharqan, Ibn
        Khaldun 1951.

[105]   Ettinghausen 1970: 131.

[106]   Musallam 1996: 191.

[107]   Atil 1981: 14; 另见 Howard 2007.

[108]   Atil 1981: 55. 通过晚期明王朝和清王朝，欧洲人在 16 世纪末期有了含钴元素的
        蓝白瓷器；这些瓷器从元王朝末期（14 世纪早期）开始在江西省大量生产，而
        它在 14 世纪中期时就大量流入埃及，这体现了马穆鲁克王朝与世界贸易的紧密
        关系。

[109]   Atil 1981: 55, 50ff.

[110]   Atil 1975, 1981: 55.

[111]   Atil 1981: 15.

[112]   Atil 1981: 15.

[113]   Ibn Khaldun 1951: 246.

[114]   Atil 1981: 17.

[115]   Atil 1981: 223.

[116]   Atil 1981: 224,225.

[117]   不论是北欧的购买者，还是中国的生产者，似乎都不太可能去阅读这些供神职人
        员穿着之用的马穆鲁克丝绸上的文字。

[118]   Irwin 1996: 69.

[119]   见 Gutas 1998: 173ff.

[120]   Goody 2006.

[121]   Waldman 1997: 127.

[122]   Pamuk 2001 [1998].

[123]   Lopez 1962.

[124]   阿尔摩哈德人是坚定的艾什阿里派，但瓦哈比派则认为他们是异端。

[125]   "瓦哈比"这个术语被其反对者滥用。这些反对者自称是萨拉菲派。

[126]   比如在建筑领域，伊斯兰教可能影响了哥特式尖拱。(Achour 1995: 337)

[127]   Djebbar 2005: 161.

[128]   Djebbar 2005: 164-5.

[129] 她对印刷机出现之后的变化的强调遭到了阿德里安·约翰斯（2002）的质疑，但事实上，两位作者都没有引入比较性的材料；爱森斯坦将其观察范围局限在欧洲，约翰斯则局限于英格兰：两本书都没有关注书写——或者印刷机出现之前的社会。

[130] 但那赫达并不总被认为是一个伊斯兰的现象，因为它的许多中心人物是阿拉伯基督徒。

第五章

[1] Cohen 1997: 393-9.

[2] 见 Berenson 1950; Julius 2000: 4.

[3] Zafrani 1996: 33; also 1995: 212.

[4] Zafrani 1996: 152.

[5] Doutte 1908.

[6] Zafrani 1996: 159.

[7] Zafrani 1996: 44. 诗句来自伊本·阿拉比；阿塔尔、埃米尔胡斯洛 (Kafir-e-ishqam, musalmani mara darkār nīst) 和很多其他作家也有类似的诗句。

[8] Zafrani 1996: 136.

[9] Zafrani 1996: 126.

[10] Miquel 1995: 104.

[11] Zafrani 1996: 259.

[12] Zafrani 1996: 81.

[13] Zafrani 1995: 275.

[14] Zafrani 1995: 246.

[15] Zafrani 1995: 247.

[16] Zafrani 1996: 87.

[17] Zafrani 1996: 89.

[18] Zafrani 1996: 113.

[19] Zafrani 1996: 139.

[20] Waldman 1997: 104.

[21] Modena 1637.

[22] Mainmon 1954: 138.

[23] Maimon 1954: 126.

[24] Maimon 1954: 107-8.

[25] Maimon 1954: 92.

[26] Hobsbawm 2005: 16.

[27] Hobsbawm 2005: 16.

[28] Zafrani 1996: 315.

[29] Hobsbawm 2005: 16.

[30] Miller 2006: 112.

[31] Zafrani 1996: 309.

[32] Zafrani 1996: 360.

[33] Hobsbawm 2005.

[34] Zafrani 1996: 126.

[35] 来自 10 世纪 Moshe ibn Ezra (1993) 的作品。

[36] Jacquart 2005: 46.

[37] Hobsbawm 2005: 16.

[38] Zafrani 1996: 70.

[39] Goldstein 1965: 16.

[40] Goldstein 1965: 12.

第六章

[1] 这是卡纳塔克邦德玛索尔和侯萨哈里的一种源远流长的传统（当地穆斯林也说这种
     语言）；并且在中央邦贾巴尔普尔附近的莫哈卡，在瓦拉纳西和一些恒河沿岸及南部
     的大型宗教城市，有无数人将之作为第二语言在日常会话中使用。

[2] Miter 2001: 9.

[3] Thapar 2002: 129.

[4] 不过这种形象表现的缺乏（以及希腊艺术在其中的作用）目前是存在争议的。

[5] 就宗教而言，反偶像崇拜主义是印度教中已经存在着的某些倾向和因素的具体表
     现——也许与 15 世纪的基督教新教和天主教中之前存在的某些观点存在差异。

[6] Subbarayappa, 'Resumé', 1971: 572.

[7] Thapar 1997: 43.

[8] Thapar 1968, 1: 19-20.

[9] Thapar 2002: 80.

[10] 这个谷仓现在被认为是一个"巨型礼堂"（Kenoyer 1998: 64; Guha 2005），庙丘的存
     在仍然存疑。

[11] 见 B.B.Lal（1997），他怀疑这一形象确实是湿婆林迦，因为这个物件过于普通。考
     古学家马歇尔在莫亨朱达罗没有发现有庙宇存在的证据，对这个明显是男性生殖
     器的形象也存在别的解释，这个形象在其他一些早期文明（如罗马）中也普遍存
     在。就湿婆而言，这个词仅以形容词的形式出现在吠陀经中与楼陀罗相关的部分，
     在《往世书》中，湿婆即由楼陀罗演进而来。但在吠陀经的时代，没有发现有生
     殖崇拜的证据。

[12] Schmandt-Besserat 1996.

[13] Kenoyer 1998: 41.

[14] Kenoyer 1998: 101.

[15] 见 Lal 1997 的附录，这里质疑了关于雅利安移民的许多建议。Kennedy 在 Erdosy
     1995: 46-66 中提出了另一个类似的观点（但其理由与前者不同）。

[16] Thapar 2002: 85.

[17] Thapar 1997: 36.

[18] 引自 Winternitz 1981 [1907], 1: 22.

[19] Macdonell 1993 [1917]: xi-xii.

[20] Winternitz 1981 [1907], 1: 270.

[21] Winternitz 1981 [1907], 1: 288.

[22] Winternitz 1981 [1907], 1: 27.

[23] Thapar 2002: 101.

[24] Thapar 2002: 111.

[25] Thapar 2002: 126.

[26] Thapar 2002: xxii.

[27] Goody 1993: chapter 4.

[28] Goody 和 Gandah 2002: xiii-xxvii.

[29] Thapar 2002: xxiii.

[30] Goody 1987.

[31] Basham 1967: 32.

[32] Basham 1967: 40.

[33] Thapar 2002: 163.

[34] Goody 和 Gandah 2002.

[35] Winternitz 1981 [1907], 1: 298.

[36] Goody 1977.

[37] 例如，在 Chadwick 1932。

[38] Thapar 1997: 36.

[39] Thapar 1997: 36.

[40] 虔诚派的影响表现在 7 世纪以后当地的政治和宗教当中，特别是从朱罗王朝一直到 16、17 世纪。在公元后一千年以内的时间中，婆罗门的宗教崇拜留下了印记，但设想有一个印度宗教，以及吠陀圣诗的时期，这种做法可能是由误导性的。

[41] Toynbee 1954: 79.

[42] Basham 1967: 249-50.

[43] Goody 1986.

[44] 可能意思是"基于物质的"，词源来自"对世界的倚赖"；这个词似乎是佛教的发明。

[45] 字面意思上是："真实—洪水—狮子"，意为"核对现实"、"痛斥现实"。

[46] 阿布·法兹勒提到帕得的追随者在 16 世纪晚期是一支相当可观的力量，他们曾攻击阿克巴皇帝主持的一场会议 (Abu'l Fazl ibn Mubarak 1977-8 [1868-94], 3: 217-18)。

[47] D. Chattopadhyaya 1959: xvi.

[48] Madhava Acharya 1914: ch.1.

[49] Needham 1956: 33ff.; D. Chattopadhyaya 1959: 335.

[50] Subbarayappa 1971: 581.

[51] Goody 1972.

[52] Shastri 1930.

[53] Shastri 1930.

[54] Shastri 1930: 22.

[55] D. Chattopadhyaya 1959: 335.

[56] D. Chattopadhyaya 1959: 64.

[57] Basham 1967: 46.

[58] 关于佛教和耆那教文献，巴沙姆认为，它们在几个世纪的时间内依靠口头传授 (1967: 46)，但与《吠陀经》相比，它们随时间流逝而不断变动。我们又是如何知道口头传授的作品到底有没有发生过变化？按照巴沙姆的说法，这可是一个知识和灵性上十分动荡的时期!

[59] Sen 1971: 38.

[60] Sen 1971: 42.

[61] 但这篇文献的作者和写作时间都受到了质疑。

[62] Basham 1967: 366.

[63] 关于土地馈赠的最早证据来自萨达瓦哈那时期，并不早于 1 世纪。

[64] Thapar 2002: 258.

[65] Majumdar 1971: 223.

[66] Majumdar 1971: 259.

[67] Jacquart 2005: 83.

[68] Mookerji 1951: 557.

[69] 见 Watters 1904。

[70] Thapar 1997: 50.

[71] Basham 1967: 490.

[72] Sen 1971: 165.

[73] Subbarayappa 1971: 584.

[74] Subbarayappa 1971: 592.

[75] Sen 1971: 212.

[76] Basham 1967: 66.

[77] 梵文戏剧是否部分地受到大夏希腊人的启示？

[78] Tharpar 1997: 47.

[79] M.R.Sastri, 根据 D. Chattopadhyaya 1959: 17。

[80] Rowland 1953: 129.

[81] Rowland 1953: 129-30

[82] Rowland 1953: 130.

[83] Rowland 1953: 129.

[84] Rowland 1953: 138.

[85] Rowland 1953: 138.

[86] Rowland 1953: 138.

[87] Rowland 1953: 145.

[88] Rowland 1953: 180.

[89] 这不再被看作是封建时期，而是地方王国、市场与经济发展、人口增长、"农民化"和许多种姓群体的成形。见 B. Chattopadhyaya 1994。

[90] Basham 1967: 77.

[91] Stein 1989: 140-6.

[92] Rubiés 2000: 237.

[93] Sastri 1975: 264.

[94] Sastri 1975: 307, 274.

[95]　Sastri 1975: 284.

[96]　Rubiés 2000: 232.

[97]　Basham 1967: 481.

[98]　Irwin 1996: 72-3.

[99]　Khan 1981: 146.

[100]　Chaudhuri 2004.

[101]　Percival Spear 1997: 95.

[102]　Shukla 1969.

[103]　Percival Spear 1997: 96.

[104]　Wolpert 1997: 98.

[105]　他后来被捕入狱，被送往曼德勒，后来在马克斯·穆勒的请求下，英国枢密院决定给予他缓刑。

[106]　为提拉克提供灵感的不仅是马拉塔历史和正统印度教，同样也包括印度数学和天文学。他的著作《猎户座，或对吠陀经遗物的研究》使用天文学知识（和之前及之后的许多著作一样）将吠陀文化历史的时间推算至公元前 4 世纪。

[107]　我们的这一结论很大程度上受益于 A. 斯里尼瓦桑教授的观察。

[108]　Thapar 2002: 280.

[109]　Thapar 2002: 280.

[110]　Thapar 2002: 281.

[111]　Thapar 2002: 281.

[112]　Thapar 2002: 281.

[113]　Thapar 2002: 282.

第七章

[1]　Gernet 2002 [1982]: 298.

[2]　现在经常有人认为 843-845 年的灭佛运动只是暂时的倒退，佛教禅宗在宋代时候又繁荣起来。10 世纪末期时佛教加速了制度上的衰落，因为从 983 年起所有佛教僧侣和做过佛教僧侣的人都被禁止参加科举考试。真正具有毁灭性的攻击发生在明代中期，当时的中央政府下令关闭大部分庙宇。地方政府侵害寺庙财产，地方大族获得了剩余的财产，取得了之前由僧侣经营的土地。

[3]　在 20 世纪 50 年代前（在美国）没有所谓"新儒家"的说法。在中国，它们被称为道学（关于道德学问）或理学（关于道德准则的学问）。

[4]　最近，基于文本和考古的理由，这一论点都遭到了质疑，因为关于当时文字被统一的论述是非常模糊的，只说了"文字被统一（书同文）"。

[5]　Gernet 2002 [1982]: 244.

[6]　Fu et al. 1986.

[7]　中国语言当中没有表示宗教的词语，直到大约一个世纪以前，从日文中借用了"宗教"这个新词。其中"教"的意思是"教育"，表示儒家、道家、佛教徒或其他"教派"所提倡的思想。

[8]　Needham 1956: xxiv.

[9]   Needham 1956: 430-1.

[10] Needham 1956: 12.

[11] Mote 1999: 326.

[12] Needham 1981: 11 (尽管萨帕认为印度有类似的黑暗时期)。

[13] Needham 1981: 11.

[14] Needham 1981: 27ff.

[15] Needham 1981: 25.

[16] 使用考古学上的发现，某些西方学者现在将青铜技术的起源和发展追溯至公元前
      3000 年到公元前 2000 年间的大草原。中国学者并没有采用这种方法，部分原因在
      于他们对关于这些外国地点的研究的无知。

[17] Gernet 2002 [1982]: 82.

[18] Clunas 1997: 26.

[19] Mote 1999: 737.

[20] 儒家思想主要关注家庭，因此它从未完全抛弃对出身的考量，即便是在政府官员
      的任命上。

[21] Gernet 2002 [1982]: 72.

[22] Clunas 1997: 29.

[23] Gazagnadou 1994: 23.

[24] Gazagnadou 1994.

[25] Goepper 1995: 281.

[26] Gernet 2002 [1982]: 32.

[27] Goepper 1995: 281. 在 8 世纪晚期，一位首相在他的图书馆中藏有三万卷轴，另外
      至少有三人藏有超过两万卷。

[28] Balazs 1964: 175.

[29] Balazs 1964; 140.

[30] Clunas 1997: 43.

[31] Gernet 2002 [1982]: 167.

[32] Lee 1991.

[33] Clunas 1997: 109.

[34] Balazs 1964: 187.

[35] Gernet 2002 [1982]: 202.

[36] Twitchett 1997: 83.

[37] Sastri 1975: 332.

[38] Elman and Woodside 1994: 545.

[39] Cooper 1973: 20.

[40] Cooper 1973: 20.

[41] Cooper 1973: 22.

[42] Copper 1973: 37.

[43] Cooper 1973: 172.

[44] Demiéville1962.

[45] Gernet 2002 [1982]: 275.

[46] Balaz 1964: 146.

[47] Gernet 2002 [1982]: 279-80.

[48] Gernet 2002 [1982]: 293.

[49] 一些西方学者认为佛教禅宗在宋代达到了其成就的顶峰。

[50] Mote 1999: 323.

[51] Elvin 1973: 179.

[52] 新儒家的主要人物并不居住在杭州。

[53] Hu Shih 1934: 52.

[54] Needham 1956: 493.

[55] Elvin 1973: 113.

[56] Elvin 1973: 179.

[57] Elvin 1973: 198.

[58] Elvin 1973: 180.

[59] 许多最近的西方学术质疑佛教影响力终结的这个问题。看起来佛教似乎在宋代很繁荣，在明代衰落。但从制度上，佛教受到了限制。

[60] Gernet 2002 [1982]: 330.

[61] Gernet 2002 [1982]: 331.

[62] Gernet 2002 [1982]: 338.

[63] Gernet 2002 [1982]: 342.

[64] Gernet 2002 [1982]: 345.

[65] Gernet 2002 [1982]: 346.

[66] Gernet 2002 [1982]: 347.

[67] Benn 2004: 225.

[68] Benn 2004: 294.

[69] Elvin 1973: 181.

[70] Elvin 1973: 180.

[71] Elvin 1973: 179.

[72] Eisenstein 1979.

[73] McDermott 2006.

[74] Barnhart 1997: 96.

[75] Barnhart 1997: 97.

[76] Mote 1976: 4.

[77] Barnhart 1997: 100.

[78] Barnhart 1997: 24.

[79] Barnhart 1997: 25.

[80] Mote 1999: 151.

[81] Mote 1999: 326.

[82] Mote 1999: 151.

[83] Barnhart 1997: 28.

[84] Barnhart 1997: 28.

[85] 在 12 世纪晚期之前，如果不是在 11 世纪，中国的航海船舶可以装载 500 担货物和 500 到 600 名乘客。不过这样的船只很罕见，大部分是有两根桅杆，能装载 2000 担或更多货物，以及少于一百名船员。

[86] Mote 1999: 324，该段落大部分都是如此。

[87] Gernet 2002 [1982]: Chapter 15.

[88] Mote 1999: 328.

[89] Elvin 1973: 314.

[90] Elvin 1973: 292.

[91] 关于资本主义，Dixin 和 Chengming 2000 提出了一个相反的观点，其中与西方的互动是一个重要的因素。

[92] Elman and Woodside 1994: 550.

[93] 中国北方长期处于异族统治之下，普通人因而在令人惊异的程度上接受了非中国的习俗，因此也震惊了受过教育的中国人，特别是南方人。但这种实践之前从帝国时代，至少 3 世纪开始，已经延续数个世纪。

[94] Silbergeld 1997: 110.

[95] Mote 1999: 507.

[96] Mote 1991: 337.

[97] Mote 1999: 75. 与 16 世纪后的荷兰和英国，和 18 世纪后的日本相比，这不大可能。当然，很难比较两种不同文字之间的"识字率"，因为它们的含义有很大不同。荷兰、英国和瑞典识字率当然与宗教紧密相关。

[98] Mote 1991: 338.

[99] Mote 1999: 769.

[100] Mote 1999: 772.

[101] Mote 1999: 773.

[102] 这些作品是：在性方面的先锋作品《金瓶梅》（书名的三个字取自三位主要人物的名字），以散文写成，其中掺杂古典诗歌；《水浒传》（关于土匪盗贼的一部书，《金瓶梅》的一处核心情节就是基于这部书）；《西游记》和《三国演义》。另一部伟大的中国古典小说《红楼梦》则会出现在清代。

[103] Lee 1991.

[104] Lee 1991: 352.

[105] Lee 1991: 355.

[106] Lee 1991: 356.

[107] Mote 1999: 763.

[108] Balazs 1964: 102.

[109] Zurndorfer 2006.

[110] Mote 1999: 928.

[111] 从现代在文献批判中对"考证"这个术语的使用情况，可以看到这场运动对经验科学和文献检查之连接的力度。

[112] 这些结论的哲学方面在他的著作《原善》（"对良善的探究"）中表现得最为明显。他在文本批判方面的才能清晰地显示在他对孟子的语义学评注上。

[113] Clunas 1997: 223.

[114] 对流行的关于过去和当今皇帝形象的"再现"的限制不时存在，特别是对那些已经死去很久的皇帝，但这项起源于明朝的法律并没有被认真地执行。

[115] 事实上，在中国并不存在古典戏剧；直到 12、13 世纪，戏剧的存在才变得明显起来，特别是在城市当中。中国的戏剧来源于乡村为其守护神或者另一个可追溯

至宋代的神祇而设立的节日。后来在蒙古人的统治下，特别是在北方，戏剧由文人写成，并在城市中演出。

[116] 这就是说，他们并不像现代早期的欧洲教会某些时候所做的那样，惩罚此类这些研究；他们也不会主动地奖赏这类活动。中国人是用官职及与之相关的无尽的特权来奖赏那些掌握，以及经常是耗费他们大部分生命来学习掌握非科学知识的人——例如，儒家文献，而儒家文献并不鼓励人们质疑这样的安排。

[117] Needham 1986: 11-12.

[118] Mote 1999: 965.

[119] Mote 1999: 966.

[120] 在这一点上我受惠于麦克德莫特博士，他最近访问中国，作了上述观察。

第八章

[1] Panofsky 1972 [1960]: 155.

[2] 引用 Panofsky 1972 [1960]: 69.

[3] Dale 1996: 78.

[4] Hodgson 1974 2: 490.

[5] Hodgson 1974 2: 570.

[6] Hodgson 1974 2: 571.

[7] Childe 1942: 159.

[8] Childe 1942: 160.

[9] Childe 1958: 73; Gathercole 1994: 34.

[10] 二者当然都是文字社会，并且当然有过回顾历史的经历。但是，前者回顾的是中国，而后者最初回顾的是萨珊时期的历史，之后是伊斯兰文化。关于萨珊帝国（226 年—伊斯兰时期），参阅 Hodgson, vol. I, 1974: 137ff. 中的总结，特别是关于其文字方面的努力，农业（灌溉）和商业（向东方的）成功，它与北印度（佛教和医学）和中国（丝绸）的关系。

[11] Furet and Ozouf 1977.

[12] Brinker 2001: 13.

[13] Elvin 1973.

[14] Jardine 1996.

[15] Toynbee 1954.

[16] Niezen 1991: 230.

[17] 见 Pollock 2006.

[18] Needham 1956.

[19] Jardine 1996.

[20] Jardine 1996: 34.

[21] Burckhardt 1990 [1860]; Burke 1998: 2.

[22] Brotton and Jardine 2000.

[23] Irwin 1996: 53.

[24] Clunas 1991.

[25]　Goody 1998, 1993.

[26]　见 Festinger 1957.

[27]　Anderson 1974a: 420.

[28]　Anderson 1974a: 421（作者使用的斜体字）。

[29]　Anderson 1974a: 422.

[30]　Elvin 1973: 69.

[31]　Elvin 1973: 69.

[32]　Elvin 1973: 284.

[33]　Elvin 1973: 286.

[34]　Childe 1956.

[35]　Anderson 1974a: 426.

[36]　Anderson 1974a: 426.

[37]　Toynbee 1954: 84.

[38]　Anderson 1974b: 416. 同时参阅 Veblen (1925 [1899]: 1)，其中不假思索地将"封建"
　　　欧洲与日本等同看待；二者都有一个"闲暇阶层"。

[39]　Anderson 1974b: 414.

[40]　Anderson 1974b: 415.

[41]　Blacker 1964.

[42]　Kraemer 1986.

[43]　Emsley 2006: 14-16.

[44]　汤因比认为，基督教背叛了犹太教反偶像崇拜和一神论（1954: 86）。

[45]　Coulange 2006: 71.

[46]　Zafrani 1996: 119.

[47]　Thapar 2002: 3.

[48]　Thapar 2002: 3.

[49]　Thapar 2002: 4.

[50]　Goitein 1967: 101.

[51]　Frantz-Murphy 1981: 280.

[52]　Goitein 1967.

[53]　Basham 1967: 218.

[54]　Schmandt-Besserat 1996.

[55]　阿拉伯文的此种应用，见 Goody 1986。

[56]　Rodinson 1974 [1966].

[57]　Nicholas 1996.

[58]　Herrenschmidt 2007.

[59]　Goody 1986.

[60]　见 Toynbee 1954: 59。

[61]　Thapar 2002: xxvii.

[62]　Bolgar 1954: 302.

[63]　Bolgar 1954: 280.

附录

一　伊斯兰、印度和中国年表

伊斯兰王朝

埃及和叙利亚	阿拉伯半岛和美索不达米亚	波斯和中亚	西班牙和马格里布	土耳其	阿富汗和印度
拜占庭和波斯统治	希吉拉 (622) 穆罕默德去世 (632)	萨珊王朝统治	西班牙的基督教王国		
早期哈里发 (632—661)					穆斯林入侵信德邦 (711)
被阿拉伯人征服 (646)				基督教统治下的安纳托利亚	
倭马亚哈里发 (661—750)			征服北非		
阿拔斯王朝 (750—1258)			西班牙倭马亚统治 (756—1031)		

土伦王朝 (868—905)	萨曼王朝埃米尔的统治 (819—999)			
阿拔斯王朝在埃及再次执政 (905—935)				
伊赫什德王朝 (935—969)	卡拉罕王朝埃米尔的统治 (999—1211)	塔伊法王国 (11世纪中期—12世纪早期)		
法蒂玛王朝 (910—1171)				伽色尼王朝 (975—1187)
塞尔柱王朝 (1068—1141)		阿尔摩拉维德王朝 (1073—1147)	朗姆的塞尔柱王朝 (1077—1307)	
第一次十字军东征 (1095)		阿尔摩哈德王朝 (1147—1269)		古尔王朝 (1148—1215)
阿尤布王朝 (1169—1271)		格拉纳达的王国 (1228—1492)		
蒙古入侵 (1258)	蒙古大可汗统治 (1256—1335)			较小的穆斯林王朝（奴隶王朝，希尔基王朝，图格鲁克王朝，赛义德王朝，洛提王朝）
马穆鲁克王朝 (1250—1517)				

莫卧尔帝国 (1504—1707)	波斯人侵；英国人侵；实际上的英国统治（从1770年代开始）			独立 (1947)	
奥斯曼帝国 (1453—1918)	俄国、奥地利、法国等人侵	一战战败 (1918)	阿塔图尔克领导的革命 (1920)		
格拉纳达陷落 (1492)					
萨法维王朝 (1502—1722)	卡扎尔王朝 (1781—1925)	巴列维王朝 (1925—1979)	霍梅尼革命 (1979)		
奥斯曼帝国 (1453—1918)	拿破仑人侵 (1798)	成为英国的受保护国 (1882—1922)	叙利亚（成为法国的受保护国（1920—1946）；一战中阿拉伯人起义 (1916—1918)	沙特王室掌权 (1932)	独立 (1922)

622　穆罕默德迁移至麦地那（"希吉拉"）

632　穆罕默德去世（伊斯兰教主导了阿拉伯半岛的大部分地区）

632—661　早期哈里发（阿布·巴卡尔；乌马尔；奥斯曼；阿里），随
　　后是哈里发王朝

阿布·巴卡尔，穆罕默德的同伴

乌马尔，穆罕默德的同伴

奥斯曼，早期改信伊斯兰教，征服了伊朗，塞浦路斯，高加索和北非大
　　部分地区

阿里（656—661年在位），勇士，军人，后来成了穆罕默德的女婿，什
　　叶派首位伊玛目

661—750　倭马亚哈里发（始于大马士革）

（伊斯兰世界向大西洋和印度、中国边界扩张）

　　倭马亚王朝第一位统治者在政变中刺杀了阿里，并征服了埃及

750—1258　阿拔斯哈里发（始于巴格达）

　　塔希尔王朝，萨法儿王朝，萨曼王朝（波斯）；中亚哈里发辖地自
　　约850年起9、10世纪受控于突厥军队（伊朗的）白益王朝的复兴

756—1031　西班牙倭马亚王朝（始于科尔多瓦）

909—1171　伊斯玛仪·什叶哈里发的法蒂玛王朝，始于马格里布（唯
　　一做过哈里发的什叶派）

972　法蒂玛王朝政府了埃及，建立了开罗，继续向叙利亚、西西里和
　　南意大利进发，在摩洛哥、突尼斯、埃及建立了独立王朝

1050（？）——突厥苏丹（包括印度，中亚）

1064—1071　塞尔柱土耳其吞并亚美尼亚，格鲁吉亚和安纳托利亚；法

蒂玛王朝的疆域在塞尔柱和马格里布的逊尼派的压力下退缩至埃及

1072—1092　大塞尔柱·马利克夏将疆域扩展至叙利亚和中国边界；巴格达的维齐尔统治

1087　马利克夏，在伊斯法罕统治，被宣告为东方和西方的苏丹

1090—1272　阿萨辛（暗杀）派活跃，主要针对塞尔柱和其他穆斯林目标

1092　马利克夏去世，他的苏丹帝国分解成互相征战的王朝国家

1095　第一次十字军东征到来，试图从塞尔柱和法蒂玛王朝手中夺回圣地

1099—　黎凡特的十字军国家

波斯在11和12世纪的文化繁荣时代

1171　萨拉丁（一位库尔德阿尤布统治者）罢黜了最后一任法蒂玛王朝哈里发

1171—　哈里发们的阿尤布（库尔德）王朝，统治着西阿拉伯半岛，叙利亚和埃及

1182　库尔德斯坦可汗的比特利斯王朝出现；统治延续至1847

1187　耶路撒冷被萨拉丁攻占

1193　萨拉丁与理查德一世签订和约，恢复了阿斯卡隆－安提阿边界；萨拉丁去世

1291　黎凡特的基督教王国亡于马穆鲁克王朝

1206　马穆鲁克（奴隶）将军库杜布·乌丁·艾巴克在德里建立苏丹国（至1290）

1250　埃及最后的阿尤布苏丹被奴隶将军艾巴克取代；埃及的马穆鲁克苏丹则延续至1517；"巴赫里"王朝因他们的（"海洋"）军团而得名；马穆鲁克（巴赫里）苏丹统治在艾巴克被谋杀之后不久即宣告开始

1260—1263　大马士革的阿尤布苏丹国和胡姆斯酋长国最后的残余崩溃；阿尤布的剩余力量抵抗哈马酋长国直到1334年

印度历史各时期

梅赫尔格尔和相关城市

约前 7000—前 5500 年的早期食物制作时期，之后是前 5500—前
2600 年的地区化阶段或"早期哈拉帕"

约前 2600—前 1700 年的印度文明（哈拉帕–莫亨朱达罗文化）
城市阶段，所谓的"成熟"哈拉帕时期，和/或公元前 2600—前
1900 年的"整合时代"
前 1900—前 1300 年的"晚期"哈拉帕阶段或地方化时代

前 1500—前 700 年所谓的吠陀时代
铁器时代，南印度巨石墓葬，恒河上游平原的灰瓷器。自约公元
前 1200 年起的摩揭陀国的早期王朝（比哈尔，奥里萨，孟加拉）

前 700—前 320 古典时代
公元前 6 世纪开始的摩揭陀的十六雄国和频婆娑罗王朝，从那
时起北方黑色抛光瓷器（前 700—前 200）开始出现
公元前 600—前 300 城市化，城市在贸易路线节点的出现——比
如恒河及其支流上的憍赏弥、舍卫城、跋蹉、占婆、鸯伽、亚醯车
多罗、拉吉哈德、毗舍离、优禅尼以及西北的塔克西拉、哈悌亚尔
和查萨达
城市国家和王国；一个国家在摩揭陀兴起，《往世书》中提到 280
了那里难陀的统治
佛陀：前 486 年大般涅槃（死亡时获得的"伟大的，完全的涅槃"）
西北遭到的入侵：
前 519 年居鲁士，波斯的阿契美尼德王朝统治者
前 327—前 326 年马其顿的亚历山大越过印度河

前 321—前 185 发源于摩揭陀国的孔雀王朝和帝国的出现，并向北印
度所有地区扩展
南方的酋邦：阿育王石柱上和桑伽姆文学中提到的哲罗、朱罗潘地亚、

287

萨地亚普特拉

前185—约300 巽伽王朝（摩揭陀国），迦罗卫罗（羯陵伽国）的统治，以
　　　及北印度的枯宁达、斯布西斯、约黑亚，摩腊婆和阿毗罗等寡头政体

约前230年 德干高原上佉娑多婆诃王朝势力的崛起

约前50—50年 罗马与印度贸易的顶峰

西北部：

前180—前165 哈斯拉，斯瓦特和旁遮普的印度 - 希腊政权

约前150—前135 米南德国王

前1世纪（约前80年）塞人和国王马威斯

帕提亚人 - 甘多福王

第一世纪的贵霜王国

关于迦腻色迦年代的争议（78年，或122—140）

西部，例如古吉特拉邦和德干高原：

1世纪的塞人诸侯王朝——鲁陀罗达曼（约150）

1世纪—3世纪中期的佉娑多婆诃之后是阿毗罗、库打卡

300—700　北印度：摩揭陀国作为帝国的基础

319—约455　笈多王朝

405—411　中国旅行家法显到访

606—647　达罗毗荼帝国（北印度）

630—643　中国旅行家玄奘在印度

西印度：

　约4/5世纪　伐迦陀迦王朝

281　6世纪中期　巴达米的遮娄其王朝，普罗凯辛一世（543—566）

　712　阿拉伯人征服信德

　7世纪—9世纪　拉什特拉库塔王朝

　10/11世纪　西拉哈拉王朝

288

12 世纪　德瓦吉里的亚达瓦王朝

1347—1538　巴赫曼尼王朝

南印度：

约 574—731　坎奇的帕拉瓦王朝

帕拉瓦，遮娄其和潘地亚之间连续的战争

约 900 年—13 世纪　泰米尔那度的西候拉王朝

985—1070　西候拉的帝国主义到达顶峰

1110　希奴瓦尔汉那统治下曷萨拉王朝势力崛起（德瓦拉萨穆德拉的曷
　　　萨拉王朝，12—13 世纪）

13 世纪　潘地亚王朝

16 世纪及以后　那邪迦王朝

1336—1565　威迦耶纳噶

东部：

波罗王朝，世那王朝

回到北方：

瞿折罗普蒂陀罗、帕马拉、乔汉、查哈马纳，例如所谓的拉其普特王国

1000—1026　加兹尼的马哈茂德入侵

1206—1526　德里苏丹国

1526—1757　莫卧尔帝国

从 18 世纪早期开始，南方和北方诸多那瓦布之间分享着权力；18
世纪 50 年代的克莱夫战役之后，莫卧尔帝国的权力和独立地位一
落千丈；1858 年，最后一位皇帝被放逐。

1739　波斯王纳迪尔入侵德里

18 世纪的地区性政权

1674—1818　马地拉帝国

1716—1799　印度西北部，奥德，海德拉巴的锡克教联盟；卡纳蒂克，迈索尔，孟加拉，贾特和罗西拉的那瓦布

1757　欧洲人统治的开始及其在普拉西战役后的扩张

1757—1857　东印度公司

1857—1947　英属印度：1857年叛乱之后，权力从东印度公司正式转移出去

1877　英帝国霸权形成

1947　独立后的现代国家

282　中国朝代

前1700—前1045　商朝

前1045—前221　周朝

　　西周　（前1045—前771）

　　东周　（前770—前221）

　　春秋　（前770—前476）

　　战国　（前475—前221）

前221—前207　秦朝

前206—公元220　汉朝

　　西汉　（前206—23）

　　东汉　（25—200）

220—280　三国

　　魏　（220—265）

　　蜀汉　（221—263）

　　吴　（222—280）

265—420　晋朝

　　西晋　（265—316）

　　东晋　（317—420）

386—589　南北朝

386—581　北朝

　　北魏　(386—534)

　　东魏　(534—550)

　　北齐　(550—577)

　　西魏　(535—556)

　　北周　(557—581)

430—589　南朝

　　宋　(420—479)

　　齐　(479—502)

　　梁　(502—557)

　　陈　(557—589)

581—618　隋朝

618—907　唐朝

907—960　五代

　　后梁　(907—923)

　　后唐　(923—936)

　　后晋　(936—946)

　　后汉　(947—950)

　　后周　(951—960)

960—1279　宋朝

　　北宋　(960—1127)

　　南宋　(1127—1279)

916—1125　辽朝

1115—1234　金朝

1232—1368　元朝

1368—1644　明朝

1644—1911　清朝

二　四位学者

对四位学者生平的简略考察——其中两位是伊斯兰教背景，另外两位则是欧洲神学和哲学领域的伟大人物——将会阐明知识交换和互动的大环境，之后医学以及更概括地说，知识的进步就发生于其中。这些人物当中的第一位同时也是医生，四位学者都参与了信仰（宗教）与理智（理性，甚至"科学"）的争斗，试图调和二者。

阿维森纳（981—1037）来自波斯，在巴格达萨曼王朝的大图书馆工作，这座图书馆后来在蒙古人入侵时遭到毁灭。他是一位外科医生，著有《治疗书》，在 12 世纪时被翻译为拉丁文；以及《医典》，这部百科全书集合了希腊、阿拉伯的医学知识来源，也收录了阿维森纳个人的成果。他传授四艺，从亚里士多德以及新柏拉图主义那里学习，并反过来影响了阿奎那和经院哲学家。

阿威罗伊（伊本·拉希德，1126 年生于科尔多瓦，1198 年逝世在马拉喀什）来自西方，试图整合阿拉伯和希腊思想。尽管接受古兰经的权威，阿威罗伊认为信仰与理性的整合不可能通过神学家的辩证法式的论断来建立，而是需要有能力解释宗教真义的哲学家的证明。在哲学上，他也吸收亚里士多德和柏拉图的成果，为几乎所有的先前著作写作评注和概要，有些通过他写作的评注和概要保存下来的先前著作是这些著作现存的唯一版本。他的观点使得他需要面对教士们的权威，1195 年在一场与基督教西班牙进行的圣战当中，阿威罗伊临时被他的赞助人，科尔多瓦的统治者阿布·优素福（雅各布·艾尔·曼苏尔）放逐。

阿尔伯特·马格努斯（约1200—1280）在巴黎执教，深受阿威罗伊关于亚里士多德的著作之影响。他的一位学生是托马斯·阿奎那。马格努斯将通过启示与信仰取得知识的途径与哲学和科学方法取得知识的途径区分开来。后一种方法依照其能力，接受过去的权威，但也使用观察法并进而通过理性和智性达到最高程度的抽象。但这些方法并不被看作是互相抵触的，而应当和谐共处。

托马斯·阿奎那（1225—1274）在那不勒斯大学开始他的研究，在那里他接触到从希腊文和阿拉伯文翻译来的科学和哲学著作。从1245年开始，他在巴黎接受阿尔伯特·马格努斯的指导进行研究，1248年搬到博洛尼亚，20年后又回到巴黎教书。阿奎那受到亚里士多德和阿威罗伊的影响，但他缓和了后者在信仰与理性方面的二元论立场。在著作《神学大全》（约1265—1273）中，阿奎那认为理性可以在信仰的范围内遵循自己的法则。自然是由结构决定的，可以通过理性来把握，并且知识是基于感官经验，而感官经验可以将我们引导至对上帝的反思性认识当中。研究自然法则就是研究上帝创造大能的完美。

三　巴格里

286　巴格里由两部分组成，在"白"中记述的仪式和更深奥的、涉及仪式背后之神秘的"黑"。从比较的方式来看巴格里的话，我现在并不认为恩格曼加比里巴格里（"第三巴格里"）（Goody and Gandah 2002: 139）是"黑"的一个版本，而应当属于"白"，因为它与涉及巴格里社会表演的仪式相关联。我们以很长的篇幅讨论这些仪式（始于1.125），尽管这种复述活动被列在"黑"当中（Goody and Gandah 1980: 46）。另一方面，它并不像古博和拜罗（"黑"）的版本（"第三巴格里"，2002:5 和101）以建筑房屋为故事的开端。

所有这些"黑"的后来版本（除了第一个）都没有保留造访天堂（人是在那里被创造或出生的）这一情节，而这个情节在我的原始版本中看起来非常重要。在我看来在结构上居于如此中心地位的情节竟然就这样消失了，这让我重新思考纯口语社会中记忆和神话结构的问题。在第一个版本的开头（Goody 1972），两个男人穿越一条河流，在一位老人那里相遇，并且"荒野的生灵"向他们展示了如何吃几内亚高粱（一种高粱米），熔化铁，以及生火。两个男人中较年轻的那个在蜘蛛的帮助下攀爬到了天堂，在那里他遇到了上帝（也是"一位老人"）。他遇到了一位苗条的女孩，而上帝在这对男女面前（从某种角度看是以象征性的方式）创造了一个孩子，而这对男女为这个孩子的归属权产生了争执。

巴格里的第二个版本（1980）则以自己建造了一栋房子的男人和他妻子为开端。他们为帮手们酿造啤酒，并使用铁铸造弓箭。他们杀死一只动物并将之分配下去。除了邻居外，没有人帮助他们。事实上，上帝和荒野的生灵几乎没有出场。巴格里上帝是在仪式的过程中降临，"黑巴格里"对这些仪式有完整的记述。但整个复述有很强的现时性，给予了所有在场的因素以极大的关注，特别是对干达人的（父系与母系的）关系和已过世的首领——复述活动就发生在他的领地上。在第二巴格里中，男人穿越了一条河流，遇到了红头发的荒野生灵（达巴，1.1803）， 而他并不是"一位老人"（上帝）。不过，这一事件以及飞行的生物（1.1829）可能代表着对造访天堂这一情节的严重缩节：如果是这样的话，只有我的早前版本可以解释清楚这些问题。孩子被教导以正确方式给弓箭下毒，这是他之前所没有能力做到的。但在父母之间没有发生关于孩子归属权的争吵。男孩发射了武器，他的姐姐在故事中则被删去了。其中依然存在关于一个孩子的争论，但这个难题在之后的来自古博和拜罗的版本3和版本4中变现的更加清楚，这两个版本非常相似（"第三巴格里"，2002）。上帝确实帮助男人和女人建筑房屋。他们之间发生了性行为，并生出了一个孩子。母亲和父亲就他们的后代发生争吵。这个男孩外出打猎。他遇上了麻烦，因此他们必须表演巴格里。

参考文献

Abulafia, D. 1977. *The Two Italies: economic relations between the Norman kingdom of Sicily and the Northern Communes*. Cambridge: Cambridge University Press

Abu'l Fazl ibn Mubārak 1977–8 [1868–94]. *The Ā'īn-i Akbarī*, vol. 3, trans. H. Blochmann and H. S. Jarrett, corrected by Sir Judanath Sarkar; 2nd edn, revised and edited by D. C. Phillott. New Delhi: Oriental Books Reprint Corporation

Achebe, I. 2001. Religion and politics in Igboland from the 18th century to 1930: earth, God, and power. Unpublished PhD dissertation, University of Cambridge

Achour, M. 1995. L'invention dans les arts. In D. Chevalier and A. Miquel (eds.), *Les Arabes du message à l'histoire*. Paris: Fayard

Adams, R. M. 1966. *The Evolution of Urban Society: early Mesopotamia and prehispanic Mexico*. Chicago: Aldine

Almaqqari 1855–61. *Analectes sur l'histoire et la littérature des Arabes d'Espagne*, trans. R. P. A. Dozy. Leiden: Brill

Amado, C. 1986. De la cité visigothique à la ville mediévale (de la XIIe siècle). In J. Sagnes (ed.), *Histoire de Béziers*. Toulouse: Privat

Anderson, P. 1974a. *Passages from Antiquity to Feudalism*. London: Verso
1974b. *Lineages of the Absolutist State*. London: Verso

Anon. 1957. *Le Livre de Kalila et Dimna*, trans. al-Muqaffa, trans. from Arabic by André Miquel. Paris: Éditions Klincksieck

Assman, J. 2001 [1984]. *The Search for God in Ancient Egypt*, trans. D. Lorton. Ithaca, NY: Cornell University Press

Atil, E. 1975. *Art of the Arab World*. Washington, DC: Smithsonian Institution
1981. *Renaissance of Islam: art of the Mamluks*. Washington, DC: Smithsonian Institution Press

Augustine, St 1945. *The City of God*, vol. 1, trans. 1610, J. Healey. London: Dent
1991. *Confessions*, trans. H. Chadwick. Oxford: Oxford University Press

Bakhle, J. 2008. Music as the sound of the secular. *Comparative Studies in Society and History* 50: 256–84

Balazs, E. 1964. *Chinese Civilisation and Bureaucracy*. New Haven, CT: Yale University Press

Barnhart, R. M. 1997. The Five Dynasties (907–960) and the Song Period (960–1279). In R. M. Barnhart *et al.*, *Three Thousand Years of Chinese Painting*. New Haven, CT: Yale University Press

Baron, H. 1966. *The Crisis of the Early Italian Renaissance: civic humanism and republican liberty in an age of classicism and tyranny*. Princeton, NJ: Princeton University Press

Basham, A. L. 1967. *The Wonder that Was India: a survey of the history and culture of the Indian sub-continent before the coming of the Muslims*. London: Fontana

Bashar ibn Burd 1972. *Baššār et son expérience courtoise*, trans. A. Roman. Beirut: Dar El-Machreq

Bayle, P. 1697. *Dictionnaire historique et critique*. Rotterdam: R. Leers

Beck, J. H. 1999. *Italian Renaissance Painting*. Cologne: Konemann

Bell, J. 2007. *Mirror of the World: a new history of art*. London: Thames & Hudson

Belting, H. 2008. *Florenz und Bagdad: eine westöstliche Geschichte des Blicks*. Munich: Verlag C. H. Beck

Benn, C. 2004. *China's Golden Age: everyday life in the Tang Dynasty*. Oxford: Oxford University Press

Berenson, B. 1950. *Aesthetics and History*. London: Constable

1952. *Italian Painters of the Renaissance*. London: Phaidon Press

Bernal, J. D. 1954. *Science in History*. London: Watts

Bernal, M. 1987. *Black Athena: the Afroasiatic roots of classical civilisation*, vol. 1. London: Free Association Books

2005. India in the making of Europe. *Journal of the Asiatic Society* 46: 37–66

Bhatia, S. L. 1972. *Medical Science in Ancient India*. Bangalore: Bangalore University Press

Blacker, C. 1964. *The Japanese Enlightenment: a study of the writing of Fukazawa Yukichi*. Cambridge: Cambridge University Press

Blazy, G. (ed.) 2001. *Guide des collections: Musée des tissus de Lyons*. Lyons: Éditions Lyonnaises d'Art et d'Histoire

Bolgar, R. R. 1954. *The Classical Heritage and its Beneficiaries*. Cambridge: Cambridge University Press

Bonnet, H. 1992. *La Faculté de Médecine de Montpellier: huit siècles d'histoire et d'éclat*. Montpellier: Sauramps

Boorstin, D. 1991. The realms of pride and awe. In J. A. Levenson (ed.), *Circa 1492: art in the age of exploration*. New Haven, CT: Yale University Press

Bose, D. M. *et al.* (eds.) 1971. *A Concise History of Science in India*. New Delhi: Indian National Science Academy

Bourain, M. 1986. Le massacre de 1209. In J. Sagnes (ed.), *Histoire de Béziers*. Toulouse: Privat

Bousma, W. J. 2002. *The Waning of the Renaissance, 1550–1640*. New Haven, CT: Yale University Press

Braudel, F. 1981–4a [1979]. *Civilisation and Capitalism, 15th–18th Century*, vol. 1: *The Structures of Everyday Life*. London: Phoenix Press

1981–4b [1979]. *Civilisation and Capitalism, 15th–18th Century*, vol. 2: *The Wheels of Commerce*. London: Phoenix Press

1981–4c [1979]. *Civilisation and Capitalism, 15th–18th Century*, vol. 3: *The Perspective of the World*. London: Phoenix Press

Bray, F. 2000. *Technology and Society in Ming China (1368–1644)*. Washington, DC: American Historical Society

Brinker, H. 2001. The rebirth of Zen images and ideas in medieval Japan. In N. C. Rousmaniere (ed.), *Births and Rebirths in Japanese Art*. Leiden: Hotei Publishing

Brook, T. 1981. The merchant network in 16th century China: a discussion and translation of Zhang Han's 'On Merchants'. *Journal of Social and Economic History of the Orient* 24: 165–214

Brotons, R. 1997. *L'Histoire de Lunel, de ses Juifs et de sa Grande École: du 1er au XIVème siècles*, part I. Montpellier: Arceaux

     2005. *L'Histoire de Lunel, de ses Juifs et de sa Grande École: du 1er au XIVème siècles*, part II. Nîmes: Thierry

Brotton, J. 2002. *The Renaissance Bazaar*. London: Oxford University Press

Brotton, J. and Jardine, L. 2000. *Global Interests: Renaissance art between East and West*. Ithaca, NY: Cornell University Press

Brunet, G., Tremblay, A. and Pare, P. 1933. *La Rénaissance du XIIe siècle: les écoles et l'enseignement*. Paris: J. Vrin

Brunschvig, R. and Von Grunebaum, G. E. (eds.) 1957. *Classicisme et déclin culturel dans l'histoire de l'Islam. Actes du symposium international d'histoire de la civilisation musulmane (Bordeaux, juin 1956)*. Paris: Besson Chantemerle

Burckhardt, J. 1990 [1860]. *The Civilisation of the Renaissance in Italy*. New York: Penguin

Burke, P. 1998. *The European Renaissance: centres and peripheries*. Oxford: Blackwell

Burns, R. I. 1981. The paper revolution in Europe: Valencia's paper industry: a technological and behavioural breakthrough. *Pacific Historical Review* 50: 1–30

Bury, J. B. 1924. *The Idea of Progress*. London: Macmillan

Carboni, S. 2007. Moments of vision: Venice and the Islamic world, 828–1797. In S. Carboni (ed.), *Venice and the Islamic World, 828–1797*. New Haven, CT: Yale University Press

Caskey, J. 2004. *Art as Patronage in the Medieval Mediterranean: merchant customs in the region of Amalfi*. Cambridge: Cambridge University Press

Chadwick, H. M. and N. K. 1932. *The Growth of Literature*, vol. 1: *The Ancient Literatures of Europe*. Cambridge: Cambridge University Press

Chakrabarti, D. K. 1990. *The External Trade of the Indus Civilization*. New Delhi: Munshiram Manoharlal

     2006. *The Oxford Companion to Indian Archaeology: the archaeological foundations of ancient India*. New Delhi: Oxford University Press

Chaliand, G. 2004. *Nomadic Empires: from Mongolia to the Danube*, trans. A. M. Berrett. New Brunswick: Transaction Publishers

Chambers, E. K. 1903. *The Medieval Stage*. Oxford: Clarendon Press

Charbonnat, P. 2007. *Histoire des philosophies matérialistes*. Paris: Syllepse

Chardin, Sir John 1988. *Travels in Persia 1673–1713*. London: Constable

Chattopadhyaya, B. 1994. *The Making of Early Medieval India*. Delhi: Oxford University Press

Chattopadhyaya, D. 1959. *Lokāyata: a study in ancient Indian materialism*. Delhi: People's Publishing House

Chaudhuri, S. 2004. *Renaissance and Renaissances: Europe and Bengal.* Cambridge: Centre of South Asian Studies Occasional Paper
2004 forthcoming. *Humanism and Orientalism.* Calcutta: Jadavpur University
Chevalier, D. and Miquel, A. (eds.) 1995. *Les Arabes du message à l'histoire.* Paris: Fayard
Childe, V. G. 1942. *What Happened in History.* Harmondsworth: Penguin
1956. *Man Makes Himself.* London: Watts & Co.
1958. Retrospect. *Antiquity* 32: 69–74
Clot, A. 1999. *L'Espagne musulmane.* Paris: Perrin
Clunas, C. 1991. *Superfluous Things: material culture and social status in early modern China.* Cambridge: Polity Press
1997. *Art in China.* Oxford: Oxford University Press
Cohen, G. D. 1997. Rabbinic Judaism (2nd–18th centuries). *Encyclopædia Britannica,* 22: 393–99. Chicago, IL: Encyclopædia Britannica
Colebrook, H. T. 1817. *Algebra, with Arithmetic and Mensuration, from the Sanskrit of Brahmagupta and Bhaskara.* London: J. Murray
Collcutt, M. 1991. Art in Japan 1450–1550. In J. A. Levenson (ed.), *Circa 1492: art in the age of exploration.* New Haven, CT: Yale University Press
Cooper, A. R. V. (trans.) 1973. *Li Po and Tu Fu.* Harmondsworth: Penguin
Coulange, A. 2006. *Cézanne.* Paris: Le Monde
Crone, P. 1996. The rise of Islam in the world. In F. Robinson (ed.), *The Cambridge Illustrated History of the Islamic World.* Cambridge: Cambridge University Press
Crouzet-Pavan, E. 2007. *Renaissances Italiennes 1380–1500.* Paris: Albin Michel
Dale, S. F. 1996. The Islamic world in the age of European expansion 1500–1800. In F. Robinson (ed.), *The Cambridge Illustrated History of the Islamic World.* Cambridge: Cambridge University Press
Datta, B. and Singh, A. N. 1962. *History of Hindu Mathematics, a source book.* Bombay: Asia Publishing House
Demiéville, P. 1962. *Anthologie de la poésie chinoise classique.* Paris: Gallimard
Dharampal. 1971. *Indian Science and Technology – the Eighteenth Century.* Delhi: Impex India
Diderot, D. (ed.) 1772. *Encylopédie, ou dictionnaire raisonné des sciences, des arts et des métiers, par une société de gens de lettres,* 17 vols. Geneva
Dixin, X. and Chengming, W. 2000. *Chinese Capitalism, 1522–1840.* Basingstoke: Macmillan
Djebbar, A. 2005. *L'Âge d'or des sciences arabes.* Paris: Le Pommier
Dols, M. W. 1977. *The Black Death in the Middle East.* Princeton, NJ: Princeton University Press
Doutté, E. 1908. *Magie et religion en Afrique du Nord.* Alger: Adolphe Jourdan
Dudley, D. R. 1937. *A History of Cynicism: from Diogenes to the 6th century AD.* London: Methuen
Dumont, L. 1963. *Essais sur l'individualisme: une perspective anthropologique sur l'idéologie moderne.* Paris: Le Seuil
Dupont, A. L. 1995. L'Islam dans une nouvelle réflexion historique arabe. In D. Chevalier and A. Miquel (eds.), *Les Arabes du message à l'histoire.* Paris: Fayard

Durkheim, E. and Mauss, M. 1967 [1903]. *Primitive Classification*, trans. R. Needham. Chicago, IL: University of Chicago Press

Eckstein, N. 2005. Study of Italian Renaissance society in Australia: the state of play. *Bulletin of the Society for Renaissance Studies* 22: 2

Eco, U. 1992. *The Name of the Rose*. London: Mandarin

Eisenstein, E. L. 1979. *The Printing Press as an Agent of Change*, 2 vols. Cambridge: Cambridge University Press

2002. An unacknowledged revolution revisited. *American Historical Review* 107: 87–105

Elgood, C. 1951. *A Medical History of Persia and the Eastern Caliphate from the Earliest Times until the Year AD 1932*. Cambridge: Cambridge University Press

Elias, N. 1994 [1978]. *The Civilizing Process*. Oxford: Blackwell

Elman, B. A. and Woodside, A. 1994. *Education and Society in Late Imperial China, 1600–1900*. Berkeley, CA: University of California Press

El-Rouayheb, K. 2005. Opening the gate of verification: the forgotten Arabic-Islamic florescence of the 17th century. *International Journal of Middle East Studies* 38: 263–81

Elsner, J. 1998. *Imperial Rome and Christian Triumph: the art of the Roman Empire AD 100–450*. Oxford: Oxford University Press

Elvin, M. 1973. *The Pattern of the Chinese Past*. London: Eyre Methuen

2004. Ave atque vale. In J. Needham, *Science and Civilisation in China*, part 2, vol. 7. Cambridge: Cambridge University Press

Emsley, J. 2006. Unweaving the rainbow. *CAM, Cambridge Alumni Magazine* 49: 14–16

Erdosy, G. (ed.) 1995. *The Indo-Aryans of Ancient South Asia*. Berlin: de Gruyter

Etienne, R. (ed.) 1990. *Histoire de Bourdeaux*, new edn. Toulouse: Privat

Ettinghausen, R. 1970. The flowering of Seljuq art. *Metropolitan Museum Journal* 3: 113–31

Evans-Pritchard, E. E. 1940. *The Nuer*. Oxford: Clarendon Press

Ezra, Moseh Ibn 1993. *Antologia Poetica*, trans. R. Castillo. Madrid: Hiperion

Falk, T. (ed.) 1985. *Treasures of Islam*. London: Sotheby's

Fahmy, A. M. 1966. *Muslim Seapower in the Eastern Mediterranean from the Seventh to the Tenth Century AD*. Cairo: National Publication and Print House

Felliozat, J. 1949. *La Doctrine classique de la médecine indienne: ses origines et ses parallèles grecs*. Paris: Imprimerie Nationale

Fennell, S. 2005. Asian literature as a tool for cultural identity creation in Europe: Goethe's Hafiz. *Asia Europe Journal* 3: 229–46

Festinger, L. 1957. *A Theory of Cognitive Dissonance*. Stanford, CA: Stanford University Press

Finley, M. I. 1972. *Introduction to Thucydides, History of the Peloponnesian War*. Harmondsworth: Penguin

1973. *The Ancient Economy*. London: Chatto & Windus

1985. *Democracy Ancient and Modern*. London: Hogarth

Fontenelle, B. 1716 [1688]. Une digression sur les anciens et les modernes. In *Poësies pastorales, avec un traité sur la nature de l'eclogue et une digression sur les anciens et les modernes*, 4th edn. Amsterdam: Etienne Roger

Frantz-Murphy, G. 1981. A new interpretation of the economic history of medieval Egypt. *Journal of the Economic and Social History of the Orient* 24: 274–97

French, R. 2003. *Medicine before Science: the business of medicine from the Middle Ages to the Enlightenment.* Cambridge: Cambridge University Press

Frèches, J. 2005. *Il était une fois la Chine, 4500 ans d'histoire.* Paris: XO Éditions

Frye, R. N. 1965. The new Persian Renaissance in Western Iran. In G. Makdisi (ed.), *Arabic and Islamic Studies in Honour of Hamilton A. R. Gibb.* Cambridge, MA: Harvard University Press

Fu, Shen, Lowry, G. D. and Yonemura, A. 1986. *From Context to Concept: approaches to Asian and Islamic calligraphy.* Washington, DC: Smithsonian Institution Press

Furet, F. and Ozouf, J. 1977. *Lire et écrire, l'alphabétisation des français de Calvin à Jules Ferry.* Paris: Éditions de Minuit

Gallagher, N. E. 1993. Islamic and Indian medicine. In K. F. Kiple (ed.), *The Cambridge World History of Human Disease.* Cambridge: Cambridge University Press

Gathercole, P. 1994. Childe in History. *Bulletin of the Institute of British Archaeology* 31: 25–52

Gazagnadou, D. 1994. *La Poste à relais.* Paris: Kimé

Gernet, J. 2002 [1982]. *A History of Chinese Civilisation*, rev. 2nd edn, trans. J. R. Foster and C. Hartman. Cambridge: Cambridge University Press

Ghosh, A. 1992. *In an Antique Land.* New York: Vintage Books

Gibb, H. A. R. 1950. *Islamic Society and the West.* London: Oxford University Press

Gilli, P. 2004. Les formes de l'anticléricalisme humaniste: antimonarchisme, antipontificalisme ou antichristianisme? In P. Gilli (ed.), *Humanisme et église en Italie et en France méridionale (XV siècle – milieu du XVIe siècle).* Rome: École Française

Gilson, E. 1944. *La Philosophie au moyen âge: des origines patristiques à la fin du XIVeme siècle.* Paris: Payot

Ginzburg, C. 1992 [1976]. *The Cheese and the Worms.* Harmondsworth: Penguin

Goepper, R. 1995. Precursors and early stages of the Chinese script. In J. Rawson (ed.), *Mysteries of Ancient China: new discoveries from the early dynasties.* London: British Museum Press

Goitein, S. D. 1963. Letters and documents on the India trade in medieval times. *Islamic Culture* 37: 96

  1967. *A Mediterranean Society: the Jewish communities of the Arab world as portrayed in the documents of the Cairo Geniza*, vol. 1. Berkeley, CA: University of California Press

  1971. Sicily and southern Italy in the Cairo Geniza documents. *Archivio Storico per la Sicilia Orientale* 67: 9–93

Goldstein, D. 1965. *The Jewish Poets of Spain.* Harmondsworth: Penguin

Goody, J. 1967. *The Social Organisation of the LoWiili*, 2nd edn. Oxford: Oxford University Press

  1968. Introduction to *Literacy in Traditional Societies*, ed. J. Goody. Cambridge: Cambridge University Press

1972. *The Myth of the Bagre*. Oxford: Clarendon Press
1976. *Production and Reproduction*. Cambridge: Cambridge University Press
1977. *The Domestication of the Savage Mind*. Cambridge: Cambridge University Press
1982. *Cooking, Class and Cuisine*. Cambridge: Cambridge University Press
1983. *The Development of Marriage and the Family in Europe*. Cambridge: Cambridge University Press
1986. *The Logic of Writing and the Organisation of Society*. Cambridge: Cambridge University Press
1987. *The Interface between the Written and the Oral*. Cambridge: Cambridge University Press
1993. *The Culture of Flowers*. Cambridge: Cambridge University Press
1997a. *Representations and Contradictions*. Oxford: Blackwell
1997b. A kernel of doubt: agnosticism in cross-cultural perspective. The Huxley Lecture. *Journal of the Royal Anthropological Institute* 2: 667–681. Reprinted in *Food and Love*, 1998
1998. *Food and Love*. London: Verso
2004. *Capitalism and Modernity*. Cambridge: Polity Press
2006. *The Theft of History*. Cambridge: Cambridge University Press
2009. *The Eurasian Miracle*. Cambridge: Polity Press
forthcoming. Towards a knowledge society: something old, something new. Berne
Goody, J. and Watt, I. P. 1963. The consequences of literacy. *Comparative Studies in Society and History* 5: 304–45
Goody, J. and Gandah, S. W. D. K. 1980. *Une récitation du Bagre*. Paris: Colin and Gandah, S. W. D. K. 2002. *The Third Bagre: a myth revisited*. Durham, NC: Carolina Academic Press
Gopal, S. 1969. Social set-up of science and technology in Mughal India. *Indian Journal of the History of Science* 4: 52–58
Grabar, O. 1968. The visual arts, 1050–1350. *The Cambridge History of Islam*, vol. 5: *The Seljuq and Mongol Periods*. Cambridge: Cambridge University Press
Grendler, P. F. 1989. *Schooling in Renaissance Italy: literacy and learning 1300–1600*. Baltimore, MD: John Hopkins University Press
2004. *The Universities of the Italian Renaissance*. Baltimore, MD: John Hopkins University Press
Grunebaum, G. E. von 1953. *Medieval Islam: a study in cultural orientation*. Chicago, IL: University of Chicago Press
Guha, S. 2005. Negotiating evidence: history, archaeology and the Indus civilisation. *Modern Asian Studies* 39: 399–426
Gutas, D. 1998. *Greek Thought, Arabic Culture: the Graeco-Arabic translation movement in Baghdad and early 'Abbāsid society (2nd–4th/8th–10th centuries)*. London: Routledge
Habib, I. 1969. Potentialities of capitalistic development in the economy of Mughal India. *Journal of Economic History* 29: 32–78
1992. Pursuing the history of Indian technology: pre-modern modes of transmission of power. *Social Scientist* 20: 1–22

Hajnal, J. 1965. European marriage patterns in perspective. In D.V. Glass and D. E. C. Eversley (eds.), *Population in History*. London: Aldine

Hariz, J. 1922. *La Part de la médecine arabe dans l'evolution de la médecine française*. Paris: Geuthner

Havelock, E. A. 1963. *Preface to Plato*. Oxford: Blackwell

Herrenschmidt, C. 2007. *Les Trois Écritures: langue, nombre, code*. Paris: Gallimard

Hobsbawm, E. 2005. Benefits of diaspora. *London Review of Books* (20 October), 16–19

Hodgson, M. G. S. 1974. *The Venture of Islam: conscience and history in a world civilization*, 3 vols. Chicago, IL: University of Chicago Press

Howard, D. 2000. *Venice and the East: the impact of the Islamic world on European architecture 1100–1500*. New Haven, CT: Yale University Press

2007. Venice and the Mamluks. In S. Carboni (ed.), *Venice and the Islamic World, 828–1797*. New Haven, CT: Yale University Press

Iancu, D. and C. 1995. *Les Juifs du Midi: une histoire millénaire*. Avignon: Barthélemy

Ibn Khaldun 1951. *Al-Ta'rīf bi Ibn Khaldūn wa Rihlatuhu Gharbān wa Sharqān*. Cairo: Muḥammad ibn-Tāwīt at-Tanjī

1967. *The Muqaddimah*. Princeton, NJ: Princeton University Press

Inalcik, H. 1969. Capital formation in the Ottoman empire. *Journal of Economic History* 29: 97–140

Innis, H. A. 1951. *The Bias of Communication*. Toronto: University of Toronto Press

Irwin, R. 1996. The emergence of the Islamic World System 1000–1500. In F. Robinson (ed.), *The Cambridge Illustrated History of the Islamic World*. Cambridge: Cambridge University Press

Isakhan, B. 2007. Engaging 'primitive democracy': mideast roots of collective governance. *Middle East Policy* 14, 3: 97–117

I-Tsing 1896. *A Record of the Buddhist Religion as Practised in India and the Malay Archipelago (AD 671–695)*, trans. J. Takakusu. Oxford: Clarendon Press

Jacquart, D. 2005. *L'Épopée de la science arabe*. Paris: Gallimard

Jardine, L. 1996. *Worldly Goods: a new history of the Renaissance*. London: Macmillan

Jayyusi, S. K. (ed.) 1987. *Modern Arabic Poetry: an anthology*. Oxford: Columbia University Press

(ed.) 1992. *The Legacy of Muslim Spain*. Leiden: Brill

Johns, A. 2002. How to acknowledge a revolution. *American Historical Review* 107: 106–25

Josephus, F. 1848. *Works*, 3 vols., ed. and trans. W. Whiston. London: G. Auld

Julius, A. 2000. *Idolizing Pictures: idolatry, iconoclasm and Jewish art*. London: Thames & Hudson

Jurdjevich, M. 2007. Hedgehogs and foxes: the present and future of Italian Renaissance intellectual history. *Past and Present* 195: 197–239

Kaye, G. R. 1924. *Hindu Astronomy*. Calcutta: Govt. of India, Central Publication Branch

Keith, A. B. 1928. *A History of Sanskrit Literature*. Oxford: Clarendon Press

Kennedy, K. A. R. 1995. Have Aryans been identified in the prehistoric skeletal record from South Asia? Biological anthropology and concepts of ancient races. In G. Erdosy (ed.), *The Indo-Aryans of Ancient South Asia: language, material culture and ethnicity.* Berlin and New York: de Gruyter

Kenoyer, J. M. 1998. *Ancient Cities of the Indus Valley Civilization.* Oxford: Oxford University Press

Kettle, B. 1970. The flowering of Seljuq art. *Metropolitan Museum Journal* 3: 113–31

Khairallah, A. A. 1946. *Outline of Arabic Contributions to Medicine.* Beirut: American Press

Khalidi, M. A. 2005. *Medieval Islamic Philosophical Writings.* Cambridge: Cambridge University Press

Khan, I. A. 1981. Early use of canon and musket in India: AD 1442–1526. *Journal of Social and Economic History of the Orient* 24: 146–64

Kraemer, J. L. 1986. *Philosophy in the Renaissance of Islam: Abū Sulaymān Al-Sijistānī and his circle.* Leiden: Brill

1992. *Humanism in the Renaissance of Islam: the cultural revival during the Buyid age.* Leiden: Brill

Kraye, J. 1996. *The Cambridge Companion to Renaissance Humanism.* Cambridge: Cambridge University Press

Kristeller, P. O. 1956–96. *Studies in Renaissance Thought and Letters,* 4 vols. Rome: Edizioni di Storia e Letteratura

1990. *Renaissance Thought and the Arts: collected essays.* Princeton, NJ: Princeton University Press

Labib, S. Y. 1969. Capitalism in medieval Islam. *Journal of Economic History* 29: 79–96

Labouysse, G. 2005. *Les Wisigoths.* Porter-sur-Garonne: Loubatières

Laertius, Diogenes 1925. *Lives of Eminent Philosophers,* 2 vols., Loeb edn, trans. R. D. Hicks. London: Heinemann

Lal, B. B. 1997. *The Earliest Civilisation in South Asia.* New Delhi: Aryan Books International

Lambton, A. K. S. 1962. The merchant in medieval Islam. In W. B. Henning and E. Yarshater (eds.), *A Locust's Leg: studies in honour of S. H. Taqizadeh.* London: Percy Lund, Humphries

Landau, J. M. 1997. [Islâmic] dance and theatre. *Encyclopædia Britannica,* 22: 68–74. Chicago, IL: Encyclopædia Britannica

Laslett, P. and Walls, R. (eds.) 1972. *Household and Family in Past Times.* Cambridge: Cambridge University Press

Leclerc, L. 1876. *Histoire de la médecine arabe,* 2 vols. Paris: E. Leroux

Ledderose, L. 1983. Module and mass production. In *International Colloquium on Chinese Art History, 1991, Proceedings: paintings, part 2.* Taipei: National Palace Museum

Lee, J. Z. and Wang, Feng 1999. *One Quarter of Humanity: Malthusian mythology and Chinese realities 1700–2000.* Cambridge, MA: Harvard University Press

Lee, S. E. 1991. China in the age of Columbus. In J. A. Levenson (ed.), *Circa 1492: art in the age of exploration.* New Haven, CT: Yale University Press

Lemerle, P. 1986 [1971]. *Byzantine Humanism: the first phase: notes and remarks on education and culture in Byzantium from its origins to the 10th century*, trans. H. Lindsay and A. Moffatt. Canberra: Australian Association for Byzantine Studies

Levenson, J. A. (ed.) 1991. *Circa 1492: art in the age of exploration.* New Haven, CT: Yale University Press

Lévi-Strauss, C. 1949. *Les Structures élémentaires de la parenté.* Paris: Presses Universitaires de France

Lewis, B. (ed.) 1976. *The World of Islam: faith, people, culture.* London: Thames & Hudson

2002. *What Went Wrong? Western impact and Middle Eastern response.* London: Orion House

Lopez, R. S. 1951. Still another Renaissance? *American Historical Review* 57: 1–21

1962. Hard times and investment in culture. In W. K. Ferguson (ed.), *The Renaissance: six essays.* New York: Harper & Row

Macdonell, A. A. 1993 [1917]. *A Vedic Reader for Students.* Oxford: Oxford University Press

Madhava, Acharya 1914. *Sarva-Darṣana-Saṃgraha*, trans. E. B Cowell and A. E. Gough. London: Kegan Paul

Maimon, S. 1954. *The Autobiography of Solomon Maimon*, trans. J. C. Murray. London: The East and West Library

Majumdar, R. C. 1971. Medicine. In D. M. Bose *et al.* (eds.), *A Concise History of Science in India.* New Delhi: Indian National Science Academy

Makdisi, G. 1990. *The Rise of Humanism: classical Islam and the Christian West.* Edinburgh: Edinburgh University Press

Mâles, E. 1933. Les influences arabes dans l'art roman. *Revue des Deux Mondes* 18: 311–43

Malinowski, B. 1935. *Coral Gardens and their Magic: a study of the methods of tilling the soil and of agricultural rites in the Trobriand Islands.* London: Allen & Unwin

Malthus, T. T. 1958 [1798]. *An Essay on the Principle of Population.* London: Dent

Martindale, A. 1966. *Man and the Renaissance.* London: Hamlyn

McDermott, J. P. 2006. *A Social History of the Chinese Book: books and literati culture in Late Imperial China.* Hong Kong: Hong Kong University Press

McLuhan, M. 1962. *The Gutenberg Galaxy: the making of typographic man.* Toronto: University of Toronto Press

Mez, A. 1937 [1922]. *The Renaissance of Islam*, trans. S. K. Bukhsh and D. S. Margoliouth. London: Luzac and Co.

Mikami, Y. 1913. *The Development of Mathematics in China and Japan.* Leipzig: Teubner

Miquel, A. 1995. De la foi au pouvoir. In D. Chevalier and A. Miquel (eds.), *Les Arabes du message à l'histoire.* Paris: Fayard

Miller, A. 2006. *The Earl of Petticoat Lane.* Heinemann: London

Miller, E. 1961. *The Portrait of a College.* Cambridge: Cambridge University Press

Mir-Hosseini, Z. and Tapper, R. 2006. *Islam and Democracy in Iran: Eshkevari and the quest for reform.* London: Tauris

Mitter, P. 2001. *Indian Art*. Oxford: Oxford University Press

Modena, Rabbi L. 1637. *Historia de gli riti hebraici: dove si ha breve, e total relatione di tutta la vita, costumi, riti, et osservanze, de gl'Hebrei di questi tempi*. Paris

Mookerji, R. K. 1951. *Ancient Indian Education (Brahmanical and Buddhist)*. London: Macmillan

Mote, F. W. 1977. Yuan and Ming. In K. C. Chang (ed.), *Food in Chinese Culture: authropological and historical perspectives*. New Haven, CT: Yale University Press

1991. Art in China 1450–1550. In J. A. Levenson (ed.), *Circa 1492: art in the age of exploration*. New Haven, CT: Yale University Press

1999. *Imperial China, 900–1800*. Cambridge, MA: Harvard University Press

Mukhopadhyaya, G. 1993. *History of Indian Medicine*. Cambridge: Cambridge University Press

Musallam, B. 1996. The ordering of Muslim societies. In F. Robinson (ed.), *The Cambridge Illustrated History of the Islamic World*. Cambridge: Cambridge University Press

Needham, J. (ed.) 1954–. *Science and Civilisation in China*. Cambridge: Cambridge University Press

1956. *Science and Civilisation in China*, vol. 2: *History of Scientific Thought*. Cambridge: Cambridge University Press

1969. *The Grand Titration, science and society in east and west*. London: Allen & Unwin

1981. *Science in Traditional China: a comparative perspective*. Hong Kong: Chinese University Press

1986. *Science and Civilisation in China*, vol. 6: *Biology and Biological Technology*, part 1: *Botany*. Cambridge: Cambridge University Press

Nicholas, D. 1996. *Trade, Urbanisation and the Family: studies in the history of medieval Flanders*. Aldershot: Variorum

Niezen, R. W. 1991. Hot literacy in cold societies: a comparative study of the sacred value of writing. *Comparative Studies in Society and History* 33, 2: 225–54

North, D. C. 2005. *Understanding the Process of Economic Change*. New York: Academic Press

Núñez Guarde, J. A. (ed.) 1989. *Ver y comprender La Alhambra y el Generalife*. Granada: Edilux

Olmstead, A. T. 1948. *A History of the Persian Empire*. Chicago, IL: Chicago University Press

Ong, W. 1974. *Ramus, Method and the Decay of Dialogue*. New York: Octagon Books

Oppenheim, A. L. 1964. *Ancient Mesopotamia*. Chicago, IL: Chicago University Press

Pamuk, O. 2001 [1998]. *My Name Is Red*, trans. E. M. Göknar. London: Faber & Faber

Panofsky, E. 1972 [1960]. *Renaissance and Renascences in Western Art*. New York: Icon Editions

Parpola, A. 1994. *Deciphering the Indus Script*. Cambridge: Cambridge University Press

Pellat, C. 1976. Jewellers with words. In B. Lewis (ed.), *The World of Islam: faith, people, culture*. London: Thames & Hudson

Percival Spear, T. G. 1997. India and European expansion, c. 1500–1858. *Encyclopædia Britannica*, vol. 21: 82–98. Chicago, IL: Encyclopædia Britannica

Peters, R. F. 1968. *Aristotle and the Arabs: the Aristotelian tradition in Islam*. New York: New York University Press

Pingree, D. 1970–81. *Census of the Exact Sciences in Sanskrit*, 4 vols. Philadelphia: American Philosophical Society

Pollock, S. 2006. *The Language of the Gods in the World of Men: Sanskrit, culture, and power in premodern India*. Berkeley, CA: University of California Press

Pokorny, R. 2009. The Arabs got there first. *The Art Newspaper* 201: 51

Pomeranz, K. 2000. *The Great Divergence: China, Europe and the making of the modern world economy*. Princeton, NJ: Princeton University Press

Porter, R. 1997. *The Greatest Benefit to Mankind: a medical history of humanity*. London: Harper Collins

Quinet, E. 1842. *Du Génie des religions*. Paris: Charpentier

Rahman, A. (ed.) 1999. *History of Indian Science, Technology, and Culture, AD 1000–1800*. New Delhi: Oxford University Press

Raju, C. K. 2007. Cultural foundations of mathematics: the nature of mathematical proof: the transmission of the calculus from India to Europe in the 16th century CE. In D. P. Chattopadhyaya (ed.), *The History of Science, Philosophy and Culture in Indian Civilisation*, vol. 10. New Delhi: Pearson Longman

Rawson, J. (ed.) 1992. *The British Museum Book of Chinese Art*. London: British Museum Press

(ed.) 1995. *Mysteries of Ancient China: new discoveries from the early dynasties*. London: British Museum Press

Rashid al-Din 1951. *Histoire universelle de Rašīd al-Dīn Faḍl Allāh Abul-Khair*, 5 vols., trans. K. Jahn. Leiden: Brill

Rawski, E. S. 1979. *Education and Popular Literacy in Ch'ing China*. Ann Arbor, MI: University of Michigan Press

Ray, P. C. 1909. *A History of Hindu Chemistry, from the earliest times to the middle of the sixteenth century, AD*, 2 vols. London: Williams & Norgate

Renan, E. 2003 [1852]. *Averroès et l'averroïsme*. Rennes: Ennoia

Reynolds, L. D. and Wilson, N. G. 1968. *Scribes and Scholars*. London: Oxford University Press

Riquer, M. de 1975. *Los trovadores: historia literaria y textos*, vol. 1. Barcelona: Ariel

Robinson, F. 1996. Knowledge, its transmission and the making of Muslim societies. In F. Robinson (ed.), *The Cambridge Illustrated History of the Islamic World*. Cambridge: Cambridge University Press

Rodinson, M. 1974 [1966]. *Islam and Capitalism*, trans. B. Pearce. London: Allen Lane

Rosenthal, F. 1947. *The Technique and Approach to Muslim Scholarship*. Roma: Pontificum Institutum Biblicum

1975 [1965]. *The Classical Heritage in Islam*, trans. E. and J. Marmorstein. London: Routledge & Kegan Paul

Rostow, W. W. 1959. The stages of economic growth. *Economic History Review* 1: 1–16

Roy, T. 2008. The guild in modern South Asia. *International Review of Social History* 53: 95–120

Rowland, B. 1953. *The Art and Architecture of India: Hindu, Buddhist, Jain*. Harmondsworth: Penguin

Rubiés, J. P. 2000. *Travel and Ethnology in the Renaissance: South India through European eyes, 1250–1265*. Cambridge: Cambridge University Press

Rublack, U. 2005. *Reformation Europe*. Cambridge: Cambridge University Press

Sabra, A. I. 1996. Situating Arabic science: locality versus essence. *Isis* 87: 654–70

Sagnes, J. (ed.) 1986. *Histoire de Béziers*. Toulouse: Privat

Sahlins, M. 2004. *Apologies to Thucydides: understanding history as culture and vice versa*. Chicago, IL: Chicago University Press

Saliba, G. 2007. *Islamic Science and the Making of the European Renaissance*. Cambridge, MA: MIT Press

Sarton, G. 1927. *Introduction to the History of Science*, vol. I. Baltimore, MD: Williams & Wilkins

Sastri, N. 1975. *A History of South India: from prehistoric times to the fall of Vijayanagar*. Delhi: Oxford University Press

Sayli, A. 1960. *The Observatory in Islam and its Place in the General History of the Observatory*. Ankara: Turk Tarih Kurumu

Schimmel, A. 1997. Islâmic literature. *Encyclopædia Britannica*, 22: 46–64. Chicago, IL: Encyclopædia Britannica

Schönig, H. 1985. *Das Sendschreiben des Abdalhamid B. Yahya (gest. 132/750) an den Kronprinzen Abdallah B. Marwan II*. Stuttgart: Steiner Verlag

Schmandt-Besserat, D. 1996. *How Writing Came About*. Austin, TX: University of Texas Press

Schwab, R. 1984. *The Oriental Renaissance: Europe's rediscovery of India and the East, 1680–1880*. New York: Columbia University Press

Sen, S. N. 1963. The transmission of scientific ideas between India and foreign countries in ancient and medieval times. *Bulletin N. I. Science in India* 21: 8–30

1966. An estimate of Indian science in ancient and medieval times. *Scientia* (March and April)

1967. Indian elements in European Renaissance. *Organon* 4: 55–59

1971. A survey of source materials. In D. M. Bose *et al*. (eds.), *A Concise History of Science in India*. New Delhi: Indian National Science Academy

Serjeant, R. B. 1948. Material for the history of Islamic textiles up to the Mongol conquest. *Ars Islamica* 13/24: 75–117

Sharma, J. P. 1968. *Republics in Ancient India c. 1500 BC–500 BC*. Leiden: Brill

Shastri, D. 1930. *A Short History of Indian Materialism, Sensationalism and Hedonism*. Calcutta: The Book Company

Shih, Hu 1934. *The Chinese Renaissance: the Haskell Lectures, 1933*. Chicago, IL: Chicago University Press

Shukla, H. L. 1969. *Renaissance in Modern Sanskrit Literature*. Raipur: Yugadharma Press

Siban, S. 1999. Jews and the arts. In P. F. Grendler (ed.), *The Encyclopedia of the Renaissance*, 3: 338–42. New York: Scribner

Siddiqi, M. Z. 1959. *Studies in Arabic and Persian Medical Literature*. Calcutta: Calcutta University Press

Silbergeld, J. 1997. The Yüan, or Mongol, dynasty: the arts. *Encyclopædia Britannica*, 16: 110–11. Chicago, IL: Encyclopædia Britannica

Sisam, K. (ed.) 1953 [1921]. *Fourteenth Century Verse and Prose*. Oxford: Clarendon Press

Skinner, Q. 1978. *The Foundations of Modern Political Thought*, vol. 1: *The Renaissance*. Cambridge: Cambridge University Press

Smith, D. E. and Karpinski, L. C. 1911. *The Hindu-Arabic Numerals*. Boston: Ginn

Sombart, W. 1913 [1911]. *The Jews and Modern Capitalism*, trans. M. Epstein. London: T. Fischer Unwin

Southern, R. W. 1953. *The Making of the Middle Ages*. New York: Hutchinson's Library

1970. *Medieval Humanism and Other Studies*. Oxford: Blackwell

Spufford, P. 2002. *Power and Profit: the merchant in medieval Europe*. London: Thames & Hudson

Stein, B. 1989. *Vijayanagara*. Cambridge: Cambridge University Press

Strong, R. (ed.) 1982. *Indian Heritage: court life and arts under Mughal rule*. London: Victoria and Albert Museum

Subbarayappa, B. V. 1971. Arts. Chemical practices and alchemy. The physical world: views and concepts. Résumé. In D. M. Bose *et al.* (eds.), *A Concise History of Science in India*. New Delhi: Indian National Science Academy

Swann, P. C. 1958. *Chinese Painting*. Paris: Pierre Tisne

Swift, J. 1704. *A Tale of a Tub: written for the universal improvement of mankind. To which is added, an account of a battle between the antient and modern books in St James's Library*, 3rd edn. London: J. Nutt

Thapar, R. 1968. *A History of India*, 2 vols. Harmondsworth: Penguin

1997. The development of Indian civilisation from c. 1500 BC to c. AD 1200. *Encyclopædia Britannica*, 21: 36–54. Chicago, IL: Encyclopædia Britannica

2002. *The Penguin History of Early India, from the Origins to AD 1300*. New Delhi: Penguin

Thrower, J. 1980. *The Alternative Tradition: religion and the rejection of religion in the ancient world*. The Hague: Mouton

Toaff, A. 2000. *Mangiare alla Giudia: la cucina ebraica in Italia dal Rinascimento*. Bologna: Il Mulino

Toynbee, A. J. 1954. *A Study of History*, vol. 9. London: Oxford University Press

Trinkaus, C. 1982. Themes for a Renaissance anthropology. In A. Chastel *et al.* (eds.), *The Renaissance: essays in interpretation*. New York: Methuen

Troupeau, G. 1995. *Études sur le christianisme arabe au Moyen Âge*. Aldershot: Variorum

Twitchett, D. C. 1997. The Sui Dynasty. The T'ang Dynasty. *Encyclopædia Britannica*, 16: 85–95. Chicago, IL: Encyclopædia Britannica

Udovitch, A. L. 1970a. The 'law merchant' of the medieval Islamic world. In G. E. von Grunebaum (ed.), *Logic in Classical Islamic Culture*. Wiesbaden: O. Harrassowitz
1970b. *Partnership and Profit in Medieval Islam*. Princeton, NJ: Princeton University Press
Ullman, W. 1977. *Medieval Foundations of Renaissance Humanism*. Ithaca, NY: Cornell University Press
Van Gennep, A. 1960 [1909]. *The Rites of Passage*. London: Routledge & Kegan Paul
Varadpande, M. L. 1981. *Ancient Indian and Indo-Greek Theatre*. New Delhi: Abhinav Publications
Veblen, T. 1925 [1899]. *The Theory of the Leisure Class: an economic study in the evolution of institutions*. London: Allen & Unwin
Vernant, J-P. 2006 [1979]. *Religions, histoires, raisons*. Paris: La Decouverte
Waldman, M. R. 1997. The Islâmic world. *Encyclopædia Britannica*, 22: 103–33. Chicago, IL: Encyclopædia Britannica
Walker, P. E. 1993. *Early Philosophical Shiism: the Ismaili Neoplatonism of Abu Yaqub al-Sijistani*. Cambridge: Cambridge University Press
Walzer, R. 1962. *Greek into Arabic*. Cambridge, MA: Harvard University Press
Washbrook, D. 1990. South Asia, world system, and world capitalism. *Journal of Asian Studies* 49: 479–508
1997. From comparative sociology to global history: Britain and India in the pre-history of modernity. *Journal of the Economic and Social History of the Orient* 40: 410–43
Watters, T. 1904. *On Yuan Chwang's Travels in India, 629–645 AD*, ed. T. W. Davids and S. W. Bushell. London: Royal Asiatic Society
Weber, M. 1966 [1921]. *The City*, trans. D. Martindale and G. Neuwirth. New York: Free Press
Welch, A. 1985. The arts of the book. In T. Falk (ed.), *Treasures of Islam*. London: Sotheby's
Whipple, A. O. 1936. The role of the Nestorians as the connecting link between Greek and Arabic medicine. *Annals of Medicine* 8 (NS): 313–23
Wiet, G. 1961. *Grandeur d'Islam: de Mahomet à François Ier*. Paris: la Table Ronde
Wilson, N. G. 1983. *Scholars of Byzantium*. London: Duckworth
Winternitz, M. 1981 [1907]. *A History of Indian Literature*, 3 vols., trans. V. S. Sarma. Delhi: Motilal Banarsidass
Witt, R. G. 2000. *In the Footsteps of the Ancients: the origins of humanism from Lovato to Bruni*. Boston, MA: Brill
Witzel, M. (ed.) 1997. *Inside the Texts, Beyond the Texts: new approaches to the study of the Vedas*. Harvard Oriental Series. Opera Minora, vol. 2. Cambridge, MA: Harvard University Press
Wolpert, S. A. 1997. British imperial power, 1858–1947. *Encyclopædia Britannica*, 21: 98–116. Chicago, IL: Encyclopædia Britannica
Worsley, P. 1997. *Knowledges: what different peoples make of the world*. London: Profile
Wotton, W. 1694. *Reflections upon Ancient and Modern Learning*. London
Wroe, A. 1995. *A Fool and His Money Are Soon Parted*. London: Cape

Zafrani, H. 1996. *Juifs d'Andalusia et du Maghreb*. Paris: Maisonneuve Larose
1995. Les Juifs. In D. Chevalier and A. Miquel (eds.), *Les Arabes du message à l'histoire*. Paris: Fayard
Zeevi, D. 2006. *Producing Desire: changing sexual discourse in the Ottoman Middle East 1500–1900*. Berkeley, CA: University of California Press
Zhang, W. 2006. *Heidegger, Rorty and the Eastern Thinkers: a hermeneutics of cross-cultural understanding*. Albany, NY: State University of Albany Press
Zuckerman, A. J. 1972. *Jewish Princedom in Feudal France, 768–900*. New York: Columbia University Press
Zurndorfer, H. 2006. Regimes of scientific and military knowledge: a revisionist perspective. Paper presented at Global Economic History Network (GEHN) Conference 9: Taiwan, May 2006. Online. Retrieved 20 July 2007 from www.lse.ac.uk/collections/economicHistory/GEHN/GEHNPDF/GEHN9Zurndorfer.pdf

索 引

（条目后的数字为原书页码，即本书边码）

312

320

326

327

330

philosophy 哲学 18, 32, 34, 36-37, 46, 48, 67-73, 79-84, 91, 100, 103-104, 107, 109, 126, 129, 141, 143, 146, 148-153, 156, 158, 176, 184, 195, 198, 201-202, 206, 213, 219, 222, 257, 263-264, 284

Phocas 福卡斯 20

Phoceans, the 菲西人 69

Phocius 福基斯岛 69

Phoenicians, the 腓尼基人 24, 39-40, 46-47, 60, 69-70

physics 物理 85, 110, 183

pilgrimage 朝圣 40, 138, 152

Pisano 皮萨诺 184

Piyyut 礼拜诗歌 147, 155

plague 瘟疫 31, 136

Plato 柏拉图 12, 18, 37, 55, 57, 71-72, 106, 128, 138, 146, 149, 205, 245, 284
  Academy 学园 242
  Platonism 柏拉图主义 18, 20, 106

Plethon 卜列东 20

plough 犁 2, 27, 164

poetry 诗歌 13, 16, 25-26, 36, 62, 79, 114-117, 241-242
  alliteration 押头韵 78
  Anglo-Saxon 盎格鲁—撒克逊 78, 232, 250
  chansons de geste 武功之歌 114
  Chinese 中国的 92, 206, 210, 213, 216, 225-226, 232, 233n, 236, 240
  Indian 印度的 170-171, 178, 187
  Jewish 犹太的 145, 147, 149, 151, 155, 159
  Islamic 伊斯兰的 26, 33, 36, 78, 85, 90, 123, 126, 137, 251

sonnets 十四行诗 36
  troubadour 吟游诗人 36, 114

Polo, Marco 马可·波罗 70

polygyny 一夫多妻制 18, 117

polytheism 多神论 4, 12, 65-66, 74, 86, 88, 91, 148, 150, 171, 186, 200, 204, 257, 268, 274

Pomeranz, Kenneth 彭慕兰 38

Pompei 庞贝 13, 46, 77

Pomponazzi, Pietro 皮埃特罗·蓬波那齐 81

porcelain 瓷器 28, 41, 95, 133-134, 228, 237, 255

Portugal 葡萄牙 151

postal service 邮政服务 207

pottery 陶器 45, 133n, 162, 164, 169, 178, 199, 270

Poussin 普桑 266

Prato 普拉托 254

Prayer Society, the 祈祷社 194

Presocratics 苏格拉底之前的 138

printing 印刷 1, 23, 60, 107, 114, 142-144, 156-157, 198, 208, 216-217, 233, 248-249, 259, 268
  moveable type 活字印刷 2, 60, 222
  press 印刷机 2, 24-25, 26, 31, 56-57, 80, 124, 142, 142n, 144, 208, 273
  private 私人的 225
  woodblock 雕板 2, 23-24, 57, 220-222, 225

private enterprise 私人企业 212

property 财产 75, 213
  landlords 地主 27
  private 私人的 260

prostitutes 娼妓 270

336

water 水 22, 40, 70, 95, 130, 144, 221, 256

  clock 钟 211

  controlled agriculture 水控农业 144, 156, 165, 211, 221

  mills 磨坊 211

  power 力 262

  transport 运输 211, 221

  water-borne trade 水路贸易 229

  waterways 水路 214, 221, 228

  wheels 轮 211

Watt, Ian 伊安·瓦特 1, 24, 60, 66

weapons 武器 195, 204, 211, 221, 227, 269

Wever, Marx 马克斯·韦伯 3-4, 9, 36, 89, 120, 234

weights and measures 度量衡 165, 207

Wendi, Emperor 文帝 214

wheat 小麦 164, 204, 220

Wilkins, Charles 查尔斯·威尔金斯 191

William of Aquitaine 阿基坦的威廉 114n

William of Brabant 布拉班特的威廉 22

wine 酒 45, 116, 147, 270

Winternitz, M. 温特尼兹 166, 170

women 女性 33, 133, 153, 155, 174-176, 207, 220, 232, 250, 266

wool 羊毛 28-29, 177, 254, 268

writing 书写 1-3, 17, 19, 21, 24-25, 34, 56-57, 65-66, 68-70, 87, 142n, 169-170, 175, 180, 199-200, 207-208, 210, 248-250, 270-272

  commerce 商业 29, 165

  forms of 形式 2, 57, 124, 157, 205, 270

  hieroglyphic 象形文字 25

'Wu, Emperor' 武则天 215-216, 282

Wudi, Emperor 汉武帝 209-210

Wuzong, Emperor 唐武宗皇帝 217

Xuanzang 玄奘 182, 217, 280

Yangzi Valley 扬子江 23, 213-214, 227-228, 233

Yavana 耶婆那 177

Yehiel, Asher Ben 亚设·本·耶希尔 148

Yellow River 黄河 205

Yellow Turbans 黄巾之乱 211

yeshiva 犹太学校 154, 157, 246

yin and yang 阴阳 210

yoga 瑜伽 165

Young Bengal movement 青年孟加拉人运动 190

Yuan dynasty 元朝 133n, 229-231, 233, 283

Zafrani, H. 扎夫拉尼 35, 84, 107-108, 146, 149-150, 158, 266

Zen 禅 199n, 227

Zheng He 郑和 231, 255

Zhongshu, Dong 董仲舒 209

Zhou 周代 204-206, 234, 282

Zhu Xi 朱熹 219-220, 230-231

zodiac 黄道十二宫 176

343

图书在版编目（CIP）数据

文艺复兴：一个还是多个？/（英）杰克·古迪著；
邓沛东译.—杭州：浙江大学出版社，2017.12
书名原文：Renaissances: The One or The Many?
ISBN 978-7-308-16197-8

Ⅰ.①文… Ⅱ.①杰… ②邓… Ⅲ.①文艺复兴－研
究 Ⅳ.①K13

中国版本图书馆CIP数据核字（2016）第214557号

文艺复兴：一个还是多个？

[英] 杰克·古迪 著　邓沛东 译

责任编辑	王志毅	
文字编辑	赵　波	
营销编辑	杨　硕	
装帧设计	周伟伟	
出版发行	浙江大学出版社	
	（杭州天目山路148号 邮政编码310007）	
	（网址：http://www.zjupress.com）	
排　　版	北京大观世纪文化传媒有限责任公司	
印　　刷	北京时捷印刷有限公司	
开　　本	635mm×965mm 1/16	
印　　张	22.5	
字　　数	324千	
版 印 次	2017年12月第1版　2019年3月第2次印刷	
书　　号	ISBN 978-7-308-16197-8	
定　　价	68.00元	